海上货物运输

HAISHANG HUOWU YUNSHU

主编 / 崔 刚 刘 海

副主编 / 惠子刚 成海涛

主审 / 张 钢

大连海事大学出版社

DALIAN MARITIME UNIVERSITY PRESS

图书在版编目（CIP）数据

海上货物运输／崔刚，刘海主编. — 大连：大连
海事大学出版社，2023.9
ISBN 978-7-5632-4462-1

Ⅰ. ①海… Ⅱ. ①崔… ②刘… Ⅲ. ①海上运输—货
物运输 Ⅳ. ①U695.2

中国国家版本馆 CIP 数据核字（2023）第 181551 号

大连海事大学出版社出版

地址:大连市黄浦路523号 邮编:116026 电话:0411-84729665(营销部) 84729480(总编室)
http://press.dlmu.edu.cn E-mail:dmupress@ dlmu.edu.cn

大连鑫元印刷有限公司印装　　　　　　　　　**大连海事大学出版社发行**

2023 年 9 月第 1 版　　　　　　　　　　　　2023 年 9 月第 1 次印刷
幅面尺寸:184 mm×260 mm　　　　　　　　　　　　　　印张:26.25
字数:586 千　　　　　　　　　　　　　　　　　　印数:1~2000 册

出版人:刘明凯

责任编辑:王　晶　　　　　　　　　　　　　　　责任校对:李继凯
封面设计:解瑶瑶　　　　　　　　　　　　　　　版式设计:解瑶瑶

ISBN 978-7-5632-4462-1　　　定价:74.00 元

前　言

本书根据《1978 年海员培训、发证和值班标准国际公约》马尼拉修正案对货物装卸和积载的培训要求，并以《海船船员培训大纲（2021 版）》《海船船员考试大纲（2022版）》的具体规定设置全书内容，力求知识点全面，针对性、实用性强，图文并茂，易于学生学习、理解。

党的二十大报告指出："建设现代化产业体系。坚持把发展经济的着力点放在实体经济上，推进新型工业化，加快建设制造强国、质量强国、航天强国、交通强国、网络强国、数字中国。"报告特别提到了"交通强国"的理念。海上交通人，通过建设"交通强国"，强化国家"海上丝绸之路"影响力，发展大国船队，可以极大地增强我们的民族自信心和民族自豪感。

海上货物运输是研究船舶与货运有关的各项性能，研究各类货物的海运特性、货物在船上装载的基本规律以及编制和实施货物积载计划的程序和方法的一门应用学科。船舶驾驶人员必须掌握海上货物运输中船舶性能及货物管理的相关理论、技术和方法。

本书分理论篇和实务篇两篇，共十三个项目。项目一为海上货物运输基础知识，介绍了与货运相关的船舶基础知识和货物基础知识；项目二为船舶载货能力，介绍了船舶载货能力的不同表现形式，载货能力的核算方法及如何充分利用船舶的载货能力；项目三为船舶稳性，介绍了初稳性、大倾角稳性和动稳性的衡量指标及其计算，稳性规范要求，稳性的检验和调整；项目四为船舶吃水差，介绍了吃水差的计算及调整；项目五为船舶强度，介绍了船舶纵向强度、局部强度和扭转强度的校核及保障措施；项目六为船舶抗沉性，介绍了破舱进水类型、破舱稳性计算方法及破损控制手册；项目七为包装危险货物运输，介绍了危险货物的分类及特性，包装和标志，积载与隔离，危险货物安全装运与管理要求；项目八为普通杂货运输，介绍了普通杂货船配载图编制原则、流程和要求及货物安全装运；项目九为特殊杂货运输，介绍了货物单元、重大件货物、木材甲板货、钢材货物、冷藏货物及滚装货物的安全运输要求；项目十为集装箱运输，介绍了集装箱的分类和标志，集装箱船配载图编制原则、流程及要求，集装箱安全装运；项目十一为散装谷物运输，介绍了散装谷物的特性、安全装运要求和稳性核算方法；项目十二为散装固体货物运输，介绍了海运固体散货的分类和特性，配载计划编制及安全装运要求；项目十三为散装液体货物运输，介绍了石油及其产品、散装液体化学品及散装液化气的安全运输要求。

本书封底上有链接超星"学习通"中本书相关内容的二维码。学生扫描二维码，可查看课件、教案、相关视频及照片、相关国际公约或规则等拓展与提高内容，并可针对本书中各任务的学习情况进行自测考试，以评价对各任务的掌握情况，还可以与老师或同学就相关话题进行讨论。

崔刚(青岛远洋船员职业学院)、刘海(中海化工运输有限公司)担任本书主编,惠子刚、成海涛(青岛远洋船员职业学院)担任本书副主编,夏文彩(青岛港湾职业技术学院)、许亮(山东海事职业学院)参与了本书的编写工作,张钢担任本书主审。全书由崔刚统稿。具体分工如下:崔刚负责编写项目一、项目七及项目十一;惠子刚负责编写项目二、项目三、项目四、项目五及项目六;成海涛负责编写项目八、项目九及项目十;夏文彩负责编写项目十二;刘海负责编写项目十三。此外,本书在编写过程中得到了青岛远洋船员职业学院职业教育分院领导的大力支持及航海系船艺教研团队各位老师的帮助,在此一并表示感谢。

本书可作为航海类职业院校师生教学用书及海船船员(二/三副)适任考试培训教学参考书,也可作为航运管理相关人员的工作参考书。

受编者水平所限,书中不足之处在所难免,敬请前辈、同行和读者批评斧正,不吝赐教。

编　者

2023 年 6 月

目 录

理论篇

理论篇

项目一
海上货物运输基础知识

⚓ 项目描述

习近平总书记在致"2021北外滩国际航运论坛"的贺信中指出,航运业是国际贸易发展的重要保障,也是世界各国人民友好往来的重要纽带。党的二十大报告专门指出,要加快建设"交通强国"。海上交通人,通过建设"交通强国",强化国家"海上丝绸之路"影响力,发展大国船队,可以极大地增强我们的民族自信心和民族自豪感。

海上货物运输是以船舶为运载工具、货物为运输对象的生产活动,其产品是货物的海上位移。整个运输过程包括船舶受载、配载、装货、运输管理、卸货以及交付等多个环节。在每个环节中,船舶和货物都是最直接的管理对象,因此熟悉和掌握与海上货物运输相关的船舶与货物的基础知识和相关概念,是做好货物运输工作的前提。

⚓ 教学目标

1.知识目标

(1)了解船舶的主坐标平面及几种船型系数的定义及计算;

(2)掌握型长、型宽、型深、型吃水等船型尺度的概念;

(3)熟悉船舶在水中的平衡条件及几种浮态;

(4)掌握船舶重量性能及容积性能的概念及表示形式;

(5)掌握船舶静水力资料的几种表现形式及各特征参量;

(6)掌握船舶平均吃水的概念及船舶在不同状态下平均吃水的计算方法;

(7)熟悉船舶载重线标志的组成及海区的划分;

(8)熟悉海运货物的分类及其特性;

(9)掌握货物的包装类型及各种运输标志;

(10)货物的计量与自然减量的原因;

(11)掌握船舶亏舱与货物积载因数,及其相互关系。

2.能力目标

(1)能够判断船舶在水中的浮态;

(2)能够计算船舶的平均吃水;

(3)能够查阅并熟练使用不同形式的船舶静水力资料;

(4)能够根据船舶航行时间与航经海区正确选择合适的载重线；

(5)能够正确识别海运货物包装上的各种标志。

3.素质目标

(1)培养学生良好的职业道德以及遵守航运行业规范的工作意识、行为意识。

(2)培养学生分析问题、解决问题的能力。

(3)培养安全意识。

⚓ 思维导图

⚓ 任务引入

杂货船 Q 轮某年 4 月 17 日第×航次计划于上海港装货,货物清单如表 1-0 所示。Q 轮开往汉堡港、伦敦港、途经苏伊士运河,在始发港将燃油、滑油、淡水等航行储备全部加满。已知上海港至汉堡港的距离为 10 399 n mile,上海港至苏伊士港的距离为 7 186 n mile,上海港至伦敦港的距离为 10 715 n mile,请完成配载计划。

表 1-0 货物清单

目的港	关单号码 S/O	货名	件数及包装	重量 (t)	体积 (m³)	单件重 (kg)	SF	备注
汉堡港	01	五金	30 000 木箱	1 500	1 170	50	0.78	
	02	纤维板	30 000 捆	1 500	3 060	50	2.04	异味
伦敦港	03	白云砂	176 000 袋	4 400	6 204	25	1.41	
	04	茶叶	25 000 木箱	1 000	2 880	40	2.88	吸味
	05	石蜡	26 000 箱	2 080	2 808	80	1.35	怕热

🔍 请思考:

(1)如何确定船舶航经的海区有哪些?

(2)船舶应该使用哪一条载重线?

(3)如何确定本航次船舶能否装得下这些货物?

(4)Q 轮的货舱容积是多少?

(5)这些货物是否都能装在一起?它们相互之间会不会有干扰?

(6)把这些货物分配到各个货舱后,如何保证船舶海上航行时具有合适的稳性、强度、吃水及纵倾状态?

任务一　船体形状及相关参数

⚓ 任务目标

能区分中线面、中站面、基平面的具体位置,根据水线面系数、中横剖面系数、方形系数等船型系数的概念了解不同船型系数的计算方法,理解型长、型宽、型深及型吃水的概念并能在船图上对其进行识别。

⚓ 任务(知识)储备

船体的几何形状指船体的外部形状,能反映出船体的大小、形状、肥瘦及表面光顺程度。它与船舶航海性能、船体强度等密切相关。

一、主坐标平面

船体外形可用投影到三个相互垂直的基本平面来表示。这三个基本投影平面称为主坐标平面,如图 1-1(a)所示。它们分别是:

(1)中线面———通过船宽中央的纵向垂直平面,把船体分为左、右两部分,在绝大多数情况下,中线面也是船体的对称面。

(2)中站面———通过船长(垂线间长或设计水线长)中点(常用符号⊗表示)的横向垂直平面,把船体分为首、尾两部分。

(3)基平面———通过中线面和中站面交线上的船底板上缘平行于设计水线面的平面,与中线面、中站面相互垂直。基平面与中线面的交线称为基线。

船体外形曲面与中线面的截面称为中纵剖面,与中站面的截面称为中横剖面,与位于基平面以上设计吃水处并与基平面平行的截面称为设计水线面,如图 1-1(b)所示。

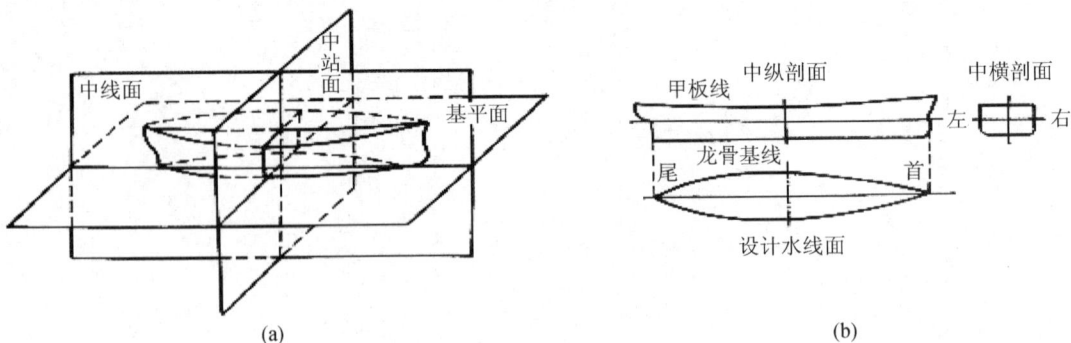

(a)　　　　　　　　　　　　(b)

图 1-1　主坐标平面

二、船型系数

船型系数是表示船体水下部分面积或体积肥瘦程度的无因次系数,这些系数对分析船型和船舶性能等有很大用处。

(1)水线面系数(C_w):与基平面相平行的任一水线面的面积 A_w 与由此船长 L、型宽 B 所构成的矩形面积之比[见图 1-2(a)],即 $C_w = \dfrac{A_w}{L \cdot B}$,它的大小表示水线面的肥瘦程度。通常情况下 C_w 指设计水线面系数。

(2)中横剖面系数(C_m):中横剖面在水线以下的面积 A_m 与由型宽 B、吃水 d 所构成的矩形面积之比[见图 1-2(b)],即 $C_m = \dfrac{A_m}{B \cdot d}$,它的大小表示水线以下的中横剖面的肥瘦程度。

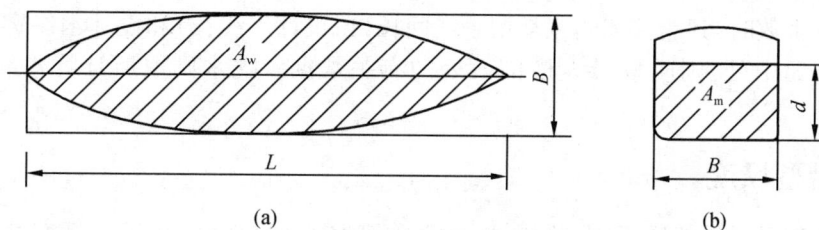

(a)　　　　　　　　(b)

图 1-2　水面系数和中横剖面系数

(3)方形系数(C_b):船体水线以下的型排水体积 ∇ 与由船长 L、型宽 B、吃水 d 所构成的长方体体积之比(见图 1-3),即 $C_b = \dfrac{\nabla}{L \cdot B \cdot d}$,它的大小表示船体水下体积的肥瘦程度。

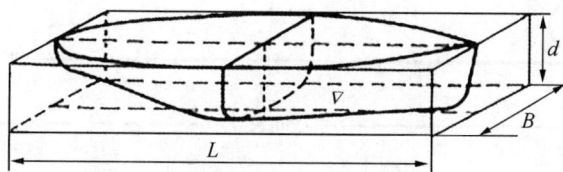

图 1-3　方形系数

(4)棱形系数(C_P):船体水线以下的型排水体积 ∇ 与由相对应的中横剖面面积 A_m、船长 L 所构成的棱柱体体积之比(见图 1-4),即 $C_P = \dfrac{\nabla}{A_m \cdot L}$,它的大小表示排水体积沿船长方向的分布情况。$C_P$ 又称纵向棱形系数。

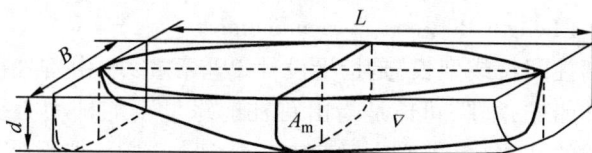

图 1-4　棱形系数

（5）垂向棱形系数（C_{VP}）：船体水线以下的型排水体积 ∇ 与由相对应的水线面面积 A_w、吃水 d 所构成的棱柱体体积之比（见图1-5），即 $C_{VP} = \dfrac{\nabla}{A_w \cdot d}$，它的大小表示排水体积沿吃水方向的分布情况。

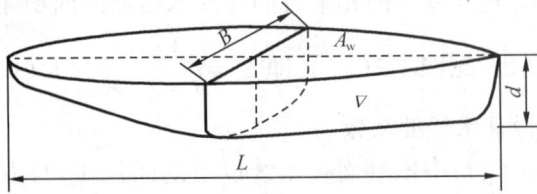

图 1-5　垂向棱形系数

上述各系数的定义，如无特别指明，通常都是针对设计水线处而言的。在计算不同水线处的各系数时，其船长和船宽常用垂线间长（或设计水线长）和设计水线宽，如最大横剖面不在船中处，则应取最大横剖面处的有关数据。吃水则取所计算水线处的吃水值。

三、船型尺度

船型尺度是计算船舶干舷、稳性、吃水差等所依据的尺度，由船长、型宽、型深和型吃水等主尺度来度量。这些特征尺度的定义如图1-6所示，即

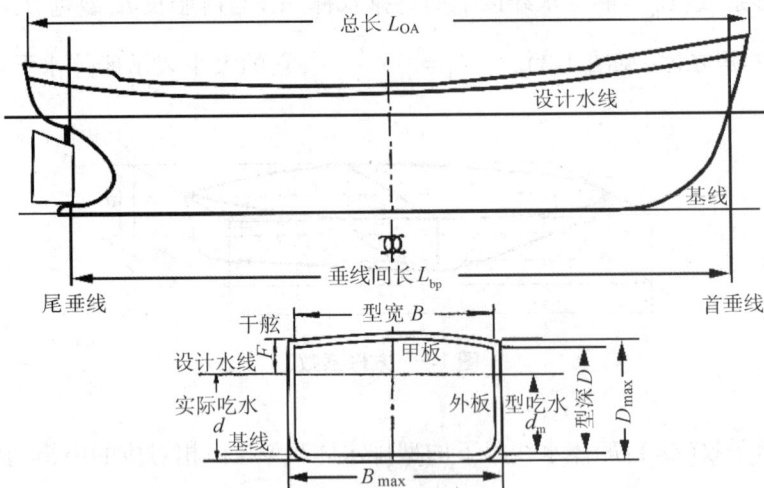

图 1-6　船型尺度

（1）垂线间长 L_{bp}（Length Between Perpendiculars）

垂线间长又称两柱间长或型长，是指沿设计夏季载重线，由首柱前缘量至舵柱后缘的长度。对无舵柱的船舶，垂线间长是指由首柱前缘量至舵杆中心线的长度。但不得小于夏季载重线总长的96%，且不必大于97%。一般情况下，如无特别说明，习惯上所

8

说的船长常指垂线间长。

（2）型宽 B（Moulded Breadth）

型宽是指在船舶最宽处,由一舷的肋骨外缘量至另一舷的肋骨外缘之间的水平距离。

（3）型深 D（Moulded Depth）

型深是指在型长中点处,沿船舷由平板龙骨上缘量至上层连续甲板横梁上缘的垂直距离;对甲板转角为圆弧形的船舶,则由平板龙骨上缘量至横梁上缘延伸线与肋骨外缘延伸线的交点的距离。

（4）型吃水 d_m（Moulded Draft）

型吃水是指船底基线至设计水线的垂直距离。

任务二　船舶浮性

任务目标

能够理解船舶在水面上达到平衡的条件及重心和浮心的概念,理解船用坐标系 $Oxyz$ 轴的方向,学习船舶正浮、横倾、纵倾的概念及产生原因。

任务（知识）储备

一、船舶平衡的条件

船舶在任一装载情况下,漂浮于水面(或浸没于水中)一定位置时,是一个处于平衡状态的浮体。这时,作用在船上的力有船舶本身的重力以及静水压力所形成的浮力。

作用在船上的重力由船舶本身各部分的重量组成,如船体构件、机电设备、货物、压载水、燃润料、人员及行李等的重量。这些重量形成一个垂直向下的合力,此合力就是船舶的重力 W, 其作用点 G 称为船舶的重心,见图1-7。当船舶漂浮于水面一定位置时,船体浸水表面的每一点都受到水的静压力, 这些静压力都是垂直于船体表面的,其大小与浸水深度成正比。从图中可以看出, 船舶水下部分静水压力的水平分力互相抵消,垂直分力则形成一个垂直向上的合力, 此合力就是支持船舶漂浮于一定位置的浮力(数值上等于 Δ,所以用 Δ 表示)。合力的作用点 B 称为船舶的浮心,浮心 B 也就是船舶排水体积 ∇ 的形心。

船舶静止漂浮于一定位置时只受到两个力的作用,即作用于重心 G 点并垂直向下的重力 W 和作用于浮心 B 点并垂直向上的浮力。因此船舶的平衡条件必然是:

（1）重力与浮力大小相等,方向相反, 即 $W=\Delta$。

（2）重心 G 和浮心 B 在同一铅垂线上。

在讨论船舶平衡问题时,既要考虑重力和浮力的大小,同时还要注意这些力的作用

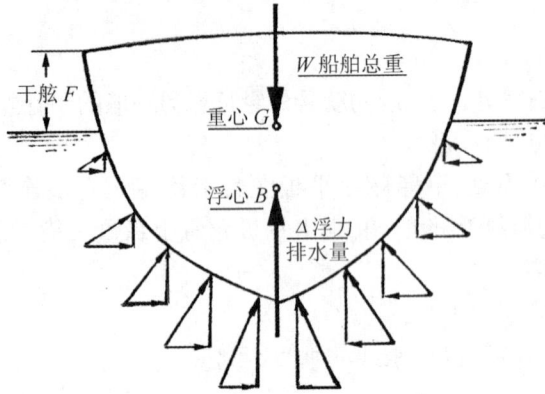

图 1-7　船舶平衡条件

点位置。

二、船用坐标系

为了确切地表达重心和浮心的位置,便于进行船舶性能计算,我国通常采用如图1-8所示的固定在船舶上的 $Oxyz$ 直角坐标系统作为船用坐标系。它以三个互相垂直的坐标平面(即基平面、中站面和中线面)的交点作为原点 O ,而以三个坐标平面间的交线作为坐标轴。基平面与中线面的交线是 x 轴,也就是船体的基线,指向船首为正;基平面与中站面的交线是 y 轴,指向右舷为正,中线面与中站面的交线是 z 轴,向上为正。

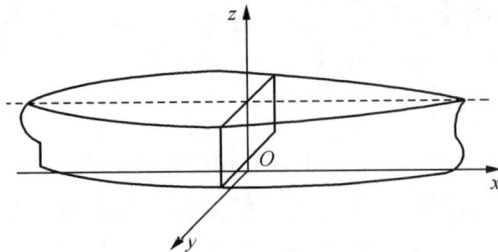

图 1-8　$Oxyz$ 直角坐标系统

三、船舶浮态

船舶浮于静水的平衡状态称为浮态。船舶浮态通常可分为:

（1）正浮:船舶中纵剖面和中横剖面均垂直于静止水面时的浮态,即船舶横倾角为零,且首、尾吃水相等(见图1-9)。

（2）横倾:船舶中横剖面垂直于静止水面,但中纵剖面与铅垂平面成一横倾角时的浮态,即船舶存在横倾角(见图1-10)。

（3）纵倾:船舶中纵剖面垂直于静止水面,纵倾角时的浮态,即船舶首、尾吃水不等(见图1-11)。

（4）任意浮态:船舶既有横倾又有纵倾时的浮态,即船舶的中纵剖面与铅垂平面有一横倾角,同时中横剖面与铅垂平面也有一纵倾角(见图1-12)。

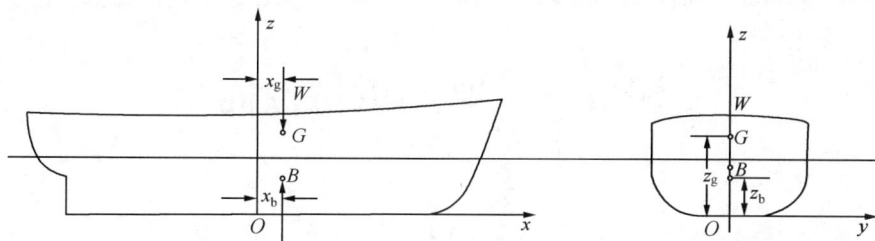

图 1-9　正浮状态

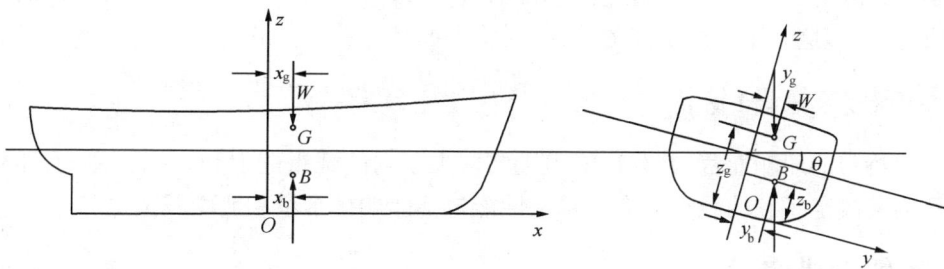

图 1-10　横倾状态

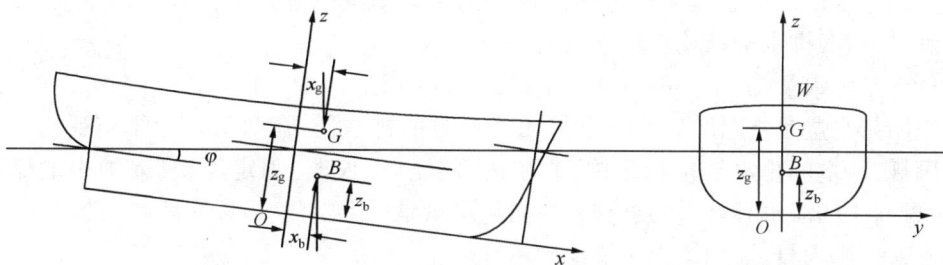

图 1-11　纵倾状态

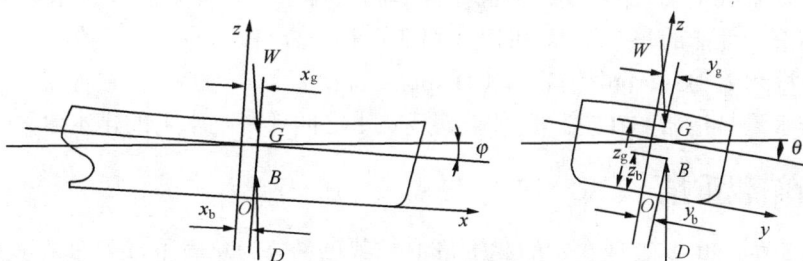

图 1-12　任意浮态

任务三　船舶重量性能

❀ 任务目标

学习并理解船舶空船排水量、满载排水量、装载排水量、总载重量、净载重量的概念及组成，并掌握这几个概念之间的关系，为将来的货运工作打下基础。

❀ 任务（知识）储备

对一特定的船舶而言，其载货能力主要取决于它的载重能力和容积能力，而船舶的重量性能又决定了它的载重能力。重量性能包括船舶排水量和船舶载重量。

一、船舶排水量

船舶排水量是指船舶在静水中处于自由漂浮状态时，船体所排开水的重量，分为空船排水量、满载排水量以及装载排水量。

1.空船排水量 Δ_L（Light Ship Displacement）

空船排水量是指船舶装备齐全但无载重时的排水量，在数值上等于空船重量。根据我国规范，空船排水量包括船体、船舶机械、设备、仪器、固定压载、锅炉中的燃料和水、冷凝器中的淡水等重量的总和。空船排水量是一个定值，可以在船舶资料中查得。

2.满载排水量 Δ_S（Full Loaded Displacement）

船舶满载排水量是指船舶满载时，即吃水达到某一载重线时的排水量，通常特指船舶吃水达到夏季载重线时的排水量，也称夏季满载排水量。夏季满载排水量为一定值，是表征船舶重量性能的一个指标，可以在船舶资料中查得。

3.装载排水量 Δ（Actual Loaded Displacement）

装载排水量是指船舶在空载吃水与满载吃水之间任一吃水下的排水量。

二、船舶载重量

船舶载重能力主要表现在它的载重量上。载重量分为总载重量和净载重量。

1.总载重量 DW（Dead Weight）

总载重量是指船舶在空载水线与满载水线之间任一吃水情况下所能装载的所有货物、燃润料、淡水、船员、行李、粮食、供应品以及压载水、船舶常数等重量的总和，其值等于该实际吃水状态下的装载排水量与空船排水量之差，即：

$$DW = \Delta - \Delta_L (t) \qquad (1\text{-}1)$$

总载重量随船舶实际吃水变化而变化，在不同吃水时，总载重量有不同数值。但作为船舶载重能力指标载入船舶资料中的是指夏季载重线对应的总载重量，其值为一定值，等于夏季满载排水量与空船排水量之差。

2.净载重量 NDW（Net Dead Weight）

净载重量是指船舶在某一具体航次所能装载货物的最大重量，等于总载重量减去航次总储备量（包括航次所需的燃润料、淡水、船员、行李、粮食、供应品等重量）和船舶常数。

$$NDW = DW - \sum G - C \ (\text{t}) \tag{1-2}$$

式中：$\sum G$——航次总储备量(t)；

C——船舶常数(t)。

船舶资料中载明的净载重量，特指船舶在夏季满载排水量时，对应船舶最大续航能力情况下所能装载货物的最大重量。

在夏季满载吃水时，船舶净载重量、总载重量以及排水量之间的关系如下：

满载排水量 Δ_S $\begin{cases} \text{空船排水量 } \Delta_L \\ \text{总载重量 } DW_S \begin{cases} \text{净载重量 } NDW \\ \text{航次总储备量} \sum G \\ \text{船舶常数 } C \end{cases} \end{cases}$

任务四　船舶容积性能

任务目标

学习并理解散装容积、包装容积、液货舱容积的概念及包含范围，能够利用货舱或液舱容积资料查取所需的各项信息，知悉舱容系数的概念及与船舶装货能力的关系，理解登记吨位的用途并能够区分登记吨位与重量吨的不同。

任务（知识）储备

船舶容积性能是指一艘船舶可受载空间的大小，反映该船舶在容积方面的受载能力。

一、货舱容积（Capacity of Cargo Hold）

货舱容积是指船舶各货舱的总容积或其中任一货舱的单舱容积，是散装容积、包装容积和液货舱容积的统称。

1.散装容积（Grain Capacity）

散装容积又称散装舱容，是指货舱能装载散装货的容积。它包括舱口围在内，由内底板或舱底板之上表面，舱顶板或舱盖板之下表面，两舷侧板之内表面，前后舱壁板内表面所围成的空间，扣除舱内骨架、支柱、货舱护板、通风筒等所占的体积后得到的船舶货舱容积。

2.包装容积（Bale Capacity）

包装容积又称包装舱容，是指货舱内能装载包装件货的容积。它包括舱口围在内，由内底板或舱底板之上表面,横梁或甲板纵骨下缘所确定的水平连续表面,舷侧肋骨所确定的纵向连续表面或护板内表面,横舱壁骨架的自由翼缘确定的横向连续表面所围成的空间,扣除舱内支柱、通风筒等所占体积后得到的船舶货舱容积。

一般货舱的包装容积为散装容积的90%~95%。

3.液货舱容积（Liquid Capacity）

液货舱容积是指船舶液货舱内所能容纳特定液体货物的最大容积。

二、舱容资料

1.舱柜图（Hold's and Tank's Plan）

通常由船纵向中线剖面图、二层舱甲板垂向剖面图、底舱甲板垂向剖面图组成,能非常直观地反映出各货舱、燃润油舱、淡水舱、压载水舱以及各舱室、库房在船上所处的位置以及其形状和几何尺寸。

2.舱容表（Hold's or Tank's Capacity List）

（1）货舱容积表（Hold's Capacity List）

货舱容积表以表格的形式给出各货舱的肋位号、散装容积、包装容积以及货舱舱容中心距船中的距离和距基线高度等数值,见表1-1。

表1-1　货舱容积表

舱名		位置（肋位号）	包装舱容（m³）	舱容中心位置（m）		散装舱容（m³）	舱容中心位置（m）	
				距基线	距船中		距基线	距船中
No.1货舱	底舱	160~187	804	6.97	52.38	887	7.04	52.38
	二层舱	160~187	1 030	11.85	53.18	1 116	11.92	53.18
	合计		1 834	9.71	52.83	2 003	9.76	52.83
No.2货舱	底舱	127~160	3 260	5.51	31.30	3 441	5.58	31.30
	二层舱	127~160	1 789	11.42	32.18	1 892	11.47	32.19
	合计		5 049	7.60	31.61	5 333	7.67	31.61
No.3货舱	底舱	95~127	3 830	5.35	7.85	4 043	5.42	7.85
	二层舱	95~127	1 630	11.18	8.00	1 724	11.23	8.00
	合计		5 460	7.09	7.90	5 767	7.61	7.89
No.4货舱	底舱	69~95	3 090	5.37	−13.79	3 262	5.44	−13.79
	二层舱	69~95	1 312	11.17	−13.87	1 388	11.23	−13.87
	合计		4 402	7.10	−13.81	4 650	7.17	−13.81
No.5货舱	底舱	12~40	1 126	7.24	−54.25	1 241	7.31	−54.25
	二层舱	12~40	1 461	11.54	−55.55	1 580	11.60	−55.55
	合计		2 587	9.67	−54.99	2 821	9.72	−54.99
总计			19 332			20 293		

（2）液舱容积表（Tank's Capacity List）

液舱容积表以表格的形式，给出各液体舱（包括燃油舱、柴油舱、滑油舱、淡水舱、污水舱、压载舱以及液货舱等舱室）的肋位号、型容积、净容积、满舱液体重量、液舱舱容中心距船中距离和距基线高度等数值。

为了便于对照查阅船舶舱容资料，船舶舱柜表、货舱容积表、液舱容积表往往被绘制在一张图上，这张图叫作舱柜容积图（Hold's and Tank's Capacity Plan）。

三、舱容系数（Coefficient of Load）

舱容系数 ω 是指船舶的全船货舱总容积与船舶航次净载重量之比。

$$\omega = \frac{\sum V_{ch}}{NDW} \quad (\text{m}^3/\text{t}) \tag{1-3}$$

式中：$\sum V_{ch}$——全船货舱总容积（m^3），通常指包装容积。

舱容系数反映了船舶为每一个航次净载重吨（货物）所能够提供货舱容积的大小，因此，舱容系数是一个表征船舶适宜装轻货或重货的重要容积指标。由于船舶净载重量因航线、航行季节、航行储备携带计划不同而异，因此，舱容系数也是变化的。船舶资料中所记载的舱容系数，是指船舶在夏季满载吃水，按最大续航能力，燃油、淡水、供应品等装满备足的情况下所计算出来的数值，是一个固定值。

舱容系数较大的船舶，适于装轻货，即当装运大量轻泡货时，可充分利用船舶的载重能力；反之，舱容系数较小的船舶，则适于装重货，如果装载大量轻泡货，则其载重能力就不能得到充分利用。

四、船舶登记吨位（Register Tonnage）

船舶登记吨位也是船舶的重要容积性能，是指根据《国际船舶吨位丈量公约》以及各国船舶吨位丈量规范的规定，以容积为丈量单位的专门吨位。船舶登记吨位分为总吨位和净吨位。应注意船舶登记吨位与以重量吨表示的船舶排水量和载重量概念上的区别，前者属于船舶的容积性能，后者属于船舶的重量性能。

1.总吨位（Gross Tonnage，GT）

总吨位是指根据公约或规范，对船上所有围蔽处所进行丈量后确定的船舶总容积。

根据《国际船舶吨位丈量公约》和我国《船舶与海上设施法定检验规则》（以下称《法定检验规则》），船舶总吨位应按下式确定：

$$GT = K_1 \cdot V \tag{1-4}$$

式中：V——船舶所有围蔽处所的总容积（m^3）；

K_1——系数，等于 $0.2+0.02\lg V$。

船舶总吨位的用途：

（1）表示船舶建造规模的大小，同时也是商船拥有量的统计单位；

（2）作为计算造船、买卖船舶和定期租船、光船租船费用的依据；

（3）作为国际公约、船舶规范中划分船舶等级、技术管理和设备要求的基准；

（4）作为船舶登记、丈量和检验等收费的标准；

（5）作为确定海事索赔责任限制的基准；

（6）作为某些港口使费的计费依据；

（7）作为计算净吨位的基础。

2. 净吨位（Net Tonnage，NT）

船舶净吨位是指根据国际公约或有关国家主管机关制定的规范丈量确定的船舶有效容积，即扣除不能用来载货或载客的处所后得到的船舶可营运容积。不能用来载货或载客的处所包括船员的生活起居处所、船舶机械和装置处所、航行设备处所、安全设备处所和压载处所等。根据我国《法定检验规则》，净吨位的计算，以丈量得到的各载货处所的总容积为基准，并考虑乘客定额以及船舶总吨位和船型尺度，用公式计算求得。

向船舶征收的各种港口使费，如船舶吨税、船舶港务费、引航费、码头费、系解缆费、船舶服务费等，一般以船舶净吨位作为计费的依据。

3. 运河吨位（Canal Tonnage）

除了根据国际公约丈量得到的总吨位、净吨位外，还有一种船舶吨位叫作运河吨位。苏伊士运河、巴拿马运河的管理当局根据自己制定的船舶吨位丈量规范，对通过运河的船舶进行总吨位和净吨位的丈量，并核发相应的运河吨位证书。船舶在通过运河时，须按照运河吨位交付各种过运河费用。不论是苏伊士运河吨位还是巴拿马运河吨位均较按国际公约丈量的登记吨位要大。

A 轮各种登记吨位的数值见表 1-2。

表 1-2　A 轮各种登记吨位数值　　　　　　　　　　（单位：t）

总吨位（GT）	净吨位（NT）	苏伊士运河吨位		巴拿马运河吨位	
		总吨位（GT）	净吨位（NT）	总吨位（GT）	净吨位（NT）
11 115	6 259	11 229.53	8 842.35	11 984.16	9 195.60

任务五　静水力资料

◈ 任务目标

应熟悉静水力曲线图各种曲线的意义及变化趋势，熟悉载重表尺及静水力参数表的构成，能够熟练地使用静水力曲线图、载重表尺或静水力参数表查取、计算相关数据。

◈ 任务（知识）储备

一、静水力曲线图（Hydrostatic Curve Plan）

静水力曲线图由船舶设计部门绘制，提供了船舶在静止正浮时的平均型吃水与船舶特征要素之间的关系曲线，为船舶重要技术资料。

1.静水力曲线图的组成

不同船上的静水力曲线图所包括的静水力曲线可能有所不同,通常静水力曲线图中应包括下列主要静水力曲线:

(1)型排水体积(Volume of Displacement)曲线,船舶的型排水体积与船舶平均型吃水之间的关系曲线。在静水力曲线图中排水体积是根据船体型线图所得的,并未包括水线以下部分船壳及附体(螺旋桨、舵、舭龙骨等)的体积,而船舶的实际排水体积应为型排水体积与水下船壳及附体体积之和。为方便计算,一般将船舶的型排水体积乘以一个大于1的系数,该系数称为船壳系数。

设船壳系数为k,型排水体积为∇m,则实际排水体积V为:$V=k \cdot \nabla$m。

通常k值在1.006~1.030。一般情况下,对于不同船舶,小船k值较大,大船k值较小;对于同一船舶,吃水较小时k值较大,吃水较大时k值较小。新船k值可在船舶资料中查取。

(2)排水量(Displacement)曲线是指船舶排水量与船舶平均型吃水之间的关系曲线。静水力曲线图中一般有淡水排水量和海水排水量两条曲线。

(3)浮心距基线高度(Center of Buoyancy Above Baseline)曲线,简称z_b曲线或KB曲线,是指船舶浮心的垂向坐标随平均型吃水变化而变化的关系曲线。

(4)浮心距船中距离(Longitudinal Center of Buoyancy from Midship)曲线,简称X_b曲线,是指船舶排水体积的几何中心(即浮心)B距船中距离与船舶平均型吃水之间的关系曲线。

(5)漂心距船中距离(Longitudinal Center of Floatation from Midship)曲线,简称X_f曲线,是指船舶水线面面积中心(即漂心)F距船中距离与船舶平均型吃水之间的关系曲线。

(6)水线面面积(Area of Water Planes)曲线,简称A_w曲线,是指未包括船壳板厚度在内的水线面面积随吃水变化而变化的关系曲线。由水线面面积可以计算出船舶在不同水域中的TPC值。

(7)每厘米吃水吨数(Metric Tons per Centimeter Immersion)曲线,简称TPC曲线,是指船舶吃水改变1 cm所对应的船舶排水量改变值(即每厘米吃水吨数)与船舶平均型吃水之间的关系曲线。静水力曲线图中一般有在淡水和海水中的两条TPC曲线。

由TPC的概念可以得出公式:

$$TPC=\frac{A_w \times \rho}{100}\ (t/cm) \tag{1-5}$$

式中:ρ为实际水密度。

上述(1)~(7)为船舶的浮性要素曲线。

(8)横稳心距基线高度(Transverse Metacenter Above Baseline)曲线,简称KM曲线,是指船舶横倾前后浮力作用线的交点(即横稳心)M距基线高度与船舶平均型吃水之间的关系曲线。

(9)纵稳心距基线高度(Longitudinal Metacenter Above Baseline)曲线,简称KM_L曲线,是指船舶纵倾前后浮力作用线的交点(即纵稳心)M_L距基线高度与船舶平均型吃水之间的关系曲线。

（10）每厘米纵倾力矩（Moment to Change Trim One Centimeter）曲线，简称 *MTC* 曲线，是指船舶吃水差改变 1 cm 所需要的纵倾力矩值（即每厘米纵倾力矩）与船舶平均型吃水之间的关系曲线。

上述（8）~（10）为船舶的初稳性要素曲线。

除上述曲线外，静水力曲线图中还有方形系数、水线面面积系数、中横剖面系数、棱形系数等船型系数曲线。值得注意的是，船型系数曲线的横坐标是独立的。

2.静水力曲线图中数据的查取

在静水力曲线图中（见图 1-13），纵坐标表示船舶的平均型吃水（m），横坐标表示曲线计量长度（cm）。静水力曲线图中数据的查取方法是，根据某装载状态下的船舶平均型吃水在纵坐标轴上找到相应的位置点；通过此点作一条平行于横坐标轴的水平线，并与需要查取的有关曲线相交；通过此交点作横坐标轴的垂直线，在此垂直线与横坐标轴相交处，可以读出相应的计量长度（查取 X_b 及 X_f 曲线时，其计量长度均自船中符号"⋈"处量起，船中前取正值，船中后取负值，其他曲线的计量长度均自坐标轴的原点量起）；查出的计量长度乘以相应曲线的每厘米计量长度代表数值，即可获得所需要的数值。

二、载重表尺（Dead Weight Scale）

载重表尺又称载重标尺（见图 1-14），是另一种由船舶设计部门提供给船舶驾驶员进行货运计算时使用的资料，简称载重表。

1.载重表尺的构成

在载重表尺中，标有船舶实际吃水以及与其对应的船舶海、淡水排水量，海、淡水总载重量，海、淡水每厘米吃水吨数，每厘米纵倾力矩，横稳心距基线高度等标尺，并标有与相应满载吃水线对应的载重线标志。有的载重表尺中还列出对应于不同水密度的排水量、总载重量列线。

2.载重表尺中数据的查取

根据某装载状态下的船舶实际吃水，在载重表尺的两侧船舶实际吃水标尺上找到相应的点，用直线连接这两点，直线与其他有关标尺的交点所对应的数值，即我们要查取的在该实际吃水下的相关数值。如果载重表尺中列有对应不同水密度的排水量、总载重量列线，则自上述直线与相应水密度列线的交点处，作斜线的平行线，该平行线与海水排水量、总载重量标尺或淡水排水量、总载重量标尺的交点，所读数值就是我们要求的排水量或总载重量。

三、静水力参数表（Hydrostatic Parameter Table）

尽管船舶设计部门为每艘货船都提供了静水力曲线图以及载重表尺，但在生产实践中发现，使用这些图或表尺去查取有关数据，往往既费时又容易出现误差。为了解决这一问题，船舶设计部门用计算机对静水力曲线图中的有关曲线进行计算处理，编制成静水力参数表供船方使用。静水力参数表的最大优点是，当船舶平均型吃水和表列引数一致时，所查取的有关数据比较准确。对于新建造的船舶，有关静水力资料几乎均采用静水力参数表的形式。

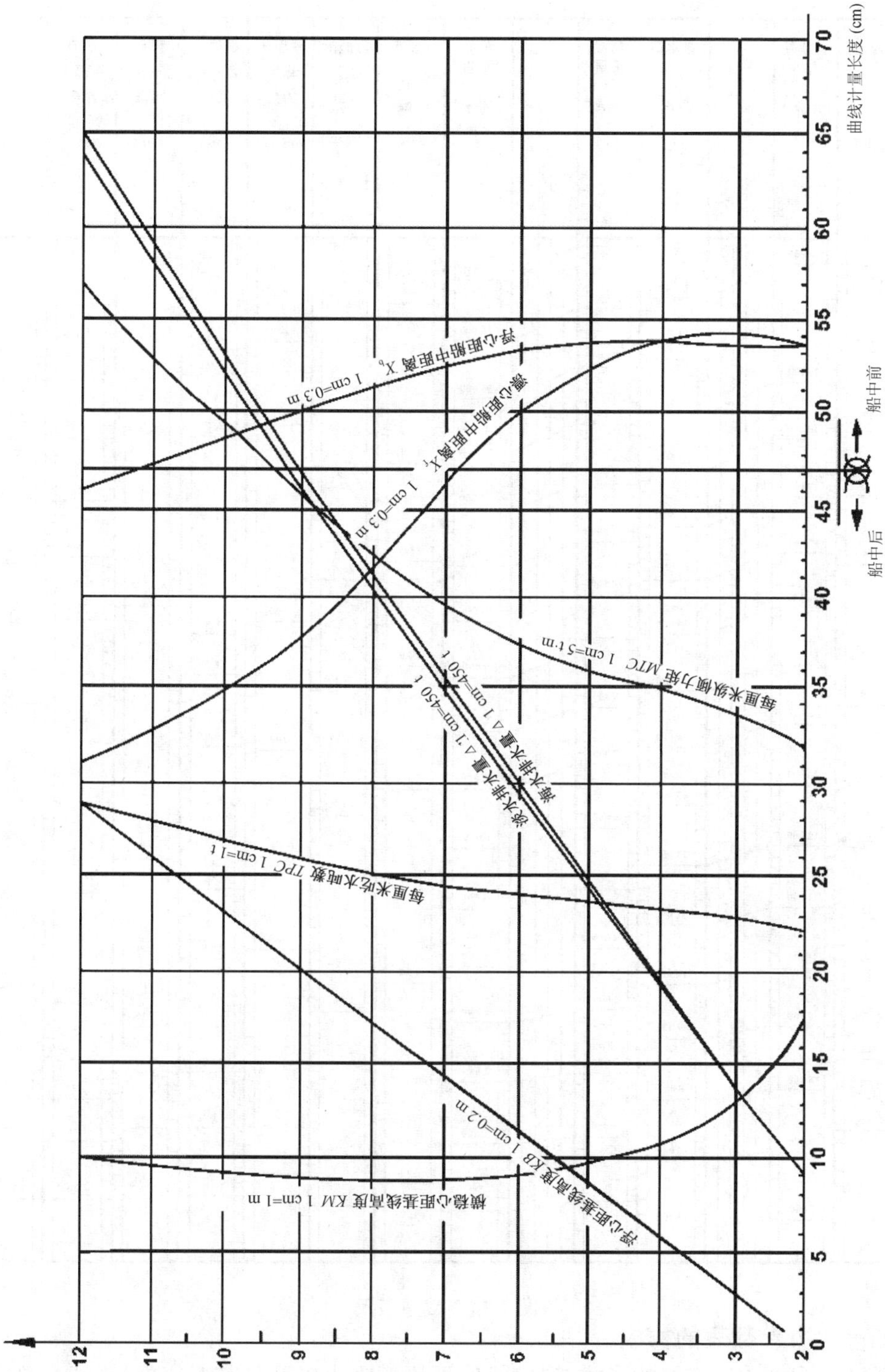
曲线计量长度 (cm)
平均型吃水 (m)
船中前
船中后
浮心距船中距离 X_b　1 cm=0.3 m
漂心距船中距离 X_f　1 cm=0.3 m
每厘米纵倾力矩 MTC　1 cm=5 t·m
海水排水量 Δ　1 cm=450 t
淡水排水量 Δ　1 cm=450 t
每厘米吃水吨数 TPC　1 cm=1 t
浮心距基线高度 KB　1 cm=0.2 m
横稳心距基线高度 KM　1 cm=1 m

图 1-13　静水力曲线图

吃水 （m）	排水量 （淡水） （t）			排水量 （海水） （t）	总载 重量 （淡水） （t）		总载 重量 （海水） （t）	每厘米 吃水 吨数 （淡水） （t/cm）	每厘米 吃水 吨数 （海水） （t/cm）	每厘米 纵倾 力矩 （t·m/cm）	横稳心 距基线 高度 （m）	浮心 距船 中距离 （m）	漂心 距船 中距离 （m）	吃水 （m）
9.5	22 000						16 000	26.0	26.5	240	9.1		−3.0	9.5
9.0	21 000			22 000	15 000		15 000	25.5	26.0	230	9.0	1.0	−2.5	9.0
8.5	20 000			21 000	14 000		14 000			220	8.8		−2.0	8.5
8.0	19 000			20 000	13 000		13 000	25.0	25.5	210	8.7		−1.5	8.0
7.5	18 000			19 000	12 000		12 000	24.5	25.0				−1.0	7.5
7.0	17 000			18 000	11 000		11 000	24.0		200	8.8	1.5	−0.5	7.0
6.5	16 000			17 000	10 000		10 000		24.5		8.9		0	6.5
6.0	15 000			16 000	9 000		9 000	23.5	24.0	190	9.0		0.5	6.0
5.5	14 000			15 000	8 000		8 000				9.5	2.0	1.0	5.5
5.0	13 000			14 000	7 000		7 000	23.0	23.5	180	10.0		1.5	5.0
4.5	12 000			13 000	6 000		6 000				11.0	2.0	2.0	4.5
4.0	11 000			12 000	5 000		5 000		23.0	170	12.0	2.15	2.2	4.0
3.5	10 000			11 000	4 000		4 000	22.5			13.0	1.90 1.95 2.12	2.26 2.25	3.5
3.0	9 000 8 000 7 000 6 000			10 000 9 000 8 000 7 000 6 000	3 000 2 000 1 000 0		3 000 2 000 1 000 0		23.0					3.0
2.5														2.5

图 1-14　载重表尺

1.静水力参数表的构成

静水力参数表以表格的形式,列出船舶平均型吃水以及与其对应的海、淡水排水量,海、淡水每厘米吃水吨数,每厘米纵倾力矩,横稳心距基线高度,浮心距船中距离,漂心距船中距离等数值。表列引数船舶平均型吃水的间隔一般为 0.2 m,而新建造船舶的静水力参数表有时表列引数间隔更小,只有 0.1 m。表 1-3 所示为 A 轮静水力参数表部分资料。

20

表 1-3　A 轮静水力参数表

平均型吃水（m）	排水量（t）		每厘米吃水吨数（t/cm）		每厘米纵倾力矩（9.81×kN·m/cm）	横稳心距基线高度（m）	浮心距船中距离（m）	漂心距船中距离（m）	平均型吃水（m）
	海水	淡水	海水	淡水					
9.2	21 609	21 082	26.42	25.78	232.68	9.042	0.819	−2.945	9.2
9.0	21 082	20 568	26.25	25.61	229.03	8.989	0.894	−2.738	9.0
8.8	20 559	20 058	26.09	25.45	226.00	8.747	0.982	−2.532	8.8
8.6	20 041	19 552	25.93	25.30	222.88	8.723	1.061	−2.287	8.6
8.4	19 522	19 075	25.76	25.14	219.51	8.716	1.164	−2.042	8.4
8.2	19 001	18 538	25.58	24.96	215.51	8.722	1.267	−1.796	8.2
8.0	18 481	18 030	25.42	24.80	212.36	8.744	1.352	−1.551	8.0
7.8	17 977	17 539	25.29	24.67	209.94	8.746	1.391	−1.312	7.8
7.6	17 473	17 047	25.15	24.54	207.46	8.757	1.436	−1.073	7.6
7.4	16 965	16 551	25.01	24.40	204.91	8.778	1.466	−0.834	7.4
7.2	16 449	16 048	24.87	24.26	202.15	8.783	1.500	−0.595	7.2
7.0	15 945	15 556	24.73	24.13	199.26	8.791	1.541	−0.357	7.0
6.8	15 459	15 082	24.62	24.02	197.45	8.852	1.597	−0.138	6.8
6.6	14 969	14 604	24.50	23.90	195.18	8.892	1.656	0.115	6.6
6.4	14 479	14 126	24.36	23.77	192.23	8.936	1.714	0.366	6.4
6.2	13 990	13 649	24.24	23.65	189.96	8.976	1.773	0.620	6.2
6.0	13 503	13 174	24.14	23.55	188.16	9.036	1.828	0.838	6.0
5.8	13 021	12 703	24.05	23.46	186.55	9.143	1.879	1.003	5.8
5.6	12 538	12 232	23.96	23.38	185.05	9.234	1.931	1.178	5.6
5.4	12 057	11 763	23.88	23.30	183.62	9.358	1.983	1.312	5.4
5.2	11 578	11 296	23.81	23.23	182.28	9.495	2.037	1.455	5.2
5.0	11 100	10 829	23.73	23.15	181.06	9.617	2.080	1.607	5.0
4.8	10 625	10 366	23.66	23.09	179.96	9.808	2.095	1.720	4.8
4.6	10 150	9 902	23.60	23.03	178.96	10.023	2.115	1.838	4.6
4.4	9 678	9 442	23.54	22.97	178.01	10.284	2.138	1.961	4.4
4.2	9 207	8 982	23.48	22.91	177.00	10.523	2.166	2.069	4.2
4.0	8 737	8 524	23.41	22.84	175.90	10.742	2.144	2.158	4.0
3.8	8 270	8 068	23.34	22.77	174.65	11.190	1.902	2.183	3.8
3.6	7 803	7 613	23.26	22.69	173.35	11.683	1.944	2.218	3.6
3.4	7 338	7 159	23.18	22.61	172.01	12.136	2.015	2.264	3.4
3.2	6 875	6 707	23.10	22.53	170.63	12.558	2.062	2.251	3.2
3.0	6 411	6 255	23.00	22.44	169.22	12.953	2.121	2.253	3.0

2.静水力参数表中数据的查取

静水力参数表中数据的查取方法很简单,当船舶平均型吃水和表列引数一致时,可以直接查取表列有关数据。当船舶平均型吃水和表列引数不一致时,需要用内插法计算。

四、船舶静水力资料的应用

1.利用船舶静水力资料进行货运量和船舶吃水的计算

利用船舶静水力资料可进行下列货运量和船舶吃水的计算:

(1)按船舶实际吃水变化量计算装货或卸货的重量;

(2)在吃水受限制时,计算船舶所能装载货物的重量;

(3)估算装卸货物后船舶吃水的变化量;

(4)船舶进出不同水密度的水域时吃水改变量的计算;

(5)按实际载货量计算船舶平均吃水。

2.利用船舶静水力资料进行船舶浮态、稳性和吃水差的计算

在计算船舶的浮态、稳性和吃水差时,需要使用船舶静水力资料中的每厘米吃水吨数 TPC、每厘米纵倾力矩 MTC、横稳心距基线高度 KM、浮心距船中距离 X_b 及漂心距船中距离 X_f 等数据,我们将在有关章节中再做介绍。

任务六　船舶平均吃水

🎯 任务目标

应真正理解船舶平均吃水(等容吃水)的概念,并能计算船舶在横倾、纵倾、任意倾斜、拱垂等不同状态下的平均吃水;熟悉水密度变化对船舶吃水影响的计算公式,掌握淡水水尺超额量、半淡水水尺超额量的概念及计算方法。

🎯 任务(知识)储备

一、船舶实际吃水(Actual Draft)

船舶实际吃水是指在观察处自船舶平板龙骨下缘至水线面间的距离,可直接从船舶水尺标志上读取。

二、船舶平均吃水(Mean Draft)

船舶平均吃水是指船舶正浮时的实际吃水。当船舶有小角度横倾和(或)纵倾时,平均吃水等于该倾斜状态下的船舶假定保持正浮并与原倾斜状态下的船舶保持等容排水体积所对应的吃水。如忽略船体变形,船舶的平均吃水即为船舶漂心处吃水,可按以

下方法确定：

1.正浮状态

当船舶处于正浮状态时，无纵、横倾，此时船舶任何位置处的吃水都可以视为平均吃水。

2.小角度纵倾

当船舶存在小角度纵倾时，实际平均吃水可按以下公式计算：

$$d_{\mathrm{M}}=\frac{d_{\mathrm{F}}+d_{\mathrm{A}}}{2}+\frac{t}{L_{\mathrm{bp}}}\times x_{\mathrm{f}} \tag{1-6}$$

式中：d_{F}——船舶首吃水（m）；

d_{A}——船舶尾吃水（m）；

x_{f}——漂心距船中距离（m），船中前取正（+），船中后取负（−）；

L_{bp}——垂线间长（m）；

t——吃水差，$t=d_{\mathrm{F}}-d_{\mathrm{A}}$。

3.只有横倾无纵倾

当船舶只有横倾而无纵倾时，左右舷吃水不相等，其平均吃水为：

$$d_{\mathrm{M}}=\frac{d_{\mathrm{FP}}+d_{\mathrm{FS}}}{2}=\frac{d_{\mathrm{AP}}+d_{\mathrm{AS}}}{2}=\frac{d_{\mathrm{⊠P}}+d_{\mathrm{⊠S}}}{2} \tag{1-7}$$

式中：d_{FP}，d_{FS}——船首左、右舷吃水（m）；

d_{AP}，d_{AS}——船尾左、右舷吃水（m）；

$d_{\mathrm{⊠P}}$，$d_{\mathrm{⊠S}}$——船中左、右舷吃水（m）。

4.任意倾斜

当船舶同时存在纵倾和横倾时，六面吃水均不相等，该浮态下的平均吃水可按下式算出：

$$d_{\mathrm{M}}=\frac{d_{\mathrm{FP}}+d_{\mathrm{FS}}+d_{\mathrm{⊠P}}+d_{\mathrm{⊠S}}+d_{\mathrm{AP}}+d_{\mathrm{AS}}}{6}+\frac{t}{L_{\mathrm{bp}}}\times x_{\mathrm{f}} \tag{1-8}$$

式中，吃水差 t 为

$$t=\frac{d_{\mathrm{FP}}+d_{\mathrm{FS}}}{2}-\frac{d_{\mathrm{AP}}+d_{\mathrm{AS}}}{2} \tag{1-9}$$

5.船体拱垂变形对吃水的修正

船体纵向弯曲变形后，在船中处测得船中吃水为 $d_{⊠}$，与弯曲变形前平均吃水 d_{M} 有一差值 $\delta d_{⊠}$。当船舶存在拱垂变形时，按上述方法求得的平均吃水与实际平均吃水可按下式计算：

$$d_{\mathrm{M}}=\frac{d_{\mathrm{F}}+6d_{⊠}+d_{\mathrm{A}}}{8}+\frac{t}{L_{\mathrm{bp}}}\times x_{\mathrm{f}} \tag{1-10}$$

式（1-10）的实质是，船舶中部的排水体积较大，在计算平均吃水时船中吃水取较大权数。应该指出，当货物交接是以水尺检量方法确定的货物重量为准时，尚应对上述方法求得的平均吃水再加以修正，以达到更高的精度要求。

6.水密度对船舶吃水的影响

船舶航行于不同的港口与海域,其舷外水密度将对船舶吃水产生影响。当船舶排水量一定时,它在海水和淡水中所排开水的体积不同,因此,船舶吃水也不相同,在淡水中的吃水要大于在海水中的吃水。

水密度对船舶吃水的影响可按以下公式计算:

$$\delta d_\rho = \frac{\Delta}{100TPC}\left(\frac{\rho_s}{\rho_2} - \frac{\rho_s}{\rho_1}\right)\ (\text{m}) \tag{1-11}$$

式中:δd_ρ——舷外水密度变化引起的船舶平均吃水的改变量(m);

Δ——进入新水域前的船舶排水量(t);

TPC——该排水量状态下标准海水每厘米吃水吨数(t/cm);

ρ_s——标准海水密度(1.025 g/cm³);

ρ_1——原水域密度(g/cm³);

ρ_2——新水域密度(g/cm³)。

在船舶资料中,通常可以查到淡水水尺超额量 FWA(Fresh Water Allowance)数据。淡水水尺超额量是指船舶由标准海水($\rho=1.025$ g/cm³)进入标准淡水($\rho=1.000$ g/cm³)时,其平均吃水的增加值,可由式(1-11)推导出:

$$FWA = \frac{\Delta}{4\,000TPC}\ (\text{m}) \tag{1-12}$$

式中:Δ——船舶排水量(t);

TPC——该排水量状态下标准海水每厘米吃水吨数(t/cm)。

船舶由标准海水进入水密度为 ρ_1 的半淡水(1.000 g/cm³<ρ_1<1.025 g/cm³)的水域时,其平均吃水改变量称为半淡水水尺超额量(Semi Fresh Water Allowance),可以近似公式求得:

$$\delta d = 40\times(1.025-\rho_1)\times FWA \tag{1-13}$$

有的船上所配置的载重表尺中有水密度修正栏,可根据船舶平均型吃水和所处水域的水密度在该栏中相应列线上查出对应的排水量,也可根据船舶排水量反查出在不同水密度下的船舶平均型吃水值。

任务七　船舶干舷及载重线标志

🔅 任务目标

熟悉储备浮力、船舶干舷的具体位置,两者之间的关系;掌握载重线标志的组成,甲板线、载重线圈、各条载重线的位置关系,及各载重线的间距;了解载重线海图及各海区划分的依据,能够在不同的海区选择相适应的载重线。

⊛ **任务(知识)储备**

一、储备浮力

储备浮力(Reserved Buoyancy)是表征船舶适航性的指标之一,是指满载水线以上船体水密空间所能提供的浮力。这些水密空间应包括满载水线以上,干舷甲板以下部分的水密空间,以及上层建筑内部具有规范要求的强度的舱壁和水密封闭设备的那部分空间。上层建筑内任何没有水密设备的空间均不计入储备浮力。船舶安全储备浮力的大小与船舶尺度、用途、结构特点和航行区域有关,一般海船的储备浮力为排水量的20%~50%,河船的储备浮力为排水量的10%~15%。

二、船舶干舷

船舶干舷(Free Board)在生产实践中泛指在船中处从干舷甲板的上边缘向下量到实际装载水线间的垂直距离,当然,我们把这段距离叫作船舶实际干舷更为合适。船舶资料以及船舶载重线证书中所记载的船舶干舷值,特指在船中处从干舷甲板的上边缘向下量到有关载重线上边缘之间的垂直距离。船舶干舷 F 与型深 D、型吃水 d 的关系为:

$$F=D-d+\varepsilon \tag{1-14}$$

式中:ε——干舷甲板边板的厚度。

船舶干舷的大小可以作为衡量储备浮力大小的依据。船舶干舷越大,船舶储备浮力越大,其航海安全性也就越大。但船舶干舷过大,会使船舶的实际载重能力变小。因此,适宜的干舷大小和储备浮力值,对营运船舶来说是很重要的。在风浪较大的季节,要求船舶有较大的储备浮力,而在风浪较小的季节,可以采用较小的干舷。船舶检验部门为了保证船舶航海安全,同时使船舶具有尽可能大的装载能力,规定在船舶两舷勘划载重线标志,以限定船舶的最大吃水,这样也就规定了船舶的最小干舷。船舶在任何情况下,包括开航时、航行途中以及到港时,都不得使其实际干舷小于规定的船舶最小干舷。

三、船舶载重线标志

船舶载重线标志(Mark of Load Line)是指为标明船舶载重线位置,用以检查装载水线,使之不小于已核定的最小干舷,而按《国际船舶载重线公约》或各国的船舶载重线规范所规定的式样勘绘于船中两舷的标志。现根据《国际船舶载重线公约》以及我国《法定检验规则》,就各类船舶的载重线标志做如下说明:

1.国际航行船舶载重线标志

国际航行船舶载重线标志包括甲板线、载重线圈、载重线三部分。

(1)甲板线(Mark of Deck Line)

甲板线为一条水平线,勘绘在两舷船中处,其上边缘一般应经过干舷甲板上表面向外延伸与船体外表面的交点。

（2）载重线圈（Load Line Disk）

载重线圈包括一圆环和与圆环相交的一条水平线，该水平线上边缘通过圆环的中心；圆环的中心位于船中，至甲板线上边缘垂直距离等于所核定的夏季最小干舷。在载重线圈的两侧加绘表示勘定干舷机构的简称字母。"CS"为中国船级社的简称字母。

（3）载重线（Load Line）

载重线系船舶按其航行的区带、区域和季节期而定的装载水线。各载重线与一根垂直线相垂直。

①热带载重线，以标有"T"的水平线段表示，勘绘在夏季载重线的上方，较夏季载重线高 $d_S/48$。

②夏季载重线，以标有"S"的水平线段表示，该水平线的上边缘通过载重线圈中心。

③冬季载重线，以标有"W"的水平线段表示，勘绘在夏季载重线的下方，较夏季载重线低 $d_S/48$。

④冬季北大西洋载重线，以标有"WNA"的水平线段表示，勘绘在冬季载重线的下方，较冬季载重线低 50 mm。

⑤夏季淡水载重线，以标有"F"的水平线段表示，勘绘在垂直线的后方，较夏季载重线高 $\Delta_S/40TPC$ 或 $d_S/48$。

⑥热带淡水载重线，以标有"TF"的水平线段表示，勘绘在夏季淡水载重线的上方，较热带载重线高 $\Delta_S/40TPC$ 或 $d_S/48$。

其中，Δ_S、d_S、TPC 分别为夏季满载排水量以及该排水量所对应的型吃水和海水每厘米吃水吨数。

表 1-4 为 A 轮在不同满载水线时对应的干舷、排水量和总载重量。

表 1-4 A 轮在不同满载水线时对应的干舷、排水量和总载重量

载重线	实际吃水（m）	干舷（m）	排水量(t)		总载重量(t)	
			淡水	海水	淡水	海水
空船	2.94	9.60	6 282		0	
夏季	9.07	3.47		21 195		14 913
冬季	8.88	3.66		20 711		14 429
热带	9.26	3.28		21 679		15 397
夏季淡水	9.27	3.27	21 195		14 913	
热带淡水	8.92	3.62	21 679		15 397	

船舶载重线标志应永久性地勘绘在船舷两侧，这些标志应清晰可见。当船舷为暗色底者，应漆成白色或黄色；当船舷为浅色底者，应漆成黑色。国际航行船舶载重线标志如图 1-15（a）所示。

2.国际航行承运木材甲板货物的船舶载重线标志

木材甲板货物是指在干舷甲板或上层建筑甲板的露天部分运载的木材及其加工品，但不包括纸浆或类似货物。

木材甲板货物可以给船舶一定的附加浮力和增加抗御海浪的能力，因此，运载木材甲板货物的船舶，可以允许减少干舷，并根据公约或规范，在船舷勘绘木材载重线。

木材载重线应在通常载重线以外勘绘，位于载重线圈的后方。各木材载重线分别在相应的载重线标注前加上英文字母"L",如用标有"LS"英文字母的水平线段来表示夏季木材载重线。

除北大西洋冬季木材最小干舷和北大西洋冬季最小干舷一样以外,各木材载重线最小。干舷比相应的载重线最小干舷要小。

(1)冬季木材干舷,在夏季木材干舷上增加夏季木材型吃水的1/36。

(2)热带木材干舷,从夏季木材干舷中减去夏季木材型吃水的1/48。

国际航行承运木材甲板货物的船舶载重线标志如图1-15(b)所示。

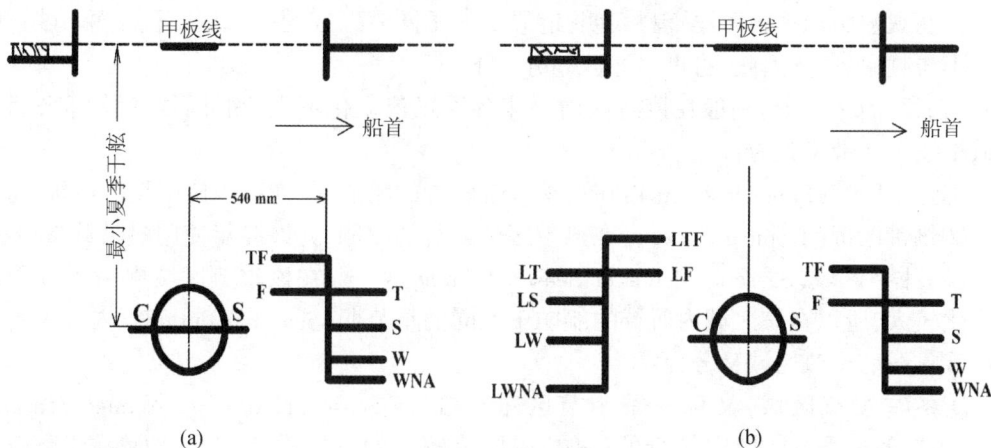

图 1-15 国际航行船舶载重线标志

3.我国国内航行船舶载重线标志

国内航行船舶载重线标志同样由甲板线、载重线圈、载重线三部分组成。

国内航行船舶甲板线的规定与国际航行船舶甲板线的规定相同。载重线圈由一圆环与圆环相交的一条水平线组成,圆环水平线以下半圆部分与标志均为一色,载重线圈两侧加绘勘定干舷机构的简称字母"ZC"字样。由于沿岸海面的风浪较小,所以国内航行船舶的最小干舷要比国际航行船舶相应载重线的最小干舷要小。另外,国内航行船舶的全部航行区域为季节热带区域,因此不勘绘冬季载重线。国内航行船舶载重线标志如图1-16所示。

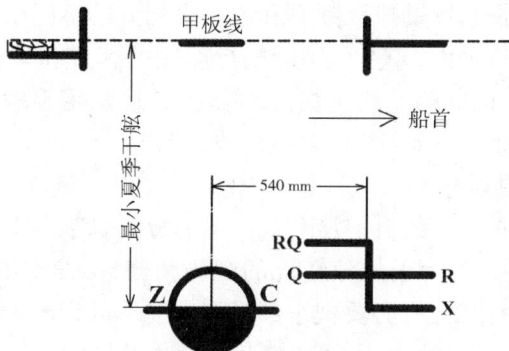

图 1-16 国内航行船舶载重线标志

四、海区的划分及使用载重线的注意事项

船舶各载重线的使用与船舶航行的海区和季节期有着密切的关系。规定多种载重线就是使船舶在不同的风浪条件下采用不同的载重线,以达到保证船舶在航行安全的前提下更多地载运货物。《国际船舶载重线公约》和我国《法定检验规则》,对载重线的使用及海区和季节期的划分做了详细的规定。

1.世界海区的划分

长期观测所积累的海洋资料表明,世界上的不同海区或同一海区不同的季节期,风浪大小与频率各异,因此,将世界海区划分如下:

(1)区带(Zones):一般在该海区内一年各季风浪变化不大,因此,终年均可采用同一载重线。区带又分为:

①夏季区带(Summer Zones):在夏季区带航行的船舶,允许终年使用夏季载重线。

②热带区带(Tropical Zones):在热带区带航行的船舶,允许终年使用热带载重线。

(2)季节区域(Seasonal Zones or Seasonal Areas):一般在该季节区域内一年各季风浪变化较大,所以在该区域内航行的船舶于不同的季节期(Seasonal Periods)内应采用不同的载重线。季节区域又分为:

①冬季季节区域,又称冬季季节区带(Winter Seasonal Areas or Winter Seasonal Zones):在冬季季节区域内航行的船舶,在风浪较小的夏季季节期允许使用夏季载重线,而在风浪较大的冬季季节期应使用冬季载重线。

②热带季节区域,又称季节热带区域(Seasonal Tropical Areas):在热带季节区域内航行的船舶,在风浪较小的热带季节期允许使用热带载重线,在风浪较大的夏季季节期应使用夏季载重线。

(3)北大西洋冬季季节区带Ⅰ、Ⅱ(North Atlantic Winter Seasonal Zone Ⅰ、Ⅱ)

对于船长小于或等于100 m的船舶,航行于西经15°和西经50°两子午线之间的北大西洋冬季季节区带Ⅱ部分及北大西洋冬季季节区带Ⅰ的全部时,在冬季季节期内必须使用冬季北大西洋载重线。

必须指出,以上所说的热带、夏季、冬季季节期等并非通常从气候、气温等角度所划分的一年四季,而是根据海区的风浪频率和大小来划分的不同季节期,其划分原则可查《国际船舶载重线公约》的相关章节。国际航行船舶的区带和季节区域的界限划分、季节期的起迄时间,详见《国际船舶载重线公约》或我国《法定检验规则》附录中的《商船用区带、区域和季节期海图》(以下简称"载重线海图")。

2.我国沿海海区的划分

根据《国际船舶载重线公约》的规定,我国沿海分别属于夏季区带和热带季节区域。我国有关部门根据对中国沿海的风浪情况的观测和分析,发现中国东部沿海在一年中各个时期风浪还是有变化的,有必要把东部沿海由夏季区带改为热带季节区域;同时还发现中国南海风浪较小的时间较长,需要将其热带季节期的时间延长。因此,我国政府在加入《1966年国际船舶载重线公约》时,对该公约的附则Ⅱ关于"区带、区域和季节期"中将我国沿海划为夏季区带和热带季节区域的规定做了保留,申明我国沿海区域的

划分不受该公约约束。根据我国 1985 年《海船载重线规范》以及 2004 年颁布的《法定检验规则》中的附录部分,对于悬挂我国国旗的国际航行和国内航行的船舶,在我国沿海航行时,载重线海区和季节期的划分如下:

(1)国际航行船舶

香港港至苏哈尔港的恒向线以北至鸭绿江口中国沿海海域:

自 4 月 16 日至 9 月 30 日使用热带载重线;自 10 月 1 日至 4 月 15 日使用夏季载重线。

香港港至苏哈尔港的恒向线以南中国沿海海域:

自 1 月 21 日至 9 月 30 日使用热带载重线;自 10 月 1 日至 1 月 20 日使用夏季载重线。

悬挂缔约国国旗的外国籍船舶仍应执行《1966 年国际船舶载重线公约》的规定。

(2)国内航行船舶

汕头以北的中国海域:

自 4 月 16 日至 10 月 31 日使用热带载重线;自 11 月 1 日至 4 月 15 日使用夏季载重线。

汕头以南的中国海域:

自 2 月 16 日至 10 月 31 日使用热带载重线;自 11 月 1 日至 2 月 15 日使用夏季载重线。

3.船舶载重线使用注意事项

(1)船舶实际装载水线在任何情况下,都不得超过根据航行季节和航行海域所确定的载重线的上缘,包括开航时、航行中以及到港时。

(2)位于两个区带或区域的分界线上的港口,应被看作船舶到达或驶离的区带或区域内。也就是说,船舶从何种类型的海域进入该港口,或者从该港口离开后驶入何种类型的海域,载重线就按照该海域的要求使用。

(3)当船舶的始发港、中途港是河口港时,应根据该河入海口所在的位置以及离港时的季节期,来决定使用热带淡水载重线或夏季淡水载重线。

(4)当船舶的始发港、中途港是河口港,而该河口港距海口有一定的距离时,允许船舶在开航时,在所选用的淡水载重线上少量超载,其最大超载量等于船舶自河口港航行至海口所需的燃料、淡水消耗量。

(5)对于使用木材载重线的船舶需注意,在甲板木材的堆装、绑扎及稳性计算方面,规范有些特殊要求,应查阅 IMO《船舶装载木材甲板货安全实用规则》或我国《法定检验规则》中的有关规定。

任务八　海运货物的分类及性质

⚓ 任务目标

掌握杂货、散装货物、集装箱货物、危险货物、特殊货物、一般货物等不同货物的概念,能够根据货物的形态、性质等辨别货物的类别;熟悉一些常见货物因物理、化学、生物与机械性质变化所表现出来的不同状态。

⚓ 任务(知识)储备

一、货物分类

海上运输的货物,品种繁多,包装、规格、特性、装运方式等各不相同,因而货物分类的方法也不尽相同,不同的货物分类方法只能表征货物的某一方面的特点。

1.按货物形态和装运方式分类

(1)杂货(General Cargo)

杂货是指以某种包装或裸装形式运输的货物。

①普通杂货(Normal General Cargo)

普通杂货是指使用普通杂货船运输的包装或裸装形式的货物,包括非整船运输的固体散货和液体散货等,通常批量较小。

②特殊杂货(Special General Cargo)

特殊杂货是指使用专用船舶或配有特殊设备的杂货船运输的包装或裸装形式的货物,如货物单元、重大件、危险品、冷藏货物、活动物等。

(2)散装货物(Bulk Cargo)

散装货物是指无包装、不计件,以散装形式运输的货物。

①固体散装货物(Solid Bulk Cargo)

固体散装货物是指直接装船而不需包装和标志的大批量运输的块、粒、粉、末等形状的固体货物,如矿石、谷物、化肥、煤炭、水泥等。固体散装货物一般用专用固体散货船运输。

②液体散装货物(Liquid Bulk Cargo)

液体散装货物是指直接装船而不需包装和标志的大批量运输的液体货物,如石油及其产品、液化气体、液体散装化学品等。液体散装货物一般用专用液体散货船运输。

(3)集装箱货物(Container Cargo)

集装箱货物是指将一定数量的包装、裸装或散装货物装入集装箱内作为一个货运单元运输的货物。

2.按货物特性及运输要求分类

（1）危险货物（Dangerous Cargo）

危险货物是指具有燃烧、爆炸、腐蚀、毒害、放射射线等性质，在装卸、贮存或运输过程中如处理不当，可能会引起人身伤亡、财产毁损或造成海洋污染的货物，如爆炸品、压缩气体、易燃液体、易燃固体、有毒物质、放射性物质等。危险货物有包装危险货物、固体散装危险货物和液体散装危险货物三种形式。

（2）特殊货物（Special Cargo）

特殊货物是指除危险货物外的那些性质特殊、在运输过程中易影响其他货物或易被其他货物及环境所影响的货物，如气味货、扬尘污染货、冷藏货、吸湿货等。

（3）一般货物（Normal Cargo）

一般货物是指其性质对运输无特殊要求的货物。

应该清楚，特殊货物和一般货物的划分并无明确界限，在某些条件下为特殊货物，而在某些条件转化后应视为一般货物。

二、货物性质

货物在装运过程中，由于其自身的自然属性、化学成分和结构的不同，当受到温度、湿度、微生物等不利环境因素的影响，以及装卸作业中的外力影响时，都可能引起货物在质量和数量上的变化，而这些变化主要是由货物本身的物理、化学、生物和机械性质造成的。

1.货物的物理性质

货物的物理性质是指货物受外界因素的作用或其本身性质决定而发生物理变化的性质。与海上运输有关的货物物理性质主要有吸湿性与发汗性、冻结性和熔化性、膨胀性和物理爆炸性、放射性等。

（1）吸湿性和发汗性

吸湿性和发汗性是指货物在运输过程中吸收和散发水分的性质。货物的吸湿性和发汗性会引起化学反应、生物化学变化，并且为微生物繁殖创造条件。货物的吸湿性和发汗性主要受环境温度、相对湿度，以及货物本身的含水量、蒸汽压、表面积、化学成分等因素影响。

（2）冻结性和熔化性

冻结性是指表面有较多水分或内部组织中有较多水分的货物在低温下容易冻结的性质。熔化性是指某些货物遇高温会熔化，从而失去形状，影响纯度并污染其他货物的特性。

（3）膨胀性和物理爆炸性

膨胀性是指液体货物和气体货物所具有的热胀冷缩的特性。物理爆炸性是指装于容器内的压缩气体遇高温可能引起内部气压急剧上升，当超过容器耐压值时会引起物理爆炸。

（4）放射性

放射性是指放射性物质由于其本身性质放射出有害射线的性质。含有这类物质的货物若无合格的防护包装,会对人体造成极大的伤害。

2.货物的化学性质

货物的化学性质是指其化学成分受环境因素或其他货物的影响而发生化学变化的性质。与海上运输有关的货物化学性质主要有锈蚀性、自热性、自燃性、化学爆炸性和腐蚀性等。

(1)锈蚀性

锈蚀性是指绝大多数金属及制品被氧化而锈蚀,以及金属混合后可能引起电化学作用而产生的锈蚀。金属的锈蚀程度直接与其周围的环境有关,在干湿度变化较大或受电解质的影响下锈蚀较快。

(2)自热性

自热性是指某些货物在一定的条件下易发生缓慢的氧化反应而放出热量,导致货物内部温度升高的性质。自热往往会引起燃烧,甚至爆炸,还会使货物腐败变质。影响货物自热性的主要因素有外界的温度、湿度和二氧化碳浓度以及货物的堆码方式等。

(3)自燃性

自燃性是指某些货物在自热的基础上导致温度升高而引起燃烧的性质。一般当货物温度超过其燃点时,如有足够的氧气便会自己发生燃烧。影响货物自燃性的主要因素有货物本身的还原性、货物颗粒的大小以及是否有适当的通风等。

(4)化学爆炸性

化学爆炸性是指货物在外界的高温、高压或机械冲击等诱发下发生的剧烈的氧化反应。化学爆炸性是货物内部同时具有氧化剂、还原剂两种化学成分所决定的,而化学爆炸的发生需要外界因素的诱发。

(5)腐蚀性

腐蚀性是指某些货物能对其他物质产生腐蚀性破坏作用的特性。影响货物腐蚀性的主要因素取决于包装或容器是否牢固、密封以及是否有合格的外包装。

3.货物的生物性质

货物的生物性质是指其有机成分受微生物的作用发生腐败或霉变的性质。与海上运输有关的货物生物性质主要有腐败性和霉变性等。

(1)腐败性

腐败性是指货物在常温下运输引起内部微生物大量繁殖,营养成分分解而腐败变质的性质。其主要影响因素是温度、酸碱度、氧气浓度、外界的紫外线和射线及溶液的渗透压等。

(2)霉变性

霉变性是指某些货物受霉菌的作用而发生霉变的性质。影响货物霉变的主要因素是水分和温度。

4.货物的机械性质

货物的机械性质是指货物及其包装所具有的抵抗外界的压力和机械冲击的能力,可用耐压强度(单位为 kPa)和允许冲击加速度(单位为 m/s^2)来表示。与海上运输有关的货物机械性质主要有易碎性和脆弱性等。

任务九　海运货物的包装与标志

🧭 任务目标

掌握货物包装在运输中的作用,能对内包装、外包装及箱、捆、袋、桶、特殊包装等包装形式进行辨别,应熟悉一些常见包装的英文缩写;理解主标志、副标志、注意标志等货物标志的使用场景,能够在实践中区分各种不同标志,以便于船上货运工作的进行。

🧭 任务(知识)储备

一、货物包装

根据货物的性质,为便于货物的运输和保管而给货物设置的容器或外壳统称为货物包装(Package)。

1.货物包装的作用

货物包装主要有以下作用:

(1)防止货物水湿、污染、损坏、散漏或短缺,保证货物本身的质量完好和数量完整;

(2)防止某些危险货物本身对人身的伤害和其他危险对外界的影响;

(3)便于货物的搬运、堆码、装卸及理货。

2.货物包装的分类

(1)按照包装的作用,货物包装可分为外包装和内包装:

①外包装(Outer Package)又称运输包装,主要用来防止货物因碰撞、挤压或跌落而受损以及防止货物的散落,同时坚固的外包装便于货物的装卸。外包装一般是硬包装。

②内包装(Inner Package)又称商品包装,主要用来防潮、防震、防异味污染、防气味散失等。内包装一般是软包装。

(2)按照包装的形式,货物包装又可分为箱、捆、袋、桶,以及特殊包装、裸装等:

①箱(Case)包装:如木箱(Case、Box、Chest)、纸板箱(Carton)等。

②捆(Bale)包装:如捆包(Bale)、蒲包(Mat)、布包(Burlap)等。

③袋(Bag)包装:如麻袋(Gunny Bag)、布袋(Cloth Bag)、牛皮纸袋(Paper Bag)、编织袋(Knitting Bag)、集装袋(俗称太空包)(Flexible Freight Container)等。

④桶(Drum)包装:如铁桶(Drum)、罐(Can)、听(Tin)、大琵琶桶(Barrel)等。

⑤特殊包装(Special Package):如瓶(Bottle)、坛(Jar)、篓(Basket)、笼(Cage)、钢瓶(Cylinder)等。

⑥裸装(Unpacked):如盘(Coil)、卷(Roll)、捆(Bundle)、块(Pig)、件(Piece)等。

在有关货运单证上,我们经常可以看到上述包装的缩写符号,如 C/S、Bxs、Ctns、Bls、Bgs、Brls、Drms、Botls、Bdls、Pkgs、Pcs 等,对于这些符号的含义,我们应该通过生产实践,逐渐地熟悉它们。

（3）危险货物包装分类：危险货物包装按其适用范围可分为通用包装和专用包装，详见项目七"包装危险货物运输"。

二、货物标志

为便于货物的运输和识别，由发货人涂刷（或拴挂或粘贴）在货件两端的文字、符号和图案统称为货物标志。与海上货物运输有关的货物标志包括主标志、副标志和注意标志等。

1.主标志

主标志（Main Mark）是货物标志的主体，是货物运输中识别同批货物的基本标志。通常用文字或代号表示，其内容有收货人名称、贸易合同编号或信用证编号和发货符号等。在有关的货运单证如装货单、舱单、提单上都要记录主标志的内容。

2.副标志

副标志（Counter Mark）是主标志的补充，其内容包括发货港、卸货港、货物品名、规格、编号、尺码、重量等。

主标志和副标志是为货物收发、交接和运输提供必要的方便条件，故又统称为运输标志。

3.注意标志

注意标志（Cautionary Mark or Care Mark）又称辅助标志，多是各种形象的图案并辅以文字说明，用以显示货物的性质以及提示有关装卸、搬运和保管的注意事项，对减少货损，保证货物、设备及人身安全都起着重要作用。

注意标志包括指示标志和危险货物标志。

（1）指示标志（Instructive Mark）又称保护标志（Protective Mark），用以提示在装卸作业、存放保管货物、开启包件等方面的注意事项。

为了克服各国间辨认文字的困难，在国际贸易中经常采用一些普遍认可的图案作为指示标志，如图 1-17 所示。

图 1-17　货物指示标志

（2）危险货物标志（Dangerous Goods Mark）也称警戒标志（Warning Mark），用于标志危险货物，表示其所属类别及特性。这种标志图案形象，色彩醒目，以期引起人们足够的注意和重视。在《国际危险货物运输规则》中，各类危险货物都有专门的标志，详见项目七包装危险货物运输。

任务十　货物计量与自然减量

任务目标

熟悉计重货物、容积货物的概念及界定标准，应注意计重货物、容积货物是仅在计算货物运费时使用的概念；理解货物自然减量及自然损耗率的概念，自然损耗率在实际工作中的应用。

任务（知识）储备

一、货物计量

货物数量的多少，通常以货物的重量、体积或件数来计量。

1.计重货物

计重货物（Weight Cargo）是指按其毛重进行计量并据以计算运费的货物，在运价表中用"W"标记。计重货物的计量单位为重量吨，如公吨（Metric Ton）、长吨（Long Ton）等。

按照国际惯例，通常把每一公吨货物的体积小于 40 ft³ 者列为计重货物。我国远洋运输运价表中规定，每一公吨货物体积小于 1 m³ 时，按计重货物计收运费。

计重货物的计重方法主要有定量包装法、衡重法、液货计量法以及水尺检量法等。

2.容积货物

容积货物（Measurement Cargo）是指按其体积进行计量并据以计算运费的货物，在运价表中用"M"标记。容积货物的计量单位为容积吨（Measurement Ton），容积吨也称尺码吨。

国际上通常把每一公吨货物的体积超过 40 ft³ 者列为容积货物，以 40 ft³ 为一容积吨。我国现行的运费计算标准中规定，每一公吨货物的体积大于 1 m³ 者为容积货物，以 1 m³ 为 1 容积吨。

容积货物通常以其最大外形尺寸进行丈量。

在运价表中还有用"W/M"标记的货物，该种货物按其重量吨和容积吨的高者计算运费。

值得注意的是，容积吨只在计算运费时作为容积货物的计量单位，而货物的装运和交接等，均以货物的重量吨和（或）件数作为依据。

3.货物计件

货物的件数可供货物在运输过程中的交接以及发生货损、货差时的索赔使用,其计件方法有:

(1)对于普通包装的货物,将每一包装计为一件货物;

(2)对于使用集装箱、托盘或类似货物单元集运的货物,将一个货物单元计为一件货物;

(3)对于空集装箱、拖车、罐柜、重大件等货物单元,通常也是将一个货物单元计为一件货物。

二、货物自然减量

货物在运输保管过程中,因其本身性质、运输自然条件以及运输技术限制等因素的影响,造成货物在重量上不可避免的减少,称为货物自然减量(Normal Loss of Quantity),又称货物自然损耗。

引起货物自然损耗的基本原因,主要有干耗(蒸发或挥发)、散失(飞扬与撒落)、流失(溢渗与漏失)等。

这种非人为的货物重量的减少量占运输货物原来总重量的百分比,称为货物的自然损耗率。自然损耗率的大小,与货物性质、状态、包装、装卸方式、装卸次数、气候条件、运输时间的长短等因素有关。

在货物运输保管过程中,如果货物重的减少量在公认的自然损耗率或贸易合同中规定的损耗限度之内,船方不负任何赔偿责任。

任务十一　亏舱与货物积载因数

✦ 任务目标

熟悉产生亏舱的具体原因,明确亏舱率的概念及与两种货物积载因数的关系,能够在实际工作中利用亏舱率、包括亏舱的积载因数、不包括亏舱的积载因数等的关系相互换算,进行一些基本的计算。

✦ 任务(知识)储备

一、亏舱舱容

在装货时,无论货物的堆装技术如何完善,货舱的某些部位在堆装货物时因不便使用,难免会产生无法利用的空间,这个空间就叫作亏舱舱容(Broken Space)或空位,以 δV 表示。

造成货物亏舱的主要原因有:

（1）由于货物堆码不紧密，货件间空隙过大造成的货舱容积损失；

（2）为给货物留出通风通道造成的货舱容积损失；

（3）对货物进行绑扎占用了部分货舱容积；

（4）由于货物的包装形式与货舱的形状不相适应而使某些货舱容积无法被利用。

二、亏舱率

亏舱的多少一般以亏舱率来表示。亏舱率（Ratio of Broken Space）是指亏舱舱容与货物在舱内堆放时实际所占用的货舱容积之比值，以 C_{bs} 表示：

$$C_{bs} = \frac{\delta V}{V_{ch}} \times 100\% = \frac{V_{ch} - V_c}{V_{ch}} \times 100\% \tag{1-15}$$

亏舱率的大小取决于货物的种类、包装形式、堆装方式与质量以及货物装舱部位等因素。袋装、捆包货物的亏舱率相对较小，而箱装、桶装货物的亏舱率相对较大；在舱形比较规整的中部货舱堆装货物，亏舱率较小，在舱形不规整的首、尾货舱装货，亏舱率较大。

三、货物积载因数

货物积载因数 SF（Stowage Factor）有两种：一种是包括亏舱的积载因数；另一种是不包括亏舱的积载因数。

1.包括亏舱的积载因数 SF（Stowage Factor Include Broken Space）

它是指每一吨某种货物在货舱内堆放时实际占用的货舱容积：

$$SF = \frac{V_{ch}}{P} \ (\text{m}^3/\text{t}) \tag{1-16}$$

式中：SF——包括亏舱的积载因数；

V_{ch}——货物在舱内堆放时实际所占用的货舱容积（m^3）。

2.不包括亏舱的积载因数 SF'（Stowage Factor not Include Broken Space）

它是指每一吨某种货物所具有的平均量尺体积，一般以该种货物装船前紧密堆放在堆场上时的最大长、宽、高外形尺寸之积除以该货物的总重量求得：

$$SF' = \frac{V_c}{P} \ (\text{m}^3/\text{t}) \tag{1-17}$$

式中：SF'——不包括亏舱的积载因数；

V_c——某种货物的量尺体积（m^3）；

P——某种货物重量（t）。

包括亏舱的积载因数和不包括亏舱的积载因数的区别在于，前者考虑货物在舱内堆放时由于亏舱而损失的舱容，后者则未予考虑。

3.两种积载因数之间的关系

根据亏舱率 C_{bs} 的定义，两种积载因数之间的关系为：

$$SF = \frac{SF'}{1 - C_{bs}} \tag{1-18}$$

一般货方提供的积载因数是不包括亏舱的积载因数,因此,在使用这种资料计算货物装舱所需占用的货舱容积时,应考虑该种货物的实际亏舱。各种货物包括亏舱的积载因数尽管可以通过查货运手册获得,但考虑到货物实际亏舱率受诸多因素影响,故货运手册中给出的数据往往是一个较大的范围。在生产实践中,结合本船的实际情况,总结出一些常运货物的包括亏舱的积载因数,对于做好货物的配积载工作有着非常重要的意义。

四、货物积载因数在货运工作中的应用

1.根据货物积载因数判断货物的轻重

从船舶配积载角度考虑,可将货物分为重货与轻货。重货、轻货是以该种货物的积载因数与船舶舱容系数相比较而言,当货物积载因数小于船舶的舱容系数时,即每公吨货物在舱内实际所占用的货舱容积,比船舶为每净载重吨货物所提供的货舱容积小时,称该货为重货;当货物积载因数大于船舶的舱容系数时,即每公吨货物在舱内实际所占用的货舱容积,比船舶为每净载重吨货物所提供的货舱容积大时,称该货为轻货或轻泡货。

2.确定所能装载货物的吨数或确定货物在舱内将实际占用的舱容大小

(1)已知货物包括亏舱的积载因数和可用来装货的舱容,确定所能装载货物的吨数:

$$P = \frac{V_{ch}}{SF} \ (t) \tag{1-19}$$

(2)已知货物吨数、货物不包括亏舱的积载因数和亏舱率,确定装载该货物所需的舱容:

$$V_{ch} = \frac{V_c}{1-C_{bs}} = \frac{P \times SF'}{1-C_{bs}} \ (m^3) \tag{1-20}$$

(3)已知货物吨数、货物包括亏舱的积载因数,确定装载该货物所需的舱容:

$$V_{ch} = P \times SF \ (m^3) \tag{1-21}$$

货物的积载因数以及亏舱率的准确,对做好货物在船上的配积载工作是很重要的。如果货物积载因数和亏舱率不准确,将直接影响船舶的装载。因此,在动手对货物进行配积载前,必须对货物积载因数进行必要的审核,不要盲目地相信货主所提供的资料,以免让自己处于被动的局面。

任务十二　船舶配积载

🔅 任务目标

简单了解什么是配积载及配积载的流程,知道配积载结果的呈现形式——配载

图的内容和作用。

任务（知识）储备

在海上货物运输过程中，为了保证船舶安全、货物运输质量和良好的营运经济效益，在装货前就对拟装的货物在船上的配装位置以及堆装方式做出正确与合理的安排，把这项工作称为船舶配积载。

根据船舶特性、货物特性以及对船舶配积载的一些基本要求，编制拟装货物在船上的配装位置和堆装计划，并用一个简单的示意图尽可能详尽地表示出来，这样的示意图叫作配积载图（Stowage Plan）。编制货物在船上的配积载计划，是远洋船舶主管货运工作的大副需做的一项重要而复杂的经常性工作，大副对此项工作必须认真对待，全力做好。

一、编制配积载计划的基本要求

船舶货物运输与其他领域的物质生产一样，要求做到安全、优质、快速、经济，即在保证船舶安全、货运优质的前提下，加速船舶周转，提高船舶营运经济效益，这是对货物配积载的基本要求。具体地说，一个比较合理可行的货物配积载计划应力求满足以下各项要求：

（1）充分利用船舶的载货能力；

（2）保证船体强度不受损伤；

（3）保证船舶具有适度的稳性；

（4）保证船舶具有适当的吃水差；

（5）保证货物运输质量；

（6）避免对海洋环境造成污染。

对于装载件杂货以及集装箱的船舶还有以下要求：

（1）满足中途港货物的顺利装卸；

（2）便于货物装卸，缩短船舶在港停泊时间；

（3）舱面装载应正确、合理。

二、配积载图的内容和作用

1.配积载图的内容

配积载图包括航次始发港、中途港及目的港，船舶开航日期，装货后船舶首、尾吃水状态，航次货运总量，各卸货港、各舱室货物数量，各票货物在货舱（或舱面）的具体配装位置，以及对货物隔票、衬垫、装卸特殊要求和注意事项等。集装箱船以及油船、散装液体化学品船、液化气体船等专用船舶使用自己特定格式的配积载图。

2.配积载图的作用

配积载图是船舶货运的指导文件，经船长审批的配积载图就成为指导航次货运的主要依据，船港双方都要按照配积载图的要求组织好货物装载工作，不经船方货运负责人（包括船长）同意，任何人不得擅自更改。配积载图也是发生货运事故时据以查证原因和分清责任的原始资料，具有一定的法律效力。

项目二
船舶载货能力

⚓ 项目描述

为了提高经济效益，降低运输成本，我们总是希望能够最大限度地多装载货物，以取得更好的经济效益，但从保障船舶安全的角度来看，过多地装载货物很难保证船舶浮性、稳性和结构强度等安全的要求。这就需要我们在满足船舶安全的基础上，确定船舶航次最大装货量。

⚓ 教学目标

1.知识目标

(1)掌握船舶载货能力的定义及内容；

(2)掌握载货能力核算的目的、方法与计算；

(3)掌握提高并充分利用载货能力的途径及措施；

(4)掌握充分利用船舶载货能力的方法和措施；

(5)了解船舶满舱满载计算。

2.能力目标

(1)能够根据航行条件正确选取船舶载重线；

(2)能够根据航次任务正确核算船舶的载货能力；

(3)能够提高对充分利用载货能力的途径及措施的认识；

(4)能够根据配载图及船舶资料核算船舶载货能力。

3.素质目标

(1)大局意识,爱岗敬业。

(2)诚信友善,耐心细致。

(3)开拓创新,勇于担当。

⚓ 思维导图

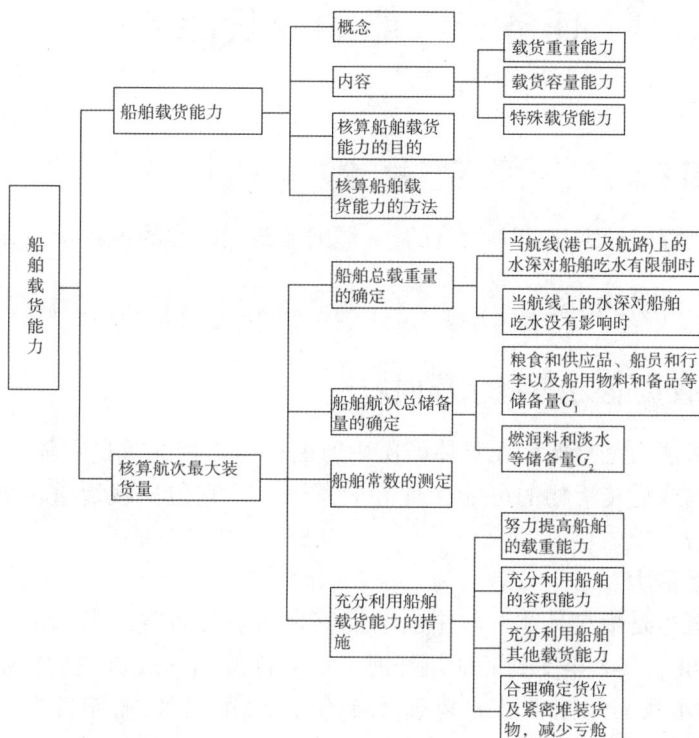

⚓ 任务引入

A 轮 11 月 15 日由广州黄埔港开往坦桑尼亚的达累斯萨拉姆港。开航时,主要油、水舱均装满,共携带燃油 1 045 t,重柴油 354 t,轻柴油 26 t,滑油和气缸油 55 t,淡水 417 t,返航时的燃油和淡水可以在达累斯萨拉姆港补给。该轮在达累斯萨拉姆港共停泊 14 天进行货物装卸,船舶航速为 14.5 kn,航行和停泊日消耗量如表 2-2 所示,黄埔港至达累斯萨拉姆港海上航程为 5 530 n mile,海上航行储备日期为 7 天,船舶常数为 232 t。

🔍 请思考:

(1) A 轮由黄埔港至达累斯萨拉姆港排水量如何确定?

(2) A 轮整个航次总载重量如何确定?

(3) A 轮如何合理确定整个航次的总储备量?

(4) A 轮整个航次净载重量如何计算?

(5) 货源充足的情况下如何保证船舶满舱满载?

任务一　船舶载货能力

🚢 **任务目标**

能够理解核算船舶载货能力的目的,掌握船舶载货能力的内容及核算方法。

🚢 **任务(知识)储备**

一、船舶载货能力的概念及内容

船舶的载货能力是指船舶在具体航次中所能承运货物的重量和体积的最大限额以及承运特殊货物或忌装货物的可能条件和数量限额。它包括载货重量能力、容量能力和特殊载货能力三项内容。

1.载货重量能力

载货重量能力是指在具体航次中船舶能够装运货物重量的最大限值,即船舶的航次净载重量 NDW。其大小受到船舶航经海区所允许使用的载重线、航线上的限制水深及航程长短、油水及其他储备品的装载及补给计划、压载水、船舶常数等因素的限制。对于船龄较大的老旧船,载货重量能力尚应考虑其船体强度的影响。

2.载货容量能力

载货容量能力是指具体航次中船舶装载的货物所允许使用的最大载货处所的容积或容量。各种不同的船舶,其载货容量能力有所不同。

(1)杂货船

对于杂货船,在装载件杂货时其载货容量能力一般是指船舶货舱的包装容积,但在某些航次中所运载的部分货物允许装于上甲板,此时载货容量能力尚需计及上甲板载货空间。

(2)固体散装货船

对于固体散装货船,由于通常运载固体散装货物,因此,其载货容量能力一般是指船舶货舱的散装容积,但在运输件杂货时,则是指包装容积。

(3)液体散装货船

液体散装货船的载货容量能力应为适当扣减膨胀余量后的液舱容积。

(4)木材甲板货运输船

木材甲板货运输船除在舱内装载木材外,还需在甲板上装运数量较大的木材甲板货,对于所装载的具体木材货种,在满足船舶性能的前提下,应具体分析和计算甲板货的装货容积。因此,木材甲板货运输船的载货容量能力应包括货舱容积和所能装载甲板木材的上甲板空间容积。

（5）集装箱船

对于集装箱船，其载货容量能力一般以换算箱容量 TEU（Twenty Feet Equivalent Unit）来衡量。它是衡量集装箱船大小的重要标准。

3.特殊载货能力

特殊载货能力是指船舶结构和设备所具有的装载某些特殊货物的能力。它可用船上可供装载有特殊运输要求货物的货舱容积，以及满足承运特殊货物的船舶结构和相关设备的性能等来表示。例如，船舶货舱及甲板强度、起重设备的起吊能力、系固设备等可以表征船舶承运重大件货的能力；杂货船间舱甲板是否液密、火密等决定了船舶承运包装危险货物的能力；集装箱船所设置的外接电源和插座位置决定了船舶载运冷藏集装箱的能力；某些杂货船的深舱容量或冷藏舱大小和制冷压缩机性能，决定了该船装载某些动植物油或冷藏货物的能力。

普通杂货船的载货能力受其载重能力、容积能力和其特殊载货能力的综合影响。船舶允许装载货物的最大重量不得超过其航次净载重量；所能装载货物的总体积不得超过船舶货舱总容积；船舶能否装载诸如重大件、冷藏货、液体货、危险货等，则取决于船舶是否具有承运这些特殊货物的特殊载货能力。

二、核算船舶载货能力的目的

充分利用船舶的载货能力是编制货物装载计划的基本要求之一，熟悉并充分利用船舶的载货能力，对提高船舶的营运经济效益有着十分重要的意义。

在拟订货物装载计划时，首先要做的就是进行船舶装载能力的核算。其目的是要比较船舶的装载能力与航次货运任务是否相适应，以判明船舶能否接受该航次装货清单中所列的全部货物品种和数量，即要核对待运货物的总重量是否超过航次净载重量，货物总体积是否超过货舱总容积，特殊载货能力是否适应特殊货物的种类及数量。如发现亏舱、亏载过多，应联系追加货物，以便充分利用船舶的载货能力，提高船舶的营运效益；若待运货物总重量或总体积过大或货物的种类不满足要求，不能全部装船，则应及早退掉部分货物，以免影响船舶的装载及开航。

三、核算船舶载货能力的方法

不同种类的船舶，其载货能力的核算方法基本相同，具体如下：

1.确定船舶的载货重量能力

根据本航次的具体航行情况，如码头泊位及航道水深情况、水密度情况、船舶航经的海区及所处的季节区域、航程长短等因素，计算船舶的航次净载重量 NDW。

2.确定船舶的载货容量能力

按预计所装货物种类确定船舶允许使用的载货空间容积。对于无甲板货装载情况，则船舶载货容量仅限于货舱容积；对于甲板上装载情况，应考虑货物在甲板上可用位置，以及在该位置上装载时可堆高度和可装位置受到船舶结构和设备、船舶稳性和操纵性等方面的约束。

3.确定船舶特殊载货能力

针对本航次拟装运货物中具有特殊装运要求的品种，详细查阅船舶资料及有关档案,了解并确定船舶的特殊载货能力。

4.了解并确认航次货载信息

根据托运人或其代理提供的具体航次拟装运货物的资料,了解其详细信息,包括货物的种类、积载因数、包装形式及件数、重量、体积、性质及特殊要求等,然后确认航次货载的总重量(又称航次货运量)、总体积(应考虑亏舱的影响)、特殊装运要求。

5.核算

本航次计划所运载的货物能否被船舶全部接受,应同时满足以下条件:

$$\sum Q \leqslant NDW$$

$$\sum V'_c \leqslant \sum V_{chi} + \sum V_d$$

式中:$\sum Q$——航次货运量(t);

$\quad NDW$——航次净载重量(t);

$\quad \sum V'_c$——包括亏舱的航次货物体积(m³)

$\quad \sum V_{chi}$——货舱容积(m³);

$\quad \sum V_d$——甲板装货处所容积(m³)。

如有特殊货物,船舶结构和设备应满足运输装载要求。

任务二　核算航次最大装货量

⊛ 任务目标

能够确定船舶总载重量、合理确定船舶的航次储备量,掌握充分利用船舶载货能力的措施。

⊛ 任务(知识)储备

对于某一具体船舶而言,船舶的容量能力和特殊载货能力是不会变化的,驾驶人员可查阅有关的船舶资料及根据平时对船舶的熟悉情况予以确定。而船舶的载重能力则要根据航次的具体情况,如港口及航路水深是否受限、航经海区及所处季节期、航程长短等,具体计算才能最后确定。

如前所述,航次净载重量等于船舶的总载重量减去航次总储备量和船舶常数,即:

$$NDW = DW - \sum G - C \text{ (t)}$$

如果根据生产实践的需要,船上需携带一部分压载水,或船上留有无法清除的油脚、垫水等,在计算船舶航次净载重量时,上述重量也应从总载重量中扣除。

下面分别讨论影响航次净载重量大小的船舶总载重量、船舶航次总储备量以及船舶常数的确定方法。

一、船舶总载重量的确定

计算船舶的航次净载重量首先要知道船舶总载重量。船舶总载重量随船舶实际装载水线变化而变化,可以按下述两种情况分别加以确定。

1.当航线(港口及航路)上的水深对船舶吃水有限制时

如果船舶的满载吃水大于港口、泊位或计划航线上最浅点的水深时,可根据最浅点的水深及其他一些影响因素来确定船舶的装载吃水,然后根据船舶的装载吃水确定其总载重量。

船舶的最大装载吃水 d 可按下式求得:

$$d = D_d + H_w + \delta d_g \pm \delta d_\rho - D_a - \delta d_t \quad (\text{m}) \tag{2-1}$$

式中:D_d——港口或航道最浅点处的海图基准水深(m)。

H_w——计划过最浅点时的潮高(m),可通过查潮汐资料获得。

δd_g——由装货港至最浅点处船舶燃料、淡水等消耗量对船舶吃水的影响值(m)。

δd_ρ——计划航线上最浅点处水的密度对船舶装载吃水的影响值(m),可根据式(1-11)计算,但计算的结果应取相反的符号。

D_a——船舶过最浅点时应留出的富余水深(m),此项数值应根据船舶大小、船速、浅水区底质及船上所载的货种决定,一般为 0.5~1.0,如果对过浅时的可利用潮高把握不准,富余水深应留得更大些。

δd_t——船舶过浅时,最大吃水与平均吃水的差值(m)。通常,在始发港配货时,大副就应计划好船上各类载荷的纵向分布及油水的消耗顺序,使船舶到达浅点时尽量处于平吃水状态,此时,该值为 0。

2.当航线上的水深对船舶吃水没有影响时

如果港口、泊位及计划航线上有足够的水深,对船舶吃水无任何限制时,应根据本航次船舶航行经过的海区及所处的季节期,从载重线海图中查得该船应使用的载重线,并据此查船舶资料,确定船舶总载重量。

一旦船舶航行计划确定,船舶的航行季节及航行海区也随之确定,则船舶载重线的选用分为以下几种情况:

(1)若船舶整个航次在使用同一条载重线的海区航行时,船舶的总载重量应根据所使用的载重线求得。

(2)若船舶是由使用较低载重线的海区航行至使用较高载重线的海区时,船舶的总载重量应根据较低载重线求得。

(3)若船舶是由使用较高载重线的海区航行至使用较低载重线的海区时,需要仔细核算船舶在使用较高载重线的海区航行期间将消耗的燃料、淡水及其他储备品对船舶吃水的影响,再正确选用相应的载重线,确定船舶总载重量,其计算过程如表 2-1 所示。

表 2-1　船舶航次航行情况及总载重量计算公式

航次航行情况	在使用较高载重线海区航行时储备品消耗与各载重线对应的排水量差值比较(t)	总载重量计算公式
热带载重线　夏季载重线 $A \longrightarrow B \longrightarrow C$	① $\sum G_{AB} > \delta \Delta_{T-S}$	$DW = \Delta_T - \Delta_L$
	② $\sum G_{AB} < \delta \Delta_{T-S}$	$DW = \Delta_S - \Delta_L + \sum G_{AB}$
夏季载重线　冬季载重线 $A \longrightarrow B \longrightarrow C$	① $\sum G_{AB} > \delta \Delta_{S-W}$	$DW = \Delta_S - \Delta_L$
	② $\sum G_{AB} < \delta \Delta_{S-W}$	$DW = \Delta_W - \Delta_L + \sum G_{AB}$

表中：

$\sum G_{AB}$——船舶在使用较高载重线海区航行时，储备品(主要是燃料和淡水)的消耗量总数(t)；

$\delta\Delta_{T-S}$——为热带满载排水量Δ_T与夏季满载排水量Δ_S之差值(t)；

$\delta\Delta_{S-W}$——为夏季满载排水量Δ_S与冬季满载排水量Δ_W之差值(t)；

Δ_L——空船排水量(t)。

从表中可知，当船舶由使用较高载重线的海区驶向使用较低载重线的海区，如AB航段距离较长，航行所消耗的燃料和淡水等的总数大于两条载重线所对应满载排水量之差值时，在装货港A可以使用较高的载重线来确定总载重量。如果从装货港至计划航线上载重线变更处B的距离较短，航行消耗总数小于较高载重线和较低载重线所对应的满载排水量之差值时，则在装货港A不能使用较高载重线，否则驶过载重线变更处B，进入使用较低载重线海区时，船舶实际吃水线仍在较低载重线以上，这是不允许的。这种情况下，它的总载重量应该是使用较低载重线时对应的总载重量，加上驶入使用较低载重线海区前的航行储备消耗量$\sum G_{AB}$，这样就保证了船舶由使用较高载重线的海区进入使用较低载重线的海区时，船舶实际吃水线刚好在低载重线上。

当船舶由使用较高载重线海区驶向使用较低载重线海区，并且在航程中两次变更所使用的载重线，即船舶由使用热带载重线的海区驶向使用夏季载重线的海区，再驶向使用冬季载重线的海区时，可以根据相同的原理确定船舶的航次总载重量。例如，从装货港至第一次需要变更载重线的位置B点，在这一段航程中船舶的航行储备消耗量大于Δ_{T-S}，且从装货港至第二次需要变更载重线的位置C点，在这一段航程中船舶的航行储备消耗量大于Δ_{T-W}，则在装货港可以根据热带载重线确定总载重量；如果从装货港至第一次需要变更载重线的位置B点，在这一段航程中船舶的航行消耗量大于Δ_{T-S}，但从装货港至第二次需要变更重线的位置C点，在这一段航程中船舶的航行消耗量小于Δ_{T-W}，则应根据冬季载重线所对应的总载重量，加上从装货港至C点的航行消耗量，来确定船舶在装货港时的总载重量。其他情况类推。

此外，《国际船舶载重线公约》规定，当船舶从内河港口驶出时，允许船舶超载，允许的超载量等于从出发港到入海口航段航行所需消耗的燃料、淡水的重量。如果船舶的入海航程较长，则应充分利用这一允许的超载重量。

二、船舶航次总储备量的确定

船舶航次总储备量可以分为两类：

1.粮食和供应品、船员和行李以及船用物料和备品等储备量 G_1

其重量应根据具体航次确定，但因其数量相对较小，变化也不太大，可视为固定值。

$$G_1 = G_P + G_{CE} + G_S(t) \tag{2-2}$$

式中：G_P——粮食和供应品的重量(t)；

G_{CE}——船员和行李重量(t)；

G_S——船用物料和备品的重量(t)。

2.燃润料和淡水等储备量 G_2

船舶燃润料和淡水等的储备量随具体航次的时间不同而变化较大，它们的数量取决于燃润料、淡水在始发港的装载方案以及在中途港的补给方案。这些方案应根据航次的具体情况,进行细致的分析和比较后加以确定。如始发港和中途港的燃润料、淡水的价格与质量,在中途港是否能及时并方便地得到燃润料和淡水的补充等,都是在确定燃润料和淡水装载与补给方案时需要考虑的因素。在定期租船时,还要考虑租家的意见。当燃润料、淡水的补给方案确定后,就可着手按下述两种情况分别计算船舶在始发港开航时应携带的燃润料和淡水等储备量。表 2-2 是 A 轮储备量消耗定额表。

(1)在始发港装满燃润料(包括重油、重柴油、轻柴油、润滑油、气缸油等)、淡水时,它们的数量取决于船舶供装载燃润料及淡水用的舱柜的数量与容积大小,即:

$$G_2 = G_0 + G_{FW} \ (t) \tag{2-3}$$

式中:G_0——船上所有燃润料油柜装满时,燃润料的总重量(t);

G_{FW}——船上所有淡水舱柜装满时,淡水的总重量(t)。

(2)在中途港补给燃料、淡水时,它们的数量取决于船舶不加补给的连续航行时间与停泊时间,以及航行与停泊期间每天的燃料和淡水的消耗量。这时的储备量 G_2 可按下式计算求得:

$$G_2 = (t_s + t_{rs}) \cdot g_s + t_b \cdot g_b \ (t) \tag{2-4}$$

式中:t_s——船舶由始发港到中途补给港的航行时间(d),$t_s = S/V$。S——船舶不加补给的连续航行距离(n mile);V——船舶在无风流情况下的平均航速(n mile/d)。

　　t_{rs}——船舶航行储备时间(d),它取决于航行的海区、季节以及航行的距离,同时要考虑船龄、货载、可提供补给的中途港的地理位置以及其他风险存在的可能。一般认为,航行储备时间,对近海及近洋航行的船舶,取3~5 d较为合适;对远洋船舶,宜取 5~7 d;总的航行消耗量储备也可按计划航行消耗量的25%予以考虑。

　　t_b——到下一次补给前的总的停泊时间(d)。如在到达补给港前不挂靠其他港口装卸货物,一般取 2 d;如在到达补给港前需挂靠其他港口装卸货物,则在挂港装卸货物的停泊时间也应计算在内。

　　g_s——船舶航行每天燃料和淡水的消耗量(t/d)。燃料消耗量包括主机及辅机的燃油消耗。主机在海上航行时通常使用重油,但在备车航行时可能要使用重柴油,辅机则根据机型可能使用重柴油,也可能使用轻柴油。润滑油由于每天消耗量很小,故只计算需携带总量,不考虑每天消耗量。在计算淡水消耗时,对有能正常工作的造水机的船舶,只需考虑船员生活用水的消耗量。

　　g_b——船舶停泊每天燃油和淡水的消耗量(t/d)。使用或不使用船上装卸设备,以及是否需要同时使用船上全部装卸设备,关系到要使用几台辅机工作,因而燃油(柴油)日消耗量不一样。停泊期间的淡水消耗量要比航行期间大,特别是在高温港口及工班人数较多时。

表 2-2　A 轮储备量消耗定额表

项目	粮食和供应品、船员和行李、船舶备品	燃料消耗量 (t/d)			淡水消耗量 (t/d)		燃料及淡水消耗总量 (t/d)		
		航行	停泊		航行	停泊	航行	停泊	
			使用装卸设备	不使用装卸设备				使用装卸设备	不使用装卸设备
重量 (t)	27	19.5	1.5	1.2	12	18	31.5	19.5	19.2

三、船舶常数的测定

船舶常数 C(Constant)是指船舶在营运过程中任何时候测定的空船重量与船舶资料中载明的空船重量的差值。船舶参加营运后空船重量的改变主要有以下一些原因：

(1)船体、机械、舾装设备的修理和局部改装；

(2)货舱内的残留物、垫舱物料及垃圾等；

(3)废旧但未及时处理的破损机件、器材、物料等；

(4)液体舱柜、管系中残留并且无法及时清除的污油、残液、沉淀物等；

(5)船体附着物(如海藻、贝类等)增加的重量。

船舶常数可以测定，其值并非固定不变。为了较准确地掌握船舶常数的大小，一般在年度修理后都要重新测定船舶常数，测得的常数值一般延续使用到下次重新测定时为止，其数量可达几十甚至几百吨。显然，船舶常数越小，船舶航次净载重量就越大，船舶所能装载的货物就越多。因此，经常清除船上无用的破损机件、器材及废旧物料下船，尽量清除积留在各舱柜里的污油、残液和沉淀物，定期铲除附着在船体上的海藻、贝类等，是减小船舶常数的有效措施。

船舶常数的测定应在船舶空载时，选择平静的水面进行，具体步骤如下：

(1)观测六面吃水，测定舷外水密度；

(2)计算船舶平均吃水；

(3)测算船舶油水及其他备品和物料 $\sum G$ 及压载水 BW 的重量；

(4)由平均吃水查取当时的排水量 Δ'；

(5)计算测定船舶常数时的空船排水量 Δ'_L；

$$\Delta'_L = \Delta' - \sum G - BW \text{ (t)} \tag{2-5}$$

(6)求取船舶常数 C。

$$C = \Delta'_L - \Delta_L \text{(t)} \tag{2-6}$$

例 2-1：A 轮在黄浦船厂岁修后到外锚地($\rho=1.005$ g/cm³)测定船舶常数，已知在测定时 $d_{FP}=2.41$ m，$d_{FS}=2.38$ m，$d_{⊗P}=3.68$ m，$d_{⊗S}=3.66$ m，$d_{AP}=4.81$ m，$d_{AS}=4.66$ m，$L_{bp}=140$ m。经核定，船上有燃油 529 t，淡水 300 t，粮食、行李和备品等 27 t，压载水 280 t，船舶资料中记载的空船排水量 $\Delta_L=6\ 282$ t，求船舶常数。

解:

(1)求船舶拱垂修正后的平均吃水 d_M

$$d_M = \frac{1}{8} \times \left(\frac{d_{FP}+d_{FS}}{2} + 6 \times \frac{d_{\text{中S}}+d_{\text{中P}}}{2} + \frac{d_{AS}+d_{AP}}{2} \right)$$

$$= \frac{1}{8} \times \left(\frac{2.41+2.38}{2} + 6 \times \frac{3.66+3.68}{2} + \frac{4.66+4.81}{2} \right) \approx 3.64 \ (m)$$

(2)求纵倾修正后的平均吃水 d'_M

由 d_M 查取静水力资料,得 $X_f \approx 2.21 (m)$

$$d'_M = d_M + \frac{(d_{FP}+d_{FS}-d_{AS}-d_{AP}) \cdot X_f}{2L_{bp}}$$

$$= 3.64 + \frac{(2.41+2.38-4.81-4.66) \times 2.21}{2 \times 140}$$

$$\approx 3.60 \ (m)$$

(3)按 d'_M 查取标准海水中的排水量 Δ

$$\Delta \approx 7\,803 (t)$$

(4)将标准海水中的 Δ 换算到 $\rho = 1.005 \text{ g/cm}^3$ 时的排水量 Δ'

$$\Delta' = \frac{\rho \cdot \Delta}{1.025} = \frac{1.005 \times 7\,803}{1.025} \approx 7\,651 \ (t)$$

(5)求船舶实际的空船重量 Δ'_L

$$\Delta'_L = 7\,651 - (529+300+27+280) = 6\,515 \ (t)$$

(6)求船舶常数 C

$$C = \Delta'_L - \Delta_L = 6\,515 - 6\,282 = 233 \ (t)$$

四、充分利用船舶载货能力的措施

充分利用船舶载货能力是提高单船营运经济效益的一个必须考虑和解决的问题。充分利用船舶的载货能力,其基本途径有:

1.努力提高船舶的载重能力

其实质就是要努力提高船舶的航次净载重量。船舶航次净载重量取决于船舶装载吃水以及航次储备量的确定,同时受船舶常数大小的影响。提高船舶航次净载重量的具体措施有:

(1)正确选用载重线或正确计算船舶允许的最大装载吃水;

(2)合理地计划并确定航次所需要携带的燃润料和淡水的数量,尽可能减少航次储备量;

(3)设法减小船舶常数;

(4)合理确定各类载荷的纵向与垂向分布,避免采用打入压载水的方法来调整船舶的稳性、强度、吃水差;

(5)油船装货前尽量清除舱内积留的油脚和垫水等。

2.充分利用船舶的容积能力

在确定了船舶的航次净载重量后,还应该同时考虑到充分利用船舶的容积能力。

在货源充足并可供选择的情况下,应努力做到轻、重货物的合理搭配,以使得船舶的航次净载重能力和容积能力都能得到充分利用。

若在船上装载大量轻泡货,它的体积很大,重量却很轻,即使能把船舶的货舱全部装满,但货物的重量远未达到航次净载重量,这时船舶的载重能力就没有得到充分利用;相反,若在船上装载重货,它的体积相对较小,船舶的载重能力已达到限额,但剩余大量舱容,船舶的容积能力没有得到充分的利用,这也是一种损失。船公司货运部门在为船舶揽货及配舱时,要注意轻、重货物的合理搭配,尽量使得船舶满舱满载,从而充分利用船舶的载货能力。

假设有积载因数(考虑了亏舱)分别为 SF_L 与 SF_H(m^3/t)的轻、重两票货物,其运量可以选择,为达到船舶满舱满载之目的,可通过解下列二元一次联立方程式来确定轻货与重货的货运量 P_L 与 P_H

$$\begin{cases} P_L+P_H=NDW \\ SF_L \cdot P_L+SF_H \cdot P_H=\sum V_{ch} \end{cases}$$

解得:

$$\begin{cases} P_H=\dfrac{SF_L \cdot NDW-\sum V_{ch}}{SF_L-SF_H} \\ P_L=NDW-P_H \end{cases} \quad (2-7)$$

当然,在生产实践中,普通货船一个航次很少仅由轻、重两票货物构成航次货载。在大多数货载已经确定的情况下,对船舶剩余的舱容和载重量仍应设法以轻、重货物合理搭配的方式,尽可能地实现满舱满载之目的。如最后还有轻、重两票货物可供选择装船,仍然可以使用式(2-7)求取轻、重货物的拟装量,不过在使用该公式时应注意,使用剩余的船舶舱容和载重量来代替 $\sum V_{ch}$ 和 NDW 进行计算,即:

$$\begin{cases} P_L+P_H=NDW-\sum P \\ SF_L \cdot P_L+SF_H \cdot P_H=\sum V_{ch}-\sum V \end{cases} \quad (2-8)$$

式中:$\sum P$——船舶已装货重(t);

$\sum V$——已装货物量尺体积(m^3)。

在考虑全船各舱的货载时,也要注意轻、重货物合理搭配的原则,这样才能让船舶满舱满载的目的最终得以实现。

例 2-2:续例 2-1 航次净载重量计算实例,A 轮在达累斯萨拉姆港返航时,船上已装有铜锭 5 000 t($SF=0.40\ m^3/t$),棉花 1 000 t($SF=2.80\ m^3/t$)。如还有石棉($SF=1.20\ m^3/t$)和胶合板($SF=2.40\ m^3/t$)可供选择装载,问各装多少吨才能使得船舶满舱满载?

解:本航次船舶航次净载重量 NDW 为 14 336 t,船舶包装总容积为 20 049 m^3(未包括贵重物品舱 307 m^3 包装容积)。

(1)已装船的铜锭在舱内所占的舱容 $V_{ch1}=5\ 000×0.40=2\ 000\ m^3$;已装船的棉花在舱内所占的舱容 $V_{ch2}=1\ 000×2.80=2\ 800\ m^3$。

(2)根据式(2-8),该轮应装石棉和胶合板的重量分别为 P_H、P_L

$$\begin{cases} P_L+P_H=14\ 336-(5\ 000+1\ 000) \\ 2.40 \cdot P_L+1.20 \cdot P_H=20\ 049-(2\ 000+2\ 800) \end{cases}$$

解得：

$$\begin{cases} P_H = 3\ 964.5\ (\mathrm{t}) \\ P_L = 4\ 371.5\ (\mathrm{t}) \end{cases}$$

即石棉和胶合板各装 3 964.5 t 和 4 371.5 t，能使船舶满舱满载。

3.充分利用船舶特殊载货能力

有些船舶具有装运特殊货物的特殊载货能力，例如船上配有重吊或深舱或冷藏舱。对于具有特殊载货能力的船舶，一定要设法利用，而不要让其闲置。船上某些能提供特殊载货能力的设备或舱室，如长期不使用就有可能丧失其特殊装载能力。

4.合理确定货位及紧密堆装货物，减少亏舱

除了货种的轻重搭配外，在实际工作中还要根据货种的特点合理选择舱位，避免由于配积载不当而引起舱容浪费。如将笨重大件尽量装在大舱的底舱，并配置一些小件货填空位；体积小的货物或软包装货物应堆装在船舶首尾部较狭窄的舱位；不在二层舱柜等高度不大的舱室里堆放包装尺寸较大的货件等。

此外，还应注意和港口装卸部门密切配合。注意听取装卸部门的意见，接受有益的建议，同时应注意指导并督促装卸工人，严格按配积载计划的要求，将货物在舱内紧密堆装，尽量减少亏舱损失。

项目三

船舶稳性

⚓ **项目描述**

船舶在外力(矩)作用下偏离其初始平衡位置而倾斜,当外力(矩)消失后船舶能自行恢复到初始平衡状态的能力称为船舶稳性。为了保证船舶营运安全,船舶必须具有适当的稳性,以抵御船舶在装卸、靠泊及航行中所受到的外力矩而不致倾覆。

⚓ **教学目标**

1.知识目标

(1)掌握船舶稳性的定义和分类;

(2)理解船舶的三种平衡状态;

(3)掌握船舶初稳性衡量指标及其计算、影响因素;

(4)掌握大倾角稳性的衡量指标及其计算;

(5)熟悉静稳性曲线图的绘制、特征及其影响因素;

(6)掌握动稳性的衡量指标,动稳性曲线的绘制、特征及应用;

(7)掌握稳性规范对船舶稳性的要求;

(8)掌握稳性检验和调整的方法和措施;

(9)熟悉船舶稳性资料的应用。

2.能力目标

(1)能够判断船舶三种稳性平衡状态的能力;

(2)具有初稳性高度 *GM* 基本计算的能力;

(3)具有分析载荷垂移、增减、自由液面对船舶初稳性影响及进行计算的能力;

(4)能够理解大倾角稳性与初稳性的区别及其衡准指标;

(5)具备分析并应用静稳性曲线图的能力;

(6)具备运用动稳性衡准指标、最小倾覆力矩的能力;

(7)具备运用 IMO 稳性规则及我国法定规则判断普通货船完整稳性是否满足要求的能力;

(8)具备运用船舶临界稳性高度曲线和极限重心高度曲线判断船舶稳性是否满足要求的能力;

(9)具备运用稳性调整原则与调整方法的能力;

(10)基本具备应用船舶稳性资料的能力。

3.素质目标

(1)团结协作,爱岗敬业。

(2)耐心细致,刻苦钻研。

(3)开拓创新,精益求精。

⚓ 思维导图

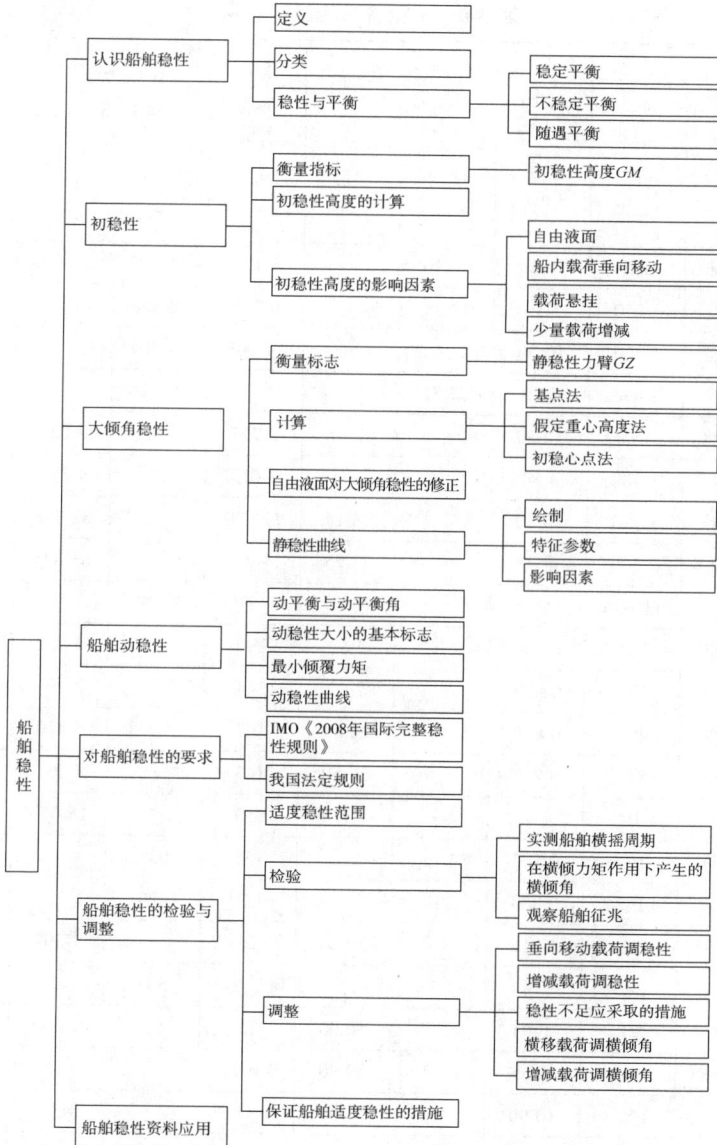

⚓ 任务引入

A 轮某航次由青岛港开往斯里兰卡科伦坡港,各舱柜载荷重量如表 3-0 所列,查得各项稳性参数如表 3-1 所列。

🔍 请思考:

(1)开航时船舶的重心高度是多少?

(2)本航次船舶的初稳性高度 GM 是多少?

(3)本航次船舶的稳性是否满足 IMO 稳性规则对普通货船的完整稳性要求?

表 3-0　A 轮各舱柜载荷重量

项目			重量 （t）	重心 距基线 高度 （m）	重心距船中距离 （m）		垂向 重量 力矩 （9.81 kN·m）	纵向重量力矩 （9.81 kN·m）		载荷 对船中 弯矩 （9.81 kN·m）	自由液 面倾侧 力　矩 （9.81 kN·m）
					中前 （+）	中后 （-）		中前 （+）	中后 （-）		
货物	No.1	二层舱	595	10.30	48.16		6 129	28 655		28 655	
		底舱	1 250	5.10	47.11		6 375	58 888		58 888	
	No.2	二层舱	1 360	10.30	22.65		14 008	30 804		30 804	
		底舱	2 430	4.85	22.52		11 786	54 724		54 724	
	No.3	二层舱	755	10.30		2.70	7 777		2 039	2 039	
		底舱	1 780	4.84		2.75	8 615		4 895	4 895	
	No.4	二层舱	1 130	10.30		28.14	11 639		31 798	31 798	
		底舱	2 300	4.90		27.75	11 270		63 825	63 825	
	小计		11 600				77 599	70 514		275 628	
燃油舱	No.1 燃油舱（左）		371	0.806	7.62		299		2 827	2 827	（F）
	No.1 燃油舱（右）		301	0.809	7.62		244		2 294	2 294	（F）
	No.2 燃油舱（左）		202	0.828	26.83		167		5 420	5 420	（F）
	No.2 燃油舱（右）		171	0.837	26.50		143		4 532	4 532	（F）
	小计		1 045				853		15 073	15 073	
柴油	重柴油舱（左）		192	0.806	5.12		155	983		983	（F）
	重柴油舱（右）		162	0.809	5.12		131	829		829	（F）
	轻柴油舱		26	1.016		50.26	26		1 307	1 307	（F）
	小计		380				312	505		3 119	
滑油	滑油循环舱		21	1.10		50.90	23		1 069	1 069	（F）
	主机滑油贮存舱		26	6.20		59.90	161		1 557	1 557	（F）
	汽缸油贮存舱		8	10.90		54.57	87		437	437	（F）
	小计		55				271		3 063	3 063	

续表

项目		重量 (t)	重心 距基线 高度 (m)	重心距船中距离 (m)		垂向 重量 力矩 (9.81 kN·m)	纵向重量力矩 (9.81 kN·m)		载荷 对船中 弯矩 (9.81 kN·m)	自由 液面 倾侧 力　矩 (9.81 kN·m)
				中前 (+)	中后 (-)		中前 (+)	中后 (-)		
淡水	淡水舱(左)	63	11.34		65.30	714		4 114	4 114	（F）
	淡水舱(右)	63	11.34		65.30	714		4 114	4 114	（F）
	尾尖舱	196	8.51		66.85	1 668		13 103	13 103	（F）
	尾淡水舱	45	0.99		58.53	45		2 634	2 634	（F）
	饮用水舱(左)	25	11.47		69.83	287		1 746	1 746	（F）
	饮用水舱(右)	25	11.47		69.83	287		1 746	1 746	（F）
	小计	417				3 715		27 457	27 457	
其他	粮食、供应品	3	14.70		59.00	44		177	177	
	船员、行李	6	18.10		46.00	109		276	276	
	船用备品	18	10.00		13.00	180		234	234	
	船舶常数	150	9.00		0	1 350		0	0	
	小计	177				1 683		687	687	
空船		6 282	10.00		9.594	62 820		60 270		
合计		19 956	7.38		1.78	147 253		35 531	325 027	

表 3-1　各项稳性参数

名称	排水量 Δ (t)	平均吃水 d_M (m)	横稳心距 基线高度 KM_1 (m)	浮心距 船中距离 x_{b1} (m)	漂心距船 中距离 x_{f1} (m)	每厘米纵 倾力矩 MTC_1 (9.81 kN·m/cm)	临界稳性 高度 GM_{C1} (m)
数值	19 956	8.76	8.74	1.00	-2.48	219.88	0.86

任务一　认识船舶稳性

掌握船舶稳性的定义、分类,理解船舶稳性,能够区分船舶稳性的三种平衡状态。

一、船舶稳性的定义

船舶受外力作用发生倾斜,当外力消失后,船舶恢复到原来平衡位置的能力称为船舶稳性(Ship's Stability)。

二、船舶稳性的分类

船舶稳性可以按船舶倾斜方向、倾斜角度以及作用力性质有不同的分类:

1.按船舶倾斜方向的不同分类

(1)横稳性(Transverse Stability),是指船舶在横倾状态下所具有的稳性;

(2)纵稳性(Longitudinal Stability),是指船舶在纵倾状态下所具有的稳性。

2.按船舶倾斜角度的大小分类

(1)初稳性(Initial Stability),是指船舶小角度倾斜(倾斜角度不超过10°)时所具有的稳性;

(2)大倾角稳性(Stability at Large Angles of Inclination),是指船舶大角度倾斜(倾斜角度超过10°)时所具有的稳性。

3.按作用力性质的不同分类

(1)静稳性(Statically Stability),是指船舶受静力作用发生倾斜后所具有的稳性。所谓静力,是指缓慢地作用于船上的外力,船舶在倾斜过程中不计及角加速度和惯性矩。

(2)动稳性(Dynamical Stability),是指船舶受动力的作用发生倾斜后所具有的稳性。所谓动力,是指在很短的时间内突然作用于船上的外力,或作用于船上的外力在很短的时间内有明显的变化,即在船舶倾斜过程中计及角加速度和惯性矩。

本任务将讨论的主要是船舶横稳性,即船舶在横倾时所具有的稳性。讨论将涉及小倾角横稳性、大倾角横稳性及横倾动稳性。

三、船舶稳性与平衡

船舶漂浮于水面上,其重力为 W,浮力 δ,G 为船舶重心,B 为船舶初始位置的浮心。在某一性质的外力矩作用下船舶发生倾斜,由于倾斜后水线下排水体积的几何形状改变,浮心由 B 移至 B_1 点,当外力矩消失后船舶能否恢复到初始平衡位置,取决于它处在何种平衡状态(见图 3-1)。

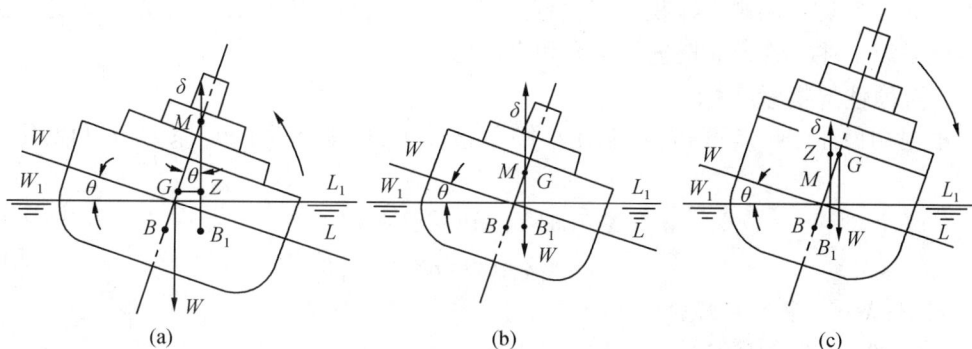

图 3-1　船舶的稳性与平衡

1.稳定平衡

如图 3-1(a)所示,当船舶的重心在横稳心之下,即船舶初稳性高度为正值时,船舶微倾后,重力和浮力组成的复原力矩将使船舶恢复到原来的平衡位置,将这样一种船舶平衡状态称为稳定平衡(Stable Equilibrium)。

2.不稳定平衡

如图 3-1(b)所示,当船舶的重心在横稳心之上,即船舶初稳性高度为负值时,船舶不再具有稳性。一旦微倾,重力和浮力组成的倾覆力矩将使船舶继续倾斜。将倾斜前的这样一种船舶平衡状态称为不稳定平衡(Unstable Equilibrium)。

3.随遇平衡

如图 3-1(c)所示,当船舶的重心与横稳心重合,即船舶初稳性高度为零,船舶处在随遇平衡(Neutral Equilibrium)状态。船舶只有在外力作用下才会发生倾斜或回复。

从上述可知,船舶保持不翻的首要条件是重心在稳心之下,即保持稳定平衡状态。

任务二　初稳性

🧭 任务目标

掌握初稳性定义及特点,具有初稳性高度 GM 基本计算能力,能够分析自由液面、载荷增减及货物悬挂对船舶初稳性影响,并能进行计算。

🧭 任务(知识)储备

一、船舶初稳性的定义及衡量指标

1.初稳性定义及特点

船舶在外力作用下发生横倾角不超过 10°时所具有的稳性叫作船舶初稳性(Initial

Stability)。

理论证明:船舶在微倾条件下,倾斜轴过初始水线面的面积中心即初始漂心 F;过初始漂心 F 微倾后船舶排水体积不变;当排水量一定时,船舶的稳心 M 点为一定点。船舶初稳性是以上述结论为前提进行研究和表述的。

2.初稳性的衡量指标

根据初稳性的特点可知,船舶在小倾角条件下,所能产生的复原力矩可以用下式求得:

$$M_R = \Delta \cdot GM \cdot \sin\theta \quad (9.81 \text{ kN} \cdot \text{m}) \tag{3-1}$$

$$GZ = GM\sin\theta \tag{3-2}$$

式中:Δ——船舶排水量(t);

$\quad\quad \theta$——船舶横倾角度(°);

$\quad\quad GM$——初稳性高度(m)。

由式(3-1)、式(3-2)可见,在排水量及倾角一定情况下,静稳性力矩大小取决于重心和稳心的相对位置,即取决于 GM 大小。当 M 点在 G 点之上,GM 为正值,此时船舶具有稳性力矩并与 GM 值成正比;当 M 点在 G 点之下,GM 为负值,此时船舶具有倾覆力矩亦与 GM 值成正比;当 M 点和 G 点重合,GM 为零,此时稳性力矩为零。

由此分析可知,船舶初稳性的大小与船舶初稳性高度 GM(Initial Stability Height)成正比。所以可以把初稳性高度 GM 值作为衡量船舶初稳性大小的尺度。要使船舶产生正的复原力矩,船舶初稳性高度 GM 必须为正值。

二、船舶初稳性高度 GM 值的计算

1.GM 的表达式

由图 3-2 可知,初稳性高度 GM 可以由下式求得:

$$GM = KM - KG \quad (\text{m}) \tag{3-3}$$

式中:KM——船舶横稳心距基线高度(m),可根据船舶平均型吃水或排水量在船舶静水力资料中查得;

$\quad\quad KG$——船舶重心距基线高度(m),其值与船舶总的垂向力矩以及排水量大小有关。

2.GM 的计算

根据式(3-3)可以求取初稳性高度 GM 值。

1)横稳心距基线高度 KM 求取

(1)KM 的查取

根据船舶装载后的平均吃水查取静水力曲线图、静水力参数表或载重表,即可得到相应平均吃水时的 KM 值。

(2)KM 的计算

$$KM = KB + BM \tag{3-4}$$

式中:KB——浮心距基线高度(m),简称浮心高度;

$\quad\quad BM$——横稳心半径(m)。

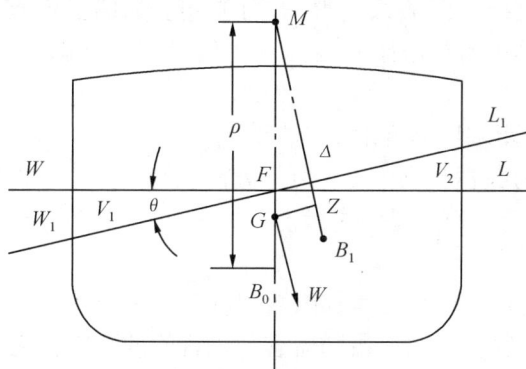

图 3-2　船舶初稳性

$$BM = \frac{I_x}{\nabla}（m）\tag{3-5}$$

式中：I_x——水线面面积对横倾轴的惯性矩（m^4）；

　　　∇——船舶的型排水体积（m^3）。

其中，$I_x = K \cdot L_{bp} \cdot B^3$。

2）KG 的计算

根据合力矩定理，KG 可按下式求得：

$$KG = \frac{\sum P_i \cdot Z_i}{\Delta}（m）\tag{3-6}$$

式中：Δ——船舶排水量（t）；

　　　P_i——构成船舶排水量的各项重量（t），包括空船重量 Δ_L，船舶常数 C，各货舱货物重量 $\sum Q$，各油水舱中的油水重量以及船员、行李、粮食、供应品等重量 $\sum G$；

　　　Z_i——构成船舶排水量的各项重量的重心距基线高度（m）；

　　　$\sum P_i \cdot Z_i$——构成船舶排水量的各项重量所形成的总的垂向力矩（9.81 kN·m），可用 M_Z 表示。

在计算 KG 值时，涉及空船重量、空船重心距基线高度以及各载荷重心距基线高度的取值问题，下面分别介绍确定的方法：

（1）空船重量及空船重心距基线高度

空船重量及空船重心距基线高度可以在船舶资料中查得。

（2）各载荷重心距基线高度

确定各载荷重心距基线高度的方法有多种。

（1）液体载荷重心距基线高度的确定

各液体舱液体载荷重心距基线高度应分舱加以确定：

①满舱时，以该液舱舱容中心距基线高度作为舱内液体载荷重心距基线高度。各液舱舱容中心距基线高度可查液舱容积表。

②未满舱时，如该舱有液舱容积曲线资料，可根据实际测得并经修正后的空挡值查曲线加以确定。个别船上备有的液舱测深表（Sounding Table）中，有经修正后的液舱空

59

档与液体载荷重心距基线高度关系资料,亦可使用。如船上没有这样的资料、图表,则可对各液体舱中的液体载荷重心距基线高度进行近似估算确定,近似估算方法同货物载荷。

(2)货物载荷重心距基线高度的确定

如需要较为精确的数据,可用以下两种方法,分别求取每票货物的重心距基线高度,再求取总的货物载荷重心距基线高度。

①近似估算法

a.将同一舱内的货物中相邻的积载因数相近的货物合并视为一票货物。

b.分别根据各票货物在舱内所占的舱容与该货舱的总容积之比,求出其近似的在舱内堆货高度 H_i:

$$H_i = \frac{V_{ci}}{V_{ch}} \times H_C \quad (\text{m}) \qquad (3\text{-}7)$$

式中:V_{ci}——第 i 票货物在舱内所占的舱容(m^3),$V_{ci} = P_i \cdot SF_i$;

V_{ch}——装第 i 票货物的货舱总容积(m^3);

H_C——装第 i 票货物的货舱舱高(m)。

c.对于船中部货舱,取0.5倍货堆高度作为该票货物重心距其基面高度;对于首尾部货舱,取0.54~0.58倍货堆高度作为该票货物重心距其基面高度。

d.将各票货物的重心距其基面的高度加上货物基面距船舶基线的高度,求出各票货物的重心距基线高度 Z_i。

e.根据下式计算舱内所有货物的合重心距基线高度 Z'_i:

$$Z'_i = \frac{\sum P_i \cdot Z_i}{\sum P_i} \quad (\text{m}) \qquad (3\text{-}8)$$

式中:P_i——舱内第 i 票货物的重量(t);

Z_i——第 i 票货物重心距基线高度(m);

$\sum P_i \cdot Z_i$——舱内各票货物载荷产生的总的垂向重量力矩(9.81 kN · m)。

②利用货舱舱容曲线图

这种方法比较准确,但需要有舱容曲线资料——舱容曲线图(Curves of Hold's Capacity)。舱容曲线图通常每个货舱一张,对舱形尺度完全一样的货舱可合一。图3-3为A轮 No.3 舱底舱的舱容曲线图。下部横坐标为货物在舱内所占的包装容积 V_{ch} 坐标(m^3),上部横坐标为容积中心距基线高度(等于均质货物的重心距基线的高度)坐标(m),纵坐标为装舱货物上表面距基线高度坐标(m)。

a.如舱内装的是一票货物:根据该票货物在舱内所占的包装舱容($V_{ch} = P_i \cdot SF_i$)在下横坐标上找到相应的点,过此点作横坐标的垂直线,与舱容曲线交于 A 点;过 A 点作一条横坐标的平行线,与容积中心距基线高度曲线交于 B 点;过 B 点作上横坐标的垂直线与上横坐标交于一点,该点在上横坐标上的标值读数即为该票货物的重心距基线高度值。

b.如舱内装了几票货物:首先,计算装于最下层货物在舱内所占的包装容积,取该值的 $1/2$,在下横坐标上找到相应的点;过此点作下横坐标的垂直线,与舱容曲线交于 A'

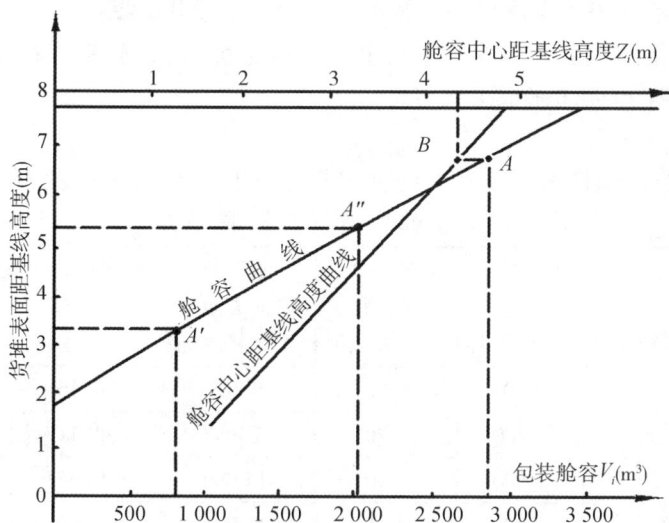

图 3-3　A 轮 No.3 底舱舱容曲线图

点;过 A' 点作纵坐标的垂直线,与纵坐标交于一点,该点在纵坐标上的标值读数即为装于最下层货物的重心距基线高度值。然后,计算装于最下层货物的上面一层货物在舱内所占的包装容积,取该值的 1/2,加上最下层货物在舱内所占的包装容积值,在下横坐标上找到相应的点;过此点作下横坐标的垂直线,与舱容曲线交于 A'' 点;过 A'' 点作纵坐标的垂直线,与纵坐标交于一点,该点在纵坐标上的标值读数即为装于最下层货物的上面一层货物的重心距基线高度值。按同样的方法,求出其他各层货物的重心距基线高度值。最后,根据式(3-6)求取舱内所有货物的合重心距基线高度值。

在实际工作中,上述两种方法均较麻烦,特别是当货物票数较多时,因此这两种确定货物载荷重心距基线高度的方法多用于舱内装载均一散装货或货物票数不多的杂货时。

③舱内货物合重心法

对于大多数杂货船,在确定舱内货物载荷重心距基线高度时,均以舱内所装货物的合体积中心作为该舱货物的合重心(如果货物已满舱,则取舱容中心作为货物合重心),以简化计算。具体方法是:无论舱内装了几票货,也不论其积载因数的大小,将这几票货物的体积相加,求出总的体积。然后根据上述的近似估算法原理,确定这几票货物在舱内总的堆高和货物的合重心距基线高度。

因为配货的原则一般掌握将重货配于货舱的底部,而将轻货配于货舱的上层,所以用这种方法确定的全船货物载荷重心距基线高度,比实际全船货物载荷重心距基线高度要高。所求得的 GM 值比实际值为小,偏于安全,因此,很多船舶驾驶员乐于采用这种方法。

当然,对使用这种方法确定出的船舶 GM 值与实际 GM 值的偏差,应有一个正确的判断。当有很多重货需配于货舱的底层时,船舶驾驶员更应该关心的是船舶的初稳性是否太大。

(3)船员、行李、粮食、供应品及船舶常数等载荷重心距基线高度的确定一般取船舶稳性报告书或船舶装载手册中的典型装载数据。

例 3-1：A 轮某航次由大连港开往斯里兰卡科伦坡港,各舱柜载荷重量如表 3-2 所列,试求开航时船舶的初稳性高度 *GM*。

解：

(1)列表计算船舶排水量 Δ 和总的垂向载荷力矩 $\sum P_i \cdot Z_i$(见表 3-2)。

表 3-2　A 轮某航次各舱柜载荷重量

载荷力矩 / 舱别		载荷重量（t）	重心距基线高度（m）	垂向载荷力矩（9.81 kN·m）	重心距中距离（m）	纵向载荷力矩（9.81 kN·m）
货物	No.1 二层舱	970	9.80	9 506	48.16	46 715
	No.1 底舱	1 400	4.90	1 860	47.11	65 954
	No.2 二层舱	1 500	10.0	15 000	22.65	33 975
	No.2 底舱	2 300	4.75	10 925	22.52	51 796
	No.3 二层舱	1 200	8.90	10 680	−2.70	−3 240
	No.3 底舱	2 050	4.10	8 405	−2.75	−5 638
	No.4 二层舱	1 400	10.70	14 980	−28.1	−39 340
	No.4 底舱	2 300	3.50	8 050	−27.75	−63 825
	合计	13 120		84 406		86 397
油水	No.1 燃油舱	350	0.75	262.5	−7.62	−2 667
	重柴油舱	350	0.75	262.5	5.12	−1 792
	轻柴油舱	25	1.00	25	−50.26	−1 257
	滑油循环舱	18	1.10	19.8	−50.90	−916
	淡水舱	200	8.50	1 700	−66.85	−13 370
	合计	943		2 269.8		−16 418
其他	供应品等	9	10.50	94.5	−52.50	−473
	备品	18	12.80	230.4	12.87	232
	船舶常数	150	10.00	1 500	0	0
	合计	177		1 824.9		−241
	空船重量	6 282	10.05	63 134	−9.60	−60 307
	总计	20 522		151 634.7		9 431

(2)求取船舶重心距基线高度

$$KG = \frac{\sum P_i \cdot Z_i}{\Delta} = \frac{151\ 634.7}{20\ 522} \approx 7.39\ (\text{m})$$

(3)根据 Δ = 20 522 t,查船舶静水力资料,得 *KM* = 8.74（m）。

(4)计算初稳性高度

$$GM = KM - KG = 8.74 - 7.39 = 1.35\ (\text{m})$$

三、影响初稳性的因素及其计算

影响船舶初稳性的因素主要有自由液面、船内载荷垂向移动、载荷悬挂及载荷增减等。

1.自由液面对船舶初稳性高度的影响

1）自由液面对初稳性高度修正值表达式，如图3-4所示。

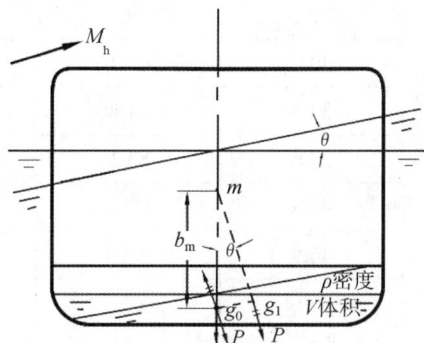

图3-4 液体舱柜的自由液面

当船上的液体舱柜内装有液体但未满舱时，自由液面将使船舶稳性减小。在小倾角时，自由液面对初稳性高度的影响值 δGM_f 可用下式计算：

$$\delta GM_f = \frac{\sum \rho_i \cdot i_x}{\Delta} \ (\mathrm{m}) \tag{3-9}$$

式中：Δ——船舶排水量（t）；

ρ_i——液舱内的液体密度（t/m³）；

i_x——自由液面对通过其面积中心轴的面积惯性矩（m⁴）；

$\sum \rho_i \cdot i_x$——各液舱自由液面修正力矩之和（9.81 kN·m）。

2）自由液面惯性矩 i_x 的确定

（1）查船舶资料

通常船舶稳性计算资料或液舱柜容积表中提供了各液舱自由液面惯性矩 i_x 表，表3-3为某轮 No.2 燃油舱自由液面惯性矩表（燃油密度 $\rho = 0.95$ g/cm³）。

根据《2008 年国际完整稳性规则》，对初稳性高度 GM 修正时，自由液面惯性矩 i_x 应按 0°横倾角计算。

表3-3 某轮 No.2 燃油舱自由液面惯性矩（i_x）表

H（m）	FILL（%）	V（m³）	i_x（m⁴）
0.00	0.0	0.0	0.0
0.10	0.1	0.2	0.1
0.20	0.4	0.8	0.2
0.30	0.9	1.9	0.6
0.40	1.6	3.4	1.1

续表

$H(\mathrm{m})$	FILL(%)	$V(\mathrm{m}^3)$	$i_x(\mathrm{m}^4)$
0.50	2.5	5.3	1.9
……	……	……	……
1.50	23.7	51.1	40.7
1.60	27.1	58.4	49.3
1.70	30.7	66.1	59.0
1.80	34.5	74.4	70.0
1.90	38.6	83.1	82.2
2.00	42.8	92.1	83.3
2.10	46.9	101.1	83.3
……	……	……	……
3.10	88.8	191.3	83.3
3.20	93.0	200.3	83.3
3.30	97.1	209.3	61.8
3.40	99.7	214.8	2.5
3.50	100.0	215.4	0.0

（2）公式计算法

船舶资料缺乏时,形状较规则自由液面的惯性矩i_x可以估算,普通货船液体舱(柜)液面形状一般呈矩形、三角形和梯形(见图3-5),其i_x可按下述公式求算。

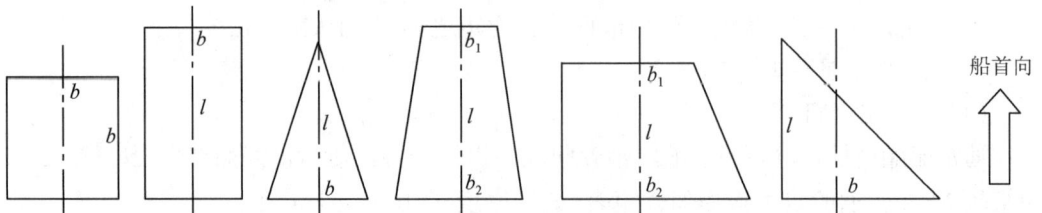

图 3-5　常见的液面形状

①等腰梯形液面

$$i_x=\frac{1}{48}l(b_1+b_2)(b_1^2+b_2^2) \tag{3-10}$$

式中:l——液面长度(m);

　　　b_1、b_2——液面前、后两端宽度(m)。

② 矩形液舱

$$i_x=\frac{1}{12}lb^3 \tag{3-11}$$

③ 等腰三角形液舱

$$i_x = \frac{1}{48}lb^3 \qquad (3\text{-}12)$$

④ 直角三角形液舱

$$i_x = \frac{1}{36}lb^3 \qquad (3\text{-}13)$$

⑤ 直角梯形液舱

$$i_x = \frac{1}{36}l(b_1+b_2)(b_1^2+b_2^2) \qquad (3\text{-}14)$$

i_x 值只能是一个近似值。

3）自由液面修正后的初稳性高度表达式

液舱内液体未装满，初稳性高度应进行自由液面修正，经自由液面修正后的初稳性高度 G_0M 可表示为：

$$G_0M = GM_0 - \delta GM_f \qquad (3\text{-}15)$$

4）减小自由液面影响的措施

自由液面会导致船舶初稳性减小，所以在船舶营运中应充分注意自由液面的影响，特别是在船舶轻载时，如船上有多个液舱存在自由液面，其对船舶稳性的影响更不能忽视。减小自由液面影响的措施有：

（1）减小液舱的尺度，尤其是宽度

设置一道或两道纵舱壁，使液舱宽度减小。双层底内，左右水密分隔成两个液舱。

可以证明：矩形液面液舱设一道纵舱壁将其宽度二等分，i_x 将减至原来的 1/4；设两道纵舱壁将其宽度三等分，i_x 则 i_x 将减至原来的 1/9。对于等腰梯形或等腰三角形：设一道纵舱壁，将其前后宽度等分，i_x 则 i_x 会减至原来的 1/3。

（2）液舱应尽可能装满或空舱

对于液体散装货船，各液舱应尽量装满，若舱容有剩余，则可保留若干空舱，以减少具有自由液面的舱柜数。

对于普通货船，各油水舱应逐个装载和使用，左右均衡，这样既可保持在航行中船舶未满液舱柜数最少，又可减轻由于油水消耗不均造成的船舶横倾。

2.船内载荷垂向移动对初稳性高度的影响

船内重物垂向移动，将引起船舶重心的垂向改变，从而引起初稳性高度的变化。如图 3-6 所示，设船舶排水量为 Δ，船舶重心位于 G 点，现将船内重物 P 由 $g_1(z_1)$ 垂向移至 $g_2(z_2)$ 处，其垂向移动距离 Z 为：

$$Z = |z_2 - z_1|$$

根据平行力移动原理，船舶重心由 G_1 垂移至 G 点，移动方向与重物垂移方向一致，垂移量 GG_1 为：

$$GG_1 = \pm\frac{PZ}{\Delta} \qquad (3\text{-}16)$$

由于重物移动前后船舶排水量不变，故 KM 也未发生改变，因而重物垂移引起的初

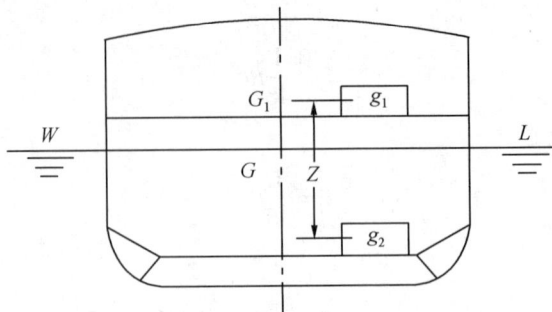

图 3-6　重量垂移

稳性高度 GM 改变量 δGM 在数值上等于船舶重心的垂移量 GG_1，即

$$\delta GM = \frac{PZ}{\Delta}$$

由上可知，重物上移，重心上移，GM 降低；重物下移，重心下移，GM 增大。

重物移动后的初稳性高度 G_1M 可表示为

$$G_1M = GM \pm \delta GM \tag{3-17}$$

3. 载荷悬挂对初稳性高度的影响

如图 3-7 所示，当船内重量为 P 的货物悬挂于 m 点时，可以认为货物从原位置垂移至悬挂点处。通常把悬挂点 m 称为货物的虚重心。已知货物原重心高度 Z_1，悬挂点距基线高度 Z_2，当船上货物悬挂时，船舶的初稳性高度将会减小，其值为

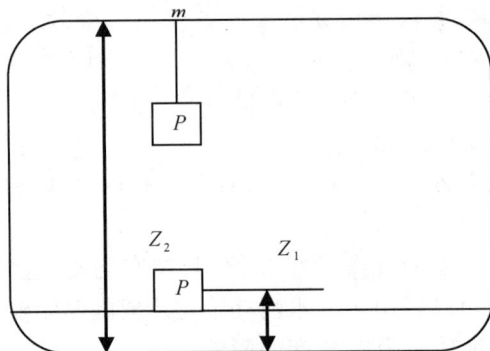

图 3-7　货物悬挂

$$\delta GM = \frac{P \cdot Z}{\Delta} \ (m) \tag{3-18}$$

其中，

$$Z = Z_2 - Z_1 \tag{3-19}$$

考虑货物悬挂后的初稳性高度为

$$GM_1 = GM - \delta GM \tag{3-20}$$

显然货物悬挂货物垂移是一个特例，但致使船舶初稳性高度减小。

4. 少量载荷增减对初稳性高度的影响

船舶在中途港装卸部分货物，补充燃润料、淡水，打排压载水及航行途中的油水消

耗等,都会引起船舶初稳性高度的变化。如果上述载荷变动的数量较大,仍需按式(3-3)重新计算载荷变动后的 GM 值。如果载荷减量较小,不超过航次排水量的10%(即 $\sum P_i \leqslant 0.1\Delta_s$),那么,可以用较为简便的方法求取载荷变动对 GM 的影响,并求得新的 GM 值。这种简便计算方法实际上是一种近似计算,忽略了载荷变动对 KM 值的影响,将少量载荷增减对初稳性高度的影响仅仅看作船舶重心高度变化的结果,但需要注意,轻载时,因为载荷的变动对 KM 的影响明显,此法不适用。

如图 3-8 所示:已知船舶原排水量为 Δ ,重心在 G_0 处,重心距基线高度为 KG 。拟装载重量为 P 的载荷,该载荷重心距基线高度 KP ,根据平行力移动原理可知:

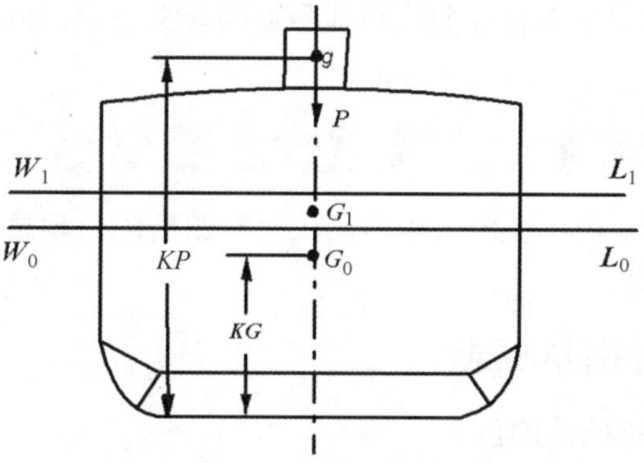

图 3-8　重量少量增减

$$G_0G_1 \cdot (\Delta+P) = P \cdot (KP-KG)$$

式中: G_0G_1 ——由于船舶加载而引起的船舶重心垂向移动的距离(m)。在数值上等于船舶重心距基线高度的变化值,用 δKG 表示。

则

$$\delta KG = G_0G_1 = \frac{P(KP-KG)}{\Delta+P}$$

得

$$\delta GM = -\delta KG; \delta GM = \frac{P(KG-KP)}{\Delta+P}$$

当多个载荷增减时,可将上式改写成:

$$\delta GM = \frac{\sum P_i(KG-KP_i)}{\Delta+\sum P_i} \tag{3-21}$$

式中: P_i ——各项载荷变动量(t),加装为正,卸载为负;

KP_i ——各项变动载荷重心距基线高度(m);

Δ ——载荷变动前的船舶排水量(t);

KG ——载荷变动前的船舶重心距基线高度(m)。

新的船舶初稳性高度值为:

$$GM_1 = GM + \delta GM \text{（m）} \tag{3-22}$$

排水量改变后对 KM 的影响在排水量较大时可以忽略不计,而在排水量较小时,尽管载荷增减量较少,也会引起 KM 值的较大变化。因此,在应用上式计算 δGM 时,应充分考虑不同装载状态下 KM 曲线的变化率,以减小计算误差。

任务三　大倾角稳性

◎ 任务目标

掌握大倾角稳性衡量指标,了解静稳性力臂 GZ 求取、自由液面对大倾角稳性的影响及其修正计算,理解船舶静稳性曲线特征参数的含义,具备分析并应用静稳性曲线图的能力。

◎ 任务(知识)储备

船舶在海上航行中,由于风浪的作用往往使船舶横倾角超过 $10°\sim15°$,这时船舶的稳性就称为大倾角静稳性。

一、大倾角稳性衡量标志

1.大倾角稳性和初稳性的区别

首先,两者对应的船舶横倾角不同。船舶横倾角 θ 小于 $10°\sim15°$ 时对应的稳性为初稳性,而横倾角大于 $10°\sim15°$ 时对应的稳性即为大倾角稳性。

其次,船舶在大倾角横倾时两浮力作用线交点不再为定点 M。

实际上,在小倾角范围内倾斜前后两浮力作用线交点是交在稳心 M 点附近,因为非常靠近,所以在讨论初稳性时作为定点处理。虽有一定误差,但误差很小可以忽略不计,从而使初稳性问题得以简化。

再次,船舶大倾角横倾时倾斜轴不再过初始水线面漂心。船舶倾角较大时,当倾斜水线超出上甲板边缘后,其形状发生突变,若过初始水线面漂心作倾斜水线,则倾斜前后排水体积不相等,这与等体积倾斜条件相矛盾。

最后,船舶大倾角稳性不能以 GM 作为基本标志来衡量。由于稳心 M 不为定点,在不同倾斜角下稳心 M 具有不同位置,因而不能以 GM 来衡量大倾角稳性的大小。

2.大倾角静稳性的基本标志

船舶在外力矩作用下发生大倾角横倾,当外力矩消失后,船舶重力和浮力仍然形成一力矩,其力矩即为静稳性力矩,表示式同前,即

$$M_S = \Delta \cdot GZ$$

船舶在排水量一定的条件下,稳性力矩 M_S 的大小取决于船舶重心 G 到倾斜后浮力作用线的垂直距离,即取决于静稳性力臂 GZ,并与 GZ 成正比,因此,静稳性力臂 GZ 可以作为衡量大倾角静稳性的基本标志。

二、船舶大倾角稳性的计算

1.静稳性力臂的计算方法

复原力臂有多种计算方法,但归纳起来常用的有基点法、假定重心高度法、初稳心

点法三种。

（1）基点法

如图 3-9 所示,复原力臂可由下式求得:

$$GZ = KN - KH \text{ (m)} \tag{3-23}$$

式中:KN——形状稳性力臂(m),其值随船舶排水量及横倾角的不同而变化,可根据排水量或排水体积及横倾角,在稳性横交曲线上查得,如图 3-10 所示;

　　　 KH——重量稳性力臂(m),其值由重心距基线高度及横倾角的大小决定,从图 3-11 中可知 $KH = KG \cdot \sin\theta$。

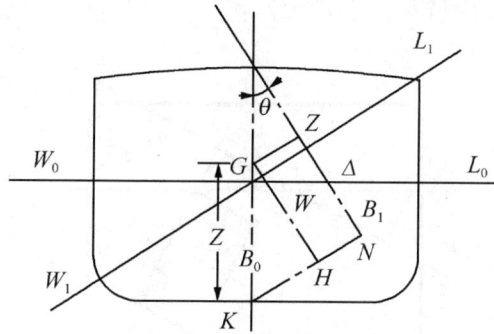

图 3-9　基点法

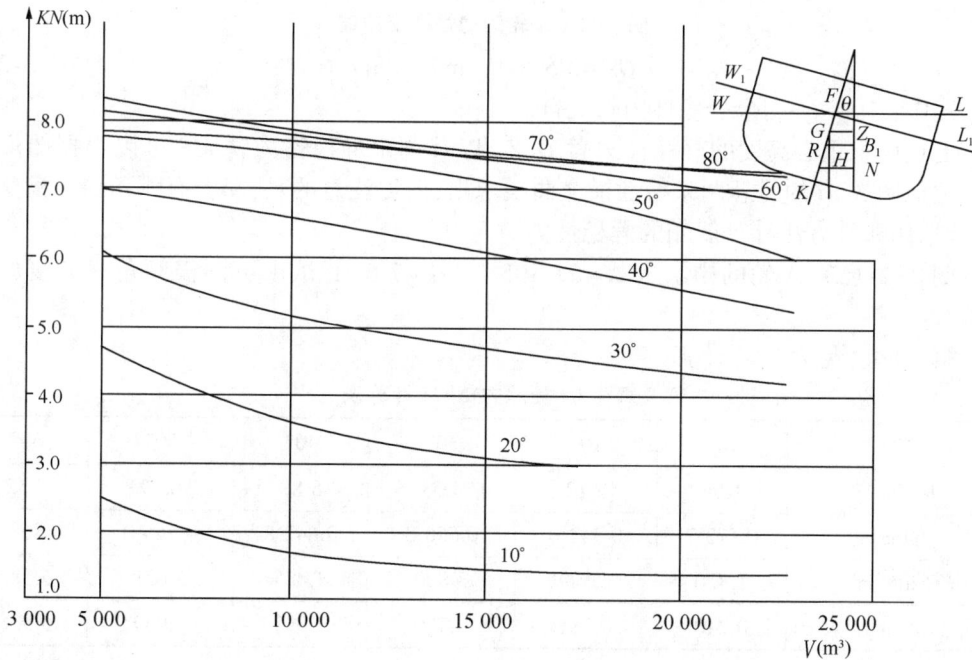

图 3-10　KN 稳性横交曲线图

稳性横交曲线由造船部门提供,其横坐标为排水量(t)或型排水体积(m³),纵坐标为形状稳性力臂(m)。查用时,根据已知的排水量或型排水体积在横坐标上找到相应的一点,过此点作横坐标的垂直线与图中各横倾角的曲线相交。通过各相交点作横坐标的平行线,即可在纵坐标上读得相应横倾角时的形状稳性力臂值。很明显,同一排水量时,船舶横倾角不同,就有不同的形状稳性力臂值。图 3-11 为 A 轮的稳性横交曲线。

(2)假定重心高度法

如图 3-11 所示,复原力臂可由下式求得:

$$GZ = G_A Z_A - (KG_0 - KG_A)\sin\theta \text{（m）} \tag{3-24}$$

式中:$G_A Z_A$——假定重心高度的静稳性力臂(m);

KG_A——假定重心高度(m)。

(3)初稳心点法

如图 3-11 所示,复原力臂可由下式求得:

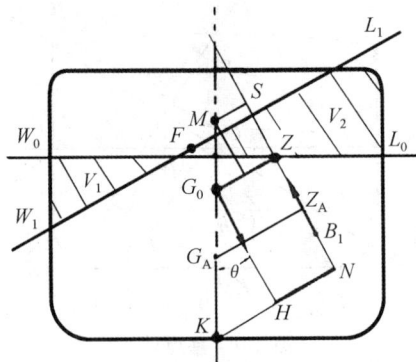

图 3-11　A 轮的稳性横交曲线

$$GZ = MS + GM_0\sin\theta \quad \text{（m）} \tag{3-25}$$

式中：MS——剩余静稳性力臂(m)。

上述假定重心高度的静稳性力臂 $G_A Z_A$ 以及剩余静稳性力臂 MS 可以根据船厂提供的类似图 3-10 的另外两条稳性横交曲线求出,值得注意的是,船上有哪条稳性横交曲线,就采用哪种方法计算船舶的静稳性力臂。

例 3-2:已知 A 轮的排水量 $\Delta = 21\ 195$ t,$KG = 7.6$ m,试求不同横倾角时的复原力臂 GZ。

解:列表(见表 3-4)计算

表 3-4　复原力臂 GZ 计算表

θ	10°	20°	30°	40°	50°	60°
KN(m)	1.56	3.12	4.58	5.88	6.89	7.52
$\sin\theta$	0.173 7	0.342 0	0.500 0	0.642 8	0.766 0	0.866 0
$KG\sin\theta$(m)	1.320	2.599	3.800	4.885	5.821	6.582
GZ(m)	0.240	0.521	0.780	0.995	1.069	0.938

(1)根据排水量 $\Delta = 21\ 195$ t,从稳性横交曲线中查得船舶在不同横倾角时的形状稳性力臂值;

(2)根据船舶重心距基线高度 $KG = 7.6$ m,求取在不同横倾角时重量稳性力臂 $KG \cdot \sin\theta$ 值;

（3）计算不同横倾角时的复原力臂 $GZ = KN - KG\sin\theta$。

2.自由液面对大倾角稳性的修正

自由液面对大倾角稳性的影响会使船舶稳性力臂减小,其主要特点是这种影响随着船舶横倾角的变化而变化。自由液面对大倾角稳性的影响可由下述两种方法完成。

（1）重心高度修正法

当船上的液舱存在自由液面时,船舶初稳性高度将减少 δGM,我们可以把初稳性高度的减少看成是船舶重心的提高,从而使得船舶的重量稳性力臂 KH 值增大,复原力臂值 GZ 减小。在船舶大倾角横倾时,经自由液面修正后的复原力臂值 GZ' 按下式确定:

$$GZ' = KN - KG'\sin\theta = KN - (KG + \delta GM)\sin\theta \text{（m）} \tag{3-26}$$

式中:KN——在船舶实际装载状态下,横倾角为 θ 时的形状稳性力臂值（m）;

　　　$KG'\sin\theta$——考虑自由液面影响后,在横倾角为 θ 时的重量稳性力臂值（m）;

　　　KG——船舶实际重心距基线高度（m）;

　　　δGM——小倾角时,自由液面对船舶初稳性高度的修正值（m）。

这种方法只是一种近似的修正方法,因为在大倾角情况下自由液面对于横倾轴的惯性矩不再是定值,它随着横倾角的不同而发生变化。

（2）查取"液舱自由液面倾侧力矩表"

另一种更为简便也更为准确的修正方法是,查取"船舶稳性报告书"或"船舶装载手册"中的"液舱自由液面倾侧力矩表"（见表3-5）。该表为规范要求船上必须配置的,查表引数为舱别和横倾角。

表 3-5　液舱自由液面倾侧力矩表

横倾角 舱别	10°	20°	30°	40°	50°	60°
No.1 燃油舱（左）	182.14	227.84	220.51	208.43	192.42	167.67
No.1 燃油舱（右）	156.18	190.37	186.14	181.88	179.23	150.83
No.2 燃油舱（左）	331.78	420.26	405.51	390.76	353.90	278.33
No.2 燃油舱（右）	198.46	277.84	272.88	267.92	257.99	192.25
重柴油舱（左）	188.78	239.12	230.73	220.34	201.37	158.31
重柴油舱（右）	120.12	168.17	165.16	162.16	156.15	116.36
淡水舱（兼压载舱）	58.57	127.39	159.60	161.06	146.42	133.24
No.2 压载水舱（左）	381.42	483.14	466.18	449.23	406.85	319.97
No.2 压载水舱（右）	237.55	332.57	326.23	320.69	308.81	230.13
No.1 压载水舱（左）	126.63	190.81	190.81	190.81	272.73	137.03
No.1 压载水舱（右）	92.37	153.46	163.89	163.89	148.99	123.66
首尖舱	24.54	36.81	80.99	115.35	171.79	269.96
$\sum M_{fs}$（9.81×kN·m）	1 760.2	2 429.57	2 462.38	2 444.21	2 323.58	1 959.30

根据查表所得的各舱自由液面修正力矩,求和,则在大倾角横倾的情况下,自由液面对复原力臂的修正值为:

$$\delta GZ = \frac{\sum M_{fs}}{9.81\Delta} \ (\text{m}) \tag{3-27}$$

式中：$\sum M_{fs}$——为各液舱自由液面修正力矩之和($9.81 \ \text{kN} \cdot \text{m}$)。

修正后的复原力臂值应为：

$$GZ_1 = GZ - \delta GZ \ (\text{m}) \tag{3-28}$$

三、静稳性曲线

当船舶排水量一定时,船舶的复原力臂值随船舶横倾角变化而变化。为了清楚地反映船舶在大倾角横倾时的稳性全貌,将复原力臂和横倾角的关系用一条曲线表示,该曲线就称为静稳性曲线(Curve of Statically Stability,又称复原力臂曲线、GZ 曲线)。该曲线是反映船舶大倾角稳性特征的重要资料。当船舶排水量及重心距基线高度不同时,静稳性曲线也就不同。

1.静稳性曲线的绘制

(1)根据公式分别计算出船舶不同横倾角 θ 时的 GZ(或 M_R);

(2)在以 GZ(或 M_R)为纵坐标、θ 为横坐标的坐标系中标出相应点(θ_i, GZ_i)或(θ_i, M_{Ri});

(3)将各点连成一光滑曲线即为船舶的静稳性曲线(见图 3-12)。

在静稳性曲线图上,横坐标标值表示横倾角 θ 的大小,纵坐标标值表示复原力臂 GZ 或复原力矩 M_R 的大小。

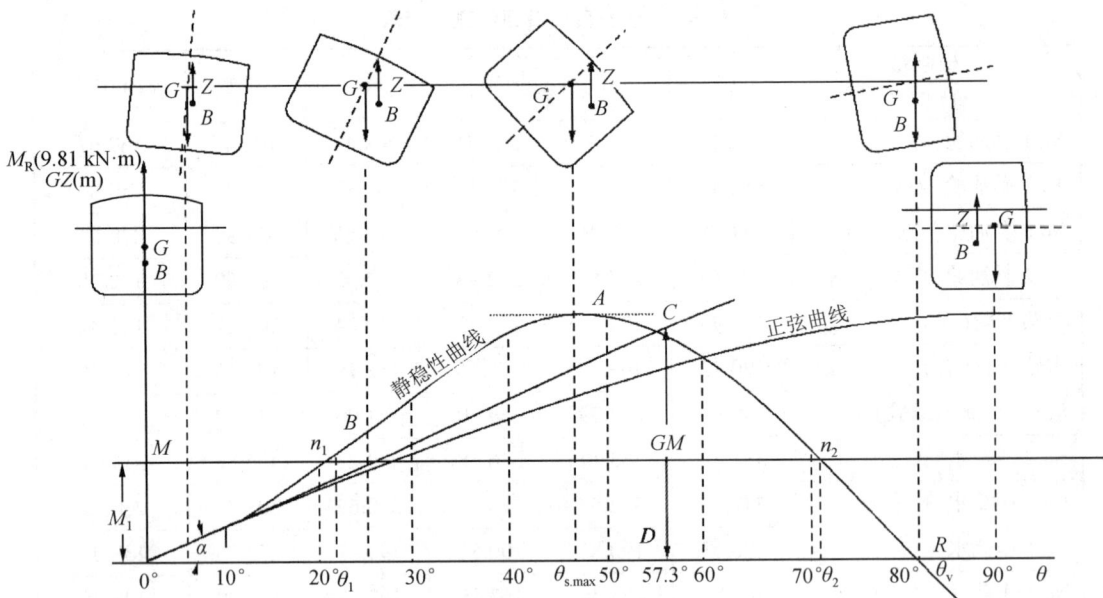

图 3-12 静稳性曲线图

2.静稳性曲线图上的稳性特征参数

在静稳性曲线图上有几个重要的表示船舶稳性特征的参数:

（1）静平衡角 θ_s（Angle of Statically Inclination）

设有一个横倾力矩 M_h（Heeling Moment）慢慢地作用于船上，使船舶发生横倾。随着横倾角的增大，船舶复原力矩也增大。当复原力矩 M_R 增大到与横倾力矩 M_h 相等时，船舶处于静平衡状态，此时船舶的横倾角称为静平衡角或静倾角 θ_s。在静稳性曲线图上，静稳性曲线与横倾力臂（矩）曲线的交点所对应的横倾角即为静平衡角。

（2）最大复原力臂 GZ_{max}（Maximum Righting Lever）

随着船舶横倾角的增大，复原力臂（矩）可达到一个最大值。在静稳性曲线图上，当静稳性曲线达到最高点时，所对应的纵坐值，即为最大复原力臂（又称最大静稳性力臂）或最大复原力矩 $M_{R.max}$（Maximum Righting Moment）值。最大复原力臂（矩）反映了船舶抵御静止外力（矩）的最大能力。

（3）最大复原力臂对应角 $\theta_{s.max}$（Angle for Maximum Righting Lever）

在船舶最大复原力臂（矩）出现时所对应的横倾角称为最大复原力臂对应角，又称极限静倾角（Angle for Maximum Statically Inclination）。在静稳性曲线图上，当静稳性曲线达到最高点时，所对应的横坐标标值，即为最大复原力臂对应角。为保证船舶在大倾角时能安全航行，要求 $\theta_{s.max}$ 有足够大的值。

（4）稳性消失角 θ_v（Angle of Vanishing Stability）

复原力臂（矩）在超过 $\theta_{s.max}$ 后开始减小，当船舶复原力臂（矩）再次变为零时，所对应的横倾角称为稳性消失角。在静稳性曲线图上，静稳性曲线经过最高点后再次与横坐标相交，相交点的横坐标标值即为船舶稳性消失角。船舶横倾角超过 θ_v 时出现负的复原力臂。故，从零度到 θ_v 的范围称为船舶稳性范围。对于经常遇到大角度横倾的海船来说，足够大的 θ_v 值是必要的。

（5）甲板浸水角 θ_{im}（Angle of Deck Immersion）

船舶上甲板边缘浸水时所对应的横倾角称为甲板浸水角。静稳性曲线在对应甲板浸水角处出现反曲点，此后，船舶的稳性增长减缓。

3.静稳性曲线给予的提示

（1）可以证明，通过静稳性曲线原点作曲线的切线，则该切线的斜率等于初稳性高度 GM 值。

（2）如果将初稳性时的复原力臂 $GZ = GM\sin\theta$ 或复原力矩 $M_R = 9.81\Delta \cdot GM \cdot \sin\theta$ 图示在静稳性曲线图上，则为一条正弦曲线。比较该正弦曲线与静稳性曲线可以发现，在小角度横倾时，两条曲线重合，随着横倾角的增大，两条曲线逐渐分离。这说明静稳性曲线更能全面正确地反映船舶的稳性全貌，而初稳性高度 GM 只能表征小角度横倾时的稳性状况。

通过计算、绘画船舶在某一装载状态下的静稳性曲线，我们可以全面了解船舶在大倾角横倾时的稳性全貌。在"船舶稳性报告书"或"船舶装载手册"中，也提供各种典型装载状态下的静稳性曲线，以帮助船舶驾驶员对在这些典型装载状态下的船舶稳性情况有全面的了解，并为编制配积载计划提供参考。

4.影响静稳性曲线的因素

（1）船宽

对于吃水和重心高度相同但船宽不同的船舶，船宽越大，GZ_{max}越大，而$\theta_{s.max}$和θ_v越小，静稳性曲线越陡峭。如图 3-13 所示，对于远洋航行的船舶，为保证航行中的适度稳性，其船宽不宜过大，应适中为好。

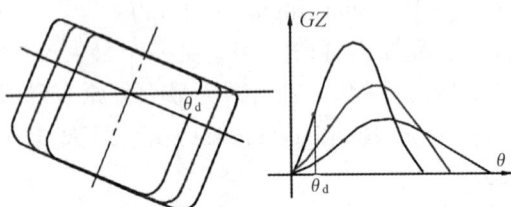

图 3-13　不同船宽的静稳性曲线

（2）干舷

对于干舷高度不同的船舶，在船宽、吃水和重心高度相同条件下，静稳性曲线形状因干舷不同而不同。如图 3-14 所示，干舷较大的船甲板浸水角也大，故静稳性曲线极值点位置滞后，曲线与横坐标轴交点也后移。当横倾角 θ 小于干舷较小船舶的甲板浸水角时，各船移动后的浮心在同一位置处，故此阶段各条静稳性曲线重合，M_R 或 GZ 值相等，各曲线在原点处的斜率亦相等。

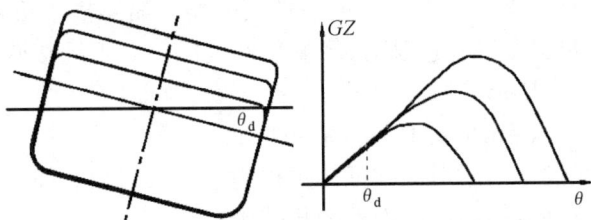

图 3-14　不同干舷的静稳性曲线

对于干舷高度相异的不同船舶，在船宽、吃水和重心高度相同条件下，干舷越大，GZ_{max}、$\theta_{s.max}$和θ_v越大。但干舷大小不影响船舶的初稳性。为保证船舶具有足够的储备浮力和稳性，对于海上航行的船舶，要求具有比内河船舶更大的干舷。

（3）排水量（或吃水）

对于同一艘船，当排水量（或吃水）不同时，其形状稳性力臂 KN 值亦不同，从而引起静稳性力臂 GZ 值的变化，对应的静稳性曲线形状不同。若船舶重心高度相同，由于排水量（或吃水）较小时甲板浸水角较大，形状稳性力臂 KN 值亦呈现增大趋势，因而，表征静稳性曲线的特征值 GZ_{max}、$\theta_{s.max}$和θ_v等也比排水量（或吃水）较大时大些。

应该注意的是，由于排水量不同，因此相应装载状态时的静稳性力矩 M_R 也不同。

（4）船舶重心高度

对于同一艘船舶，在排水量相同时，若船舶重心高度不同，则其重量稳性力臂 KH 值不同，从而引起静稳性力臂 GZ 的变化。由 KH 表达式可知，当船舶重心高度增大时，不同横倾角对应的 GZ 值均减小，且减小幅度随横倾角的增大而增大。因此，重心高度较小时对应的静稳性曲线除原点外处处高于重心高度较大时对应的静稳性曲线,如图3-15所示。由图3-15可见,当重心高度增大时,船舶 GZ_{max}、$\theta_{s.max}$ 和 θ_v 均减小。

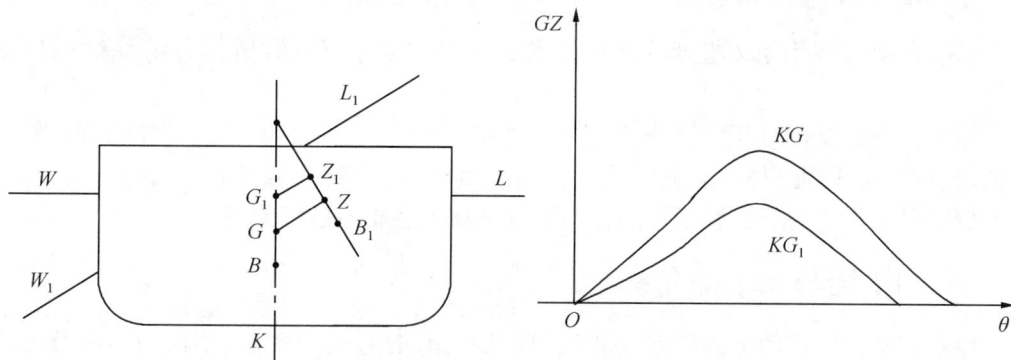

图3-15　不同重心高度的静稳性曲线

（5）自由液面

液舱内存在自由液面时对船舶稳性的影响相当于增大船舶的重心高度,因而,自由液面的存在使静稳性曲线下降,船舶 GZ_{max}、$\theta_{s.max}$ 和 θ_v 均减小。

（6）初始横倾角

当船舶重心偏离纵中剖面时,船舶会出现初始横倾角,设船舶重心的横坐标为 GG_1,由图3-16可知,船舶在倾侧一方的静稳性力臂 G_1Z_1 与船舶中心位于纵中剖面时的静稳性力臂 GZ 的关系为:

$$G_1Z_1 = GZ - GG_1\cos\theta \tag{3-29}$$

即静稳性曲线下降, GZ_{max} 和稳性范围缩小。

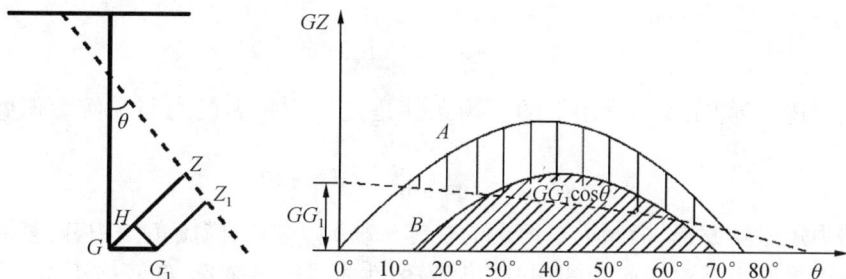

图3-16　初始横倾角下的静稳性曲线

任务四　船舶动稳性

⚓ 任务目标

掌握船舶动稳性及其衡量指标,了解船舶动稳性曲线及其绘制,理解最小倾覆力矩及其确定方式,具备运用动稳性衡准指标、最小倾覆力矩的能力。

⚜ 任务(知识)储备

船舶在动力作用下发生倾斜(计及角加速度和惯性矩)时所具有的稳性叫作动稳性。

船舶在海上航行时,经常受阵风的突然袭击及海浪的猛烈冲击,这种作用称作外力矩的动力作用。除此以外,船上的重物突然发生移动、拖船拖索对大船的猛然拽拉、操舵初始阶段的作用力等都属于作用在船上具有动力性质的横倾力矩。

一、动平衡与动平衡角

船舶在动力的作用下倾斜速度较快,且具有角加速度,因此,当横倾力矩和复原力矩相等时,由于惯性力,船舶并不能在静平衡角 θ_s 位置保持静平衡,而是继续倾斜下去。只有当横倾力矩所做的功 W_h 与复原力矩所做的功 W_R 完全抵消时,船舶的角速度才能等于零,从而停止倾斜。此时,船舶处于动平衡状态,对应的横倾角称为动平衡角 θ_d(Angle of Dynamical Stability),如图 3-17 所示。

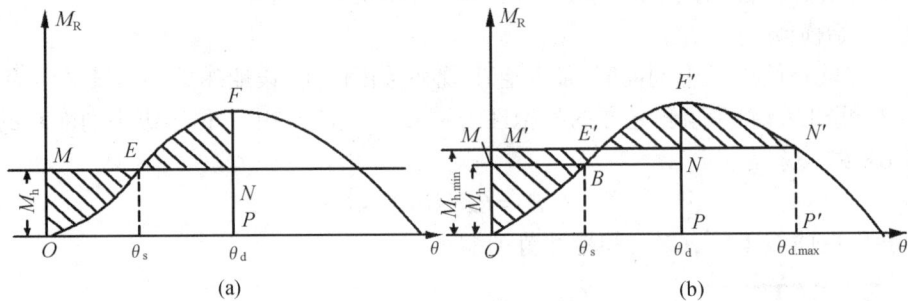

图 3-17 动平衡

如上所述,船舶在动力作用下的平衡条件是复原力矩做的功与横倾力矩做的功相等,即

$$W_R = W_h \tag{3-30}$$

根据力矩做功原理,横倾力矩所做的功等于横倾力矩对横倾角的积分,复原力矩所做的功等于复原力矩对横倾角的积分。从静稳性曲线图上来看,横倾力矩 M_R 所做的功为横倾力矩曲线(通常假定为一次线性直线)下的一块面积,其高为横倾力矩 M_R 值。船舶复原力矩所做的功则为静稳性曲线下的一块面积。根据图 3-17(a),当面积 $OMNP$ 等于面积 $OEFNP$ 时,满足动平衡条件。去除其共有部分的面积 $OENP$,船舶动平衡条件实际表现为要求面积 OME 等于面积 EFN。而动平衡角为线段 FP 所对应的横倾角。显然,动平衡角要比静平衡角大得多。因此,船舶驾驶员更应该关心在生产实践中经常遇到的动平衡问题。

二、船舶动稳性大小的基本标志

船舶在动态外力矩作用下发生倾斜,考虑了船舶在倾斜过程中的角加速度和惯性矩的影响,船舶抵抗外力矩的能力不能再以稳性力矩来衡量,而是应以稳性力矩做的功来衡量。由此可见,船舶动稳性在不同装载状态下其大小应以稳性力矩做的功来表征。稳性力矩做的功 A_R 也称作动稳性力矩。

由于稳性力矩在数据上等于静稳性力矩 M_R 曲线下的面积,而 $M_R = \Delta \cdot GZ$ 并设 Δ 为常量,于是定义静稳性力臂 GZ 曲线下的面积为动稳性力臂(用 l_d 表示)。则动稳性力矩与动稳性力臂之间的关系为:

$$A_R = \Delta \cdot l_d \qquad (3-31)$$

由上式可知,在排水量一定的条件下,动稳性力矩所做的功取决于稳性力臂 l_d,并与其成正比,因此动稳性力臂 l_d 可以作为船舶动稳性大小的基本标志。

三、最小倾覆力矩

如图 3-17(b)所示,增大横倾力矩,当船舶在面积 $OM'E'$ 等于面积 $E'F'N'$ 时达到动平衡,则此时的横倾力矩称为极限横倾力矩(Maximum Heeling Moment)。它表示船舶在动平衡条件下所能承受的横倾力矩的极限值。当船舶实际受到的横倾力矩大于其所能承受的横倾力矩极限值时,船舶动平衡遭到破坏,船舶就会倾覆。所以这个横倾力矩的极限值又称为最小倾覆力矩 $M_{h.min}$(Minimum Capsizing Moment),即能使船舶倾覆的最小外力矩。它是衡量船舶动稳性的重要指标。从动稳性角度考虑,保证船舶不致倾覆的条件是,实际所受到的横倾力矩必须小于最小倾覆力矩。最小倾覆力矩所对应的动平衡角称为极限动平衡角 $\theta_{d.max}$(Maximum Angle of Dynamic Lnclination),最小倾覆力矩除以船舶排水量即为最小倾覆力臂 $l_{h.min}$(Minimum Capsizing Lever)。

从动稳性要求来考虑,保证船舶不致倾覆的条件应为:

$$M_h \leqslant M_{h.min} \qquad (3-32)$$

四、动稳性曲线

动稳性曲线(Curve of Dynamical Stability)是表示动稳性力矩(即复原力矩做的功)或动稳性力臂与横倾角的关系曲线。

在动稳性曲线图上,横坐标标值表示横倾角 θ 的大小,纵坐标标值为动稳性力矩 A_R(kN·m)或动稳性力臂 l_d(m)$[l_d = A_R / (9.81\Delta)]$,如图 3-18 所示。

不同横倾角时的复原力矩做的功 A_R 就是相应横倾角时的静稳性曲线所包围的面积。曲线下的面积有各种近似计算方法,常用的有辛普生法和梯形法。

利用动稳性曲线可以在已知横倾力矩 M_h 的情况下求动平衡角或反之,也可以求取最小倾覆力矩 $M_{h.min}$ 以及极限动平衡角 $\theta_{d.max}$。

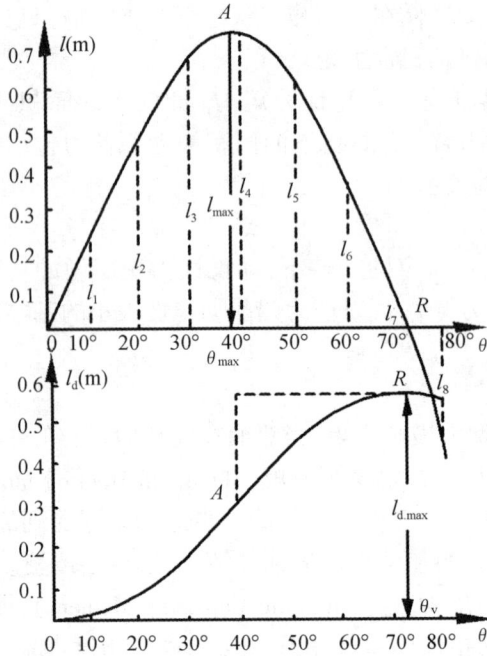

图 3-18　动稳性曲线图

任务五　对船舶稳性的要求

⊛ 任务目标

掌握 IMO 稳性规则对普通货船的完整稳性基本衡准要求,掌握我国法定规则对普通货船的完整稳性基本衡准要求,理解船舶临界稳性高度曲线和极限重心高度曲线,具备运用船舶临界稳性高度曲线和极限重心高度曲线判断船舶稳性是否满足要求的能力。

⊛ 任务(知识)储备

为了保证船舶的营运安全,IMO 和各航运国家都对船舶的稳性提出了基本的衡准要求。

一、IMO 稳性规则对普通货船的完整稳性基本衡准要求

IMO《2008 年国际完整稳性规则》规定,船长大于或等于 24 m 的国际航行货船应满足规则中相应完整稳性衡准要求,该规则分为 A、B 两部分,其中 A 部分为强制性要求,B 部分为建议性要求。本节重点介绍 A 部分的内容。

1.IMO 完整稳性衡准（A 部分衡准要求）

在核算装载状态下,经自由液面修正后:

(1)初稳性高度 GM 应不小于 0.15 m。

(2)复原力臂 GZ 曲线下的面积:

①横倾角在 $0° \sim 30°$ 所围面积 $A_{0° \sim 30°}$ 应不小于 0.055 m·rad;

②横倾角在 $0° \sim 40°$ 或进水角 θ_f 较小之间所围面积 $A_{0° \sim \min\{40°,\, \theta_f\}}$ 应不小于 0.090 m.rad;

③横倾角在 $30° \sim 40°$ 或进水角 θ_f 较小之间所围面积 $A_{30° \sim \min\{40°,\, \theta_f\}}$ 应不小于 0.030 m.rad。

(3)横倾角等于或大于 $30°$ 处的复原力臂应不小于 0.20 m。

(4)最大复原力臂对应角 $\theta_{s.\max}$ 应不小于 $25°$。

(5)对 $L \geqslant 24$ m 的船舶尚应满足气象衡准。

IMO《2008 年国际完整稳性规则》规定了在正常装载状态下,船舶抵御横风和横摇联合作用的能力应符合如下要求:

如图 3-19 所示,船舶受到垂直于其中心线的一个稳定风压的作用,产生一个稳定风压力臂 l_{w1},在该稳定风压作用下,船舶的静平衡角为 θ_0(横倾角 θ_0 不应超过 $16°$ 或甲板边缘浸水角的 80%,取小者);假定由于波浪作用,船由静平衡角 θ_0 向上风摇至一个横摇角 θ_1;然后,船舶受到一个突风风压,产生风压力臂 l_{w2},其中 l_{w1} 和 l_{w2} 不随横倾角的变化而变化;在此种情况下,面积"b"应不小于面积"a"。

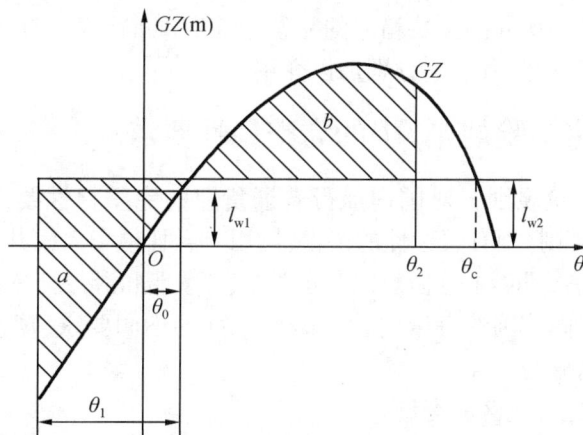

图 3-19　IMO 天气衡准

图 3-19 中:l_{w1} 为稳定风压力臂(m),可用下列公式表示

$$l_{w1} = \frac{P_w \cdot A_w \cdot Z_w}{1\,000 \cdot g \cdot \Delta} \ (\text{m}) \tag{3-33}$$

式中:P_w——单位计算风压,值取 504 Pa;

$\quad A_w$——水线以上船舶和甲板货物的侧投影面积(m^2);

$\quad Z_w$——从 A_w 的中心到水下侧面积中心或近似地到吃水一半处的垂直距离(m);

$\quad \Delta$——船舶排水量(t);

$\quad g$——9.81 m/s^2;

$\quad l_{w2}$——突风风压力臂(m)。

$$l_{w2} = 1.5l_{w1} \tag{3-34}$$

θ_0——稳定风压作用下的船舶静平衡角;

θ_1——由于波浪作用,船舶向上风一侧的横摇角,根据船舶结构、尺度、横摇周期、平均型吃水及船舶重心距水线面的高度等因素确定;

θ_2——进水角(θ_f)或$50°$或θ_c,取其中小者。

式中的进水角θ_f为船体、上层建筑或甲板室不能风雨密关闭的开口浸水时对应的横倾角,不至于发生连续进水的小开口无须作开口考虑;θ_c为突风风压力臂与GZ曲线的第二个交角。

2.稳性核算时的注意事项

(1)在确定自由液面对稳性的影响时,应假定对于每一类液体,至少横向有一对舱柜或者中心线上有一个舱柜具有自由液面,并且所考虑的舱柜或者舱柜组应是自由液面影响最大者。

(2)凡舱柜内装载液体少于98%时,应考虑自由液面的影响。当舱柜名义上满舱,即装载液体为98%或以上时,则不必考虑自由液面的影响。

(3)船舶由于任何开口进水会沉没时,稳性曲线在相应的进水角处切断,船舶稳性被认为完全丧失。

IMO《2008年国际完整稳性规则》中还对装载木材甲板货物的货船、装载散装谷物的货船以及船长大于100 m的集装箱船的完整稳性衡准作了规定。对于这些特殊稳性衡准,我们将在本教材相应章节中分别加以介绍。

二、我国《法定检验规则》中的完整稳性要求

1.我国《法定检验规则》对国内航行普通货船的完整稳性要求的适应范围

我国《法定检验规则》中有关稳性的要求,适用于悬挂中华人民共和国国旗的各种民用船舶,但帆船、机帆船、非营业性游艇以及水翼船、气垫船和滑行艇等动力支承船除外。

为明确船舶在不同范围的海域内营运时对稳性的不同要求,规则以我国海域为中心将世界海洋区域划分为:

远海航区:超出近海航区的海域。

近海航区:距我国大陆海岸不超过200 n mile的海域,对于台湾岛和海南岛周边海域,距岸距离应在200 n mile基础上进行缩减。

沿海航区:距我国大陆海岸、台湾岛海岸和海南岛海岸不超过20 n mile的海域以及距离具有避风条件且有施救能力的沿海岛屿海岸不超过20 n mile的海域。此外,满足规定的三沙市所辖海域也划分为沿海航区。

遮蔽航区:在沿海航区内,由海岸与岛屿、岛屿与岛屿围成的遮蔽条件良好、风浪较小、水流平缓的海域。在该海域内岛屿之间、岛屿与海岸之间的最大距离应不超过10 n mile,且水深、航道条件均适合预定船舶的停泊和航行。

2.《法定检验规则》对国内航行普通货船稳性的基本要求

1)国际航行的普通货船

应满足IMO《2008年国际完整稳性规则》规定的稳性衡准。

2）国内航行船舶

（1）经自由液面修正后，船舶稳性在所核算的装载状况下必须同时满足：

①初稳性高度 GM 应不小于 0.15 m；

②横倾角等于或大于 30° 时的复原力臂 $GZ_{30°}$ 应不小于 0.2 m，若船舶进水角小于 30° 时，则进水角处的复原力臂应不小于该规定值；

③船舶最大复原力臂对应角 $\theta_{s.max}$ 应不小于 25°，且进水角 θ_f 应不小于最大静稳性力臂对应角 $\theta_{s.max}$。

④稳性衡准数 K 应不小于 1。

当船宽与型深比 B/D 大于 2 时，最大复原力臂对应角 $\theta_{s.max}$ 可以减少 $\delta\theta$ 值：

$$\delta\theta = 20\left(\frac{B}{D}-2\right)(K-1) \quad (°) \tag{3-35}$$

式中：B——船舶型宽（m），当 $B>2.5D$ 时，取 $B=2.5D$；

　　　D——船舶型深（m）；

　　　K——稳性衡准数，当 $K>1.5$ 时，取 $K=1.5$。

（2）稳性衡准数 K 的求取

稳性衡准数 K 是指船舶最小倾覆力矩（臂）与风压倾侧力矩（臂）之比，即：

$$K=\frac{M_{h.min}}{M_w}=\frac{l_{h.min}}{l_w}\geq 1 \tag{3-36}$$

式中：$M_{h.min}(l_{h.min})$——最小倾覆力矩（臂）；

　　　$M_w(l_w)$——风压倾侧力矩（臂）。

①最小倾覆力矩（臂）的求取

我国法定规则规定，最小倾覆力矩（臂）值，应用计及船舶横摇影响及进水角修正后的动稳性曲线来确定，方法如下：

a.考虑横摇角 θ_1 的修正

如图 3-20 所示，在动稳性曲线向横坐标（θ 轴）负值方向对应延伸一段曲线，在横坐标负值方向上取对应于横摇角 θ_1 点（θ_1 值可根据法定规则中推荐的公式计算确定，也可根据船舶排水量和初稳性高度查船舶资料中的横摇角曲线获得）。经此点作横坐标的垂直线，与动稳性曲线交于 A 点。从 A 点作动稳性曲线的切线 AH。以 A 点为原点，沿横坐标轴方向量取 57.3°（1 rad）至 B 点，过 B 点作横坐标轴的垂线，与 AH 切线交于 C 点，量取 BC 在纵坐标上的长度，该长度数值即为考虑横摇角 θ_1 的修正后的最小倾覆力矩（臂）值 $M_{h.min}(l_{h.min})$。

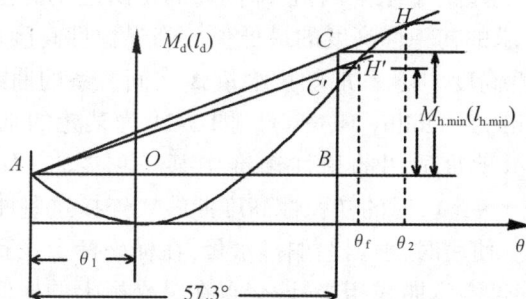

图 3-20　考虑横摇及进水修正后的最小倾覆力矩计算

b.考虑进水角 θ_f 的修正

动稳性曲线因进水角 θ_f 影响而中断,且进水角 θ_f 小于 θ_2 时,如图 3-21 所示,过 θ_f 对应的点作横坐标轴的垂线,与动稳性曲线交于 H' 点(动稳性曲线中断点),过 A 点和 H' 点,作直线 AH',过 B 点作横坐标轴的垂线,与 AH' 直线交于 C' 点,量取 BC' 在纵坐标上的长度,该长度数值即为考虑进水角 θ_f 的修正后的最小倾覆力矩(臂)值 $M_{h.min}$ ($l_{h.min}$)。

②风压倾侧力矩的求取

根据我国法定规则,风压倾侧力矩用下列公式求取:

$$M_w = 0.001 P_w \cdot A_w \cdot Z_w (kN \cdot m) \tag{3-37}$$

式中: P_w ——单位计算风压(Pa),其值应根据《法定检验规则》中"单位计算风压表"线性插值查得;

A_w ——船舶横向受风面积(m^2);其值按《法定检验规则》中的有关规定确定;

Z_w ——计算风力作用力臂(m),为在所核算装载情况下船舶正浮时受风面积中心至水线的垂直距离。

另外,风压倾侧力矩也可用下式求取:

$$M_w = 9.81 \times \Delta \times l_w (kN \cdot m) \tag{3-38}$$

其中风压倾侧力臂 l_w 在船舶资料中具有风压倾侧力臂曲线时,可根据排水量直接查取。

在"船舶稳性报告书"中有"船舶横向受风面积与风压倾侧力臂计算表",可根据船舶实际吃水和甲板装载情况,直接查取 A_w 和 Z_w 值。

3.符合适用的稳性衡准的临界稳性高度 GM_c 或极限重心高度 KG_c

为了保证航行安全,载货船舶需要根据适用的稳性衡准对船舶稳性进行全面校核,校核范围包括初稳性、大倾角稳性及动稳性。但在生产实践中发现,对船舶大倾角稳性和动稳性进行校核难度较大。为此,我国法定规则中提出,要求船舶设计部门应为船舶提供符合各自适用的稳性衡准的最小 GM 或最人 KG 曲线或图表,以简化大倾角稳性和动稳性的校核。这样的曲线、图表就是我们通常所说的临界稳性高度曲线图(又称最小许用初稳性高度曲线图)和极限重心高度曲线图(又称许用重心高度曲线图)及相应的数值表。

(1)临界稳性高度曲线

临界稳性高度 GM_c (Critical Stability Height)是指从初稳性、大倾角稳性及动稳性要求出发提出的对初稳性高度的下限限制值,即同时满足所适用的稳性衡准中对初稳性、大倾角稳性及动稳性要求的初稳性高度的最低值。临界稳性高度值随船舶排水量的变化而变化,反映临界稳性高度 GM_c 和船舶排水量 Δ 之间关系的曲线称为临界稳性高度曲线图(Curve of the Critical Stability Height)。图 3-21 为某轮的临界稳性高度曲线图,图中各条曲线分别表示满足适用的稳性衡准中某一项要求(如满足 $GM \geq 0.15$ m; $GZ_{max} \geq 0.2$ m; $\theta_{s.max} \geq 25°$; $K \geq 1$)时的初稳性高度曲线。连接这些曲线的最高曲线段,即构成临界稳性高度曲线。使用时,根据船舶排水量,在横坐标上找到相应的点,过该点向上作一垂直线,与临界稳性高度曲线相交,该交点在纵坐标上的标值读数,即为该排水量

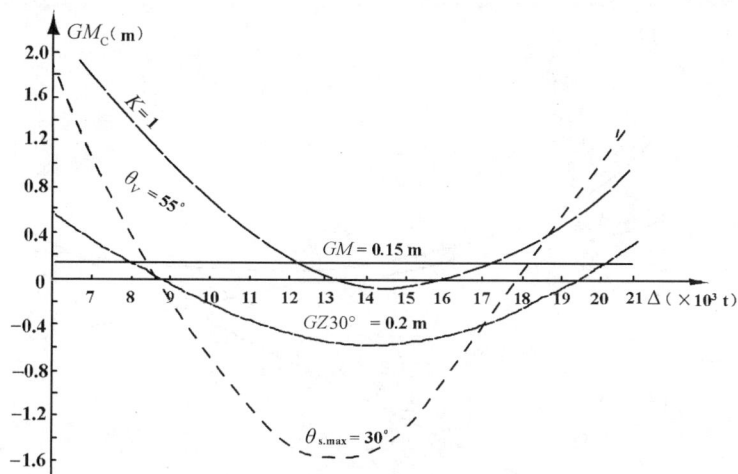

图 3-21　某轮的临界稳性高度曲线

时的临界稳性高度。当船舶在实际装载状态下的初稳性高度不小于该状态下的临界稳性高度值时,表示船舶的初稳性、大倾角稳性及动稳性均满足所适用的稳性衡准要求。

（2）极限重心高度曲线

极限重心高度 KG_{max}（Maximum Height of the Center of the Gravity）是指从初稳性、大倾角稳性及动稳性要求出发提出的对船舶重心高度的上限限制值,即同时满足所适用的稳性衡准中对初稳性、大倾角稳性及动稳性要求的船舶重心高度的最大值。同样,极限重心高度值随船舶排水量的变化而变化,反映极限重心高度 KG_{max} 和船舶排水量 Δ 之间关系的曲线称为极限重心高度曲线图（Curve of Maximum Height of the Center of the Gravity）。图 3-22 为某轮的极限重心高度曲线图。该图中的极限重心高度曲线和相应的临界稳性高度曲线的关系,可以用公式 $GM_c = KM - KG_{max}$ 表达。使用时,根据船舶排水量,在横坐标上找到相应的点,过该点向上作一垂直线,与极限重心高度曲线相交,该交点在纵坐标上的标值读数,即为该排水量时的极限重心高度。当船舶在实际装载状态下重心距基线高度不超过该装载状态下的极限重心高度值时,表示船舶的初稳性、大倾角稳性及动稳性均满足所适用的稳性衡准要求。

显然, GM_c 或 KG_c 是满足我国稳性衡准最低要求的综合指标,若船舶装载后初稳性高度 G_0M 或重心高度 KG_0 满足下式要求,则说明该装载状况满足法定规则对稳性的基本要求

$$\begin{cases} G_0M \geqslant GM_c \\ KG_0 \leqslant KG_c \end{cases} \tag{3-39}$$

式中: G_0M 和 KG_0 分别为经自由液面修正后的初稳性高度和船舶重心高度。GM_c 和 KG_c 由船舶装载排水量查 GM_c 曲线和 KG_c 曲线获得。

目前,我国国内建造的货船上,船舶稳性报告书中多采用的是极限重心高度曲线。

船舶在不同排水量时的临界稳性高度和极限重心高度值也可制成数表的形式,查取更为方便和准确。

4.稳性核算时的注意事项

根据我国《法定检验规则》的规定,并考虑对船舶安全的要求,在核算船舶稳性时,

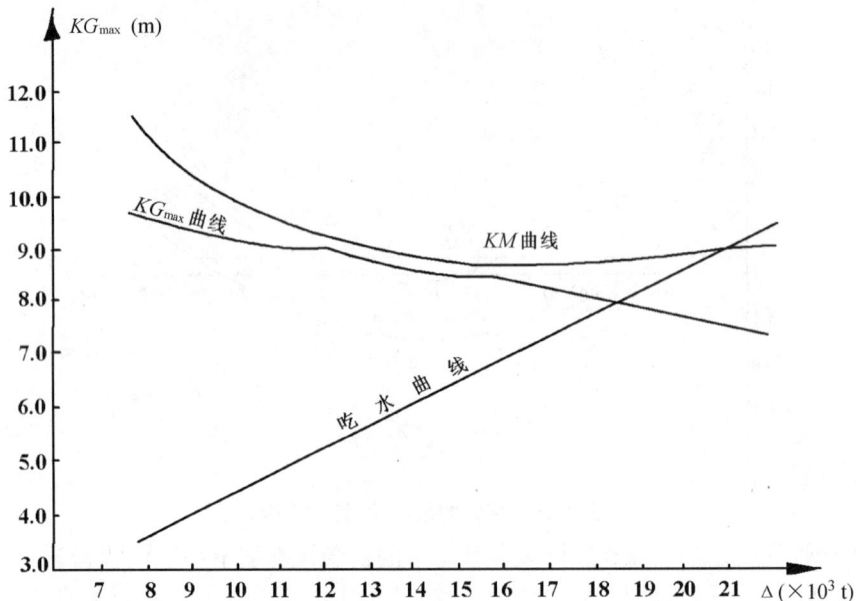

图 3-22　某轮的极限重心高度曲线图

应注意以下事项：

（1）对稳性衡准中各项指标进行核算时，都应计及自由液面修正，对消耗液体舱和航行途中加压载水的压载舱，应假定每一类液体至少有一对边舱或一个中心线上的液体舱存在自由液面且所取的液舱或液舱组的自由液面应为最大者。

（2）满载液货舱应按装载至98%舱容高度计算0°横倾自由液面的影响。

（3）装满98%以上舱容的液体舱及存有通常剩余液体的空舱，可不计自由液面的影响。

（4）计算时应精确计入满载舱、部分装载舱及舱内有剩余液体的各液舱内实际液位高度，对初稳性高度的修正应计算船舶正浮时的自由液面惯性矩，对船舶大倾角稳性的修正应计算船舶不同横倾角状态时的移动力矩对复原力臂的影响。

（5）无限航区船舶在使用冬季载重线或北大西洋冬季载重线的区域内航行，以及国内沿海船舶在冬季航行于青岛（36°04′N）以北时，应计及结冰对稳性的影响。按规则的要求，对船体甲板或步桥水平投影面积、水线以上两舷侧投影面积及前面正投影面积上结冰重量予以计算，将其视为重量增加。

（6）尽量避免船舶出现初始横倾角。

（7）考虑到船舶在营运过程中外部环境的复杂性和变化性以及船舶自身状态的改变等诸多因素的影响，如船舶随浪航行、大风浪突袭、货物移动、货舱进水等，船舶稳性按规则核算后虽已符合各项要求，但船长仍应注意船舶装载和气象、海况等情况，谨慎驾驶和操作。在船舶遭遇到特殊情况和紧急情况而采取应变措施时，应注意船舶的稳性，防止发生倾覆。

任务六　船舶稳性的检验与调整

⚓ 任务目标

理解船舶适度稳性范围及其确定方法,掌握利用测定的船舶横摇周期计算初稳性高度 GM、检验船舶稳性,了解观察船舶表现出的某些征状判断船舶稳性的方法,具备运用稳性调整原则与调整方法的能力。

⚓ 任务(知识)储备

在装货前,应根据载荷在船上的计划配置情况,进行船舶稳性的计算与校核。如稳性不好,应对载荷垂向配置情况作出相应地调整。在装货结束后及在海上航行时,则可以采用观测(察)方法,判断船舶实际稳性好坏。如稳性太差,应及时采取必要的措施。

一、船舶适度的稳性范围

IMO《2008 年国际船舶完整稳性规则》及各国船舶稳性规范中的完整稳性衡准的规定,是保证船舶营运安全的最低稳性要求。船舶在实际营运中的稳性不能低于所适用稳性衡准的要求。但船舶初稳性高度在满足了最低要求的稳性衡准后,是否应该强调越大越好,IMO《2008 年国际完整稳性衡准》中对此有明确看法:稳性衡准规定了(初稳性高度)的最小值,但不建议最大值,以免初稳性高度的值过大。因为过大的初稳性高度值将使船舶横摇周期缩短,摇摆加剧,造成人员不适,船上设备使用不便、船体结构容易受损、舱内货物移位以致危及船舶安全。因此,掌握适度的初稳性高度已成为广大船舶驾驶员的共识。一般认为:

(1)船舶初稳性高度的最低值 GM_{min} 为船舶该装载状态下的临界稳性高度值 GM_c。

(2)船舶初稳性高度的最大值 GM_{max},对于杂货船、集装箱船等,取横摇周期等于 9 s 时所对应的初稳性高度值;对于矿石专用船等,取横摇周期等于 7 s 时所对应的初稳性高度值。

(3)适宜的船舶初稳性高度值为横摇周期等于 14~16 s 时所对应的初稳性高度值。

(4)当对船舶稳性情况没有充分把握时,可以考虑将船舶初稳性高度的最低值在临界稳性高度值的基础上加上一个安全余量。该安全余量可根据船舶种类、排水量大小、航经海区的海况、所载货物的特性等航次具体情况确定。

二、船舶稳性的检验

1.根据实测船舶横摇周期进行检验

初稳性高度 GM 与船舶横摇周期 $T_θ$ 之间成反比关系;初稳性高度越大,船舶横摇周期越短;反之,初稳性高度越小,船舶横摇周期越长。由于初稳性高度和船舶横摇周期有这样的关系,因此,可以根据实测的横摇周期来判断船舶的初稳性情况,并据此检验计算出的初稳性高度值是否准确;也可以根据计算出的初稳性高度值求算横摇周期,以判明船舶的适航性。

反映船舶横摇周期和初稳性高度的关系式有:

1)IMO《2008 国际完整稳性规则》中采用的公式

$$T_\theta = \frac{2CB}{\sqrt{GM}} \ (s) \tag{3-40}$$

式中:GM——经自由液面修正后的初稳性高度(m)。

   C——横摇周期系数,按下式确定:

$$C = 0.372\ 5 + 0.022\ 7(B/d) - 0.004\ 3(L/10)$$

如船中部舷侧为倾斜式或外漂式,则

$$C = 0.308\ 5 + 0.022\ 7(B/d) - 0.004\ 3(L/10)$$

对于万吨级货船,满载时,C 值为 0.35~0.39;压载时,C 值为 0.40~0.42。

对于船长不足 70 m 的船舶,IMO 建议使用如下简便公式

$$GM = (fB/T_\theta)^2 (m) \tag{3-41}$$

上面提到的:f——横摇周期系数,其值与船舶大小、形状、装载情况、液体数量等因素有关,对空船或压载时,f 取 0.88;对满载船舶,液体占总载重量的 20%、10% 和 5% 时,其 f 分别取 0.78、0.75 和 0.73。

   B——船舶的型宽(m)。

   L——船舶的水线长度(m)。

   d——船舶的平均型吃水(m)。

2)我国《法定检验规则》中采用的公式

$$T_\theta = 0.58f\sqrt{\frac{B^2 + 4KG^2}{GM_0}} \ (s) \tag{3-42}$$

式中:f——按船舶 B/d 值,由表 3-6 查得的系数;

   B——不包括船壳板的最大船宽(m);

   d——所核算装载情况下的型吃水(m);

   KG——所核算装载情况下的船舶重心距基线高度(m);

   GM_0——所核算装载情况下船舶未计及自由液面修正的初稳性高度(m)。

表 3-6　横摇周期系数

B/d	2.5 及以下	3.0	3.5	4.0	4.5	5.0	5.5	6.0	6.5	7.0 以上
f	1.00	1.03	1.07	1.10	1.14	1.17	1.21	1.24	1.27	1.30

在测定船舶横摇周期求取 GM 时,应注意以下几点:

(1)在实测 T_θ 时,应测几个全摆程所需的时间 t,$n>5$,以减小测量误差;而 $T_\theta = t/n$,并重复测量 2~3 次,以校正每次测量的误差。

(2)海上实测时,应选择海浪较小的时机,以减小波浪周期的干扰。

(3)应注意抛弃那些偏离其他大多数测定值较远的读数。

（4）由于各种因素的影响，利用 T_θ 求得的 GM 只能是估算和检验船舶稳性的近似手段。

（5）有的船舶资料中提供了 GM 与 T_θ 关系曲线，使用时根据船舶装载吃水或排水量 Q 所测横摇周期查取初稳性高度（见图 3-23）。

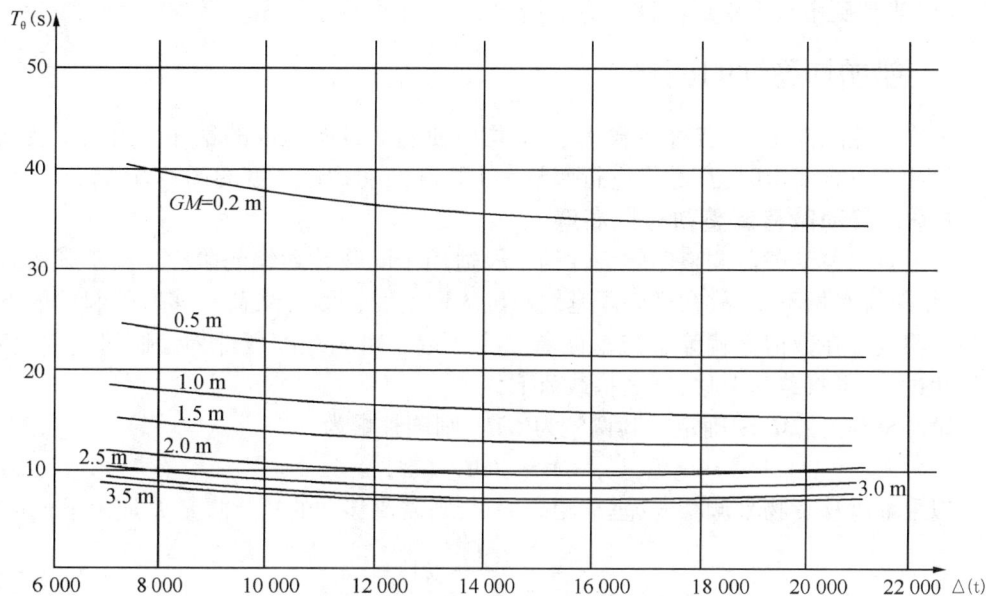

图 3-23 GM 与 T_θ 关系曲线

2.根据船舶在横倾力矩作用下产生的横倾角大小进行检验

利用船舶横摇周期对船舶初稳性进行判断，一般只能在海上进行。在港内开航前如想对船舶的初稳性情况有所了解，可以根据船舶在横倾力矩的作用下所产生的横倾角的大小进行初步判断。

船舶通过调拨左右舱压载水、吊杆同时起吊货物、在一舷压载舱压排海水、消耗一舷油水等方法迫使船舶产生一横倾角，用以检验船舶在港时或航行中的稳性。

船上载荷横移后产生横倾力矩，引起船舶横倾角，横倾角 θ 的数值可由倾斜仪读出。于是可得：

$$GM = \frac{P \cdot y}{\Delta \cdot \tan\theta} \ (\text{m}) \tag{3-43}$$

式中：P——横向移驳的压载水的重量或一舷同时吊起的重物的重量（t）；

y——P 的重心横向移动的距离或吊起重物的重心距船中线面的横向距离（m）。

船上横向不对称载荷增减后，由于载荷增减量较小，可认为载荷增减后初稳心位置不变。设载荷增量为 P，先将其置于船舶中纵剖面上的 K_P 处，从而引起初稳性高度变化亦可忽略不计，然后由中纵剖面横移至实际位置处，则船舶产生横倾角 θ，于是有：

$$GM = \frac{P \cdot y}{(\Delta + P) \cdot \tan\theta} \ (\text{m}) \tag{3-44}$$

3.通过观察船舶征兆进行检验

当船舶初稳性不足时会出现下列一些现象或征状：

（1）装卸货时，左右重量稍有不均，船舶立刻向重的一侧倾斜；

（2）使用、调驳、添注燃油、淡水、压载水等，尽管数量不大，也引起船舶较大的横倾；

（3）受到较小的横风或横向力，即引起船舶较大的横倾；

（4）操船时用舵或使用拖船牵拉，船身明显倾斜；

（5）当遇到甲板上浪或结冰等意外情况时，船舶出现永倾角。

二、船舶初稳性的调整

为确保船舶安全，在各种装载状态下，均应使船舶具有适度的稳性。当任一装载状态的稳性不符合要求时，都必须进行调整。下面介绍初稳性高度的调整方法。

1.垂向移动载荷调整初稳性高度

通过垂向移动载荷调整船舶稳性的手段适用于配载计划编制阶段。由于载荷垂移前、后船舶排水量不变，故初稳心距基线高度 KM 不变，因此，载荷垂移所引起的船舶重心高度改变量在数值上就等于初稳性高度改变量。船舶在配载计划编制时，经校核后若稳性过大，可将载荷上移；反之将载荷下移。

设调整前为 GM，现确定将其调整为 GM_1，则调整量为：

$$\delta GM = |GM_1 - GM| \tag{3-45}$$

拟采取垂移货物来调整，其垂移距离为 Z，则需要移动的货物重量 P 应由下式求出

$$P = \frac{\Delta \cdot \delta GM}{Z} \quad (\text{t}) \tag{3-46}$$

当上下舱单向移货因满舱而无法实现时，可采用上下舱轻、重货等体积互换的方法达到调整稳性的目的。设轻货重量为 P_L，积载因数为 SF_L，重货重量为 P_H，积载因数为 SF_H，应调整量为 δGM，轻货与重货间垂移距离为 Z，则由以下关系式可求出所移轻货和重货数量

$$\begin{cases} P_H - P_L = P = \dfrac{\Delta \cdot \delta GM}{Z} \\ SF_H \cdot P_H = SF_L \cdot P_L \end{cases} \tag{3-47}$$

利用载荷垂移调整船舶稳性，虽为配载图编制时经常使用的方法，但在具体应用时也应注意诸因素的限制，以防顾此失彼。以下因素都需在货物调整前予以充分考虑：货物移动后应满足港序要求；因所载货物的重量、包装、体积或尺寸等影响，配载后无法垂移；货物移至新舱位后是否适应，是否与周边其他货物相容；移至新舱位装载要求能否满足，甲板强度是否超出等。

2.增减载荷调整初稳性高度

当船舶稳性过大时，为了降低稳性，可以在船舶原重心之上增加载荷或在船舶原重心之下减少载荷；当船舶稳性过小时，为了增加稳性，可以在船舶原重心之上减少载荷或在船舶原重心之下增加载荷。

利用增加或减少载荷来调整船舶初稳性高度，这种方法属于少量载荷变动。根据少量载荷变动引起船舶初稳性高度变化量的计算公式式（3-21）可以导出：

$$p = \frac{\Delta \cdot \delta GM}{KG - K_p - \delta GM} \tag{3-48}$$

式中：P——需要增加或减少的载荷重量(t)；

　　　Δ——船舶排水量(t)；

　　　KG——船舶原重心距基线高度(m)；

　　　K_P——增加或减少的载荷其重心距基线高度(m)；

　　　δGM——需要调整的初稳性高度值(m)，等于需要调整到的初稳性高度减去调整前的初稳性高度。

利用增加或减少载荷来调整船舶初稳性高度，既可以在装货前进行，也可以在装货中进行，甚至可以在装货结束后进行。利用增加载荷来调整船舶的初稳性高度，其前提是船舶尚有富余的载重能力。如船舶稳性过大，为了降低稳性，可以在船舶原重心之上加装货物。如舱容没有富余，加装甲板货或排放船舶原重心之下舱室中的压载水，同样可以达到降低船舶初稳性高度的目的。船舶稳性过小，可通过在双层底压载水舱注入压载水的方法来调整。另外，改变燃润料、淡水的补给计划也能起到调整船舶稳性的目的。当然注入压载水和改变油水的补给方案，都应考虑船舶的总体营运效益问题。

3.船舶稳性不足应采取的措施

当发现船舶稳性不足时，除可以按上述的方法进行调整外，还应采取一些必要的措施，以防止稳性的进一步恶化。这些措施有：

(1)暂时停止上层舱室的装货和底层舱室的卸货。

(2)调整装卸顺序，先装底舱货物或先卸上层舱货物。

(3)暂时停止使用船上装卸设备吊装、吊卸重物。如吊钩上悬挂有重物，应立即降下。

(4)落下船上的吊杆，放松千斤索。

(5)将首尖舱和尾尖舱中的淡水临时向低水位的淡水舱调驳。

(6)首先考虑使用存于较高液舱中的油水。

(7)如属于装卸货过程中出现的稳性不足，可考虑事先在双层底压载水舱中压水。

(8)航行中避免用急回舵或反舵来抑制旋回中的横倾。

(9)在紧急情况下，可考虑抛弃部分价格低廉的甲板货。

三、船舶初始横倾角的调整

当船舶重心偏离中纵剖面时，则会出现初始横倾角，它将使船舶稳性力矩减小，从而降低船舶稳性，对船舶安全营运是十分不利的。因此，船舶在航行中，应保持横向正浮，按船舶安全航行的技术要求，船舶初始漂浮状态的左(右)横倾角一般应不超过1°。当超过该值时，应予以调整。

1.船舶初始横倾的原因

(1)配载时各舱货物重量左右不对称；

(2)货物装卸时左右不均衡；

(3)液舱柜内的液体左右不均衡；

(4)货物横移；

(5)使用船上重吊装卸重大件货物。

2.船舶初始横倾的调整

船舶出现初始横倾后应予以调整,调整方法有以下两种。

（1）载荷横移

用载荷横移方法调整船舶横倾适应于配载图编制时货物横移或装卸后压载水、淡水的调拨。设船舶初始横倾角为 θ,需将横倾角调至 $0°$,根据载荷横移原理,可以得出：

$$Py = \Delta \cdot GM \cdot \tan\theta \qquad (3\text{-}49)$$

即：

$$P = \frac{\Delta \cdot GM \cdot \tan\theta}{y} \qquad (3\text{-}50)$$

式中：Δ——船舶排水量（t）；

$\quad\quad GM$——船舶初稳性高度（m）；

$\quad\quad y$——载荷重心横移距离（m）；

$\quad\quad \theta$——需要调整的横倾角（°）。

（2）载荷增减

用载荷横向不均衡增减方法调整船舶横倾包括一舷注入（排出）压载水,在某些情况下一舷加载部分货物、海上一舷抛弃货物、油水横向不对称装载或使用等,但最常用的仍是通过注排压载水将初始横倾予以消除或减小。

设已知初始排水量 Δ 和初稳性高度为 GM,为消除或减小初始横倾角 θ,需将载荷 P 加载于距中纵剖面横向距离为 y_P 处,使其横倾角降至 θ_1。此时,调整的横倾力矩值 $P \cdot y_P$ 与调整后船舶的稳性力矩 $(\Delta+P) \cdot GM_1\tan\theta_1$ 作用方向相同,两者之和应与载荷增加前船舶所承受的横倾力矩 $\Delta \cdot GM\tan\theta$ 相等,即

$$P \cdot y_P + (\Delta+P)GM_1 \cdot \tan\theta_1 = \Delta \cdot GM \cdot \tan\theta \qquad (3\text{-}51)$$

若完全消除初始横倾,即 $\theta_1 = 0$,则可简化为

$$P \cdot y_P = \Delta \cdot GM \cdot \tan\theta \qquad (3\text{-}52)$$

四、保证船舶适度稳性的措施

1.了解船舶状况及航线情况

驾驶人员应对所在船舶的技术状况做认真的分析和研究,从中了解船舶装载或压载的能力、重量分布及相应的稳性状态;熟悉本航线所经海区的自然条件、可能出现的气象现象等,从而确定既安全又适当的稳性值。

2.合理配载

根据经验,对于万吨级船舶满载时,底舱和二层舱装载量所占全部载货量的比例分别约为 65%、35%;若需装载甲板货时（集装箱船除外）,则甲板货重量一般不超过全船载货量的 10%,且堆积高度一般不超过船宽的 1/6~1/5,这样,底舱、二层舱、甲板货的配货比例分别为 65%、25%、10%。

对具有三层舱的船舶而言,其底舱应占全部货量的 55%,上二层舱占 20%,下二层舱占 25%。

3.合理调整船舶稳性

在采取加（排）压载水方法时,应注意自由液面对稳性的影响,以及最小许用初稳性

高度的改变。加装甲板货时因受风面积增大,引起风压倾侧力矩增大致使稳性衡准数减小。

4.货物紧密堆垛,防止大风浪航行中移位

在装载过程中,应加强监装,确保货物堆垛紧凑,否则船舶在大风浪中航行时会因大幅度摇摆而造成货物移位,严重影响船舶稳性。

5.合理平舱

件杂货在各舱装载后应保持货物表面基本平整,不允许出现不同仓位处的凹凸不平,尤其是因舱口前后两端堆垛困难而将其舱位弃之不用;对于固体散货装载完毕后,应保证货面平整,满载舱时应尽量将货物充满整个舱容,以减少或防止货物移动,必要时采取止移措施。

6.尽量减少自由液面影响

船舶在稳性较小的情况下,应尽量减小液体自由液面对稳性的不利影响。

7.消除船舶初始横倾

在整个航次中,都应避免出现初始横倾角。如不可避免存在初始横倾,应及时予以调整。

8.航行中做好货物检查和加固

船舶在航行中应经常下舱检查货物情况,一旦发现问题及时采取措施,尤其是在大风浪到来之前,应对可能产生移动的货物予以加固,检查货舱的水密情况及甲板货堆装情况。

9.改变船舶与波浪的相对位置

就船舶安全性而言,造成船舶在海上大幅度横摇甚至发生倾覆的危险状态,大致可分为以下几种情况:

(1)船舶在横风横浪作用下;

(2)船舶受横浪和碎波的联合作用;

(3)船舶在随浪中航行且波峰居中引起稳性损失;

(4)船舶在随浪中航行且接近于规则的波峰、波谷交替通过船中时,引起参数共振并导致横摇不稳定;

(5)船舶在随浪中航行,当船舶处于波浪的下坡段时,发生横转运动;

(6)在尾斜浪上航行,遭受横浪危险状态和随浪危险状态的组合作用。

航行中可以通过改向或变速的措施来改变船舶与波浪的相对状态,以脱离相应的危险境遇,改善船舶航行的外部环境。

10.船长的责任

船长应当清楚,稳性满足了有关规则只是满足了最低的要求。因此,船舶在航行中船长应注意其装载、气象和海况等情况,运用良好船艺谨慎驾驶。

任务七　船舶稳性资料应用

🎖 任务目标

了解船舶稳性资料应用,基本具备应用船舶稳性资料的能力。

🎖 任务(知识)储备

为便于驾驶人员掌握船舶的稳性情况,船舶设计或建造部门应向船上提供经船舶检验机构(船级社)核准的船舶稳性报告书(Stability Report)或船舶装载手册(Loading Manual)。船舶驾驶人员应了解报告书或手册中的内容,学会熟练使用稳性资料则是其基本职责。

一、船舶稳性报告书或船舶装载手册包括的内容

根据法定规则的规定,船舶稳性报告书或船舶装载手册应由船舶设计或建造部门负责提供并经船舶检验机构(船级社)审核批准,报告书或手册至少应包括下列内容:

1.船舶主要参数

(1)船舶主尺度

船舶主要尺度包括总长 L_{OA}、型长(或垂线间长)L_{bp}、型宽 B、型深 D、型吃水 d。

(2)船舶载重性能参数

船舶载重性能参数包括空船排水量 Δ_{L}、满载排水量 Δ、总载重量 DW。

(3)船舶容积吨

船舶容积吨包括总吨 GT、净吨 NT。

2.基本装载情况稳性总结表

根据不同种类船舶,法定规则规定的基本装载情况不完全相同,对于一般货船,基本装载情况包括满载出港、满载到港、空船压载出港、空船压载到港,并且假定:出港时油水装满为 100%,到港时油水剩余 10%,舱内货物重量均匀分布,重心取在容积中心处;压载时提供压载方案。实船上的基本装载情况往往包括更多的装载状态,以便船员对实际装载状态都可以找到一个与之相似的基本装载情况做比照。

根据各装载情况的重量和重心位置、纵倾及初稳性计算结果,绘制出静稳性曲线图,从而求出各装载情况下的稳性特征值,形成总结表。总结表的主要内容包括装载状况、Δ、DW、压载舱名称、d_{F}、d_{A}、GM、K、$GZ_{30°}$、θ_{SM}、θ_{V}、T_θ、稳性是否合格、备注等。

基本装载情况稳性总结表列出了主要装载状况下的初稳性、大倾角静稳性和动稳性各项特征值,因而它全面反映了船舶稳性的整体状态,是船舶稳性资料中的最重要内容之一。表 3-7 为某船基本装载情况稳性总结表。

表 3-7　某船基本装载情况稳性总结表

装载状况	排水量（t）	载重量（t）	压载水（t）	压载舱	吃水(m) 首吃水（m）	吃水(m) 尾吃水（m）	初稳性高度（m）	经自由液面修正后的初稳性高度（m）	倾角30°时的稳性力臂（m）	最大稳性力臂对应角（°）	稳性消失角（°）	稳性衡准数	稳性符合规范情况
满载出港	19 650	14 090			8.99	9.83	1.11	0.46	0.46	30	61	3.91	符合
满载到港	18 421	12 821	310	尾尖舱	8.60	8.82	0.58	0.35	0.35	32	59	2.64	符合
压载出港	8 920	3 360	1 578	所有压载舱	2.75	6.63	2.48	2.48	1.87	45	81	4.09	符合
压载到港	7 381	1 821	1 578	所有压载舱	3.02	4.94	2.28	2.25	1.30	43	82	2.27	符合

3.主要使用说明

船舶稳性资料中就如何在营运中使用该报告书或手册以及相应的注意事项做了说明和解释。当船舶需要实际核算装载状态稳性时,应对稳性的各项指标进行计算,并判明是否全部满足要求。若稳性不满足或不适当,应采取适当措施予以调整。

应该强调的是,船舶稳性虽已符合规则要求,但在营运中还可能遇到诸多不利情况,要求船长注意船舶装载、气象及海况等情况,谨慎驾驶,确保船舶安全。

4.各种基本装载情况稳性计算

对每一基本装载情况,列表给出空船、各货舱货物、各液舱油水、船员及行李、备品等各项重量及重心位置、重量垂向和纵向力矩,从而求得船舶在该装载状态下的 Δ、d_M、d_F、d_A、GM、KG、δh、T_θ、θ_i 等值;绘制静稳性曲线图和动稳性曲线图,从而求得 K、$GZ_{30°}$、θ_{SM}、θ_V 等特征值。该项计算为稳性总结表提供了数据来源。

5.液舱自由液面惯性矩表及初稳性高度修正说明

自由液面惯性矩表提供了各液舱 i_x 值,供修正初稳性高度查用,有的船舶除列出各液舱 i_x 值外,还列有各液舱自由液面力矩 ρi_x 值、不同排水量时自由液面对 GM 的修正量 δh 值,以方便使用。修正说明主要对表中数据确定条件加以说明,如液舱按装至50%容积时自由液面对 GM 的影响;各种液体的假定密度等。

6.进水点位置及进水角曲线

船舶某些开口比如货舱口、通风筒等,关闭时不能满足我国法定规则中关于风雨密的要求,因而不能保持开口装置的有效状态,这些开口的端点即为进水点,船舶横倾至进水点时,则认为稳性完全丧失。驾驶人员应清楚本船进水点位置及相应进水角,以防范大风浪海况下船内进水,也为大倾角稳性计算提供数据。图 3-24 为某船进水角 θ_f 与排水量的关系曲线。

7.许用重心高度曲线图或最小许用初稳性高度曲线图

为了使船员便于掌握船舶在营运过程中稳性是否满足法定规则的要求,在报告书或手册中应提供许用重心高度曲线或最小许用初稳性高度曲线。

除上述法定规则规定的 7 项内容外,报告书或手册中一般还具有用于常规稳性、吃水计算的若干图表,如静水力参数表、各类舱容积及中心坐标、稳性交叉曲线或图表、加

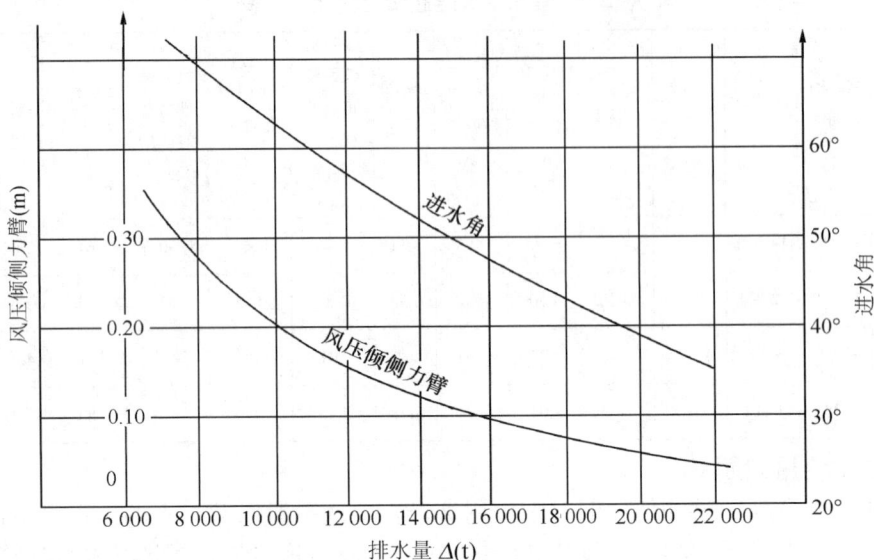

图 3-24　某船进水角与排水量关系曲线

载 100 t 货物首、尾吃水变化标尺或图表、风压倾侧力臂、横摇周期与 GM 关系曲线等。对于有稳性特殊要求的船舶,还应提供相应的计算资料。由于报告书或手册是船舶稳性校核的原始资料,驾驶人员应妥善保管、完备交接、正确使用;船舶经重大改装后,对有关资料应予以更新。

二、船舶稳性报告书或船舶装载手册的应用

根据报告书或手册中提供的船舶资料可知,其主要用途为使驾驶人员了解和掌握船舶稳性的整体状况、核算船舶实际装载状态下的稳性。

1.了解和掌握船舶稳性的整体状况

驾驶人员通过对报告书或手册的认真研读,可了解和掌握船舶稳性的整体状况,如基本装载情况下的稳性各项特征值大小,与稳性最低标准的比较,各舱重量的配装、压载状况下的压载水配置、油水重量及其分布、船舶横摇周期大小等。接班驾驶人员应从报告书或手册中以及船舶营运实际经验中尽快、准确了解本船稳性情况,以便有针对性地采取有效措施确保船舶安全。

2.核算船舶实际装载状态下的稳性

有必要对其稳性予以核算的实际装载状态应包括船舶出港前装载状态、航行中稳性最不利装载状态、船舶到港时装载状态、装卸期间因特殊原因致使船舶重心过高而对船舶稳性有任何怀疑时、认为有必要的其他情况等。船舶的稳性无论在开航时、航行中,还是在到港前都应满足稳性衡准的各项要求。港内状态的船舶稳性,由于遮蔽条件较好,可视其停泊期间的气象条件,酌情降低其对稳性的要求,但应至少满足对船舶初稳性的最低要求。

对船舶在航期间的稳性校核,大体可分为以下两种情况:

1）实际装载状况与报告书或手册中某一基本装载情况大致相同

报告书或手册中所列各典型装载情况,是船舶设计时拟订的基本装载工况,经核查其稳性满足衡准各项要求。若船舶营运中的装载状况与报告书或手册中所列某一基本装载情况大致相同且稳性稍好于该基本装载情况时,可认为船舶实际营运条件下的稳性与报告书或手册中的核算结果相同,而不再对其予以重复计算。

2）实际装载状况与报告书或手册中的基本装载状况不相同

由于船舶营运中的装载状况大多与报告书或手册中的基本装载状况不一致,因此需对其做认真准确的校核。其核算过程如下:

（1）计算船舶的排水量及重心高度

①根据装载计划,分别求取各货舱货物重心高度。

各货舱货物重心高度可按各种货物体积中心确定其相应重心,或由各货舱舱容曲线查取。

②各液舱液体重心由舱柜容积表或舱容曲线查取。

③求取排水量并计算船舶重心高度 KG。

（2）求液舱柜自由液面对初稳性高度修正量 δh

由液舱柜名称查取"液体舱柜自由液面惯性 i_x 表",计算自由液面对 GM 的修正量 δh 或由液舱柜名称及排水量直接查出 GM 修正量 δh 值。

（3）查取初稳心距基线高 KM

根据装载排水量 Δ 查静水力资料,得到相应的 KM 值。

（4）计算经自由液面修正后的初稳性高度 G_0M

计算自由液面修正后的初稳性高度 G_0M。

（5）核算船舶稳性是否满足稳性衡准的要求

若船舶稳性资料中给出许用重心高度 KG_c 曲线或最小许用初稳性高度 GM_c 曲线,则由装载排水量 Δ 查得相应的 KG_c 或 GM_c 值,当实际装载状态下的 $G_0M \geqslant GM_c$ 或 $KG_0 \leqslant KG_c$ 时,则认为符合稳性衡准的各项要求。

若船舶稳性资料中未提供许用重心高度或最小许用初稳性高度资料时,首先应决定采用何种稳性规则(如 IMO 稳性规则)对船舶稳性做核算。在此种情况下,一般应先作出静稳性曲线图,校核其大倾角静稳性及动稳性的各项衡准指标是否满足。

在校核时,应注意甲板货的侧投影面积较大时对船舶稳性的影响,弄清船舶资料中的 KG_c 曲线和 GM_c 曲线中是否已考虑了甲板货的影响,若未考虑或难于确定时,应加算动稳性衡准某些指标(如稳性衡准数 K 或 IMO 的天气衡准)。

（6）稳性状态的合理调整

经核算船舶稳性不符合衡准要求,或认为稳性状态不理想,可对其做适当调整。当采用载荷增减方法(如加排压载水)调整时,应注意载荷增减后对许用重心高度或最小许用初稳性高度的影响,考虑载荷增减后对船舶稳性的相对改变。

项目 四
船舶吃水差

⚓ 项目描述

吃水差作为表征船舶状态的一项重要指标,在船舶营运中起着不可忽视的作用。在不同的载货状态下吃水差对船舶各项性能和经济效益的影响也不相同。如何让船舶保持一个合理的吃水差就成了一个关乎船舶安全、船舶操纵性能、船东利益的大问题。因此,船舶在船速和排水量一定时,通过不断调整吃水差必然会找到一适合于船舶的最佳吃水差,在最佳吃水差状态下既能满足船舶稳性和纵向强度要求,又可以使船舶操纵性、快速性和耐波性同时得到满足,从而实现船舶安全、经济、快速、高效地营运。

⚓ 教学目标

1.知识目标

(1)了解船舶吃水差及其与船舶性能的关系;

(2)掌握船舶吃水差及首、尾吃水的计算;

(3)掌握船舶吃水差的影响因素及其计算;

(4)掌握吃水差比尺及其应用;

(5)掌握吃水差调整的方法及措施。

2.能力目标

(1)具有对船舶合适浮态及其作用的认识能力;

(2)具有对吃水差和首、尾吃水的计算能力;

(3)初步具有对影响船舶吃水差的定量计算能力;

(4)具有吃水差比尺、吃水差曲线图、吃水差数据表的运用能力;

(5)具有运用吃水差的调整方法与原则的能力。

3.素质目标

(1)大局意识,爱岗敬业。

(2)诚信友善,团结协作。

(3)开拓创新,勇于担当。

⚓ **思维导图**

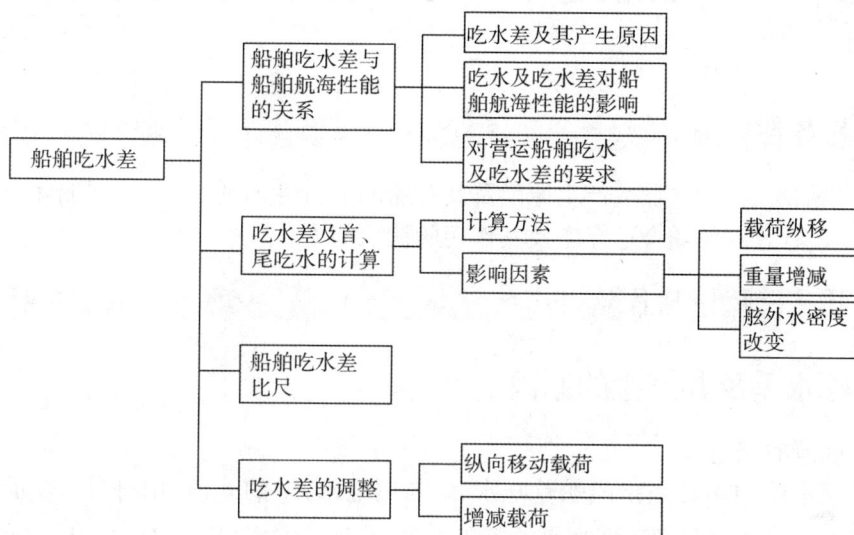

⚓ **任务引入**

A 轮某航次由青岛港开往斯里兰卡科伦坡港,各舱柜载荷重量如表 3-0 所列,查得各项稳性参数如表 3-1 所列。

请思考：

(1)开航时船舶的重心纵向位置是多少?

(2)开航时船舶的吃水差是多少?

(3)开航时船舶的首、尾吃水是多少?

任务一　船舶吃水差与船舶航海性能的关系

⚓ 任务目标

掌握船舶吃水差的概念、产生原因及其对船舶航行性能的影响,掌握船舶对吃水及吃水差要求,具有对船舶合适浮态及其作用的认识能力。

⚓ 任务(知识)储备

一、吃水差及其产生的原因

1.吃水差的概念

船舶吃水差(Trim)是指船舶首吃水 d_F 与尾吃水 d_A 的差值,用符号 t 表示,$t = d_F - d_A$。当船舶首、尾吃水相等,即吃水差等于零时,称为平吃水(Even Keel);尾吃水大于首吃水时,称为尾吃水差(Trim by Stern),也叫尾倾,一般用负值表示;首吃水大于尾吃水时,称为首吃水差(Trim by Head),也叫首倾,俗称拱头,一般用正值表示。

应当注意的是,世界上某些航运国家(如日本)将尾吃水与首吃水的差值定义为吃水差,这与我国定义的吃水差符号恰好相反。为保证船舶的航行性能,要求船舶具有适宜的吃水差。

2.吃水差产生的原因

若在装载后船舶重心纵向位置 G_0 与上述正浮状态的浮心 B_0 纵向位置在同一垂线上,即 $x_g = x_b$,则船舶将正浮于水面,此时首、尾吃水相等,吃水差为零。

若在装载后船舶重心纵向位置 G_1 与上述正浮状态的浮心纵向位置 B_0 不在同一垂线上,即 $x_g \neq x_b$,则船舶将产生一纵倾力矩,迫使船舶纵倾。船舶浮心随水线下排水体积的形状的变化而移动,当船舶横倾至某一水线时,重心与纵倾后的浮心 B_1 重新在与新水线垂直的垂线上,达到新的平衡,此时船舶首、尾吃水不相等,从而产生吃水差,如图4-1所示。

二、吃水及吃水差对船舶航海性能的影响

船舶吃水差及吃水对操纵性、快速性、耐波性都会产生一定的影响。尾倾过大,船舶操纵性变差,航速降低,船首部底板易受波浪拍击而导致损坏,特别是处于空载时船首瞭望盲区增大;首倾且轻载时,螺旋桨和舵叶的入水深度减小,影响船舶的推进效率和舵效,首部甲板容易上浪,而且船舶在风浪中纵摇和垂荡时,螺旋桨和舵叶易露出水面,造成飞车。

船舶空载航行时,因吃水小,影响螺旋桨和舵叶的入水深度,使船舶操纵性、快速性和耐波性变差。

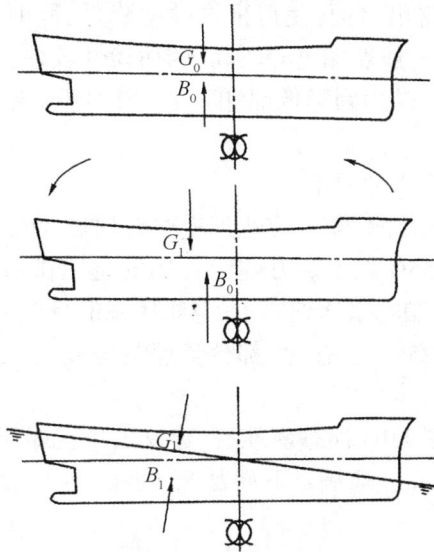

图 4-1 吃水差的产生

船舶在航行中保持足够的吃水和适度尾倾,使螺旋桨和舵叶及船首底部在水面下具有足够深度,它可以使船体水下部分流体线型良好,螺旋桨沉深增大,有利于提高推进效率,同时也改善了舵效,减少甲板上浪及波浪对船首底部结构的拍击,并增大了船舶的抗风浪能力。

吃水差的大小同时也影响船舶进出吃水受限制的港口及通过浅水航道时载重量的利用。显然,在吃水受限的情况下,船舶平吃水时的装载量要比有吃水差时更大。

三、对营运船舶吃水及吃水差的要求

1.对装载状态下船舶吃水差的要求

船舶航行时要求有一定的尾倾,这样可以提高推进器的推进效率和改善舵效,使得船舶的速度性能得到充分发挥,操纵更为灵活,同时可以减少首部甲板上浪,保证主机均衡工作,便于驾驶台瞭望。

船舶航行中适当的尾倾值应根据具体船舶的不同装载状态确定。根据经验:万吨级货船的吃水差值,满载时要求 $t=-0.5\sim-0.3$ m;半载时要求 $t=-0.8\sim-0.6$ m;轻载时要求 $t=-1.9\sim-0.9$ m。各船具体情况不同,驾驶人员应根据本船实际状况确定适当尾吃水差值。对于船速较高的船舶,由于船速对浮态的影响,出港前静态时允许稍有首倾。大吨位船舶满载进出港或浅水区因水深限制,则要求船舶平吃水,以免搁浅,并有利于在吃水受限的情况下多装货。部分港口的港口使费与船舶最大吃水有关,进出这些港口,应设法调平船舶的吃水。

另外,实验表明,船舶不同装载状况下若航速一定,存在一纵倾状态使船舶航行阻力最小,因而所耗主机功率也最小,从而节省了燃料,该纵倾状态称为最佳纵倾。某些船舶资料中提供了最佳纵倾图谱,使用时可根据船舶装载排水量和航速查取。

2.对空载航行的船舶吃水及吃水差的要求

由于货源的原因,油船、矿石船、散装谷物船等往往回程时需空载航行。船舶空载航行时,因吃水小,螺旋桨露出水面,使得推进效率降低;同时因受风面积大而增大阻力,影响航速;另外,空船时一般船舶重心较高,因而稳性较差,影响船舶的安全。所以,船舶空载时,必须通过压载,以达到降低船舶重心、增加船舶吃水、保持适当的吃水差、消除各种不利的影响的目的。

1)空船压载航行时对吃水的要求

船舶空船压载航行时的吃水,至少应达到夏季满载吃水的50%以上,冬季航行时应使其达到夏季满载吃水的55%以上。万吨级货船的空船排水量为夏季满载排水量的25%~35%,因此,为保证船舶吃水达到要求,空船压载航行时的压载水及油水的总重量应达到夏季满载排水量的25%左右。大部分货船的液舱总载荷大体上可以满足这一要求。

根据某船研所在分析了 IMO 浮态衡准后,建议远洋空船压载航行时船舶的最小首吃水 $d_{\text{F.min}}$ 及最小平均吃水 $d_{\text{M.min}}$ 应满足下列要求:

(1)当 $L_{\text{bp}} \leqslant 150$ m 时

$$d_{\text{F.min}} \geqslant 0.025 L_{\text{bp}} \ (\text{m})$$
$$d_{\text{M.min}} \geqslant 0.02 L_{\text{bp}} + 2 \ (\text{m}) \tag{4-1}$$

(2)当 $L_{\text{bp}} > 150$ m 时

$$d_{\text{F.min}} \geqslant 0.012 L_{\text{bp}} + 2 \ (\text{m})$$
$$d_{\text{M.min}} \geqslant 0.02 L_{\text{bp}} + 2 \ (\text{m}) \tag{4-2}$$

式中: L_{bp} ——船舶垂线间长(m)。

2)空船压载航行时对吃水差的要求

空船压载航行时为了保证螺旋桨和舵有一定的入水深度以及船舶的适航性,必须同时满足以下两方面的要求:

(1)螺旋桨轴至水面的高度 I 与螺旋桨直径 D 之比(螺旋桨沉深比)在静水中不小于 0.5,在风浪中不小于 0.65~0.75。

(2)吃水差 t 与船舶垂线间长 L_{bp} 之比应小于 2.5%,即纵倾角 φ 小于 1.5°。

以上只是对普通货船空船压载航行时的吃水及吃水差的一般要求,对于具体船舶,应在航行实践中积累资料,总结经验,找出合适的在空船压载航行时吃水及吃水差数值。

任务二　吃水差及首、尾吃水的计算

⚓ 任务目标

掌握吃水差和首、尾吃水的基本计算方法,具有对吃水差和首、尾吃水的计算能力。掌握船内载荷纵移、重量增减、舷外水密度改变对船舶吃水差的影响,初步具有对影响船舶吃水差的定量计算能力。

⚓ **任务(知识)储备**

在船舶的配积载计划编制后,应根据载荷纵向的分布情况,对船舶的吃水差和首、尾吃水进行计算。

一、吃水差的计算原理

船舶装载后由于重心纵向位置不与正浮时浮心纵向位置共垂线,浮力与重力形成一力偶,产生一纵倾力矩 M_L,由图 4-2 可知,该力矩可表示为:

$$M_L = \Delta \cdot (x_g - x_b) \tag{4-3}$$

纵倾后船舶处于平衡状态,有:

$$M_L = M_{RL} \tag{4-4}$$

由于纵倾角很小,有 $\sin\varphi = \tan\varphi$。由图 4-2 可知

$$\tan\varphi = \frac{t}{L_{bp}} \tag{4-5}$$

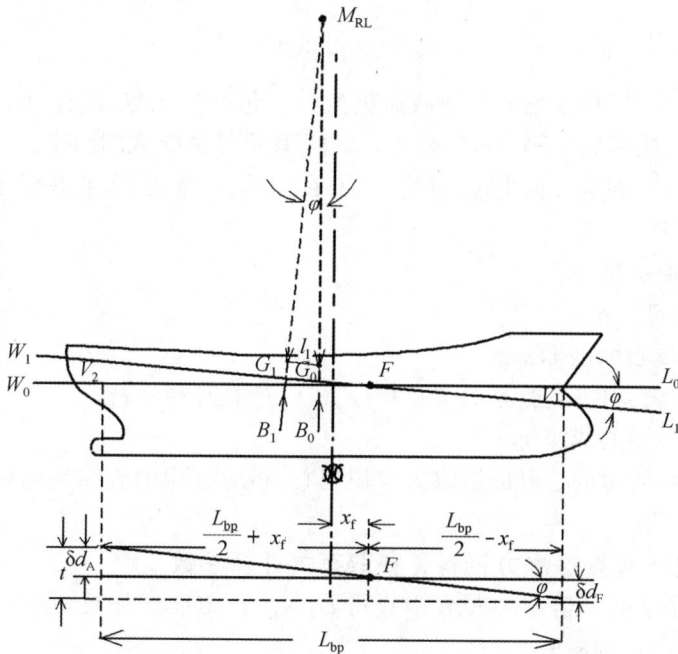

图 4-2　吃水差及首、尾吃水计算原理

于是,纵稳性力矩 M_{RL} 可表示为:

$$M_{RL} = \Delta \cdot GM_L \times \frac{t}{L_{bp}} \quad (\text{t} \cdot \text{m}) \tag{4-6}$$

当上式中 t 取 1 cm 时,M_{RL} 即为每厘米纵倾力矩 MTC,则:

$$MTC = \frac{\Delta \cdot GM_L}{100 L_{bp}} \quad (\text{t} \cdot \text{m/cm}) \tag{4-7}$$

船舶的每厘米纵倾力矩 MTC 可以根据排水量在静水力资料中查得,也可以计算获

101

得,根据每厘米纵倾力矩的定义可以简单地得出吃水差计算公式:

$$t=\frac{\Delta(x_g-x_b)}{MTC}\text{(cm)}\quad\text{或}\quad t=\frac{\Delta(x_g-x_b)}{100MTC}\text{(m)}\qquad(4\text{-}8)$$

式中:t——船舶吃水差(m);

$\qquad MTC$——每厘米纵倾力矩(t·m/cm);

$\qquad x_g$——船舶重心距船中距离(m),船中前取正,船中后取负;

$\qquad x_b$——船舶浮心距中距离(m),船中前取正,船中后取负。

由式(4-8)可知,当船舶重心在浮心之前,吃水差为正,船舶首倾;反之,当船舶重心在浮心之后,吃水差为负,船舶尾倾。

二、吃水差及首、尾吃水的计算程序

船舶在计算吃水差及首、尾吃水时,可按下述程序进行。

1.计算船舶排水量和重心纵坐标

$$\Delta=\sum P_i$$

$$x_g=\frac{\sum P_ix_i}{\Delta}\text{(m)}\qquad(4\text{-}9)$$

式中:P_i——构成排水量的各项载荷重量(t),包括空船重量ΔL、船舶常数C、各货舱所装货物、各项航次储备等,其重量由配载图确定;

$\qquad x_i$——P_i的重心纵坐标,规定:重心在中前,x_i为正,重心在船中后,x_i为负。

x_i的求取:

(1)空船重心纵坐标x_i

查取船舶资料。

(2)油水等重心纵坐标x_i

无论是否装满,均按液舱容积中心对待,x_i可查液舱容积表。

(3)各舱货物重心纵坐标x_i

一般地,各舱货物重心可近似取为容积中心,相应容积中心纵坐标可由货舱容积表查取。

2.由装载排水量查静水力资料,获取有关计算参数

根据装载后的Δ,从静水力图表中查得d_M、x_b、x_f、MTC。注意:浮心、漂心在船中前时,取"+",在船中后则取"-"。

3.计算船舶吃水差t

按式(4-8)求取船舶在装载状态下的吃水差。

4.计算船舶首吃水d_F和尾吃水d_A

由图4-2可知,将吃水差t在首、尾吃水处的分配量δd_F、δd_A与平均吃水d_M叠加,即可求得d_F和d_A,于是有:

$$
\begin{cases}
d_F = d_M + \dfrac{\dfrac{L_{bp}}{2} - x_f}{L_{bp}} \cdot t \ (\text{m}) \\[4mm]
d_A = d_M - \dfrac{\dfrac{L_{bp}}{2} + x_f}{L_{bp}} \cdot t \ (\text{m})
\end{cases}
\qquad (4\text{-}10)
$$

例 4-1：A 轮某航次由大连港开往科伦坡港，各舱装载计划如表 3-1 所列（各舱载荷重心取舱容中心），试求船舶的吃水差及首、尾吃水。

解：

（1）列表计算船舶排水量、纵向重量力矩（见表 4-1），$\Delta = 20\ 522$ t，$\sum p_i \cdot x_i = 9.81 \times 9\ 431$ kN·m。

（2）根据船舶排水量 $\Delta = 20\ 522$ t，查得船舶平均吃水 $d_M = 8.8$ m，每厘米纵倾力矩 $MTC = 9.81 \times 226$ kN·m/cm，浮心距中距离 $x_b = 0.98$ m，漂心距船中距离 $x_f = -2.53$ m。

（3）计算船舶重心距船中距离

$$
x_g = \frac{\sum P_i x_i}{\Delta} = \frac{9\ 431}{20\ 522} \approx 0.46 \ (\text{m})
$$

（4）计算吃水差

$$
t = \frac{\Delta(x_g - x_b)}{100 MTC} \approx \frac{20\ 522 \times (0.46 - 0.98)}{100 \times 226} \approx -0.47 \ (\text{m})
$$

（5）计算首、尾吃水

$$
\begin{cases}
d_F = d_M + \dfrac{\dfrac{L_{bp}}{2} - x_f}{L_{bp}} \cdot t \approx 8.8 + \dfrac{\dfrac{140}{2} + 2.53}{140} \times (-0.47) \approx 8.56 \ (\text{m}) \\[6mm]
d_A = d_M - \dfrac{\dfrac{L_{bp}}{2} + x_f}{L_{bp}} \cdot t \approx 8.8 - \dfrac{\dfrac{140}{2} - 2.53}{140} \times (-0.47) \approx 9.03 \ (\text{m})
\end{cases}
$$

三、载荷纵移、重量增减及舷外水密度改变对吃水差的影响

1.船内载荷纵移对船舶吃水差的影响

船内载荷纵移包括配积载计划编制时不同货舱货物的调整及压载水、淡水或燃油的纵向调拨等情况。船内载荷纵移产生了一纵倾力矩，引起船舶吃水差和首、尾吃水的改变，但船舶的排水量和平均吃水均不发生变化。

设船舶的排水量为 Δ，首、尾吃水 d_F、d_A，吃水差 t。船上 $P(t)$ 载荷沿船长方向移动距离 $x(\text{m})$，从而产生纵倾力矩 Px，于是由于载荷船内纵移引起的吃水差该变量 δt 为：

$$
\delta t = \frac{Px}{100 MTC} \ (\text{m})
\qquad (4\text{-}11)
$$

式中：P 前移，x 为正值；P 后移，x 为负值。

载荷移动后，船舶首、尾吃水的改变量为

$$\begin{cases} \delta d_{\text{F}} = \dfrac{\dfrac{L_{\text{bp}}}{2} - x_{\text{f}}}{L_{\text{bp}}} \cdot \delta t \ (\text{m}) \\[4mm] \delta d_{\text{A}} = -\dfrac{\dfrac{L_{\text{bp}}}{2} + x_{\text{f}}}{L_{\text{bp}}} \cdot \delta t \ (\text{m}) \end{cases} \qquad (4\text{-}12)$$

载荷移动后,船舶新的吃水差 t_1 和新的首、尾吃水 d_{F1}、d_{A1} 则为

$$\begin{cases} t_1 = t + \delta t \\ d_{\text{F1}} = d_{\text{F}} + \delta d_{\text{F}} \\ d_{\text{A1}} = d_{\text{A}} + \delta d_{\text{A}} \end{cases} \qquad (4\text{-}13)$$

2.重量增减对船舶吃水差的影响

凡属大量载荷变动,仍须根据变动后的载荷纵向分布情况以及新的排水量,分别按式(4-8)和式(4-10)计算出船舶新的吃水差和首、尾吃水。

如果是少量载荷变动,则可以首先计算由此而引起的吃水差和首、尾吃水的改变量,再将这些改变量与原来的吃水差和首、尾吃水相加,即可求取新的船舶吃水差和首、尾吃水。由于不需要重新计算总的纵倾力矩,因此相对简便。

见图4-3,首先,假定将载荷装于过漂心的垂线处(或从该处卸出),此时,船舶将平行下沉(或上浮),但不产生新的纵倾。所以,船舶吃水变化,但吃水差不变。船舶首、尾吃水的改变量 δd 可由下式求得:

$$\delta d = \frac{P}{100TPC} \ (\text{m}) \qquad (4\text{-}14)$$

式中:P——少量载荷变动量(t),加载时取正,卸载时取负;

TPC——每厘米吃水吨数(t/cm),可根据载荷改变前的船舶排水量或平均吃水从船舶静水力资料中查得。

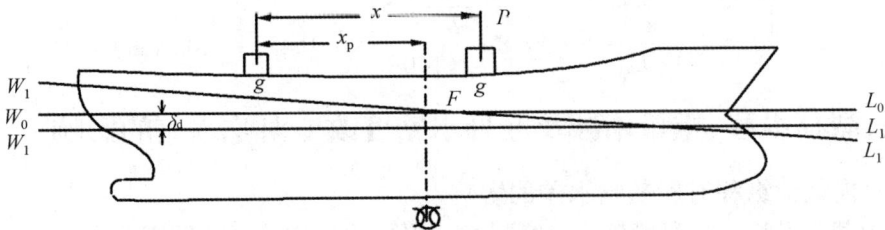

图 4-3 少量装载

然后,再假定将载荷由过漂心的垂线处水平移至实际装载位置(或从实际装载位置移至漂心处)。由于载荷纵向移动,将产生纵倾力矩 M_{L}。

$$M_{\text{L}} = P(x_{\text{p}} - x_{\text{f}}) \ (\text{t} \cdot \text{m}) \qquad (4\text{-}15)$$

式中:x_{p}——载荷实际装载位置距船中的距离(m),中前取正,中后取负;

x_{f}——漂心距船中距离(m),中前取正,中后取负。

在该纵倾力矩的作用下,船舶将产生新的纵倾,船舶吃水差的改变量 δt 可由下式确定:

$$\delta t = \frac{M_{\mathrm{L}}}{100MTC} = \frac{P(x_{\mathrm{p}} - x_{\mathrm{f}})}{100MTC} \quad (\mathrm{m}) \tag{4-16}$$

式中,漂心距中距离 $x_{\mathrm{f}}(\mathrm{m})$ 和每厘米纵倾力矩 $MTC(9.81\ \mathrm{kN \cdot m/cm})$ 均可根据载荷改变前的船舶排水量或平均吃水从船舶静水力资料中查得。

而少量载荷变动后,船舶首吃水改变量 δd_{F},为船舶平行下沉或上浮引起的首、尾吃水改变量 δd,加上吃水差改变量在船首的分配值;船舶尾吃水改变量 δd_{A},为船舶平行下沉或上浮引起的首、尾吃水改变量 δd,减去吃水差改变量在船尾的分配值,即

$$\begin{cases} \delta d_{\mathrm{F}} = \delta d + \dfrac{\dfrac{L_{\mathrm{bp}}}{2} - x_{\mathrm{f}}}{L_{\mathrm{bp}}} \cdot \delta t \\[4mm] \delta d_{\mathrm{A}} = \delta d - \dfrac{\dfrac{L_{\mathrm{bp}}}{2} + x_{\mathrm{f}}}{L_{\mathrm{bp}}} \cdot \delta t \end{cases} \tag{4-17}$$

式中,船舶平行下沉或上浮引起的平均吃水改变量 δd 和吃水差改变量 δt 分别由式(4-14)和式(4-16)确定。

少量载荷变动后,船舶吃水差及首、尾吃水的新值为:

$$\begin{cases} t_1 = t + \delta t \\ d_{\mathrm{F1}} = d_{\mathrm{F}} + \delta d_{\mathrm{F}} \\ d_{\mathrm{A1}} = d_{\mathrm{A}} + \delta d_{\mathrm{A}} \end{cases} \tag{4-18}$$

例 4-2:续例 4-1,A 轮从大连港开航时排水量 $\Delta = 20\,522\ \mathrm{t}$,首吃水 $d_{\mathrm{F}} = 8.56\ \mathrm{m}$,尾吃水 $d_{\mathrm{A}} = 9.04\ \mathrm{m}$。在往科伦坡港航行途中,消耗燃油 170 t(其重心在船中后 7.62 m 处),重柴油 30 t(其重心在船中前 5.12 m 处),淡水 100 t(其重心在船中后 66.85 m 处),求抵科伦坡港时的船舶首、尾吃水。

解:(1)根据船舶排水量 20 522 t,查得船舶平均吃水 $d_{\mathrm{M}} = 8.8\ \mathrm{m}$,每厘米纵倾力矩 $MTC = 9.81 \times 226\ \mathrm{kN \cdot m/cm}$,每厘米吃水吨数 $TPC = 26.09\ \mathrm{t/cm}$,漂心距船中距离 $x_{\mathrm{f}} = -2.53\ \mathrm{m}$。

(2)计算油水消耗后平均吃水改变量

$$\delta d = \frac{\sum P_i}{100TPC} = \frac{(-170) + (-30) + (-100)}{100 \times 26.09} \approx -0.115 \quad (\mathrm{m})$$

(3)计算油水消耗后的吃水差改变量

$$\delta t = \frac{\sum P_i(x_{\mathrm{p}i} - x_{\mathrm{f}})}{100 \times MTC}$$

$$= \frac{[(-170) \times (-7.62 + 2.53)] + [(-30) \times (5.12 + 2.53)] + [(-100) \times (-66.85 + 2.53)]}{100 \times 226}$$

$$\approx 0.31 \quad (\mathrm{m})$$

(4)计算油水消耗后的首、尾吃水改变量

$$\begin{cases} \delta d_{\mathrm{F}} = \delta d + \dfrac{\dfrac{L_{\mathrm{bp}}}{2} - x_{\mathrm{f}}}{L_{\mathrm{bp}}} \cdot \delta t \approx -0.115 + \dfrac{\dfrac{140}{2} + 2.53}{140} \times 0.31 \approx 0.045\ 6\ (\mathrm{m}) \\[4mm] \delta d_{\mathrm{A}} = \delta d - \dfrac{\dfrac{L_{\mathrm{bp}}}{2} + x_{\mathrm{f}}}{L_{\mathrm{bp}}} \cdot \delta t \approx -0.115 - \dfrac{\dfrac{140}{2} - 2.53}{140} \times 0.31 \approx 0.264\ 4\ (\mathrm{m}) \end{cases}$$

（5）油水消耗后，船舶抵港时的首、尾吃水

$$\begin{cases} d_{\mathrm{F1}} = d_{\mathrm{F}} + \delta d_{\mathrm{F}} \approx 8.56 + 0.045\ 6 \approx 8.61\ (\mathrm{m}) \\ d_{\mathrm{A1}} = d_{\mathrm{A}} + \delta d_{\mathrm{A}} \approx 9.04 - 0.264\ 4 \approx 8.78\ (\mathrm{m}) \end{cases}$$

3. 舷外水密度改变对船舶吃水差的影响

大型船舶装载吃水通常受港口水深限制，为了多装货，要求船舶平吃水进出港；同时，船舶从海上航行到进港，或由港内航行至海上，往往又是进出于不同水密度的水域。因此，在配载时需解决船舶进出不同水密度水域时的吃水改变量和吃水差改变量。

如图 4-4 所示，船舶由水密度 ρ_0 水域进入水密度 ρ_1 水域前，其初始水线为 WL，此时重力通过重心 G 与浮力通过浮心 B 构成平衡力系。

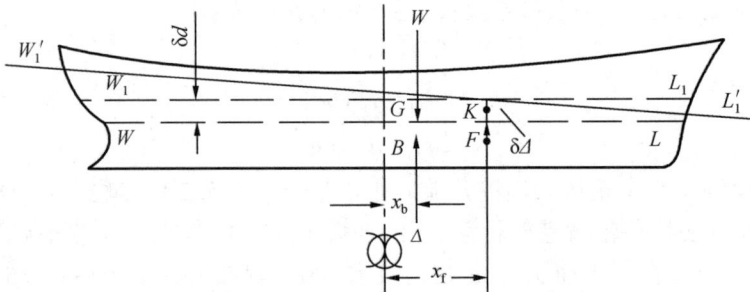

图 4-4　舷外水密度对吃水差的影响

设船舶排水量为 Δ，每厘米吃水吨数为 TPC，则船舶进入水密 ρ_1 水域时平行下沉后吃水改变量 δd 为：

$$\delta d = \frac{\Delta}{100TPC} \times \left(\frac{\rho}{\rho_1} - \frac{\rho}{\rho_0} \right)\ (\mathrm{m})$$

其中：ρ——标准海水密度，$\rho = 1.025\ \mathrm{g/cm^3}$。

相应水线为 W_1L_1，则 WL 和 W_1L_1 之间的排水量改变量 $\delta\Delta$ 为

$$\delta\Delta = 100\delta d \times TPC$$

而 $\delta\Delta$ 的作用中心位于 K，K 为 W_1L_1 之间排水体积的几何中心，由于 δd 通常较小，故 K 的纵坐近似为 x_f。此时原水线 WL 下的排水量变为 $\Delta - \delta\Delta$，其浮心位置仍在 B 处。这就相当于原排水量 Δ 内的 $\delta\Delta$ 由 B 点移至 K 点，纵移距离为 $(x_{\mathrm{b}} - x_{\mathrm{f}})$，使船舶产生纵倾力矩 M_{L1}，其大小为：

$$M_{\mathrm{L1}} = \delta\Delta \cdot (x_{\mathrm{b}} - x_{\mathrm{f}})$$

由此引起吃水差改变 δt，其值为

$$\delta t = \frac{\delta\Delta \cdot (x_{\mathrm{b}} - x_{\mathrm{f}})}{100MTC}\ (\mathrm{m})$$

将 δd 和 $\delta \Delta$ 表达式代入,可求得船舶进入水密度 ρ_1 水域时吃水差改变量 δt 表达式,即

$$\delta t = \frac{TPC \cdot \delta d \cdot (x_b - x_f)}{MTC} \text{ (m)} \tag{4-19}$$

同理可求出水密度变化后船舶吃水差及首、尾吃水的变化量,从而求出新的首、尾吃水和吃水差。

任务三　船舶吃水差比尺

❀ 任务目标

了解吃水差计算图表的制表原理,掌握吃水差图表及其应用,具有对吃水差比尺、吃水差曲线图、吃水差数据表的运用能力。

❀ 任务(知识)储备

除了用公式计算法求取船舶吃水差和首、尾吃水外,在实际工作中,船舶驾驶人员更喜欢使用吃水差比尺来求取船舶吃水差和首、尾吃水的变化。

一、吃水差比尺的制表原理

吃水差比尺是一种供少量载荷增减时计算吃水差和首、尾吃水改变量的简易计算图表。用它可以较为方便地求取在船上任何位置装载 100 t 载荷时,船舶首、尾吃水改变量,并由此求取吃水差的改变量。

根据式(4-14)、式(4-16)、式(4-17)可导出:

$$\begin{cases} \delta d_F = \dfrac{P}{100TPC} + \dfrac{\dfrac{L_{bp}}{2} - x_f}{L_{bp}} \times \dfrac{P(x_p - x_f)}{100MTC} \text{ (m)} \\[4mm] \delta d_A = \dfrac{P}{100TPC} - \dfrac{\dfrac{L_{bp}}{2} + x_f}{L_{bp}} \times \dfrac{P(x_p - x_f)}{100MTC} \text{ (m)} \end{cases} \tag{4-20}$$

令 $P = 100$ t,代入式(4-20)可得:

$$\begin{cases} \delta d_F = \dfrac{1}{TPC} + \dfrac{\dfrac{L_{bp}}{2} - x_f}{L_{bp}} \times \dfrac{(x_p - x_f)}{MTC} \text{ (m)} \\[4mm] \delta d_A = \dfrac{1}{TPC} - \dfrac{\dfrac{L_{bp}}{2} + x_f}{L_{bp}} \times \dfrac{(x_p - x_f)}{MTC} \text{ (m)} \end{cases} \tag{4-21}$$

在式(4-20)中,当船舶排水量 Δ 一定时,平均吃水 d_M 为定值,则 x_f、MTC、TPC 均为定值,L_{bp} 也为定值,所以式(4-20)和式(4-21)就成为首、尾吃水改变量 δd_F、δd_A 与载荷重心距船中距离 x_p 的函数关系式。吃水差计算图表就是依据这两个关系式制作而成。

二、吃水差比尺的形式及使用方法

吃水差比尺有很多种形式,可以由船舶设计部门提供,也可以自己制作。船上经常使用的有吃水差比尺和吃水差计算数值表两种形式的吃水差计算图表。下面分别介绍这两种图表的查算方法。

1.吃水差比尺

图 4-5 是一种吃水差比尺(Trimming Table)的形式。图中下横坐标标值为载荷装载位置距船中距离 x_p 值,上横坐标为船舶货舱和液舱的肋位号,纵坐标标值为船舶平均吃水值 d_M,实线曲线表示船舶尾吃水改变量,虚线曲线表示船舶首吃水改变量。使用时,根据实际装载状态下的排水量所对应的船舶平均吃水 d_M 及载荷装载位置 x_p(或载荷实际装载位置的肋位号),在纵坐标和下横坐标(或上横坐标)上分别找到相应的两点。过该两点分别作所在坐标的垂直线相交于一点 A,A 点在实线曲线之间的内插读数值,即为在 x_p 处增加 100 t 载荷所引起的船舶尾吃水的改变量 δd_F,A 点在虚线曲线之间的内插读数值,即为在 x_p 处增加 100 t 载荷所引起的船舶首吃水的改变量 δd_F。

2.吃水差计算数值表

为某轮吃水差计算数值表(部分),表列引数是平均吃水及距中距离或肋位号。

使用时,以当时船舶的实际平均吃水 d_M 以及计划加载处的距中距离 x_p(或肋位号)为引数,从表 4-1 中查取相应的数值,该数值即为在当时平均吃水情况下在该肋位处加载 100 t 载荷,所引起的船舶首、尾吃水的改变量 δd_F 和 δd_A,单位为 cm。

表 4-1 吃水差计算数值表

肋位号	距中距离 (m)	$d_M=7.5$ m		$d_M=8.0$ m		$d_M=8.5$ m		$d_M=9.0$ m	
		δd_F (cm)	δd_A (cm)	δd_F (cm)	δd_A (cm)	δd_F (cm)	δd_A (cm)	δd_F (cm)	δd_A (cm)
0	-70.0	-13.31	20.78	-12.71	19.82	-12.04	18.19	-11.14	17.84
41	-42.5	-6.41	14.08	-6.02	13.43	-5.58	12.73	-5.18	12.09
51	-35.4	-4.63	12.35	-4.28	11.77	-3.91	11.17	-3.57	10.61
60	-28.3	-2.84	10.61	-2.55	10.12	-2.24	9.60	-1.95	9.12
70	-21.1	-1.05	8.88	-0.82	8.46	-0.57	8.03	-0.34	7.63
79	-14.0	0.72	7.14	0.91	6.81	1.10	6.46	1.26	6.14
85	-9.5	1.85	6.05	2.00	5.76	2.15	5.47	2.28	5.20
91	-5.0	2.98	4.95	3.10	4.71	3.21	4.47	3.30	4.26
97	-0.5	4.11	3.85	4.19	3.67	4.62	3.48	.32	3.32
103	4.0	5.24	2.76	5.29	2.62	5.32	2.49	5.34	2.38
109	8.5	6.36	1.66	6.38	1.58	6.38	1.50	6.36	1.44

续表

肋位号	距中距离(m)	$d_M=7.5$ m		$d_M=8.0$ m		$d_M=8.5$ m		$d_M=9.0$ m	
		δd_F (cm)	δd_A (cm)	δd_F (cm)	δd_A (cm)	δd_F (cm)	δd_A (cm)	δd_F (cm)	δd_A (cm)
119	15.6	8.15	−0.06	8.11	−0.07	8.05	−0.06	7.91	−0.04
128	22.8	9.94	−1.80	9.85	−1.73	9.72	−1.63	9.58	−1.53
138	30.0	11.72	−3.54	11.58	−3.38	11.39	−3.20	11.20	−3.02
147	37.0	13.51	−5.27	13.31	−5.04	13.06	−4.77	12.81	−4.51
155	43.1	15.05	−6.75	14.80	−6.46	14.50	−6.12	14.20	−5.79
165	49.3	16.58	−8.25	16.29	−7.88	15.94	−7.47	15.58	−7.07
173	55.4	18.12	−9.75	17.78	−9.31	17.38	−8.82	16.97	−8.35
182	61.5	19.65	−11.24	19.27	−10.73	18.81	−10.16	18.36	−9.63
196	70.0	21.78	−13.31	21.34	−12.71	20.81	−12.04	20.28	−11.40

吃水差计算数值表的缺点是：当船舶的实际平均吃水不是表列引数时，需要内插查表，会有误差。

以上吃水差比尺和吃水差计算数值表等吃水差计算图表中给出的数值均为装载100 t载荷引起的首、尾吃水的改变量。当装载量不是100 t，而是 P，或卸载 P 时，则其相应的数据值为：

$$\begin{cases} \delta d_{F1} = \delta d_F \times \dfrac{P}{100} \\ \delta d_{A1} = \delta d_A \times \dfrac{P}{100} \end{cases} \tag{4-22}$$

式中：δd_F、δd_A——由吃水差计算图表中查出的装载100 t载荷引起的首、尾吃水改变值(m 或 cm)；

P——载荷改变量(t)，装载取正，卸载取负。

如果将载荷由一舱移往另一舱，则需按一卸一装，查表计算对首、尾吃水总的影响。

如果需要在多个舱位进行少量载荷的装或卸，则应分别查表计算各个舱柜装或卸载后引起的首、尾吃水改变量，然后求其代数和，即可求得总的首、尾吃水改变量 $\delta d'_F$ 和 $\delta d'_A$。

吃水差改变量 $\delta t = \delta d'_F - \delta d'_A$。

如果已知船舶原来吃水差及首、尾吃水，则在载荷改变后的新的吃水差和首、尾吃水为：

$$\begin{cases} t_1 = t + \delta t \\ d_{F1} = d_F + \delta d_{F1} \\ d_{A1} = d_A + \delta d_{A1} \end{cases} \tag{4-23}$$

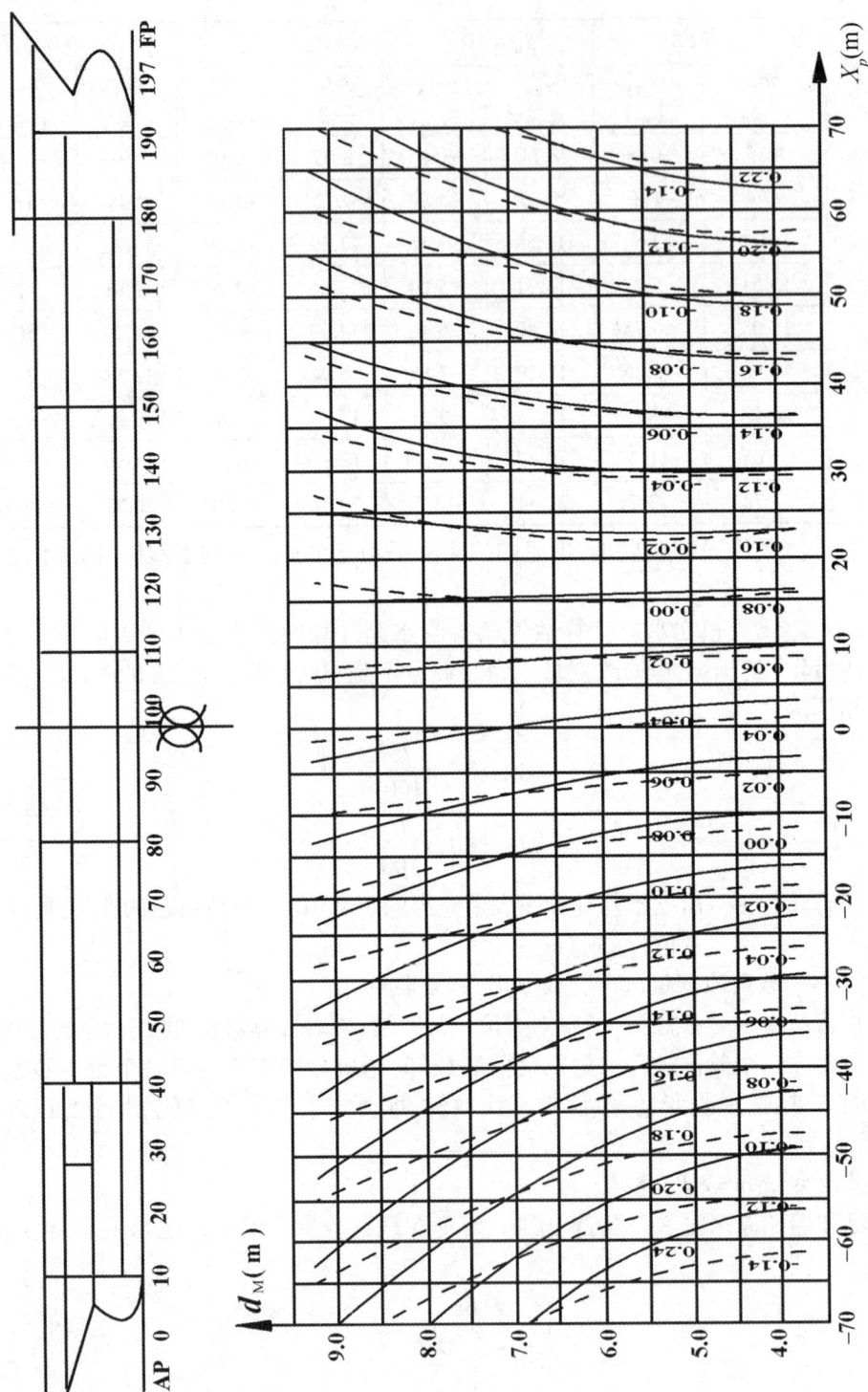

图 4-5　吃水差比尺

例 4-3：已知 A 轮装载后的平均吃水 $d_M = 8.5$ m，吃水差 $t = -0.8$ m。现将 No.4 舱位于肋位号 60# 处的 50 t 货移至 No.2 舱肋位号 128# 处，将 No.3 舱肋位号 91# 的 250 t 货移至 No.1 舱肋位号 165# 处，试用吃水差比尺求移货后船舶的吃水差。

解：

（1）根据船舶平均吃水 8.5 m 查吃水差比尺，由 No.4 舱向 No.2 舱移 100 t 货物产生的吃水差改变量为：

$$\delta t_1 = [-(-2.24)+(9.72)] - [-(9.60)+(-1.63)] = 23.19 \text{（cm）}$$

由 No.3 舱向 No.1 舱移 100 t 货物产生的吃水差改变量为

$$\delta t_2 = [-(-3.21)+(15.94)] - [-(4.47)+(-7.47)] = 31.09 \text{（cm）}$$

（2）由 No.4 舱向 No.2 舱移 50 t 货物并由 No.3 舱向 No.1 舱移 200 t 货物产生的吃水差改变量为：

$$\delta t = \frac{50}{100} \times \delta t_1 + \frac{250}{100} \times \delta t_2 = 0.5 \times 23.19 + 2.5 \times 31.09 \approx 89 \text{（cm）}$$

（3）移货后船舶新的吃水差为

$$t_1 = t + \delta t \approx -0.80 + 0.89 = 0.09 \text{（m）}$$

任务四　吃水差的调整

🏵 任务目标

了解吃水差的调整方法及原则，掌握吃水差的调整计算，具有运用吃水差的调整方法与原则的能力。

🏵 任务（知识）储备

一、吃水差调整

当船舶的吃水差或首、尾吃水不符合要求时，应进行调整。其调整方法有以下两种：

1.纵向移动载荷

在装货前和装货过程中如发现吃水差或首、尾吃水不符合要求，调整配积载方案是一种较为理想的方法。首先确定可移动调整的货载，再确定纵向移动的距离 x，然后根据要求调整的吃水差值 δt，按下式求取需移动的货载重量 P：

$$P = \frac{100\delta t \cdot MTC}{x} \text{（t）} \tag{4-24}$$

式中：δt——要求调整的吃水差值（m），等于要求调整到的吃水差值减去调整前的吃水差值；

x——货物载荷纵向移动的距离(m),当货物前移时取正值,后移时取负值;

MTC——每厘米纵倾力矩(9.81 kN·m),根据船舶实际排水量或平均吃水查取。

如果单向移动货物因舱容限制而不可能时,可采用轻、重货物等体积互换的方法达到调整的目的。可采用在项目三中介绍过的公式计算调整量,但式中的 P 值应按式(4-24)确定。

在装货结束后发现吃水差或首、尾吃水不符合要求而又无法用压载水调整时,可以考虑油水的纵向移驳。仍采用式(4-24)确定所需要移驳油水的重量,但 x 的取值应为计划移驳舱室舱容中心之间的纵向距离。同样,向前移驳取正值,向后移驳取负值。

2.增减载荷

在生产实践中主要是利用注、排压载水来调整船舶吃水差。但排出压载水受其所在位置限制,可能达不到预期目的,注入压载水则须考虑船舶是否还有富余载重能力,另外,也得考虑船舶的营运经济效益。

注、排压载水属于少量载荷变动,如果这时只要求吃水差符合要求,而不考虑首、尾吃水的大小,则可用下式确定所需要注入或排出压载水的重量 P:

$$P = \frac{100\delta t \cdot MTC}{x_p - x_f} \ (t) \tag{4-25}$$

该式是由式(4-16)演变而来。

式中:δt——要求调整的吃水差值(m),等于要求调整到的吃水差值减去调整前的吃水差值;

x_p——计划注、排压载水水舱的舱容中心距中距离(m),取值查液舱容积表。

漂心距中距离 x_f 和每厘米纵倾力矩 MTC 的值,根据调整前的船舶排水量 Δ 或平均吃水 d_M 从船舶静水力资料中查取。

根据式(4-25),如需要调整的吃水差改变量为正值(使船舶的尾倾值减小),需要在船舶漂心之前增加载荷,或在船舶漂心之后减少载荷;如需要调整的吃水差改变量为负值(使船舶的尾倾值增加),需要在船舶漂心之前减少载荷,或在船舶漂心之后增加载荷。

无论是采用载荷纵移法还是增减载荷法来调整吃水差,都会引起船舶载荷纵向分布的改变从而影响船舶纵 TMK 强度,因此,在制定吃水差调整方案时必须兼顾纵 TMK 强度要求,谨防出现顾此失彼的情况。表 4-2 提供了兼顾纵 TMK 强度要求的吃水差调整原则。

表 4-2 吃水差调整原则表

船舶状态		载荷调整原则	
吃水差	纵向变形	纵移	增减
首倾	中拱	前部→中部	前部减载
首倾	中垂	中部→后部	后部加载
首倾	无	前部→后部	
尾倾	中拱	后部→中部	后部减载
尾倾	中垂	中部→前部	前部加载

续表

船舶状态		载荷调整原则	
尾倾	无	后部→前部	
平吃水	中拱	前、后部→中部	中部加载/首尾减载
平吃水	中垂	中部→前、后部	中部减载/首尾加载

例 4-4:续例 4-2,A 轮到科伦坡外锚地港时,$\Delta = 20\ 222$ t,$d_F = 8.61$ m,$d_A = 8.77$ m,现要求调平吃水靠泊,问应向首尖舱(其舱容中心在船中前 65.67 m)注入多少吨压载水才能满足要求?

解:(1)根据 $\Delta = 20\ 222$ t,查得 $MTC = 9.81 \times 224.2$ kN·m/cm,$x_f = -2.6$(m)。

(2)抵达科伦坡外锚地时船舶吃水差 $t = d_F - d_A = 8.61 - 8.77 = -0.16$(m)。

(3)要求调整的吃水差值 $\delta t = 0 - (-0.16) = 0.16$(m)。

(4)求应向首尖舱注入压载水的重量 P

$$P = \frac{100 \cdot \delta t \cdot MTC}{x_p - x_f} = \frac{100 \times 0.16 \times 224.2}{65.67 + 2.6} \approx 53\ (\text{t})$$

二、保证船舶适当吃水差的经验方法

(1)按经验得出各舱配货重量的合适比例配货;

(2)按舱容比例配货,首尾舱留出一定的机动货载(10%~20%装货量)和机动舱容,在临装货结束前作调整吃水差之用。

项目五

船舶强度

⚓ 项目描述

船体结构抵抗发生损伤及变形的能力称为船体强度。船舶在营运过程中,船体会受到各种外力的作用,为了保证船体在各种外力的作用下不致产生较大的变形和破坏,船体结构必须具有足够的强度。正确地使用船舶,合理地配置载荷,保证船体不致由于配积载不当引起载荷分布不均而产生变形,对保证船舶安全运输和延长船舶使用寿命,有着十分重要的意义。

⚓ 教学目标

1.知识目标

(1)掌握纵向强度定义及船体产生纵向变形的原因;

(2)掌握船体剖面剪力、弯矩校核方法及原则;

(3)掌握利用船舶资料检验船舶纵向强度的方法;

(4)掌握保证船舶纵向强度不受损伤的措施;

(5)掌握船舶载货部位局部强度的表示方法及校核方法;

(6)掌握船舶载货部位许用负荷量和实际负荷量的计算及最小衬垫面积的求取;

(7)掌握保证船舶局部强度不受损伤的措施。

2.能力目标

(1)具有正确认识船舶强度、分类及其意义的能力;

(2)具有应用船体船舶纵向强度校核方法及原则的能力;

(3)具有应用相关方法校核船舶纵向强度的能力;

(4)具有采取措施保证船舶纵向强度不受损伤的能力;

(5)具有应用相关方法校核船舶局部强度的能力;

(6)具有采取措施保证船舶局部强度不受损伤的能力。

3.素质目标

(1)团结协作,爱岗敬业。

(2)诚信友善,耐心细致。

（3）开拓创新,勇于担当。

⚓ 思维导图

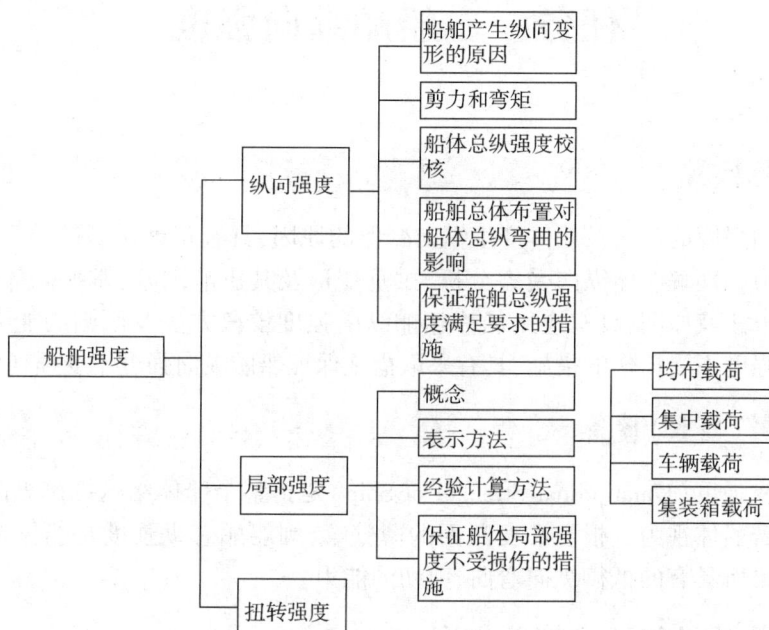

⚓ 任务引入

A 轮某航次由青岛港开往斯里兰卡科伦坡港,各舱柜载荷重量如表 3-0 所列,查得各项稳性参数如表 3-1 所列。

💻📢 请思考:

（1）开航时船舶的全船载荷对船中弯矩是多少?

（2）本航次船舶的强度是否满足要求?

（3）本航次船舶的强度处于何种状态?

任务一　船舶纵向强度

⚓ 任务目标

掌握纵向强度的定义及船体产生纵向变形的原因,具有正确认识船舶强度、分类及其意义的能力。理解船体纵向受力分析、拱垂变形及其影响因素,掌握船体剖面剪力、弯矩校核的方法及原则,具有应用船体船舶纵向强度校核方法及原则的能力。掌握保证船舶纵向强度不受损伤的措施,具有采取措施保证船舶纵向强度不受损伤的能力。

⚓ 任务(知识)储备

船舶总纵强度(Longitudinal Strength of Ship)是指整个船体结构抵御纵向变形或破坏的能力。若船体视为一根空心变断面的薄壁梁,则船舶总纵强度是船体在外力作用下整个船体梁所具有的抵御纵向弯曲、剪切的能力。

一、船体总纵剪切和弯曲变形

1.重力、浮力和载荷

作用于船体上的外力,包括重力、浮力、摇荡时的惯性力、螺旋桨的推力、水对船体的阻力、波浪的冲击力等。其中重力和浮力是引起船体发生总纵弯曲的主要外力。

重力包括空船、航次储备量、压载水、所载货物等项重量。浮力是指船在平静水中或静置于波浪中,舷外水对船体压力的合力。从整体上讲,船舶重力和浮力大小相等、方向相反并作用于同一垂线上,但这两个力沿船长方向各区段内其大小并不都是相等的,即重力和浮力沿纵向分布规律不一致(见图5-1)。描述全船重力、全船浮力沿船长方向分布的曲线依次称为重力曲线(Weight Curve)、浮力曲线(Buoyancy Curve)。由于船体结构和各类载重分布的不连续性,重力纵向分布呈跳跃状,而浮力纵向分布与船体水线下的几何形状、船舶吃水、波浪要素及船舶与波浪的相对位置有关。

当船舶浮于静水面上时,浮力沿船长的分布是基本均匀的;当船舶在波浪中航行时,所遇到的波浪非常复杂,浮力沿船长的分布随波浪的变化而变化。研究表明,当计算波长约等于船长,且波峰或波谷在船中时,船体可能产生最大的弯曲变形或剪切变形。

沿船长方向各区段上船体所受重力和浮力的差值即为该区段船体上所受垂向合外力,称为载荷。图5-1中阴影部分在各区段上的面积即为相应区间上的载荷大小。描述全船载荷沿船长方向分布的曲线称为载荷曲线(Loading Curve)。

2.剪力和弯矩

1)剪力

各段船体上载荷的存在,使船体结构的不同横剖面处受到剪力和弯矩的作用。若

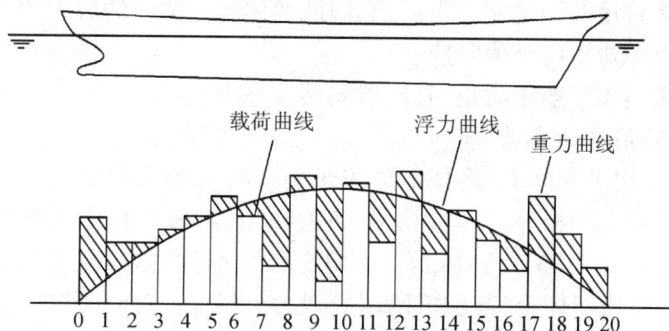

图 5-1　重力、浮力、负荷分布

某一横剖面首向(或尾向)一侧各段载荷之和不为零,即船首向(或尾向)一侧船体所受重力和浮力不相等,且该剖面两侧船体可以上下自由浮动,为重新取得平衡,两侧船体必然会上下移动。但实际上船体间为刚性连接从而约束其自由移动。显然,相对一侧即尾向(或首向)船体产生一作用力通过剖面上的连接构件作用于横剖面上,该作用力称为剪力,又称剪切力。

在数值上,纵向各横剖面上的剪力等于该剖面首向或尾向一侧所受重力与浮力的差值。若尾向一侧载荷向下,则剖面上的剪力为正,反之为负。

船体梁受到的剪(切)力沿船长方向分布的曲线为剪(切)力曲线(Shear Force Curve),它是载荷曲线的积分曲线。一般在均匀装载情况下,剪力最大值出现在距船首和船尾 1/4 船长附近。

2)弯矩

某一横剖面尾向(或首向)一侧各段上剪力对该剖面的力矩之和不为零,即船尾向(或首向)一侧重力对该剖面的力矩不等于该侧浮力对该剖面的力矩,相对一侧即首向(或尾向)船体必然通过剖面上的连接构件传递一反向力矩,使得船体平衡,该力矩称为作用于横剖面上的弯曲力矩,习惯称为弯矩。

在数值上,某剖面上所受弯矩等于该剖面在船尾向(或首向)一侧各段重力与浮力差值对其所取力矩的代数和。若尾向一侧船体所受重力对剖面的力矩大于浮力对该剖面的力矩,则剖面上的弯矩为正,反之为负。

船体梁受到的弯矩沿船长方向分布的曲线为弯矩曲线(Bending Moment Curve),它是剪力曲线的积分曲线,也是载荷曲线的二次积分曲线。一般在均匀装载情况下,弯矩最大值出现在船中附近。

图 5-2 为某船剪力曲线和弯矩曲线,由图可知:

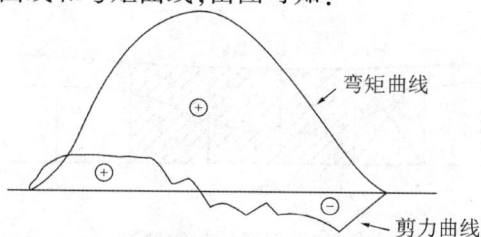

图 5-2　船舶的剪力曲线和弯矩曲线

（1）由于船体首尾两端是完全自由的,因此船体首尾两端的剪力和弯矩值均为零;

（2）零剪力点与弯矩的极值对应;

（3）弯矩最大值位于船中附近,且向首尾两端逐渐减小。

3.船体剪切变形和弯曲变形

剪力与弯矩作用于船体上,将使船体出现剪切变形和弯曲变形。若某一微段船体上,其前后两端受到大小相等、方向相反的剪力作用,则该段船体两端会产生垂向相对位移,称为剪切变形,如图5-3(a)所示。剪切变形的大小取决于受剪切力的大小。

同理,若某一微段船体上,其前后两端受到大小相等、方向相同的弯矩作用,则该段船体将产生如5-3(b)所示的弯曲变形。弯曲变形的大小取决于该微段船体所受的弯曲力矩的大小。

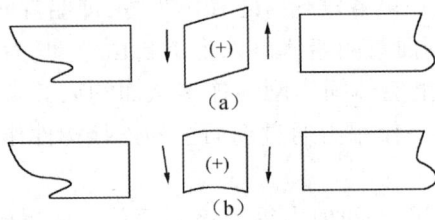

图5-3　船体的剪切及弯曲变形

在总纵弯矩作用下,船体沿船长方向发生纵向变形。船体出现中部下垂而首尾两端上翘的总纵弯曲变形,称为中垂变形(Sagging)。此时,船舶上甲板受压,船底板受拉;反之,船体出现中部上拱,首尾两端下垂的总纵弯曲变形,称为中拱变形(Hogging)。此时,船舶上甲板受拉,船底板受压。习惯上中拱弯矩取正值,中垂弯矩取负值。

船舶在静水中,即使各舱柜载重比较均衡也会产生拱垂变形,但其变形较小,为一般船舶强度所允许。若首、尾部舱柜载重较多而中部舱柜载重较小,则会产生较大的中拱变形;反之,会产生较大的中垂变形。若船舶在波浪中航行且有效波长等于船长,当波峰位于中拱变形的船中时,会加剧其中拱变形;反之,当波谷位于中垂变形的船中时,则会使中垂变形增大,如图5-4所示。

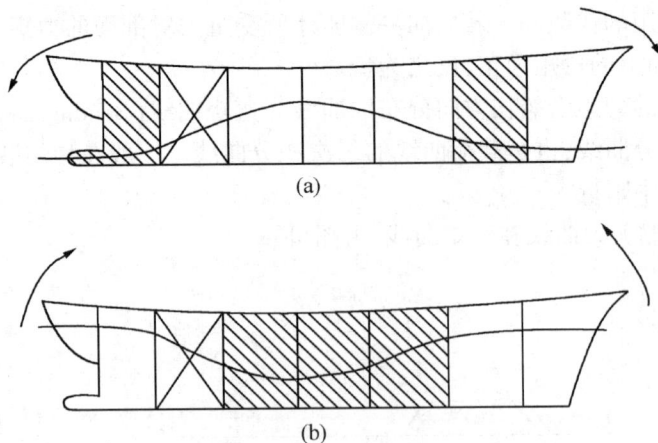

图5-4　船舶的拱垂变形

二、船舶总纵强度校核

1.许用静水剪力和静水弯矩校核

校核衡准为:沿船体梁各横剖面处的实际静水剪力和弯矩值应小于等于其许用静水剪力和弯矩值,即

$$\begin{cases} N'_s \leqslant N_s \\ M'_s \leqslant M_s \end{cases} \tag{5-1}$$

式中:N'_s、M'_s——校核剖面处的实际静水剪力、静水弯矩;

N_s、M_s——校核剖面处的许用静水剪力、静水弯矩。

1)许用静水剪力和静水弯矩

根据中国船级社 CCS《钢质海船入级规范》的规定,船长大于等于 65 m 的船舶应按相关要求校核其总纵强度。船长小于 65 m 的非常规船型或特殊装载的船舶,也应按要求校核其总纵强度。船舶设计者应在装载手册中提供船体梁沿船长各剖面的许用静水剪力、静水弯矩分海上(At sea)和港内(In harbor)两种状态给出,具体见表 5-1、表 5-2 所示。

表 5-1　船舶许用静水剪力、静水弯矩表(海上状态)(部分截取)

序号	剖面位置	纵向坐标 X	许用静水剪力(Shear Force)		许用静水弯矩(Bending Moment)	
No.	Name	Long	+ Positive	−Negative	中拱 Hog.	中垂 Sag.
		m−AP	t	t	t·m	t·m
1	F35	21.000	1 982.66	−1 916.57	30 705.6H	29 066.4S
2	F49	29.400	3 065.16	−2 988.29	26 676.4H	24 381.5S
3	F65	39.000	2 808.83	−2 794.99	20 948.3H	17 904.2S
4	F85	51.000	2 720.76	−2 720.76	20 948.3H	17 904.2S
5	F107	64.200	2 652.31	−2 677.38	20 547.8H	17 496.9S
6	F121	72.600	2 303.93	−2 389.18	22 366.5H	19 743.9S
7	F151	90.600	515.94	−563.57	13 044.2H	12 027.3S

表 5-2　船舶许用静水剪力、静水弯矩表(港内状态)(部分截取)

序号	剖面位置	纵向坐标 X	许用静水剪力(Shear Force)		许用静水弯矩(Bending Moment)	
No.	Name	Long	+ Positive	−Negative	中拱 Hog.	中垂 Sag.
		m−AP	t	t	t·m	t·m
1	F35	21.000	2 162.90	−2 090.81	33 497.0H	31 708.8S
2	F49	29.400	3 343.81	−3 259.96	29 101.6H	26 598.0S
3	F65	39.000	3 064.18	−3 049.08	22 852.7H	19 531.8S
4	F85	51.000	2 968.10	−2 968.10	21 648.2H	18 174.0S
5	F107	64.200	2 893.43	−2 920.78	22 415.8H	19 087.6S
6	F121	72.600	2 513.38	−2 606.38	24 399.8H	21 538.8S
7	F151	90.600	562.85	−614.81	14 230.1H	13 120.7S

2)实际静水剪力和静水弯矩

船体梁剖面实际所受剪力和弯矩可按下述步骤计算:

(1)重力和重力矩计算

重力包括空船、货物、油水、压载水和常数等,按各项沿船长方向具体分布情况计算相应的重力和重力矩。其中,空船重量沿船长的分布可查船舶资料获得,有的以表格形式给出,有的以图示形式给出,如图5-5所示。重力和重力矩的计算应是自船尾起向首计至某计算剖面的重量和重力矩(对计算剖面的力矩)的累加值。

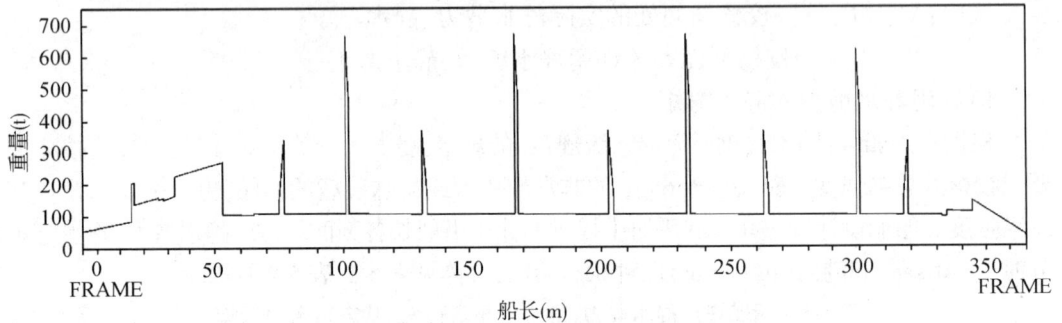

图5-5 船舶空船重量沿船长分布

(2)浮力和浮力矩计算

静水中的浮力主要取决于船体水下部分的形状,根据静水平衡计算时求得的船舶首、尾吃水,利用船舶资料中的邦金曲线(Bonjean Curve)图表,即可求得任意分段内的浮力分布。浮力和浮力矩的计算应是自船尾起向首计至某计算剖面的浮力和浮力矩(对计算剖面的力矩)的累加值。

(3)剪力和弯矩计算

某计算剖面的剪力等于自船尾起向首计至该剖面处船体所受重力和浮力的差值。某计算剖面的弯矩等于体所受重力矩和浮力矩的差值。

即

$$\begin{cases} N'_{Si} = W_i - B_i \\ M'_{Si} = MW_i - MB_i \end{cases} \tag{5-2}$$

式中:N'_{Si}、M'_{Si}——i计算剖面的实际静水剪力、实际静水弯矩;

W_i、B_i——自船尾起向首计至i计算剖面的船体所受重力、浮力;

MW_i、MB_i——自船尾起向首计至i计算剖面的重力矩、浮力矩。

2.装载仪校核

为了简化总纵强度核算流程,提高计算精度,保证船舶安全营运,现在大多数船舶均配备了能够计算任意装载状态下船体梁总纵强度的装载仪。

装载仪又称装载计算机(Loading Instrument or Loading Computer),是指由装载软件、硬件以及操作系统组成的仪器,能确定特定船舶或其他浮动装置在特定装载条件下的相关特性与性能。

装载软件(Loading Software)是指由针对特定船舶或其他浮动装置的计算机指令和预编程静态数据组成的计算软件。其功能主要是计算任一装载状态下船舶的实时稳性、强度、吃水、吃水差等指标,并判断其是否满足相应的要求,保证船舶安全营运。

　　1)公约或规范要求

　　(1)SOLAS 公约

　　SOLAS 公约第Ⅺ章第 11 条"装载仪"规定:150 m 及以上的散货船均应配备装载仪,该装载仪应能提供船体梁的剪力和弯矩资料,并考虑到 1997 年 SOLAS 公约缔约国大会通过的决议 5《关于装载仪的建议案》。1999 年 7 月 1 日以前建造的船长为 150 m 及以上的散货船,应不迟于 1999 年 7 月 1 日以后的第一次中间检验或定期检验之日符合前文的要求。

　　(2)IACS 统一要求

　　国际船级社协会 IACS 统一要求的技术决议中,船体强度包括 S1～S32,其中 S1 是装载工况、装载手册和装载仪要求。

　　S1 要求:第Ⅰ类船舶中船长为 100 m 及以上的所有船舶,必须配备经认可的装载仪;第Ⅱ类船舶中除船长小于 90 m 且重量不超过夏季满载排水量 30% 的船舶外,均应备有经认可的装载手册。

　　其中,第Ⅰ类船舶包括:甲板大开口船舶;可能非均匀装载的船舶,即货物和/或压载不均匀分布;船长为 120 m 以下的船舶(如果设计时考虑了货物和压载的不均匀分布,则属于第Ⅱ类船舶);化学品船和气体运输船。

　　第Ⅱ类船舶包括:第Ⅰ类船舶以外的船舶;其布置使得货物和压载分布的变化可能性很小的船舶。

　　(3)CCS《钢质海船入级规范》

　　中国船级社 CCS《钢质海船入级规范》要求:船长为 100 m 及以上的所有第Ⅰ类船舶应配备经认可的装载仪;船长为 150 m 及以上的散货船、矿砂船和兼用船应按要求配备经认可的装载手册和装载仪;对在 2 类航区和 3 类航区航行的船舶,可不配备装载仪。

　　根据《钢质海船入级规范》的规定,航区分为无限航区和有限航区。无限航区是指船舶无限制水域航行;有限航区是指船舶有限制水域航行,包括 1 类航区、2 类航区和 3 类航区,各类航区的航行限制如表 5-3 所示。

表 5-3　各类航区的航行限制表

航区类别	航行限制	
	距岸距离(n mile)	
1 类	200(夏季/热带)	100(冬季)
2 类	20(夏季/热带)	10(冬季)
3 类	遮蔽水域	

　　说明 1:夏季/热带/冬季指使用夏季载重线、热带载重线、冬季载重线的海区,按《1966 年国际船舶载重线公约》附则Ⅱ的规定。

　　说明 2:遮蔽水域包括海岸与岛屿、岛屿与岛屿围成的遮蔽条件较好、波浪较小的海域,且该海域内岛屿与岛屿之间、岛屿与海岸之间横跨距离不超过 10 n mile,或具有类似条件的水域。

　　装载仪在船上的配备可采用以下两种形式:

（1）配备单台装载仪；

（2）配备两套相同的装载仪，即主用机加备用机的形式。

2）校核衡准

装载仪对总纵强度的校核采用许用静水剪力和静水弯矩衡准，即式(5-1)的要求。

$$\begin{cases} N'_s \leqslant N_s \\ M'_s \leqslant M_s \end{cases} \Rightarrow \begin{cases} \dfrac{N'_s}{N_s} \leqslant 100\% \\ \dfrac{M'_s}{M_s} \leqslant 100\% \end{cases}$$

因为装载仪软件功能强大、计算快捷且精确度高，所以它能实时计算任意装载状态下多个主要横剖面的静水剪力和静水弯矩，并在比对后将各个剖面中剪力和弯矩比值中最大的百分比数值单处显示出来。只要该最大值不超过100%，就说明船体总纵强度满足要求。由于船舶资料中的许用静水剪力和静水弯矩分海上和港内两种状态提供，所以剪力和弯矩比值也分两种状态显示。

3.首、中、尾实际吃水判断

船舶在一定的装载状态下，由于剪力和弯矩的存在，船体会产生一定的中拱或中垂变形。实际工作中，可以通过观测并比较首、尾平均吃水与船中吃水的大小来判断船体拱垂变形的方向和大小。若首、尾平均吃水大于船中吃水，则说明船舶处于中拱变形状态；若首、尾平均吃水小于船中吃水，则说明船舶处于中垂变形状态；若首、尾平均吃水等于船中吃水，则说明船舶处于无拱垂变形状态。首、尾平均吃水与船中吃水之差的绝对值反映了拱垂变形的程度，称为拱垂值，即

$$\delta = \left| d_\varphi - \frac{d_F + d_A}{2} \right| \tag{5-3}$$

式中：δ——拱垂值(m)；

d_φ——船中左右舷平均吃水(m)。

经验表明，船体正常拱垂变形值为$L_{bp}/1\,200$ m，极限拱垂变形值为$L_{bp}/800$ m，危险拱垂值为$L_{bp}/600$ m。船体拱垂变形的正常范围为不超过$L_{bp}/1\,200$ m，极限范围为$L_{bp}/1\,200 \sim L_{bp}/800$ m，危险范围为$L_{bp}/800 \sim L_{bp}/600$ m，破坏范围为大于$L_{bp}/600$ m。

船舶装载或压载后，其拱垂值在正常范围内，则可以开航；拱垂值在极限范围内，只允许在海况良好的天气开航；拱垂值在危险范围内，应在对其进行调整并使其脱离危险值后方可开航。

三、船舶总体布置对船体总纵弯曲的影响

根据机舱位置一般将船舶分成中机型船、尾机型船和中后机型船三种船型，不同的船型对船体总纵弯曲的影响也有所不同。

1.中机型船

中机型船满载时，由于机舱处的重力远小于该处宽阔船体承受的浮力而出现较大中拱变形，而在空船压载航行时可能出现轻微的中垂或中拱变形。在使用中机型船时，应特别注意尽量减小满载状态的中拱变形。

2.尾机型船

尾机型船空船压载时,因首尾部重力远大于该处狭窄船体承受的浮力而出现较大中拱变形,而满载时的拱垂变形量因船舶大小不同而异。大型尾机型船满载时通常呈中垂变形,一般船舶则可能出现中垂或中拱变形,即使为中拱变形,其变形量也远小于空船压载状态。因此,应通过合理分配压载水及其他油水的纵向布置来减小空船压载状态下的中拱变形。

3.中后机型船

中后机型船机舱位置介于中机型船和尾机型船之间,满载时是处于较小中拱状态,还是处于中垂状态,主要取决于机舱具体位置、船长等因素。压载航行时,一般为中拱变形且其变形量大于满载状态。

应当指出的是,上述不同船型对船舶拱垂变形的影响是基于船上载荷纵向分布比较均匀情况下的一般规律,由于实际装载条件下的重量纵向分布千差万别,船舶相关尺度和尺度比不尽相同,船舶在装载或压载后其纵向强度的具体状态应以实际校核为准。

四、保证船舶总纵强度满足要求的措施

已经投入营运的船舶应合理分配载荷以改善船舶受力状态,满足船舶总纵强度条件,从而保证船舶安全和提高船舶营运效益。

1.按舱容比分配各舱货物重量

船体所受浮力沿纵向的分布是由水线下排水体积沿纵向分布决定的,而排水体积的纵向分布规律与船体内部容积沿纵向变化规律大体一致。因此,在配载时应按各舱容积大小成正比地分配各货舱货物重量。按舱容比分配各舱货物重量,可以保证船舶总纵强度满足要求。

设全船货舱总容积 $\sum V_{ich}$,航次货运量 $\sum Q$,则具有 V_{ich} 舱容的某货舱应分配的货物重量 P_i 为:

$$P_i = \frac{V_{ich}}{\sum V_{ich}} \sum Q \tag{5-4}$$

在实际装载中,由于受到货物忌装、吃水差调整等各种因素的影响,有时难以按舱容比分配货物重量,在保证安全的前提下,允许对所确定的分配重量做适量浮动,其上下浮动量一般可取该舱分配货量的10%;必要的时候也可取船舶夏季满载时航次净载重量 NDW 按舱容比在该舱分配值的10%。具体计算见表5-4。

表5-4　按舱容比向各货舱分配货物重量表

舱号	No.1	No.2	No.3	No.4	No.5	Total
货舱容积(m^3)	3 075	4 119	4 210	5 719	3 967	21 090
舱容比(%)	14.58	19.53	19.96	27.12	18.81	100
P_i(t)	1 955	2 619	2 676	3 636	2 522	13 408
调整值(t)	196	262	268	364	252	—
上限(t)	2 151	2 881	2 944	4 000	2 774	—
下限(t)	1 759	2 357	2 408	3 272	2 270	

应该指出,按舱容比大小确定的各货舱装载计划,不一定是使船体受力最小的最佳方案,只是保证船舶总纵强度满足条件的较好的或可行的方案,若需制订出货物重量的最佳分配方案,尚需借助装载仪。

2.根据机舱不同位置适当调整中区货舱货物分配量

中机船满载时存在较大中拱变形。为此,应在中区货舱适当增加货物分配量而在首、尾部货舱适当减少货物分配量,以减小中区重力和浮力的差异;对于大型尾机船因满载时呈中垂变形,则应适当减少中区货舱货物分配量并相应增加首、尾部货舱货物分配量。其增加或减少的货物数量一般可取按舱容比分配量的10%或更大些。

3.应考虑中途港装卸货物对总纵强度的影响

当船舶在中途港卸下或装上的货物数量较大时,该港货物不得过于集中配装在一个货舱内,以免卸货或装货后产生过大剪力或弯矩而损伤船体强度;也不应过于分散,否则会过多地移动或更换装卸工具。应视货物装或卸重量情况,适当分装于2~3个货舱内。

4.均衡装卸各舱货物,合理安排装卸顺序

货物在装卸过程中,应尽量使船长各段上的重力和浮力保持一致,这就要求各舱货物均衡装载或卸出。在实际工作中,应争取多头装卸作业,及时更换作业舱室,即各货舱交替进行装卸,防止在作业过程中出现某一货舱中货物与其他货舱中的货物重量相差过分悬殊。

对于某些种类的专用船舶,如干散货船、液体散货船等,为防止装卸过程中出现过大剪力和弯矩,需制订货物装卸计划,确定各舱装卸顺序及压载水注入或排放顺序。此类船舶尾机型偏多,因此,满载时应先卸中部舱位的货物,以减小船舶的中垂弯矩;空载时先装中部舱位货物,以减小船舶的中拱弯矩。打排压载水也应按类似原则确定其排注顺序。

5.油水的合理分布和使用

远洋船长航线营运时,航次油水储备量较多,因此油水的合理分布和使用对减小船舶纵向弯曲变形具有不可忽视的作用。

对于中机船,满载时常处于较大中拱状态,所以出港时油水应尽量集中在中部液舱柜;航行中使用时,应首先使用首、尾部液舱柜中的油水,后使用中部舱位的油水。

对于尾机船,空载时一般处于较大中拱状态,因此其油水的分布和使用原则与中机船满载时相同;大型船舶满载时常处于中垂状态,所以油水分布和使用原则与空载时相反,即中部液体舱柜的油水尽量装载少些,首、尾部液体舱柜尽量满些;航行中先使用中部液体舱柜的油水,后使用首、尾部液体舱柜的油水。

对于中后机船,满载航行时,可能处于较小中拱或中垂状态,应依据船舶具体状态确定油水分布及使用方案;压载航行时,一般为中拱状态,因此油水分布和使用原则与尾机船的空船压载状态相同。

6.吃水差调整时兼顾船舶拱垂状态的改善

在配装或实际装载时,常在首、尾部货舱留有一定富余舱容,用于在装货结束前调整吃水差。由于首、尾部货舱重量的变化对船体纵向弯曲变形的影响较大,调整吃水差的时候应综合考虑船舶拱垂变形的影响。

另外,在配载时利用货物纵移调整吃水差时,也应兼顾船舶总纵强度的改善,具体调整原则见表5-5。

表 5-5 吃水差调整兼顾船舶拱垂变形原则表

船舶状态(调整前)		载荷调整原则	
船舶浮态	纵向变形	载荷纵移	载荷增减
首倾	中拱	首部→中部	
首倾	中垂	中部→尾部	首部减载
首倾	无	首部→尾部	尾部加载
尾倾过大	中拱	尾部→中部	尾部减载
尾倾过大	中垂	中部→首部	首部加载
尾倾过大	无	尾部→首部	中部加载/首、部减载
平吃水	中拱	首、尾部→中部	中部减载/首、尾部加载
平吃水	中垂	中部→首、尾部	

7.合理压载

为改善船舶的航海性能,空载船舶需注入相当数量的压载水以确保航行安全。对于尾机船,空载时尾吃水差较大,且船舶处于中拱状态,若要减小船舶尾吃水差及中拱弯矩,除首部压载外,应尽量使用接近中区的压载水舱。对某些需使用中部某一货舱压载的船舶,应注意尽可能压满整个货舱,以减小自由液面及液体对舱壁的冲击效应;同时也应防止重量过分集中而在前、后横舱壁处产生过大的剪力,此时可根据具体情况排空压载货舱区的顶边舱及双层底压载水。

8.避免船舶在波浪中的纵谐摇

在顺浪中航行时,若船长等于波长且船速等于波速,则船舶会出现纵谐摇。船体中部处于波谷或波峰位置上,会加大船舶的中拱弯矩或中垂弯矩,且长时间得不到改变,这对船体强度极为不利,应避免这种纵谐摇的存在和持续状态。为此,一般应采取改变航向或船速或在改变航向的基础上同时改变船速的方法,使船舶摆脱其不利处境,确保船舶总纵强度不受损伤。

任务二　船舶局部强度

⊛ **任务目标**

掌握船舶载货部位局部强度的表示方法及校核方法,掌握船舶载货部位许用负荷量和实际负荷量的计算及最小衬垫面积的求取,具有应用相关方法校核船舶局部强度的能力。掌握保证船舶局部强度不受损伤的措施,具有采取措施保证船舶局部强度不受损伤的能力。

⚓ 任务（知识）储备

一、船舶局部强度的概念

船体所承受的重力和浮力，除了能使各个横剖面上出现剪力和弯矩，从而使船舶产生纵向弯曲变形和剪切变形外，还将在局部范围内对船舶的结构（如甲板、平台、船底、舷侧等）产生压力，使这些结构产生局部变形。局部变形的原因很多，但从货运的角度应重点关注船舶各层甲板承受载荷而引起的局部外力的作用。局部变形虽属局部性质，但变形超过一定范围，同样会造成船体结构的损坏，从而导致船舶总强度的恶化。为此要求船体结构必须有抵抗局部外力下产生的局部变形和损坏的能力，这种能力就是船舶的局部强度（Local Strength）。

对于营运中的船舶，必须使船体所受的局部外力处于局部强度允许的范围之内。因此船舶驾驶员在为一些积载因数较小的货物或重大件货物选配货位时，有必要对堆装部位的甲板受力进行认真的校核。

二、局部强度的表示方法

1.均布载荷

均布载荷是作用在载荷部位上货物重力均匀分布在某一较大面积上，如固体散货或液体、散货均匀装于舱室内，使甲板或舱底所受压力相同，见表5-6。

由于均布载荷时载货部位上各处压力相同，因此，将载货部位单位面积上允许承受的最大重量定义为均布载荷条件下的许用负荷量 P_d，单位为 kPa。

2.集中载荷

集中载荷是指货物重力集中作用在一个较小的特定面积上，如重大件货的底脚、支架等。

特定面积是指向该区域下的承重构件（如甲板纵桁）施加集中压力的骨材（如甲板纵骨和横梁）之间的面积，见表5-6。

由于集中载荷时货重作用在一特定面积上，因此，将载货部位特定面积上允许承受的最大重量定义为集中载荷条件下的许用负荷量 P，单位为 kN。

3.车辆载荷

车辆载荷是指载车部位上的车辆及其所载货物的重量集中作用在特定数目的车轮上，如铲车及其所铲起的货物、拖车及其上面的集装箱等，见表5-7。

车辆载荷时的车、货重量作用在车轮上，所以，将载车部位在不同车轮数目时所允许承受的车辆及所载货物的最大总重称为车辆载荷条件下的许用负荷量 P，单位为 kN。

4.集装箱载荷

集装箱载荷是指载箱部位上作用在箱底座处的集装箱重量，见表5-8。对于集装箱船，通常将载箱位置处 20 ft 集装箱或 40 ft 集装箱底座上允许承受的最大箱重称为集装箱载荷条件下的许用负荷量，单位为 t。

船舶在设计时，对局部强度已进行过校核，各载货部位的允许均布载荷及集中载荷已载入船舶局部受力校核资料中。在为货物配积载时,应保证货物堆装部位单位面积实际承受的负荷量小于该部位单位面积允许承受的载荷(允许均布载荷);同时还要对货物堆装部位的集中载荷进行校核,要求小于该处的允许集中载荷。

表 5-6　某轮各部位允许均布载荷及集中载荷参考数值表

部位	上甲板舱口外	上甲板舱口间	二层舱舱口盖	二层舱甲板	底舱舱口盖	底舱内底板	轴隧平台
允许均布载荷 P_d (kPa)	19.62	17.20	20.60	35.16	32.24	74.68	29.16
允许集中载荷 P (kN)	98.00	31.50	36.35	72.34	70.55	81.50	—

表 5-7　某轮车辆许用甲板载荷

部位　载荷	上甲板	第二层甲板	内底板	上甲板舱口盖	二层甲板舱口盖
叉车货物和总重		98.1 kN/4 个前轮 68.67 kN/2 个前轮	98.1 kN/4 个前轮 98.1 kN/2 个前轮		

表 5-8　某轮集装箱堆积载荷

尺度　舱位	20 ft 集装箱	40 ft 集装箱
舱面	80.0 t	100.0 t
舱内	192.0 t	240.0 t

三、经验方法确定的允许负荷

1.上甲板

对于允许装载货物的上甲板,甲板横梁间的允许均布载荷 P_d 可按下式求得:

$$p_d = 9.81\gamma_c H_c = \frac{9.81 H_c}{SF_c}(\text{kPa}) \tag{5-5}$$

式中:H_c——允许堆货高度(m),对重结构船 H_c 取 1.5 m,对轻结构船 H_c 取 1.2 m;

　　　γ_c——船舶设计时选用的货物装载率,在数值上取设计舱容系数的倒数(t/m³);

　　　SF_c——设计装运货物的积载因数(m³/t),在数值上取设计舱容系数。

2.中间甲板和底舱内底板

中间甲板和底舱内底板的允许均布载荷,是根据甲板间舱或底舱的高度 H_d 与设计货物的单位体积之重量 γ_c,或设计装运货物的积载因数 SF_c 来确定的。中间甲板和底舱内底板的允许均布载荷可根据下式求得:

$$p_d = 9.81\gamma_c H_d = \frac{9.81 H_d}{SF_c}(\text{kPa}) \tag{5-6}$$

式中:SF_c 取设计舱容系数值,γ_c 取设计舱容系数倒数值。如缺少设计舱容系数资料,根据我国规范,取 $SF_c = 1.39$ m³/t、$\gamma_c = 0.72$ t/m³。即

$$P_d = 9.81 \times 0.72 H_d = 7.06 H_d (\text{kPa}) \tag{5-7}$$

甲板间舱或底舱允许装载货物的总重量 P 可以按下列近似公式确定:

$$P = 0.72 \ V_{ich}(\text{t}) \tag{5-8}$$

式中：V_{ich}——甲板间舱或底舱的货舱容积（m^3）。

对满足建造规范规定的重货加强要求的船舶的底舱，可取 $\gamma_c = 1.2 \ \text{m}^3/\text{t}$ 或取 $SF_d = 0.83 \ \text{m}^3/\text{t}$。

需要说明的是，很多教材都认为上述经验公式可以在缺少船舶资料时使用，其实对每艘船来说，都不应该缺少这样的资料。因此，还是以采用船舶资料中提供的允许均布载荷数据来对船体局部受力进行校核为好。

四、甲板实际载荷的计算

1.均布载荷

甲板实际均布载荷可以使用下列公式进行计算：

$$P_d' = \frac{9.81 \Sigma P_i}{A} \ (\text{kPa}) \tag{5-9}$$

式中：P——甲板受载面上承受的货物总重量（t）；

A——受载甲板的总面积（m^3）。

如果在同一受载面积上配装了积载因数不同的若干票货物，则该受载面实际均布载荷可用下列公式进行计算：

$$P_d' = \Sigma \frac{H_{ci}}{SF_i}(9.81 \ \text{kPa}) \tag{5-10}$$

式中：H_{ci}——第 i 票货物在舱内堆装的高度（m）；

SF_i——第 i 票货物包括亏舱的积载因数（m^3/t）。

2.集中载荷

货件的底脚、轮、支柱等部位对甲板的压力可作为集中载荷对待。如果货件的重量分布均匀且支承点对称，则各支承点处的压力为货件总重与支承点数目的比值。

同一货件下各支承点的压力有时不相同，是由货件重量非均匀分布或支撑点不对称等原因引起的，此时应分别估算。在估算集中载荷的条件下实际甲板负荷时，应根据货件装载计划及支撑点尺寸首先确定货件底部支撑面积所横跨的骨材数目 n，则每个骨材上的实际负荷为

$$P' = \frac{9.81W}{n} \ (\text{kN}) \tag{5-11}$$

式中：W——对重量均匀分布时为货件总重（t）；

P'——对重量非均匀分布时为某支承点所分担的货件重量（t）。

利用上述结果，把实际负荷与装载部位的许用负荷相比较，即可判断船舶局部强度的优劣，若符合局部强度的要求即可按此配积载方案执行；若不符合局部强度的要求，则应该调整方案再进行校核，直至符合要求。

例 5-1：A 轮某航次拟在三舱上甲板舱口外装载一机车头，其重量为 31 t，如果采用两根合重 1t 的钢轨固定，其下用长 4 m、宽 0.5 m、重 0.2 t 的垫木扩大受载面积，问一共需要几块这样的垫木？应如何铺垫？

解：

（1）机车头和固定用钢轨合重 32 t，由于上甲板的允许均布载荷为 19.62 kPa，为保证船舶局部强度，机车头的受载面积 A 应为

$$A' = \frac{P}{P'_d} = \frac{32 \times 9.81}{19.62} = 16 \ (\text{m}^2)$$

（2）因每块垫木的受载面积 $A = 4 \times 0.5 = 2.0 \ \text{m}^2$，所以至少需要 8 块这样的垫木，才能将机车头的受载面积扩大到 16 m^2 以上。

（3）考虑到 8 块垫木自重 1.6 t，实际受载面积 A'_1 需扩大到

$$A'_1 = \frac{(32+1.6) \times 9.81}{19.62} = 16.8 \ (\text{m}^2)$$

因此，至少需要垫木 9 块。

（4）机车头和垫木总重量 $P' = (32+9 \times 0.2) \times 9.81 \approx 331.58$ kN，该处集中载荷 $P = 98.00$ kN，两者之比 $P'/P \approx 3.38$，所以垫木应横向跨甲板下甲板纵骨的方向设置，其长度至少应达到 4 倍的甲板纵骨的间距。

五、保证船体局部强度不受损伤的措施

为了保证船体局部强度不受损伤，在船舶配积载及货物装卸过程中应注意下列事项：

（1）如在上甲板或舱内配置重大件货物，货位应选在跨过甲板下有横梁、支柱或加强材处。对于较长的重大件货物，货位最好选在跨过两根甲板下横梁处。应预先查算承载部位的允许均布载荷，计算出降低实际均布载荷所需扩大的受载面积，并用质材较好的板材按要求加以衬垫。

（2）为了防止货舱舱盖因长期负重而变形漏水，非加强结构的舱口盖上最好不要配置重货。如不得不在舱口盖上配置重货，也应设法将货物重量均布开。应特别注意，不要将底面积较小的重货配在单一舱口盖上。

（3）钢板类货物应配置在舱内最低层，利用其来均布载荷。对于一些积载因数较小的捆扎货，如铜锭、铝锭、铅块等，在实际堆装时，应控制其堆高，但堆码仍应紧密，以防货物移位。

（4）对老龄船舶，甲板厚度可能因锈蚀等而变薄，导致甲板强度降低。在使用过程中应根据具体情况确定其允许均布载荷。在甲板明显变形部位，允许均布载荷应进一步降低。

（5）对某些堆装部位，如怀疑实际均布载荷超过允许均布载荷，则一定要进行局部受力的校核。如发现超负荷，应及时采取措施，绝不能等闲视之。

任务三　船舶扭转强度

⚓ **任务目标**

掌握船舶扭转强度的定义以及校核方法,具有校核船舶扭转强度的能力。

⚓ **任务(知识)储备**

扭转强度(Torsional Strength)是指整个船体抵抗扭转变形和破坏的能力。当船体斜置在波浪上时,由于在船体前后位置左右的浮力不对称,船体产生扭转变形;或者船舶装货后,其前后位置左右货重不对称,也会产生扭转变形。对于甲板具有大开口的船舶,如集装箱船、敞口驳船、矿砂船、某些运输重大件货物的专用船舶等,应校核其扭转强度。

1.甲板大开口定义

符合下列任一条件的甲板开口为大开口:

(1)$\dfrac{b}{B_1} \geqslant 0.7$;

(2)$\dfrac{l_H}{l_{BH}} \geqslant 0.899$;

(3)$\dfrac{b}{B_1} \geqslant 0.6$ 且 $\dfrac{l_H}{l_{BH}} \geqslant 0.7$。

式中:b——开口宽度(m),见图5-6(a),如有几个舱口并列,则b代表各开口宽度之和,即$b = b_1 + b_2$,见图5-6(b)。

　　B_1——在开口长度中点处包括开口在内的甲板宽度(m)。

　　l_H——舱口长度(m)。

　　l_{BH}——每一舱口两端横向甲板条中心线之间的距离(m),见图5-6(b),如舱口前或后再无其他舱口时,则算到l_{BH}为止。

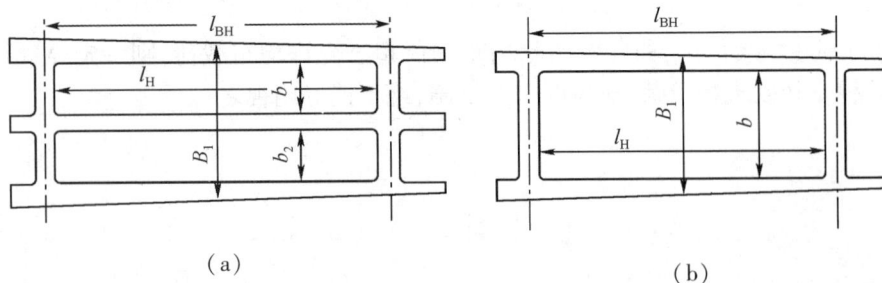

（a）　　　　　　　　　　（b）

图5-6　甲板大开口示意图

2.扭转强度校核

扭转强度校核的衡准是沿船长方向各剖面受到的实际静水扭矩不超过其许用静水扭矩。其中,许用静水扭矩由船舶资料提供(如装载手册)。航海实践中,扭转强度的校核由装载仪完成。

项目六

船舶抗沉性

⚓ 项目描述

　　船舶抗沉性又称船舶不沉性,是指船舶在一个舱或几个舱进水的情况下,仍能保持不至于沉没和倾覆的能力。为了保证抗沉性,船舶除了具备足够的储备浮力外,一般有效的措施是设置双层底和一定数量的水密舱壁。一旦发生碰撞或搁浅等致使某一舱进水而失去其浮力时,水密舱壁可将进水量尽量限制在较小的范围内,阻止进水向其他舱室漫延,而不致使浮力损失过多。这样,就能以储备浮力来补偿进水所失去的浮力,保证船舶不沉,也为堵漏施救创造了有利条件。

⚓ 教学目标

1.知识目标

(1)了解船舶破舱进水的类型及其特征;

(2)掌握舱室进水后船舶浮态和稳性计算方法;

(3)熟悉船舶破损控制手册。

2.能力目标

(1)具有正确认识船舶破舱进水的类型及其特征的能力;

(2)具有应用船舶破损控制手册的能力。

3.素质目标

(1)团结协作,爱岗敬业。

(2)诚信友善,耐心细致。

(3)开拓创新,勇于担当。

⚓ **思维导图**

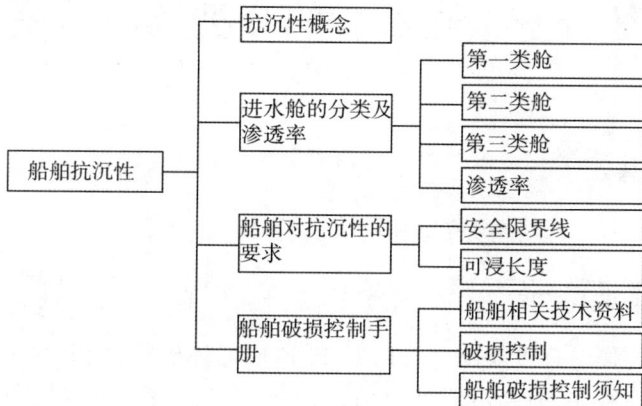

⚓ **任务引入**

　　1912 年 4 月 10 日,当时世界上最豪华的邮轮"泰坦尼克"号从英格兰南部港口城市南安普顿出发,计划穿过北大西洋,到达美国纽约。船上载有 1 324 名乘客和 892 名船员。4 月 14 日晚,船以 21.5 kn 的速度航行在海面上,但当晚因天气寒冷,瞭望塔上的瞭望人员没有及时发现前方有冰山,"泰坦尼克"号因而撞到了冰山。在与冰山碰撞的过程中,驾驶人员判断失误,在高速航行的情况下进行了紧急转向,导致舷侧和船底被水面以下的冰山撕开上百米的裂口。"泰坦尼克"号的抗沉性设计属于"四舱不沉制",即四个相邻水密舱同时进水,船舶仍能保持必要的浮性和稳性。但不幸的是,冰山撕开的裂口使五个舱进水,超过了船舶的抗沉性能极限,再加上第六个舱的舱门因火灾漏水,又损失了部分浮力,最后进水太多,造成船身倾斜 23°。4 月 15 日凌晨 2 时 18 分,船体从第三和第四烟囱处折断,船尾部分下坠。不久,断裂了的船头又拖着船尾一起下沉,之后"泰坦尼克"号完全沉入大海,造成了 1 522 人死亡的震惊世界的重大事故。

🖥️ **请思考:**

　　(1)"泰坦尼克"号进水舱的分类。
　　(2)舱室进水后船舶浮态及稳性的计算。
　　(3)可浸长度的计算。
　　(4)分舱因素及许用舱长。

任务一　进水舱的分类及渗透率

⚓ 任务目标

了解进水舱的分类,掌握渗透率和抗沉性的计算方法。

⚓ 任务(知识)储备

船舶在使用过程中有可能发生海损事故,造成船体破损,使海水进入船体。这种海损事故虽是偶然性事件,但会造成严重后果,甚至会使生命财产遭到重大损失。因此,在船舶设计阶段,就需要考虑抗沉性问题。

抗沉性(Insubmersibility)是指船舶具有在一舱或数舱破损进水后,仍能保持一定浮性和稳性,使船舶不致沉没或延缓沉没时间,以确保人命和财产安全的性能。各类船舶对于抗沉性的设计要求是不同的。军舰的抗沉性要求要明显高于民用船舶;民用船舶中,客船的抗沉性要求要高于货船,无限航区船舶的抗沉性又要高于沿海船舶,沿海船舶又要高于内河船舶。为保证船舶安全,国际有关公约和我国《法定检验规则》都明确规定了各类民用船舶的抗沉性的具体要求。

船舶设计时通过在船壳内用水密舱壁分隔船体成适当数量的舱室的方法来满足船舶的抗沉性要求。船舶驾驶员应该熟悉当遇到船体破损进水时的应急处置程序和方法,以最大限度地保证人命和财产的安全。

一、进水舱的分类

在抗沉性计算中,根据船舱进水情况,可将船舱分为下列三类:

1.第一类舱

舱的顶部位于水线以下,船体破损后海水灌满整个舱室,但舱顶未破损,因此舱内没有自由液面。双层底和顶盖在水线以下的舱柜等属于这种情况,如图6-1中的(a)所示。

2.第二类舱

进水舱未被灌满,舱内的水与船外的海水不相通,有自由液面。为调整船舶浮态而灌水的舱以及船体破洞已被堵塞但水还没有抽干的舱室属于这类情况,如图6-1中的(b)所示。

3.第三类舱

舱的顶盖在水线以上,舱内的水与船外海水相通,因此舱内水面与船外海水保持同一水平面。这是船体破舱中最为普遍的典型情况,对船的危害也最大,如图6-1中的(c)所示。

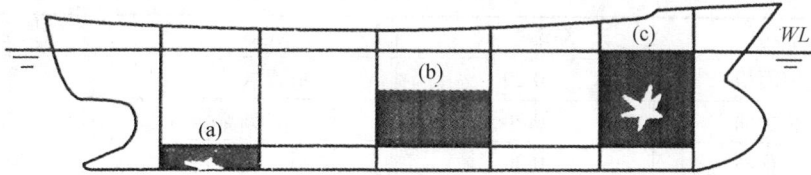

图 6-1 进水舱的分类

二、计算抗沉性的两种基本方法

船舱破损进水后,如进水量不超过排水量的 10%~15% ,则可以应用初稳性公式来计算船舶进水后的浮态和稳性,其误差一般在允许范围之内。计算船舱进水后船舶浮态和稳性的基本方法有两种:

(1)增加重量法。把破舱后进入船内的水看成是增加的液体。此法较简单直观,所以经常被船舶驾驶人员采用。

(2)损失浮力法(固定排水量法)。把破舱后的进水区域看成是不属于船的,即该部分的浮力已经损失,损失的浮力借增加吃水来补偿。这样,对于整艘船舶来说,其排水量不变。因此损失浮力法又称为固定排水量法。

应该指出,用上述两种方法计算所得的最后结果(如复原力矩,横倾角,纵倾角,船舶的首、尾吃水等)是完全一致的。但由于两种方法计算的排水量 Δ 不同,它们的横稳性高 GM 和纵稳性高 GM_L 也不同。

三、渗透率

船舱内有各种结构构件、设备、机械和货物等,它们在舱内已占据了一定的空间。因此,船舱内实际进水的体积 V_1 总是小于空舱的型体积 V。两者的比值称为体积渗透率 μ_V,即

$$\mu_V = \frac{V_1}{V} \tag{6-1}$$

体积渗透率 μ_V 的大小视舱室用途及装载情况而定,SOLAS 公约和我国《法定检验规则》规定的 μ_V 的数值如表 6-1 所示,各种货物体积渗透率的统计平均值见表 6-2。

表 6-1 货船体积渗透率

处所	体积渗透率 μ_V	处所	体积渗透率 μ_V
贮藏处所	0.60	机器处所	0.85
起居处所	0.95	空舱处所	0.95
干货处所	0.70	液体处所	0.00 或 0.95(视后果的严重程度而定)

表 6-2　各种货物体积渗透率的统计平均值

货物	渗透率 μ_V	货物	渗透率 μ_V
包装面粉	0.29	箱装家具	0.80
箱装牛油	0.20	箱装机器	0.80
罐装食品	0.30	箱装轮胎	0.85
包装软木	0.24	汽车	0.95
木材	0.35	烟草、橡胶	0.68

除上述体积渗透率 μ_V 外，尚有面积渗透率 μ_a，表示实际进水面积 a_1 与空舱面积 a 之比。μ_a 与 μ_V 之间并无一定联系，通常 μ_V 小于 μ_a，但并非所有情况都是这样。在一般计算中，μ_a 及 μ_V 可取相同的数值，有时统称为渗透率 μ。通常所说的渗透率常指体积渗透率。

任务二　船舶对抗沉性的要求

任务目标

了解限界线与可浸长度，掌握分舱因数和稳性衡准。

任务（知识）储备

船舶的抗沉性是用水密舱壁将船体分隔成适当数量的舱室来保证的，要求当一舱或数舱进水后，船舶的下沉不超过规定的极限位置，并保持一定的稳性。

一、限界线与可浸长度

1.限界线

当船体破损后，海水进入船舱，船身即下沉。为了不使船舶沉没，其下沉应不超过一定的限度，这就需要对船舱的长度有所限制。我国《法定检验规则》规定，民用船舶的下沉极限是在舱壁甲板上表面的边线以下 76 mm 处，也就是说，船舶在破损后至少应有 76 mm 的干舷。在船舶侧视图上，舱壁甲板边线以下 76 mm 处的一条曲线（与甲板边线相平行）称为安全限界线（简称限界线），如图 6-2 所示。限界线上各点的切线表示所允许的最高破舱水线（或称极限破舱水线）。

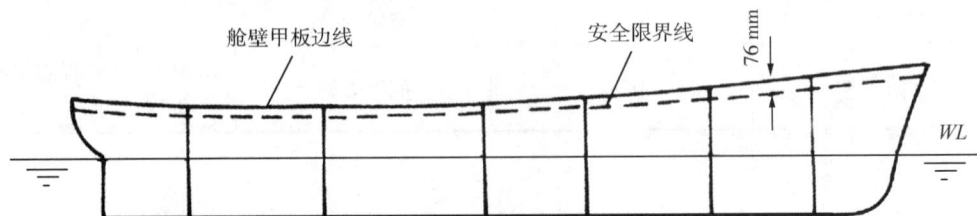

图 6-2　安全限界线

2.可浸长度

为保证船舶在破损后的水线不超过限界线,船舱的长度必须加以限制。船舱的最大许可长度称为可浸长度,它表示进水以后船舶的极限破舱水线恰与限界线相切。船舱在船长方向的位置不同,其可浸长度也不同。

采用近似积分法可计算出沿船长方向各点的可浸长度及其重点至中横剖面的距离,在船体侧视图上标出各进水舱的中点,并向上作垂线,然后截取相应的可浸长度为纵坐标并连成曲线,即得可浸长度曲线,如图 6-3 所示。可浸长度的确定系假定进水舱的渗透率 $\mu = 1.0$,事实上各进水舱的 μ 总是小于 1.0 的,故在可浸长度曲线图上通常还画出实际的可浸长度曲线,并注明 μ 的具体数值。可浸长度曲线的两端,被船舶首尾垂线处 $\theta = \arctan 2$ 的斜线所限制。

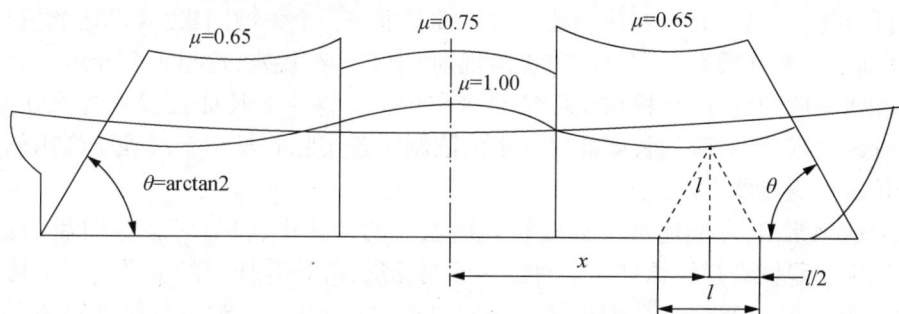

图 6-3　可浸长度曲线

二、分舱因数及许用舱长

船舶的抗沉性是由水密舱壁将船体分隔成适当数量的舱室来保证的。

如果只用可浸长度曲线来检验船舶横舱壁的布置是否满足抗沉性要求,那就未免过于粗略,因为它不能体现出各类船舶在抗沉性方面要求的不同。为此,在我国《法定检验规则》中采用了一个分舱因数 F 来决定许用舱长。F 是一个等于或小于 1.0 的系数,即 $F \leqslant 1.0$。这样就有:

$$许用舱长 = 可浸长度 \times 分舱因数 = l \times F$$

将实际的可浸长度曲线乘以分舱因数 F 后,便得到许用舱长曲线,如图 6-4 所示。

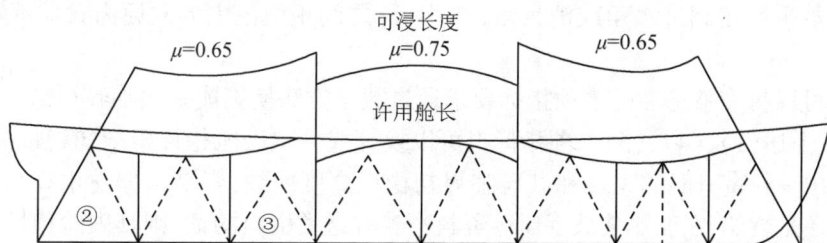

图 6-4　许用舱长曲线

假定水密舱壁的布置恰为许用长度,这时:当 $F = 1.0$ 时,许用舱长等于可浸长度,船在一舱破损后恰能浮于极限破舱水线处而不至于沉没。

当 $F = 0.5$ 时,许用舱长为可浸长度的一半,船在相邻两舱破损后恰能浮于极限破舱水线处。

而当 $F=0.33$ 时,许用舱长为可浸长度的 1/3,船在相邻三舱破损后恰能浮于极限破舱水线处。

如果船舶在一舱破损后的破舱水线不超过限界线,但在两舱破损后其破损水线超过限界线,则该船的抗沉性只能满足一舱不沉的要求,称为一舱制船;相邻两舱破损后能满足抗沉性要求的船称为两舱制船;相邻三舱破损后仍能满足抗沉性要求的船则称为三舱制船。若用分舱因数 F 来表示,则:

对于一舱制船:$1.0 \geqslant F > 0.5$;

对于二舱制船:$0.5 \geqslant F > 0.33$;

对于三舱制船:$0.33 \geqslant F > 0.25$。

由此可见,分舱因数 F 是决定船舶抗沉性要求的一个关键因素,其具体数值与船舶长度、用途及业务性质有关,在《法定检验规则》中有详细规定,这里不多介绍。

船舶水密舱的划分,是根据实际需要来布置的。许用舱长曲线仅作为保证船舶满足抗沉性的要求,而对舱的长度加以一定的限制。若实际舱长小于或等于许用舱长,则船舶的抗沉性满足要求。

最后应该指出:在上述可浸长度和许用舱长的计算中,没有考虑破舱后的稳性问题。故尚需对稳性进行校核计算。对于一舱制船舶,应计算任一舱室进水后的稳性;对于二舱制船舶,应计算任意两个相邻舱室同时进水后的稳性;对于三舱制船舶,则应计算任意三个相邻舱室同时进水后的稳性。

三、剩余稳性和破舱稳性衡准

《法定检验规则》对于国际航行单体客船破舱稳性的要求是:船舶破损后(若为不对称舱进水,但已采取平衡措施后)其最终状态应满足:

(1)用损失浮力法求得的初稳性高应不小于 0.05 m。

(2)不对称进水情况下,一舱进水的横倾角不得超过 7°。两个或两个以上相邻舱室进水后的横倾角不得超过 12°。

(3)在任何情况下,船舶进水终了的破舱水线的最高位置不得超过限界线。

(4)正值的剩余复原力臂应不小于 0.10 m,在平衡角以后应有一个 15°的最小范围。

(5)从平衡角到进水角或消失角(取小者)之间正值范围的复原力臂曲线下面积应不小于 0.15 m·rad。

如同可以将完整稳性的多项指标要求通过数学方法换算成一项临界初稳性高度要求一样,对于上述(1)、(4)、(5)三项指标也可以换算成一项破舱稳性极限初稳性高度 GM_c,船舶资料中一般带有船舶完整和破舱临界初稳性高度曲线,容易根据吃水查得 GM_c。无论是客船还是货船,在船舶装载手册等资料中若有这类资料的话,则其破舱稳性要求就可换算成需要满足:①$GM \geqslant GM_c$;②$\theta \leqslant 7°$(一舱进水时);③$\theta \leqslant 12°$(多相邻舱进水时)。

任务三　船舶破损控制手册

🚢 任务目标

熟悉船舶破损控制手册,具有应用船舶破损控制手册的能力。

🚢 任务(知识)储备

国际航行船舶依据 SOLAS 公约的要求。1992 年 2 月 1 日或以后建造的船舶都应具备与船舶破损相关的资料手册——船舶破损控制手册(The Instruction Manual of Ship Damage Control)。

配备船舶破损控制手册的目的是能够为船上高级船员提供船舶破损的相关资料和抗沉性的基本知识和计算方法,当船舶发生破损时,帮助船员判断船舶的进水情况,以便做出正确决策和采取应急措施,最大限度地保证生命和财产的安全。

船舶破损控制手册的主要内容由以下几部分组成:

一、船舶相关技术资料

1.船舶主要参数、货舱和机舱尺度

船舶主要参数包括船名、IMO 编号、呼号、船籍港、船舶主尺度等。

货舱及机舱尺度包括每个货舱和机舱的最大长度和最大宽度,以便用于在遇船舶舱容资料丢失时估算舱内的进水量。

2.排水泵排量和最大排水能力

分别列出船上的每一通用泵、压载泵、主海水泵和消防泵的排水能力(m^3/h),并标注船舶货舱、机舱和压载舱的综合最大排水能力(m^3/h)。

3.船舶破损控制图的张贴位置

船舶破损控制图是一张比例不小于 1∶200,为清晰地显示各层甲板及货舱水密舱室的限界,限界上的开口及其关闭装置和控制装置,以及扶正由于浸水产生的横倾装置等内容而专门绘制的船舶每层甲板的俯视图。

船舶破损控制图的张贴位置通常在驾驶台、货物控制室、艇甲板走廊等处。

二、破损控制

破损控制主要包括对船舶破损控制图的说明以及要求高级船员熟悉和掌握的要求、本手册的日常监控管理、船舶发生破损后的应急措施等。

在船舶发生破损后的应急措施中应包括船公司的应急指挥中心办公室电话和传真号码,按照公司 SMS 文件应向公司报告的内容(发生破损的时间和地点、破损原因和部位、破损程度、发展趋势、已经采取和打算采取的措施)和详细的"船舶破损/进水应急部

署表"。

该部分还包括下列实操指导和注意事项说明：

1.船舶碰撞造成破损后的应急措施

(1)船首撞入他船或被他船撞入后,可视情况采取停车或保持微速前进措施,尽量保持两船的咬合状态,防止扩大破损范围或从破损处大量进水造成船舶迅速沉没;

(2)应尽可能立即停车以减小破损面的扩大,并立即进入堵漏排水应变部署;

(3)尽可能操纵船舶,使破损部位处于下风;

(4)近岸航行的船舶发生碰撞,若有沉没危险,则应考虑抢滩的提前准备工作;

(5)对碰撞时的船首向、船位、碰撞时间,与他船碰撞的角度、部位、损害程度及所采取的措施应尽可能完全准确地记录,并将船名、船籍港、出发港、目的港通知对方船长。

2.调整横倾及纵倾的注意事项

(1)成功的堵漏加上排水,恢复船舶稳性并保证无初始横倾角状态是最理想的结果。然而,完全控制破损舱室的进水并将其排空,对于大型船舶因碰撞而造成的较大破口而言,往往是难以实现的。船舶破损进水后可能造成船舶的横倾和纵倾,有时为减少进水,需要调整船舶的横倾和纵倾。

(2)向相反一舷注水。可以改变船舶的横倾,但应注意注水会造成船舶储备浮力的减小并造成新的自由液面,进一步恶化船舶的稳性;向前后大量注水可以改变船舶纵倾,但会影响船体强度,因此要谨慎。通过减小吃水可以减小进水量,尤其是破损部位处于水线附近更是如此。减小吃水的方法包括酌情考虑排水、向他船驳货或抛弃部分货物。

3.进入或撤离水密舱柜的方法

进入水密舱柜前,应严格执行相关操作规程,确保人命安全。尤其应对水密舱柜的含氧量进行测量,必要时进行通风;确保两人以上,在水密舱柜道门外留有专人负责通信联络,应为进入水密舱柜的工作人员提供足够的照明。

紧急情况下需要从水密舱柜立即撤离时,水密舱柜内的工作人员要保持冷静清醒的头脑,沿进入路线反向迅速撤离。注意行动的有条不紊,前后联络,互相协调,相互照顾;若条件允许撤离后立即关闭水密舱柜的水密道门,以防止进水情况的进一步恶化。

三、船舶破损控制须知

船舶破损控制须知主要包括与抗沉性相关的一些基本知识、船长对船体破损风险的分析和评估船舶破损及处理的快速方法等。

1.船舱进水重量和进水速率估算公式

(1)船舱进水重量 $P(t)$ 的计算公式(当船舶舱容资料丢失时)

$$P = \rho \cdot \mu_v \cdot \delta \cdot L \cdot B \cdot D \tag{6-1}$$

式中: ρ ——进水的水密度 (t/m^3) ;

μ_v ——体积渗透率;

δ ——液舱方形系数,船首尾部舱取 $0.4 \sim 0.5$,船中部货舱取 $0.95 \sim 0.98$;

L ——船舱的最大长度 (m) ;

　　　　　　B——船舱的最大宽度(m)；

　　　　　　D——船舱内进水的深度(m)。

　　(2)船体破损进水速率 $Q(\mathrm{m^3/s})$ 的计算公式：

$$Q=4.43\mu F\sqrt{H-h} \tag{6-2}$$

式中：μ——流量系数(小洞取 0.6，中洞取 0.7，大洞取 0.75)；

　　　　F——破洞面积($\mathrm{m^2}$)；

　　　　H——破洞中心至舷外水面的垂直距离(m)；

　　　　h——破洞中心至舷内水面的垂直距离(m)。

破舱中心位置如图 6-5 所示。

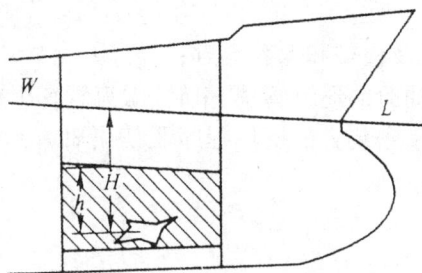

图 6-5　破舱中心位置

2.船长对船体破损风险分析

　　(1)远洋货船一般满足一舱制要求，即满足一舱破损进水不沉要求。

　　(2)船舶破损情况发现得越早越准确，就越能及时将损害限制在最小范围。可通过测、看、听来及时发现和确定破损位置和程度。

　　(3)船舶前部的防撞舱壁的水密完好无损是十分重要的，特别是当首尖舱破损进水时。

　　(4)首先根据破损原因，判断破损进水的类型。不同类型的破损，其危险性不同，处理方法也不同。

　　(5)根据多次的测量和记录可确定破损的部位、范围，并确定进水的速率。

　　(6)根据本手册提及的本船稳性曲线图和本船完整稳性值，可判断破舱稳性是否符合要求。其中船舶初稳性高度值应始终保持正值。

　　(7)机舱发生破损进水时，可能会使船舶失去动力，应竭尽全力抢救，并尽早采取应急措施。

　　(8)如破损位置发生在水密舱壁上，可能导致两个舱进水，其危险性增大。

　　(9)立即关闭所有的水密和风雨密装置。

　　(10)确定船上人员的位置和安全性。

　　(11)采取尽量减少进水的措施，如发生碰撞，切不可立即退出分开。操纵船舶将破洞置于下风，酌情调整航速等。

　　(12)根据危险程度，采取尽量减小损失的措施，如抢滩坐浅等。

　　(13)视具体情况，可采取移载法、排水法或对称灌注法，尽量保持正浮或减小横倾。同时注意对剩余储备浮力的损失和安全的影响。要求船舶向一侧横倾不超过 20°，采取扶正措施后不得超过 12°。任何情况下,海损水线的最高位置不得超过限界线。防止船舶出现过度横倾和稳性丧失。

(14)必要时可不惜消耗储备浮力以换取稳性来赢得时间,以便做好必要的抢救和脱险工作。

(15)酌情准备救生艇筏等救生设备以防不测。

(16)根据进水情况,经抢救无效,如有超过限界线的可能,或由于所在的海区风浪情况,船舶有倾覆或沉没的危险,为挽救人命,船长有权做出弃船的决定。

四、附录

附录主要包括:

(1)本轮堵漏器材清单及检查和保养要点;

(2)本轮货舱、水舱和油舱的通风管、测量管、溢流管在甲板上的位置图;

(3)船舶破损时,本轮水密装置的操作程序及其须知。

实务篇

项目七

包装危险货物运输

⚓ 项目描述

危险货物(Dangerous Cargo)是指具有爆炸、易燃、毒害、腐蚀和放射性等特性,在运输、装卸和储存过程中,容易造成人身伤亡、财产毁损和/或环境污染而需要特别防护的货物。

二十大报告提出:"国家安全是民族复兴的根基,社会稳定是国家强盛的前提。"相比较其他海上交通事故,危险货物事故会带来更严重的人员伤亡、海洋污染和财产损失,社会影响大,危害社会稳定。

由于危险货物运输具有较大风险性,许多国家以立法形式制定了本国的危险货物运输规则。为保证危险货物的运输安全,IMO制定出版了国际统一的危险货物海运规则——《国际海运危险货物规则》(International Maritime Dangerous Goods Code,IMDG Code,简称《国际危规》),该规则主要涉及包装危险货物的运输,从2004年1月1日起,《国际危规》中的主要部分成为经修订的SOLAS 1974下的强制性规则。《国际危规》每隔两年再版一次,因此,《国际危规》的使用者要注意及时更新。

危险货物的运输形态很多,除常见的带包装的危险货物外,还有无包装的但载于集装箱,可移动罐、柜,公路或铁路车辆等货物运输单元内的危险货物以及散装危险货物。

⚓ 教学目标

1.知识目标

(1)熟悉《国际危规》对海运危险货物的分类及每个分类所具有的危险特性;

(2)熟悉海运危险货物包装的形式与要求,掌握包装检验合格标志的形式与含义;

(3)掌握不同种类危险货物的标志及要求;

(4)掌握危险货物积载类的划分与船上积载要求;

(5)掌握危险货物的隔离等级及具体要求;

(6)熟悉危险货物安全装运与管理要求;

(7)熟悉《国际危规》的结构框架及内容安排。

2.能力目标

(1)会查阅使用《国际危规》;

(2)能根据危险货物的性质大体上对危险货物进行分类；

(3)能根据《国际危规》的规定将不同种类危险货物配到船上合适位置；

(4)能根据《国际危规》的规定将不同种类危险货物进行安全的隔离。

3.素质目标

(1)培养安全意识；

(2)培养认真负责的态度。

⚓ 思维导图

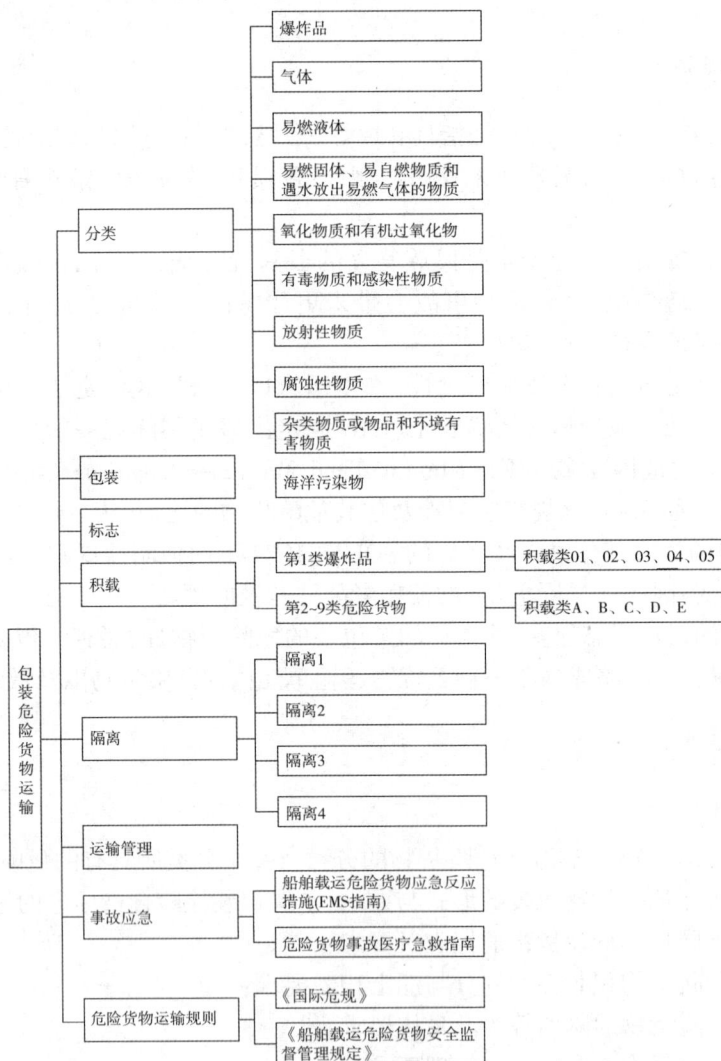

⚓任务引入

　　某杂货船某航次承载了高锰酸钾、硫(熔融的)、二氧化硫脲与二氧化氮 4 种危险货物,请查阅《国际危规》危险货物一览表,确定此 4 种危险货物应积载于船上何处,相互之间如何进行隔离?

请思考:

　　(1)这些危险货物各自的危险特性是什么?

　　(2)这些危险货物各自属于哪一类别的危险货物?

　　(3)《国际危规》是个什么规则? 都有哪些内容?

　　(4)如何知道这些危险货物应积载到船上什么位置?

　　(5)为保证安全,这些危险货物能积载在一起吗? 如果不能,应该离多远?

任务一　包装危险货物的分类及特性

熟悉《国际危规》对海运危险货物的分类,能根据《国际危规》的相关规定区分海运危险货物的分类(如爆炸品、气体、易燃液体、易燃固体等),并能辨别各类危险货物的危险特性。

危险货物品种繁多,性质各异,且危险程度大小不一,多数兼有多种危险性质,为方便安全运输和管理,有必要对其进行科学分类。《国际危规》根据危险货物呈现的危险性或最主要危险性,将其划分为九个大类。但上述分类标准并不相互排斥,所以对具有多种危险性质的货物,只能以其占主导的危险性确定其归类。

一、第1类——爆炸品(Explosives)

爆炸品系指在外界作用下(如受热、撞击等),本身能发生剧烈的化学反应,瞬时产生大量的气体和热量,使周围压力急剧上升,引发爆炸的物质和物品,也包括仅产生热、光、声或烟雾等一种或几种作用的烟火物质。

1.爆炸品的分类

按爆炸产生的危险性,《国际危规》将爆炸品分为6个小类。

第1.1类——具有整体爆炸危险的物质或物品。如起爆药、爆破雷管、黑火药、导弹等。

第1.2类——具有抛射的危险,但没有整体爆炸危险的物质或物品。如炮弹、枪弹、火箭发动机等。

第1.3类——具有燃烧危险和有较小爆炸或较小抛射危险或同时兼有此两者危险,但无整体爆炸危险的物质或物品。该类物质能产生相当大的辐射热。如导火索、燃烧弹药等。

第1.4类——无重大危险的物质或物品。如演习手榴弹、安全导火索、礼花弹、烟火、爆竹等。

第1.5类——有整体爆炸的危险但极不敏感的物质或物品。如E型或B型引爆器、铵油、铵沥蜡炸药等。

第1.6类——无整体爆炸危险的极不敏感的物品。

此6小类爆炸品按照危险性自大到小的排列顺序依次为1.1类、1.5类、1.2类、1.3类、1.6类、1.4类。

2.爆炸品的危险性

爆炸物质的爆炸是由于物质因获得发火的能量引起迅速分解,放出具有足够能量的高温、高压气体,并迅速膨胀做功,从而对周围环境造成破坏。

衡量爆炸品危险性的指标有:

(1)敏感度:是指在外界作用影响下发生爆炸反应的难易程度。通常以引起爆炸品爆炸所需的最小外界能量来表示。引起爆炸所需的能量愈小,其敏感度就愈大。根据外界作用的不同,爆炸品的敏感度可分为冲击(撞击)感度、摩擦感度、热感度和爆轰感度。

①就冲击感度而言,常采用立式落锤仪来测试,即取 0.05 g 试样,以 10 kg 落锤从 25 cm 高度处落下撞击爆炸品,进行 50~100 次测试,记录试样发生爆炸的百分比。试样发生爆炸的百分比大于 2% 是确认爆炸品的参考标准。

②热感度是指爆炸品因受热引起爆炸的敏感程度。

热感度的测定方法很多,一般用 5 s"延滞期"的"爆发点"来表示。在 5 s 延滞期下,爆发点低于 350 ℃,是确认爆炸品的一个参考标准。

爆发点是指爆炸品在一定的延滞期内发生爆炸的最低温度。

延滞期是指从开始对爆炸品加热到发生爆炸所需要的时间。

(2)爆轰速度:又称爆速,是指爆轰波沿爆炸物质传播出去的速度。以每秒传播的长度"m/s"表示。爆轰速度大于 3 000 m/s 是确认爆炸品的参考标准。

(3)威力和猛度:这两个参数是用来衡量爆炸品对周围环境的破坏程度。威力是指爆炸品爆炸时的做功能力,即爆炸品爆炸时对周围介质的破坏能力,这种能力取决于爆热的大小,同时还与爆炸后的气体生成物的性质有关。猛度是指爆炸品爆炸后对周围介质破坏的猛烈程度,其大小取决于爆轰压力,以及压力作用的时间。

(4)安定性:是指爆炸物质在一定的储存期间,不改变自身的理化性质和爆炸能力的性质,分为物理安定性和化学安定性。一定的安定性是爆炸品运输的先决条件。

二、第 2 类——气体(Gases)

气体系指在 50 ℃ 时蒸气压力大于 300 kPa,或在 20 ℃ 和 101.3 kPa 的标准压力下完全呈气态,经压缩或降温加压后,贮存于耐压容器或特别的高绝热耐压容器或装有特殊溶剂的耐压容器中的物质。包括:

压缩气体(Compressed Gases)——气体在压力下包装运输时,处于 -50 ℃ 时,完全呈气态;本类包括临界温度低于或等于 -50 ℃ 的所有气体。

液化气体(Liquefied Gases)——气体在压力下包装运输时,当温度高于 -50 ℃ 时,部分呈气态的气体。

冷冻液化气体(Refrigerated Liquefied Gases)——当包装运输时,由于温度低而部分气体处于液态的气体。

溶解气体(Dissolved Gases)——在压力下包装运输时,溶解在液相溶剂中的气体。

吸附性气体(Adsorbed Gases)——以包装形式运输吸附到固体多孔材料上的气体,其内容器压力在 20 ℃ 时不超过 101.3 kPa,在 50 ℃ 时不超过 300 kPa。

1.气体的分类

第 2.1 类——易燃气体(Flammable Gases),该气体在温度 20 ℃、标准气压

101.3 kPa时,与空气混合物中所占体积为13%或更低时可点燃;或该气体在温度20 ℃、标准气压 101.3 kPa 时,不管最低燃烧极限是多少,与空气混合形成的燃烧范围至少有 12 个百分点。如氢气、甲烷、乙炔等。

第 2.2 类——非易燃、无毒气体(Non-flammable,Non-toxic Gases),此类气体泄漏时,遇明火不会燃烧,没有腐蚀性,吸入人体内无毒、无刺激,但多数在高浓度时有窒息作用。此类还包括比固态和液态的氧化剂具有更强氧化作用的助燃气体。如氧气、压缩空气、氮气、二氧化碳等。

第 2.3 类——有毒气体(Toxic Gases),该气体被认为对人类有毒或有腐蚀性,以至于危害健康;或被推定为对人类有毒或有腐蚀性,通过试验得出气体的半数致死浓度(LC_{50})值相当于或低于 5 000 ml/m³(ppm)。如氯气、氨、硫化氢、光气等。

其危险性由大到小依次为 2.3 类、2.1 类、2.2 类。

2.气体的性质

(1)压缩与液化:气体只有当温度降到一定程度时,施加压力才能被液化,这一温度称为临界温度,是加压使气体液化所允许的最高温度。若温度超过此值,则无论施加多大的压力,都不能使气体液化。在临界温度时使气体液化所需的最小压力称为临界压力。当温度在临界温度以下时,使气体液化所需的压力小于临界压力;当温度降至沸点温度时,在常压下即能得到液化气体。临界温度和临界压力是了解气体液化的两个重要参数,通常运输的压缩气体和液化气体都是在常温下进行的。一般来说,当临界温度低于常温为压缩气体,临界温度高于常温为液化气体。

(2)溶解性:某些气体能溶解于某些溶剂中,有的甚至溶解量非常大。溶解气体和液化气体一样,当温度升高时,气体会大量逸出,从而使容器的压力升高。

(3)燃烧与爆炸:易燃气体与空气混合到一定比例时,遇明火会发生燃烧或爆炸。用易燃气体在空气中所占的体积百分比浓度的上、下限来表示易燃易爆的危险性,称为爆炸(燃烧)极限(Explosive Range),爆炸上、下限之间的数值范围称为爆炸范围。很显然,爆炸下限越低、爆炸范围越宽的气体,危险性就越大。

(4)毒性和窒息性:在第 2 类气体中,有毒气体所占的比重是相当大的,且多数有毒气体比空气重,因而有可能会造成大面积毒害污染。虽然有些气体不具有毒性,但是在高密度下具有窒息性,因此在运输中要注意防范。

(5)扩散性:自然界中的物质是以三种状态存在的,相比较而言,气体分子之间的距离最大,吸引力最小,其分子所具有的动能较大,如果没有容器的限制或没有外力的作用,气体可以无限制地扩散,且从密度大的地方向密度小的地方扩散。气体的扩散及在环境中的分布与该气体相对于空气的质量有关,按相对密度的范围可分别属于:

较空气为轻——1/2 倍空气的密度<气体的密度<1 倍空气的密度;

远较空气为轻——气体的密度≤1/2 倍空气的密度;

较空气为重——1 倍气体的密度<气体的密度<2 倍空气的密度;

远较空气为重——气体的密度≥2 倍空气的密度。

运输中可以针对气体的相对密度范围采取相应的防范措施,以保证安全。

这类物质的主要危险表现在两方面:

（1）容器发生破裂或爆炸。诱发原因可能包括受热、撞击、耐压容器本身遭腐蚀或材料疲劳使容器的耐压强度下降等。

（2）因某种原因发生气体泄漏，如容器的阀门因猛烈撞击而受损。此情况下，泄漏的气体若轻于空气，则会积存于封闭货舱的顶部；若重于空气，则会积存在货舱的底部。如任其蓄积，可能会引起火灾、爆炸、中毒、窒息等事故。

三、第3类危险品——易燃液体(Flammable Liquids)

根据《国际危规》的规定，该类包括了易燃液体(Flammable Liquids)和液态退敏爆炸品(Liquid Desensitized Explosives)两类物质。

易燃液体系指闭杯试验闪点60 ℃或以下放出易燃蒸气的液体、液体混合物，或含有处于溶液中或悬浮状态的固体或液体(如油漆、清漆等)；还包括交付运输时温度等于或高于液体自身的闪点温度的液体(简称高温运输气体)，以及需加温运输，且在温度等于或低于最高运输温度时会放出易燃蒸气的液体(简称加温运输气体)；但不包括闪点高于35 ℃的不助燃(或称不维持燃烧，即燃点大于100 ℃，或其含水量大于90%)液体，也不包括由于其危险性已列入其他类别的液体。

液体退敏爆炸品系指溶于或悬浮于水或其他液体物质，形成均质的液体混合物以抑制其爆炸特性的爆炸性物质。

闪点(Flash Point,FP)系指可燃气体或易燃液体的蒸气和空气形成的混合物与明火接触时可能发生瞬间闪燃的最低温度。在通常环境条件下，易燃液体的闪点越低，其易燃性就越大，发生火灾的危险程度就越高。闪点依据测试仪器是在密闭容器还是在开敞容器中加热液体而分为闭杯试验闪点(Closed Cup，以 c.c.表示)和开杯试验闪点(Open Cup，以 o.c.表示)两种。一般同一物质的闭杯试验闪点要低于开杯试验闪点3~6 ℃。对某一具体液体而言，闪点不是一个准确的物理量，它在一定程度上依赖于所用试验仪器的结构和试验程序，因此闪点数据应标明试验仪器的名称及试验条件。

燃点(Flammable Point)系指在给定条件下，可燃气体或易燃液体的蒸气与空气的混合物接触火焰时能产生持续燃烧时的最低温度。对可燃气体，在相同条件下，其燃点常比闪点高出5 ℃左右。

1.易燃液体按其易燃性确定的包装类

包装类Ⅰ:初沸点≤35 ℃。如乙醛、二硫化碳、乙醚等；

包装类Ⅱ:初沸点>35 ℃，且闭杯闪点<23 ℃c.c.。如汽油、乙醇、苯、丙酮、硝化甘油酒精溶液(含硝化甘油不超过1%，属液体退敏爆炸品)等；

包装类Ⅲ:初沸点>35 ℃，且23 ℃c.c.≤FP≤60 ℃c.c.；包括高温运输液体和加温运输液体。如松节油、酒精饮料(满足按体积酒精含量超过24%但不超过70%，且容器大于250 L容积的条件)等。

2.易燃液体的理化特性

（1）挥发性:液体物质在任何温度下都会蒸发，在沸点温度时，液体开始沸腾，此时液体的蒸气压与外界气压达到了平衡，所有的液体都趋于变成气体。沸点是衡量液体挥发性的指标之一，一般来说，沸点低的液体挥发性大。另外，对于同一液体来说，表面积越大、外界温度越高、与液体表面接触的空气流动速度越快,挥发就越快。如果液体处于密闭容器中,挥发的结果是液体上方的空间充满蒸气,经过一段时间,液体和它的蒸气处于平衡状态,如果温度不发生变化,这一平衡将一直维持下去。在这样的密闭容器中,一定的温度下处于平衡状态时液体蒸气所具有的压力称作饱和蒸气压。饱和蒸气压是衡量液体挥发性的指标之一,易燃液体沸点低,饱和蒸气压高,其危险性就大。不同的液体,饱和蒸气压不同;同一液体在不同的温度下,饱和蒸气压也不同,温度升高,饱和蒸气压也随之升高。

(2)易燃易爆性:划入本类别的都是易燃易爆液体。液体本身并不能燃烧,但其挥发出来的蒸气与空气混合后一旦接触火种就容易着火燃烧、爆炸。易燃液体的燃爆性质也用爆炸极限表示,它是指易燃液体的蒸气与空气的混合物,能被点燃而引起燃烧、爆炸的浓度范围,通常是用蒸气在混合物中所占体积的百分比浓度来表示。浓度范围的最低值称作爆炸下限,最高值称作爆炸上限。爆炸下限越小、爆炸极限浓度范围越大的液体,其易燃易爆性也越强。

(3)高度流动扩散性:液体分子间可以相对运动,具有流动性。即使容器有细微裂缝,易燃液体也会渗出容器外壁,一旦溢出就迅速挥发扩散。

(4)能与强酸、氧化剂剧烈反应:易燃液体遇强酸和氧化剂会剧烈反应而自行燃烧,如汽油遇到硫酸、汽油遇到高锰酸钾等,都会着火,引起火灾。

(5)毒性:大多数易燃液体及其蒸气有不同程度的毒性或麻醉性。

(6)受热膨胀性:易燃液体的受热膨胀系数都比较大,其受热膨胀性相当突出,再加上受热后蒸气压也会提高,因此不论用什么形式的包装容器,都必须预留膨胀余量。

(7)溶解性:易燃液体是否溶解于水对发生火灾时能否用水灭火很重要。某种易燃液体如果溶解于水,则不论密度大小,在发生火灾时都可以用水灭火,用大量的水降低易燃液体的温度,减少易燃蒸气的挥发,从而扑灭火灾。若液体不溶于水但密度大于1,也可以用水扑救。若液体不溶于水且密度小于1,则禁止用水扑救,因浮于水面的燃烧液体会随水的流动而使火灾蔓延。

四、第4类——易燃固体、易自燃物质和遇水放出易燃气体的物质

(Flammable Solids; Substances Liable to Spontaneous Combustion; Substances Which, in Contact with Water, Emit Flammable Gases)

除上述第1类、第2.1类和第3类外,其余多数易燃物质都归入这一类。这类物质细分为三个小类:

第4.1类——易燃固体(Flammable Solids)。物质是在运输条件下,易于燃烧或易于通过摩擦可能起火的固体,易于发生强烈热反应的自反应物质,以及没有充分稀释的情况下有可能爆炸的固体退敏爆炸品。本类物质燃点低,对热、撞击、摩擦较为敏感,易被外部火源点燃,燃烧迅速,并可能散发有毒烟雾或有毒气体,其中有些物质,在其危险货物一览表中,有控制温度(能安全运输的最高温度)和应急温度(必须采取如抛弃等应急措施的温度)的要求,运输时必须确保这类货物在其控制温度以下。

易燃固体(Fammable Solids)是指易于燃烧和经摩擦可能起火的纤维状、粉末状、颗

粒状和糊状的物质。这些物质与火源短暂接触时易于点燃且火焰蔓延迅速。此外,本类的大部分物质加热或卷入火中会发出有毒的气体产物。如赤磷、硫黄、萘、铝粉、干棉花、黄麻等。

自反应物质(Selfreactive Substances)是一些含有特殊物质的化合物,它们对热不稳定,即使没有氧气(空气)的参与也易产生强烈的放热分解,分解的温度因物质的不同而不同,分解速度随温度的升高而升高。物质的分解可能产生有毒气体或蒸气,还有些自反应物质在特定条件下有爆炸分解的特性。《国际危规》给出了已确定的自反应物质清单。如苯磺酰肼、4-亚硝基苯酚等。

固体退敏爆炸品(Solid Desensitized Explosives)是指被水或酒精浸湿或被其他物质稀释后,形成均一的固体混合物来抑制其爆炸性的爆炸物质。这些物质在干燥的状态下,仍应作为第 1 类爆炸品看待。如苦味酸铵,湿的,含水量不少于 10%;三硝基苯酚,湿的,按质量计,含水量不少于 30%等。

聚合性物质及其混合物(稳定的)[Polymerizing Substances and Mixtures (Stabilized)]是指在不加稳定剂及正常运输条件下,易发生强烈的放热反应,形成大分子或聚合物的物质。该类物质指在有或没有化学稳定剂的运输条件下,在包装、中型散装容器或移动式罐柜中,自加速聚合物温度小于等于 75 ℃;该物质表现出的反应热大于 300 J/g;该物质不满足其他任何 1 到 8 类的分类标准。

第 4.2 类——易自燃物质(Substances Liable to Spontaneous Combustion)本类物质是指在运输条件下易于自发升温或遇空气易于升温,然后易于起火的液体或固体物质,包括引火性物质和自热物质。如黄磷、鱼粉(未经抗氧剂处理)、铁屑、油浸棉麻、纸制品等。

引火性物质(Prophetic Substances)是指即使数量很少,与空气接触 5 min 内即可着火的物质。

自热物质(Self-heating Substances)是指除引火性物质外,在不提供能量的情况下与空气接触易于自行发热的物质。这些物质只有在数量大(若干千克)、时间长(若干小时或若干天)的情况下才会着火。物质自热导致自燃,是由于物质与空气中的氧气反应所产生的热量不能迅速散失所引起的。

第 4.3 类——遇水易放出易燃气体的物质(Substance Which, in Contact with Water, Emit Fammable Gases)。本类物质是指与水反应易自发地成为易燃或放出达到危险数量的易燃气体的液体或固体物质。如碳化钙(电石)、钠、钾等。

自燃点(Spontaneous Combustion Point)是指在常温常压下,某一物质不需外界点燃,即能自行释放出使其气体或蒸气燃烧所需的最低能量时的温度。

属于第 4 类的物质绝大多数是固体,只有 4.2 类和 4.3 类中有少量的液体货物。

除具有易燃的共性外,这类中许多物质还具有腐蚀性、毒害性和爆炸性等。

五、第 5 类——氧化物质和有机过氧化物(Oxidizing Substances and Organic Peroxides)

本类所涉及的物质在运输过程中会放出氧气并产生大量的热,从而引起其他物质燃烧。这类物质可细分两个小类。

第5.1类——氧化物质(剂)(Oxidizing Substances)。氧化物质是指虽然其本身未必可燃,但可释放出氧气会引起或促使其他物质燃烧的物质。如溴酸钾、硝酸钠、高锰酸钾、过氧化氢、次氯酸钙(漂白粉)等。

氧化物质的危险性:

(1)分子组成中含有高价态的原子或过氧基,显示出强氧化性;

(2)不稳定,易于受热分解,放出氧,促使易燃物燃烧;

(3)大多数氧化物质和液体酸类会发生剧烈反应,可能放出助燃或剧毒气体。

第5.2类——有机过氧化物(Organic Peroxides)。有机过氧化剂是指含有两价的—O—O—结构可被认为是过氧化氢的衍生物的有机物,其中一个或两个氢原子被有机原子团取代。本身易燃,易爆,易分解,对热、振动或摩擦极为敏感以及与其他物质起危险性反应等特性。这类物质比5.1类具有更大的危险性。其中许多物质在危险货物一览表中有控制温度和应急温度的要求,如过氧化二丙酰基(控制温度15 ℃,应急温度20 ℃)等。《国际危规》给出了已确定的有机过氧化物清单。

有机过氧化物的危险性:

(1)有机过氧化物比无机氧化物更容易分解,有的甚至在常温下即能分解;会迅速燃烧,对碰撞或摩擦或杂质很敏感。

(2)有机过氧化物的分解产物是活泼的自由基,由自由基参与的反应属于联馈反应,很难用常规的抑制方法扑救,而且许多分解产物是气体或易挥发物质,容易产生爆炸。

(3)有机过氧化物中的许多种类如果与眼睛接触,即使是短暂的,也会对眼角膜造成严重的伤害。

六、第6类——有毒物质和感染性物质(Toxic and Infectious Substances)

第6.1类——有毒物质(Toxic Substances),是指少量吞咽、吸入或皮肤接触,能破坏肌体的正常生理机能,严重伤害或损害人体健康,甚至危及生命的物质。如氰化钠、苯胺、四乙基铅(四乙铅)、砷及其化合物等。

1.有毒物质毒性的度量

(1)半数致死量LD_{50}(Half-lethal Dose)

急性口服毒性的LD_{50}:是指能使刚成熟的天竺鼠口服毒物,在14天内半数死亡,平均每千克动物体重所用毒物的剂量(mg/kg)。

急性皮肤接触毒性的LD_{50}:是指在白兔裸露皮肤上连续接触毒物24 h,在14天内使试验动物半数死亡所施用的毒物剂量(mg/kg)。

(2)半数致死浓度LC_{50}(Half-lethal Density)

半数致死浓度LC_{50}又称急性吸入毒性,是指使雄性和雌性刚成熟的天竺鼠连续吸入毒物尘雾1 h,在14天内使其半数死亡所施用的蒸气、烟雾或粉尘的浓度,其结果如为粉尘和烟雾以 mg/L 表示,蒸气单位以 mL/m³ 或 ppm 表示。

显然,毒物的LD_{50}或LC_{50}越小,其毒性越大(见表7-1)。

表 7-1　由有毒物质 LD_{50} 或 LC_{50} 确定的包装类

包装类	经口吞咽毒性 LD_{50}（mg/kg）	皮肤接触毒性 LD_{50}（mg/kg）	粉尘、烟雾吸入毒性 LC_{50}（1 h）（mg/L）
Ⅰ	$LD_{50} \leqslant 5$	$LD_{50} \leqslant 50$	$LC_{50} \leqslant 0.2$
Ⅱ	$5 < LD_{50} \leqslant 50$	$50 < LD_{50} \leqslant 200$	$0.2 < LC_{50} \leqslant 2$
Ⅲ①	$50 < LD_{50} \leqslant 300$	$200 < LD_{50} \leqslant 1\,000$	$2 < LC_{50} \leqslant 4$

注:①催泪气体的毒性数据处于包装类Ⅲ的范围内,但仍被分类为包装类Ⅱ。

2.影响毒性的因素

(1)有毒物质的化学组成与结构是毒性大小的决定因素,如含有羟基、卤素等有毒物质,毒性就较强。

(2)有毒物质的状态,如固体毒物的颗粒越小,其毒性就越大;毒物的水解性与脂溶性越大,其毒性也越大;毒性沸点越低,越易引起中毒;液体毒物其挥发性越大,毒害性也越大。

(3)外界的温度与气压升高,也会使有毒物质的毒性增强。

第 6.2 类——感染性物质(Infectious Substances),是指那些已知或有理由认为含有病原体的物质。病原体是指会使动物或人感染疾病的微生物(包括细菌、病毒、立克次氏体、寄生虫、真菌)和其他媒介(如病毒蛋白)。包括感染性物质、生物制品、转基因微生物或生物体、医疗或临床废弃物及受感染动物,如排泄物、分泌物、血液、细胞组织和体液等。

感染性物质可划分为 A 和 B 两类。A 类指当接触到该物质时,可造成健康的人或动物的永久性残疾、生命危险或致命疾病。A 类又可细分为能引起人体或人体和动物疾病(UN2814)的,如埃博拉病毒、狂犬病毒、天花病毒等,和仅能引起动物疾病(UN2900)的,如非洲猪瘟病毒、口蹄疫病毒、牛瘟病毒等两种。B 类指不符合 A 类标准的其他感染性物质(UN3373)。

运输这类物质时,人畜中毒的主要途径是经呼吸道或皮肤侵入体内,而经消化道侵入的较少。

七、第 7 类——放射性物质(Radioactive Material)

放射性物质系指所托运的货物中放射性比活度和总活度都超过《国际危规》所规定的活度水平数值的任何含有放射性核素的物质。

1.射线的种类、性质及危害性

天然放射性物质能放出的射线分为 α 射线、β 射线、γ 射线三种,另外,还有一种中子流。在各种放射性物质中,有些只能放出一种射线,有些能同时放出几种射线,如镭的同位素,在其核衰变中,就能同时放出前三种射线。这类物质的危险在于辐射污染。对人体的危害有外照(辐)射和内照(辐)射两种。外照射是指由于放射性物质的射线,造成对人体组织细胞被杀伤或破坏的一种辐射危害。内照射是指由于放射物质进入人体,造成体内射线源及其周围人体器官直接损伤或破坏的一种辐射危害。不同放射射线的性质和对人体造成的辐射危害是不相同的。

(1)α 射线

α 射线是带正电的粒子流,具有很强的电离作用。但射程很短,穿透能力很弱,因而 α 射线对人体不存在外照射,仅用一层衣服、纸张等即能被完全屏蔽。但一旦进入人体,α 射线源因不能穿透人体,会使人体器官和组织因电离作用受到严重损伤。因此,α 射线的内照射危害大,但不存在外照射危害。

(2)β 射线

β 射线是带负电的粒子流,电离作用比 α 射线弱(约为其千分之一),但因其有很快的速度,穿透能力比 α 射线强,因此,这类射线对人体外照射危害较 α 射线大。但其射线很容易被有机玻璃、塑料、薄铝片等屏蔽。

(3)γ 射线

γ 射线是一种波长很短的电磁波,即光子流。γ 射线不带电,以光速运动,能量大;穿透能力很强,约为 α 射线的 1 万倍,为 β 射线的 50~100 倍;不易被其他物质吸收。要完全阻挡或吸收 γ 射线是非常困难的。因此,这类射线对人体的主要危害是外照射。

(4)中子流

中子流不带电,穿透能力很强。一般认为,中子流引起对人体损伤的有效性是 γ 射线的2.5~10倍。因此,这类射线对人体的危害比 γ 射线要大。屏蔽需要使用密度轻的物质(如水、石蜡、水泥等)。

中子流对于外照射的防护是采用屏蔽、控制接近的时间和距离;而内照射是防止放射源由消化道、呼吸和皮肤三个途径进入体内。

2.有关放射性量度的术语

放射性活度(Radioactivity Strength):又称放射性强度,用每秒内某放射性物质发生核衰变的数目或每秒内射出的相应粒子的数目来表示。它是度量放射性物质放射性强弱程度的一个物理量,反映了某种放射性物质放射性的强弱程度,单位是 Bq(贝可)。

放射性比活度(Specific Activity):又称放射性比度,指单位质量(或体积)的放射性物质的放射性活度,单位是 Bq/g(贝可/克)。

剂量当量(Dose Equivalent):表示生物体受射线照射,每千克体重所吸收的相当能量,单位是 Sv(希),用以衡量生物体受射线危害的程度。国际公认的人体每年最大允许剂量当量为 0.005 Sv/y。

辐射水平(Radiation Level):是指单位时间所受的剂量当量,单位是 Sv/h(希/小时)。

运输指数(Transport Index,TI):是表示经控制后的辐射水平的指标,它是指距放射性货物包件和其他运输单元外表面,或表面放射性污染物和无包装的低比活度放射性货物表面 1 m 处测得的辐射水平的最大值(Sv/h)乘以 100 所得数值;对大尺度货物如罐柜、货物集装箱等,其 TI 值还应乘以在危规中提供的与货物横截面尺寸有关的放大系数。

八、第8类——腐蚀性物质(Corrosive Substances)

1.定义及包装类

腐蚀性物质系指通过化学作用会对皮肤造成不可逆损伤,或在渗漏时会对其他货物或运输工具造成实质性损害甚至毁坏的物质。如硝酸、硫酸、冰醋酸、氢氧化钠等。

腐蚀性物质和混合物按危险程度由下列标准确定其包装类:

包装类Ⅰ:在3 min或更少的接触时间后,在60 min的观察期内,对完好皮肤组织造成不可逆损伤。该类腐蚀性物质具有严重危险性。

包装类Ⅱ:在3 min以上不超过60 min的接触时间后,在14天的观察期内,对完好皮肤组织造成不可逆损伤。该类腐蚀性物质具有中等危险性。

包装类Ⅲ:在60 min以上不超过4 h的接触时间后,在14天的观察期内,对完好皮肤组织造成不可逆损伤;或者,不会引起完好动物皮肤组织出现不可逆损伤,但在55 ℃试验温度下,对规定型号的钢或铝的表面年腐蚀率超过6.25 mm。该类腐蚀性物质具有轻度危险性。

2.腐蚀性物质的危险性

(1)腐蚀性

人体皮肤接触腐蚀性物质后会使皮肤、组织或器官的表面发生化学灼伤,如氢氧化钠会使皮肤脱水。许多腐蚀性物质能与金属和非金属、无机物和有机物发生反应,对其他货物或船舶结构和设备造成破坏。

(2)毒性

许多腐蚀性物质具有不同程度的毒性,特别是具有挥发性的腐蚀性物质,能挥发出有毒的气体和蒸气,在腐蚀人体的同时还能引起中毒。

(3)遇水反应性

腐蚀性物质中很多物质能与水发生反应生成烟雾,对眼睛和呼吸道有强烈的刺激作用,且在发生反应的同时放出大量的热。

(4)氧化性

腐蚀性物质中含氧酸大多是强氧化剂,本身会释放出氧气,或与其他物质反应时,夺取电子使其氧化。

九、杂类物质和物品(第9类)及环境有害物质[Miscellaneous Dangerous Substances and Articles(Class 9) and Environmentally Hazardous Substances]

1.第9类杂类物质和物品

第9类杂类物质和物品是指在运输中呈现出未列入其他类别的危险的物质和物品。

1)第9类杂类物质和物品包括:

(1)未列入其他类别的物质和物品,根据已经表明或可以表明该物质或物品具有的危险性须适用于经修订的《1974年国际海上人命安全公约》第Ⅶ章A部分的规定。

（2）不适用于上述公约第Ⅶ章 A 部分的规定，但适用于经修订的 MARPOL 73/78 公约附则Ⅲ的物质。

2）第 9 类杂类物质和物品细分如下：

（1）以微细粉尘吸入可危害健康的物质，如 UN2212 石棉。

（2）会放出易燃气体的物质，如 UN2211 聚苯乙烯珠粒料，可膨胀，可放出易燃气体。

（3）锂电池组，如 UN3090 锂金属电池组（包括锂合金电池组）、UN3480 锂离子电池组（包括聚合物锂离子电池组）。

（4）电容器，如 UN3499 电容器，双电层（储能容量大于 0.3 Wh）。

（5）救生设备，如 UN2990 救生设备，自动膨胀式。

（6）一旦发生火灾可形成二噁英的物质和物品，如 UN2315 多氯联苯，液态。

（7）在高温下运输或提交运输的物质，包括：UN3257 高温液体，未另列明的，温度等于或高于 100 ℃、低于其闪点（包括熔融金属、熔融盐类等）；UN3258 高温固体，未另列明的，温度等于或高于 240 ℃。

（8）环境有害物质，包括：UN3077 对环境有害的固态物质，未另列明的；UN3082 对环境有害的液态物质，未另列明的。

（9）转基因微生物和转基因生物体，包括：UN3245 转基因微生物和 UN3245 转基因生物体。

（10）硝酸铵基化肥，如 UN2071 硝酸铵基化肥。

（11）运输过程中存在危险但不能满足其他类别定义的其他物质和物品，如 UN1845 固态二氧化碳（干冰）。

2.环境有害物质（水环境）

环境有害物质主要包括对水环境造成污染的液体或固体物质及此类物质的溶液和混合物（如制剂和废弃物）。

十、海洋污染物（Marine Pollutants）

海洋污染物系指适用于经修正的 MARPOL 73/78 公约附则Ⅲ规定的物质。

（1）海洋污染物须按修正的 MARPOL 73/78 公约附则Ⅲ的规定运输。

（2）《国际危规》索引 MP 栏中以字母 P 标记的物质材料和物品被确定为海洋污染物。

（3）如满足《国际危规》第 1 至 8 类的任一标准，海洋污染物须根据其特性相应的条目运输；如不满足这些类别的标准，除非在第 9 类有专门条目，须按下列条目运输：UN3077 对环境有害物质，固体的，未另列明的，或 UN3082 对环境有害物质，液体的，未另列明的（选合适者）。

（4）如果一种物质、材料或物品具有符合海洋污染物标准的性质，但未在《国际危规》中列明，此种物质、材料或物品须按本规则作为海洋污染物要求运输。

（5）经主管机关批准，被《国际危规》列明为海洋污染物但不再符合海洋污染物标准的物质、材料或物品不需要按照《国际危规》适用海洋污染物的规定运输。

（6）海洋污染物须按照《国际危规》第 2.9.3 章［环境有害物质（水环境）］进行分类。

任务二　危险货物的包装

⚓ 任务目标

理解危险货物包装的作用,熟悉危险货物包装的形式及包装等级,能够识别危险货物包装合格标志各字母及数字所代表的含义,能够通过危险货物标志识别危险货物种类及其危险特性。

⚓ 任务(知识)储备

合格的危险货物包装是危险货物运输安全的根本保证,它除了能起到普通货物包装的作用外,同时还要确保危险货物在运输、装卸、储存过程中的安全以及能承受正常的风险,因此,《国际危规》对危险货物的包装予以明确的规定,要求对危险货物按规则的规定进行包装,以保障公共安全。同时,《国际危规》还明确规定,危险货物交付运输时,必须对其做好适当的标志、标记或标牌,以便于从事货物运输的各类人员能对所接触的货物迅速加以识别,正确认识其危害性,并采取相应的安全措施和应急行动。

一、危险货物包装的一般要求

(1)包装须质量良好,其结构强度足以承受在运输过程中通常遇到的振动和负荷。

(2)在准备运输时,包装的结构和密闭性须能够在正常运输条件下避免由于振动和温度、湿度及压力的变化而引起的任何内装物的损失。

(3)包装中直接与危险货物接触的部位不得因危险货物而受到影响或强度受到严重削弱,不得因与所装物质发生反应或催化反应而造成危险,在正常运输条件下不得渗入危险货物产生危险。

(4)向包装内填充液体时,必须留有足够的膨胀余量,以防止在运输过程中可能由于温度变化引起所装液体膨胀而导致容器渗漏或永久变形。

(5)内包装须保证在正常运输条件下不会因内包装的破裂、戳穿或渗漏而使内装物进入外包装中。如用玻璃、瓷器、陶器或某些塑料制成的易破裂或易戳穿的内包装,须在其间使用合适的材料予以衬垫。内装物的泄漏不应明显削弱衬垫材料或外包装的保护性能。

(6)衬垫及吸收材料应该是惰性的,并与内装物的性质相适应。

(7)外包装的性质和厚度须保证在运输过程中不会因摩擦而产生可能严重改变所装物质化学稳定性的热量。

(8)对于同一外包装或大宗包装内的不同危险货物或危险货物与一般货物,若相互之间发生危险反应并引起以下后果,不得装在一起:

①燃烧和/或产生相当多的热量;

②产生易燃、有毒或腐蚀性气体；

③形成腐蚀性物质；或

④形成不稳定物质。

(9)装有经加湿或经稀释物质的包装,其封闭装置须能使其所含液体的百分率不会在运输中降至规定的限度以下。

(10)除另有规定外,盛装具有某些危险特性物质的包件应装设气密封口,这些危险特性包括:产生易燃气体或蒸气;在干燥状态下,可能有爆炸性;产生有毒气体或蒸气;产生腐蚀性气体或蒸气;可能与空气发生危险性反应。

(11)盛装液体的内包装须足以承受正常运输条件下可能产生的内压力,若液体散发气体而使包装内部产生压力,可安装通气孔以减小压力,但应保证释放的气体不会因其毒性、易燃性及排放量等问题而造成危险。

(12)盛装液体的包装须足以承受正常运输条件下可能产生的内压力。由于低沸点流体的蒸气压力通常较高,其盛装容器须有足够的强度和安全系数,以承受可能产生的内压。

(13)若某些固体危险货物在运输中有可能因高温而变成液体,则该类包装还应具备装载该物质液态的能力。

(14)各种包装(新包装、再次使用的或经修复的包装)在使用前应通过相关的包装性能试验并取得合格证书。

(15)用于运输液体物质的包装,应进行适当的防渗漏试验并满足相应规定;用于运输颗粒状或粉末状的物质的包装,须是防撒漏的或配有衬里。

(16)在使用冰作为冷却剂的情况下,不得影响容器的完好。

二、危险货物包装类别

1.按包装形式分类

(1)单一包装(Single Packaging):指直接将货物盛装在包装容器中,其最大净重不超过400 kg,最大容积不超过450 L的包装。如:钢桶、塑料桶等。

(2)复合包装(Composite Packaging):指由一个外包装和一个内包装容器组成的在结构上形成一个整体,其最大净重不超过400 kg,最大容积不超过250 L的包装。如:钢塑复合桶等。

(3)组合包装(Combination Packaging):指将一个或多个内包装装于一个外包装内,其最大净重不超过400 kg的包装。如:塑料罐装载于木箱中。

(4)大(宗)包装(Large Packaging):指适合于机械装卸,净重超过400 kg或容积超过450 L,但容积不大于3.0 m³的包装。

(5)中型散装容器(Intermediate Bulk Container,IBC):指刚性和柔性的可移动包装。其容积对于装载第7类物质和包装类Ⅱ和Ⅲ的固体和液体等不应大于3 000 L(3.0 m³),使用柔性、刚性塑料等装运包装类Ⅰ固体不应大于1 500 L(1.5 m³),使用金属等装运包装类Ⅰ固体的不应大于3 000 L(3.0 m³)。

(6)罐柜(Tank):指载货容量不小于450 L的可移动罐柜(包括罐式集装箱)、公路或铁路罐车等。

2.按封口形式分类

（1）牢固封口（Securely Closed）：对任何封口的最低要求，所装的干燥物质在正常操作中不致漏出的封口。

（2）有效封口（Effectively Closed）：不透液体封口。

（3）气密封口（Hermetically Sealed）：不透蒸气封口。

除非另有规定，否则盛装具有以下特性危险货物的包件应装设气密封口：

①产生易燃气体或蒸气；

②在干燥情况下可能有爆炸性；

③产生有毒气体或蒸气；

④产生腐蚀性气体或蒸气；

⑤可能与空气发生危险性反应。

3.按包装适用范围分类

（1）危险货物的通用包装

根据《国际危规》的规定，除第 1 类、第 2 类、第 4.1 类中的自反应物质、第 5.2 类、第 6.2 类和第 7 类危险货物以外，其他危险货物的包装均为通用包装，并根据包装能够承受危险货物的危险程度将包装分为三个等级，即：

包装类Ⅰ——能盛装高度、中度、低度危险性的货物；

包装类Ⅱ——能盛装中度、低度危险性的货物；

包装类Ⅲ——能盛装低度危险性的货物。

由于危险货物的特殊性，为了确保运输安全，避免所装货物在正常运输条件下受到损害，对危险货物的包装必须进行规定的性能试验，经试验合格并在包装表面标注统一的合格标志后方能使用。根据《国际危规》的规定，常用包装的性能试验项目包括跌落试验、渗漏试验、液压试验、堆码试验等，且对每一类型的包装试验品只需按规定做其中一项或几项试验以及试验的要求都做了明确的说明。例如，对拟装满载固体货物的铁桶包装进行的跌落试验，规定的试验标准是：Ⅰ类包装的跌落高度是 1.8 m，Ⅱ类包装的是 1.2 m，Ⅲ类包装的是 0.8 m。试验品若在规定的高度跌落于试验平台后，无影响运输安全的损坏，则视为合格。

经过试验合格的包装，都应在包装的明显部位标注清晰持久的包装试验合格标志。联合国规定的统一包装试验合格标志见图 7-1。

（a）　新包装标记举例　　　　　　　（b）　经修复的包装举例

图 7-1　包装试验合格标志

图 7-1 中：

4H——用阿拉伯数字和字母表示的包装代码。第一位表示包装的类型（如 4 表示箱装），第二位（如属复合包装则包括第三位）的大写拉丁字母表示包装的材料（如 H 表示塑料容器)。若是复合包装,则第二和第三位两位字母,依次表示复合包装的内包装和外包装的材料。若第三位(如复合包装则是第四位)有数字,则表示包装类型的特殊结构。

包装类型代码:1——桶;2——(保留);3——罐;4——箱;5——袋;6——复合包装。

包装材料代码:A——钢(各种类型和表面处理);B——铝;C——天然木材;D——胶合板;F——再生木;G——纤维板;H——塑料材料;L——纺织品;M——纸,多层的;N——金属(不包括钢和铝);P——玻璃、陶瓷和粗陶瓷。

另外,对于符合要求的救助包装,在包装代码后加字母"T"(用于放置为了回收或处理损坏、有缺陷、渗漏或不符合规定的危险货物包装件,或者溢出或漏出的危险货物的特别容器);对符合相关规定的特殊包装,在包装代码后加字母"V";对于等效包装,在包装代码后加字母"W"(编码相同、技术规格不同,可以认为等效的包装)。

Y136——Y 是包装等级的代码。Ⅰ、Ⅱ和Ⅲ类包装分别用代码 X、Y 和 Z 来表示。包装等级不允许升级,但允许降级使用,如 X 级包装,可降级适用于Ⅱ或Ⅲ类包装等级的货物。136 是指本包装允许最大毛重为 136 kg(固体)。如果是盛装液体物质的包装,此处用相对密度(四舍五入取第一位小数,若不超过 1.2,可免除此项)表示。

S——表示只适用于内装固体货物。

对盛装液体的包装用试验压力(精确到最近的 10 kPa)表示,如图 7-1(b)中的数字150 代表此包装的试验压力为 150 kPa。

98——表示 1998 年制造。

NL——按规定试验的批准国代号。NL 是荷兰的代号,CHN 是中国的代号。

VL826——制造厂或主管机关规定的识别记号。

对经修复的包装(指已经使用并将内容清净后更换部分附件的包装。如:桶更换垫圈),按修复包装的批准国和修复厂家标出上述后两项,并需标出修复包装的年份和"R";如经渗漏试验,还应标出"L"。

(2)危险货物的专用包装

第 1 类的部分爆炸品,因对防火、防振、防磁等有特殊要求,需要选用《国际危规》中的危险货物一览表中规定的或主管部门批准的包装材料、类型和规格的专用包装。除一览表中有特别规定的以外,第 1 类爆炸品中其余的物质和物品的包装均应满足上述通用包装的Ⅱ类包装要求。

适用于运输第 2 类气体的压力容器结构和密封性须能够在正常运输条件下防止由于振动及温度、湿度或压力的变化(如因纬度不同所致)而引起的任何内装物的渗漏。压力容器中直接与危险货物接触的部分,不得受到危险货物的影响或损坏,而且不得产生危险反应(如催化反应或与危险货物发生的反应)。

压力容器的阀门在设计和构造上须保证有效抵御损害,不致泄漏内装物,或能避免可导致内装物外泄的损害。

第 7 类危险货物的包装,不但要能防护内装货物,而且要能起到将辐射减弱到允许强度并促进散热等作用。这类货物的包装设计及试验必须符合国际原子能机构(IAEA)有关文件的专门规定。按货物的运输指数(TI)和表面任何一点最大辐射水平($MarRL$)确定包装分为三个等级：

Ⅰ类包装：$TI \approx 0$，且 $MarRL \leqslant 0.005$ mSv/h。

Ⅱ类包装：$0 < TI < 1$，且 0.005 mSv/h$< MarRL \leqslant 0.5$ mSv/h。

Ⅲ类包装：$TI \geqslant 1$，且 0.5 mSv/h$< MarRL \leqslant 10$ mSv/h；其中 $TI > 10$，且 $MarRL > 2$ mSv/h的货物应以全船载单一货物的方式运输。

其中Ⅰ类包装的图案标志呈白色，Ⅱ、Ⅲ类包装的图案标志均呈上黄下白色，并须注明其 TI 数值。

此外，第 3、4、5、8 等类中某些特殊危险货物也必须采用专用包装。应当注意的是，曾盛装过危险货物的空容器，除经清洗或处理外，均应保持其原危险货物标志，并将其视作所装过的危险货物来对待。

任务三　危险货物的标志

⊛ 任务目标

理解为何要在危险货物包装外边做标志，能够通过危险货物标志识别危险货物种类及其危险特性，以免危险货物运输中对人员或环境造成伤害或损害。

⊛ 任务(知识)储备

与危险货物包装本身的标注不同，危险货物的标志是对危险货物做出说明，由危险货物的标记、图案标志或标牌组成。

一、标记

标记是指按规定在危险货物包装外表面标注的简单文字或符号。除《国际危规》另有规定外，每个装有危险货物的包件都应标有危险货物的正确运输名称，以及冠以字母"UN"的相应的联合国编号。对于 1.4 类配装类 S 的货物，"分类"和"配装类"的字母也须标示出来，除非 1.4S 的标志已经显示。例如：腐蚀性液体，酸性，有机的，未另列明的(辛酰氯)，UN3265。

此外，在适用的情况下，还包括下列标记：

(1)1.4S 标记

对于 1.4 类配装类 S 的货物，如果没有"1.4S"图案标志，则应标注"1.4S"的标记。

(2)救助标记

救助包件和救助压力容器还应额外标有"SALVAGE"字样(字样高度至少 12 mm)。

(3)方向标记

满足条件的危险货物应在包件外相对的两个竖直面上标注如图 7-2 所示的指示箭

头。指示箭头应为两个黑色或红色的,底色为白色或与箭头对比鲜明的其他颜色;整个标记应为方形,大小与包件相称,可以自由选择是否在箭头四周画一个长方形的边缘线。

需要张贴该标记的危险货物包件有:组合包装的内包装盛有液态危险货物;装有通气孔的单一包装;拟装运冷冻液化气体的冷冻容器。

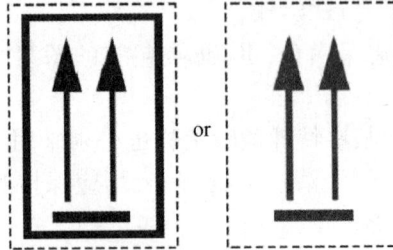

图 7-2　方向标记

(4)锂电池标记

装有锂电池或电池组的包件应张贴如图 7-3 所示的锂电池标记。该标记尺寸至少为 120 mm×110 mm,如果包件尺寸有特殊要求,标记尺寸可以减到不小于 105 mm×74 mm。

(＊联合国编号位置;＊＊电话号码额外信息位置)

图 7-3　锂电池标记

(5)海洋污染物标记

装有海洋污染物的包件,须耐久地张贴海洋污染物标记,如图 7-4 所示。标记尺寸至少为 100 mm×100 mm,形成菱形图形的线最小宽度须是 2 mm。由于包装的尺寸原因,标记尺寸和线宽可以适当降低,但是应能清晰地显示。

图 7-4　海洋污染物标记

(6)限量内危险货物标记

限量内危险货物的包件应张贴如图 7-5(a)所示标记。该标记应明显、清晰,能承受露天暴露而不明显降低效果。顶部、底部和边缘线为黑色,中间区域为白色或与背景形呈鲜明反差的适当颜色。最小尺寸为 100 mm×100 mm(限量内危险货物的组件最小尺寸为 250 mm×250 mm），四方形线的最小宽度为 2 mm。如果由于包件尺寸受限,标记尺寸可减小至 50 mm×50 mm,但须确保标记内容清晰可辨。满足《空运危险货物技术规则》要求的限量危险货物包件应张贴如图 7-5(b) 所示的标记。

限量内危险货物的包件和仅含限量内货物的运输组件不需要显示海洋污染物标记、正确运输名称和联合国编号,只需按要求张贴限量危险货物标记即可。

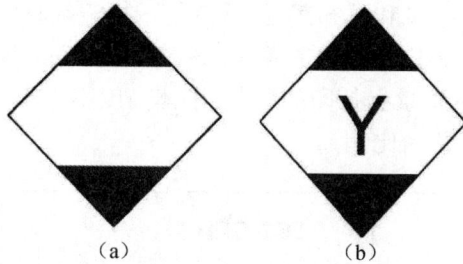

（a）　　　　　（b）

图 7-5　限量内危险货物标记

（7）可免除量标记

含有可免除量危险货物的包件须经久、清晰地张贴如图 7-6 所示的标记。包件内含有危险货物的主危险性须显示于标记中。如果有关发货人或收货人的名称未在其他处显示,则也应包括在标记之中。标记的规格至少为 100 mm×100 mm（盛装可免除量危险货物的货物运输组件不需要粘贴该标记）。

（＊位置显示类别或已指定的小类；＊＊位置显示发货人或收货人的名称）

图 7-6　可免除量标记

（8）加温物质标记

盛装第 9 类中高温物质的货物运输组件应在其每侧或每端粘贴如图 7-7 所示的加温物质标记。标记为等边三角形,线条颜色应为红色,边长最小尺寸为 250 mm。

图 7-7　加温物质标记

（9）熏蒸警示标记

对于需要熏蒸的货物运输组件,在熏蒸期间需要在打开或进入货物运输组件的人员易于看见的每个入口处粘贴如图 7-8 所示的熏蒸警示标记,直到熏蒸货物运输组件进行了清除有害熏蒸气体的通风和熏蒸货物或材料已被卸载。如果熏蒸货物运输组件在熏蒸后已彻底地进行自然通风或机械通风,须在熏蒸警示标记上标明通风日期。当熏蒸货物运输组件已经进行通风和被卸载后,熏蒸警示标记须移除。

该标记须为长方形,最小尺寸须是 400 mm 宽×300 mm 高,最小外边线宽度须是 2 mm。该标记须是在白色背景上打印的黑色,字体高度不少于 25 mm。如无尺寸要求,所有要素须呈如图所示的适当比例。

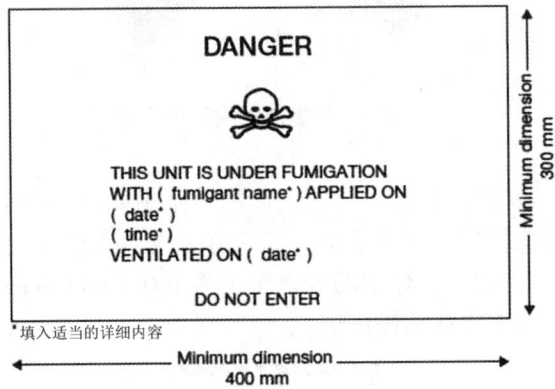

图 7-8　熏蒸警示标记

二、图案标志（标签）

图案标志是指以《国际危规》中规定的色彩、图案和符号绘制成的菱形标志,用以醒目明了地标示包装危险货物的性质。它是以危险货物分类为基础的,分为主危险标志和副危险标志。除非《国际危规》有特殊规定,危险货物一览表具体列出的物质或物品,应具有该表第 3 栏所示危害性的危险类别标志,并附加由第 4 栏类号或分类号所表示危险性的副危险标志。在某些情况下,第 6 栏的特殊要求会给出是否需要副危险标志。各类危险货物标志如图 7-9 所示。

三、标牌

标牌是指放大的图案标记（不小于 250 mm ×250 mm）,适用于如集装箱、货车、可移动罐柜等货物运输组件。

《国际危规》规定,危险货物所有标记均须满足经至少三个月的海水浸泡后,既不脱落又清晰可辨。

类别标志
1

海洋污染物标记

* *　属于危险类别的位置——如果属于副危险则留空
*　　属于配装类的位置——如果属于副危险则留空

类别标志
2

加温物质标记

类别标志
3

熏蒸警示标记

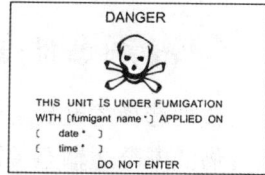

* 填入适当的详细内容

处于熏蒸状态下的运输组件

类别标志
4

方向标记

类别标志
5

可免除量标记

类别标志
6

限量内危险货物标记

类别标志
7

Ⅰ级放射性物质　　Ⅱ级放射性物质　　Ⅲ级放射性物质　　裂变性物质

锂电池标记

类别标志
8

类别标志
9

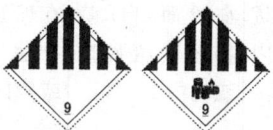

图 7-9　各类危险货物标志

任务四　危险货物的积载

⚓ 任务目标

熟悉《国际危规》对爆炸品及非爆炸品所做的积载类分类,及不同积载类危险货物在货船或客货船上允许的积载位置,掌握不同危险货物在船上积载的要求。

⚓ 任务(知识)储备

合理选择危险货物的装载位置,正确处理不相容危险货物之间的隔离,对于保证危险货物的安全运输至关重要。为此,《国际危规》在危险货物一览表的"积载与隔离"栏中列出了对每一种危险货物在积载与隔离方面的具体规定;同时,在《国际危规》第7部分——"运输作业的有关规定"中集中对海运危险货物配积载的一般原则以及各类危险货物配积载的共性问题做了详细规定,从而为危险货物的积载与隔离提供了指南。

一、第1类爆炸品的积载

1.积载类的划分

依据安全装运在不同种类的船上所需要的积载位置,将爆炸品(限量包装的第1.4S类除外)积载分为5个积载类,各积载类对不同船舶的积载位置要求如表7-2所示。各种危险物应按照危险货物一览表中要求的积载类进行积载。

表7-2　爆炸品积载类表

积载类 船舶种类	积载类01	积载类02	积载类03	积载类04	积载类05
货船	在舱面封闭货物运输组件内或舱内	在舱面封闭货物运输组件内或舱内	在舱面封闭货物运输组件内或舱内	在舱面封闭货物运输组件内或在舱内封闭式货物运输组件内	仅在舱面封闭货物运输组件内
客船	在舱面封闭货物运输组件内或舱内	在舱面封闭式货物运输组件内或满足7.1.4.4.6客船积载要求在舱内封闭式货物运输组件内	禁止装运(除非满足7.1.4.4.6客船积载要求)	禁止装运(除非满足7.1.4.4.6客船积载要求)	禁止装运(除非满足7.1.4.4.6客船积载要求)

表 7-2 中:

(1)货船:包括货船和载客数不超过 12 人的客船。

(2)客船:载客数超过 12 人的船舶。

(3)满足客船积载要求(7.1.4.4.6)的货物:

第 1.4 类 S 配装类爆炸品,可以在客船上运输,且不受数量限制。其他第 1 类爆炸品不得在客船上运输,除非:

①每船爆炸性物质总净重不超过 10 kg,且在舱面或舱内的以封闭货物运输组件运输的配装类 C、D、E 的和配装类 G 的物品。

②每船爆炸性物质总净重不超过 10 kg,且仅在舱面积载的以封闭货物运输组件运输的配装类 B 的物品。

2.配装类的划分

仅从安全角度考虑,第 1 类中的不同类别的货物,最好各自分舱积载,但在实际操作中非常困难。为兼顾安全和操作可行性等因素,在运输中将不同的第 1 类货物进行某种程度的混装是必要的。不同的爆炸品如果在一起能安全地积载或运输而不会明显增加事故率或在一定量的情况下不会明显提高事故后果等级,则认为其是相容的或可配装的。按照这一标准,《国际危规》将爆炸品分为 13 个配装类,分别用英文字母 A~L(I 除外)、N 和 S 来表示。不同类别的爆炸品与不同配装类的爆炸品根据《国际危规》第 2.1.2 节的规定进行配装,以避免发生严重的事故。

3.《国际危规》对爆炸品的积载要求

(1)应积载在船舶的阴凉处,应尽量合理可行地保持阴凉,积载应"远离"一切热源。

(2)货舱应清洁。没有其他货物(如谷物或煤)的粉尘,以减少着火危险。

(3)舱内积载时货舱应干燥,包装的货物受潮时,立即向托运人征求意见,得到指示前避免处理包件。

(4)正确系固,以免在航行中发生明显的移动。

(5)(1.4 类除外)积载时与船舷的水平距离应不少于 1/8 船宽,且不小于 2.4 m,取小者。

(6)不应积载在离明火、机械排放口、厨房的管路、易燃品的储藏间或其他潜在火源水平距离 6 m 以内。这些货物积载应确保通道畅通并远离船舶其他安全操作必需的设施,并须避开消防栓、蒸气管和通道,与公共通道区域、生活区和救生设备水平距离不少于 12 m。

(7)为了防止未经批准的人员进入,所有舱室和货物运输组件均应上锁或适当地关闭。上锁和关闭的方法应使得船员在出现紧急情况时能够顺利进入而没有延误。

二、第2~9类危险货物积载

1.积载类划分

《国际危规》将第2~9类危险货物分为 A、B、C、D、E 五个积载类,同样将船舶分为货船和客船两类。表7-3 给出了各积载类对不同船舶类型的积载位置要求。

表7-3　第2~9类危险货物积载方式

积载类 船舶种类	积载类 A	积载类 B	积载类 C	积载类 D	积载类 E
货船	舱面或舱内	舱面或舱内	只限舱面	只限舱面	舱面或舱内
客船	舱面或舱内	只限舱面	只限舱面	禁止装运	禁止装运

注:客船指载客限额超过25人或按船舶总长度每3 m超过1人(以数字较大者为准)的客船。

2.危险货物配积载的要求

(1)下列情况只可以在舱面积载:

①要求经常查看的物质;

②因特殊要求需接近查看的物质;

③具有形成爆炸性混合气体、产生剧毒蒸气或对腐蚀船舶而不易察觉的物质。

(2)易燃易爆危险货物应尽可能保持阴凉,远离一切热源(包括火源、蒸汽管道、加热盘管、舱壁的热辐射、烈日直射等)、电源及生活居住处所不少于3 m距离。

(3)遇水放出危险气体的货物应选配于水密和通风良好的干燥货舱,与易散发水分货物分舱配装。

(4)海洋污染物必须合理装载和系固,以将其对海洋环境的危害减至最低程度,使船舶和人员的安全不受损害。若允许在舱内或舱面积载,除非在露天甲板能提供等效的防护,否则最好应在舱内积载。若仅限舱面积载,须选择在有良好防护的甲板或露天甲板遮蔽区域内积载。

(5)对于易挥发的有毒物质、易挥发的腐蚀性物质、遇潮湿空气产生有毒或腐蚀性蒸气的物质、释放强烈麻醉性蒸气的物质、第2类易燃气体、感染性物质和放射性物质等危险货物,应远离生活居住处所。

(6)限量内危险货物和可免除量危险货物积载时均按积载类 A 的要求操作。

(7)第2类货物的积载要求

容器应衬垫以防止直接接触钢制甲板;容器垂向积载时,应成组积载并用坚实的木制箱或框围蔽、缚牢;舱面积载时,应防止容器受到光照及其他热辐射;舱内积载时,应选择有机械通风装置的货舱。

(8)第7类货物的积载要求

除按《国际危规》中危险货物一览表第16栏所列方式积载外,承运放射性物质的船舶一次装运量不得超过《国际危规》规定的数值,见表7-4。

表7-4　非专门使用情况下集装箱和运输工具的运输指数(*TI*)限值

集装箱或运输工具类型			在一个集装箱或同一运输工具上的运输指数总和的限值
小型货运集装箱			50
大型货运集装箱			50
车辆			50
海船	舱室或特定区域	包件、集合包件、小型货运集装箱	50
		大型货运集装箱(封闭集装箱)	200
	整船	包件、集合包件、小型货运集装箱	200
		大型货运集装箱(封闭集装箱)	无限值

注:小型货运集装箱是指任一外部总体尺寸小于 1.5 m 或内部容积不大于 3 m³ 的集装箱,其他任何货运集装箱均被认为是大型货运集装箱。

三、积载与操作代码

《国际危规》在危险货物一览表的 16a 栏"积载与操作"中采用代码的形式,标明了每种危险货物的积载类别、积载代码和操作代码,使其内容和形式更加简洁、清晰。

积载类代码 5 个,第 1 类爆炸品积载类代码以 01~05 表示,第 2~9 类危险货物以 A~E 表示。

积载代码 30 个,以"SW1 ~ SW30"表示,如"SW2"表示"远离生活居住处所","SW5"表示"若在舱内,在机械通风处积载","SW30"表示"适合特殊积载规定,见7.1.4.4.5"(此处的 7.1.4.4.5 表示《国际危规》章节、小节或段落所在的具体位置编码,据此编码可以快速定位到需要查看的内容)。

操作代码 5 个,以"H1 ~ H5"表示,如"H1"表示"在合理可行的条件下尽量保持干燥","H3"表示"运输过程中应积载(或保持)在阴凉通风的地方"。

任务五　危险货物的隔离

◎ 任务目标

熟悉《国际危规》对危险货物隔离要求的 4 个等级及具体含义,熟练使用危险货物隔离表对不同种类的危险货物进行隔离。

◎ 任务(知识)储备

为了保证货物的安全运输,对互不相容的货物应有效地隔离,最大限度地缩小危害范围,减少损失。

1.隔离等级

除第 1 类爆炸品之间的隔离要求另有规定外,《国际危规》将危险货物的隔离分为四个等级,见图 7-10。具体含义分述如下:

(1)隔离 1——远离(Away From):是指有效地隔离,从而使互不相容的物质在万一发生意外时不致相互起危险性反应。但只要在水平垂直投影距离不少于 3 m,仍可在同一舱室或货舱内或"舱面"上装载,见图 7-10(a)。

(2)隔离 2——隔离(Separated From):是指在"舱内"积载时,装于不同舱室或货舱内。如中间甲板是防火防液的,垂直隔离,即在不同的舱室积载,可以看成是同等效果的隔离。就"舱面"积载而言,这种隔离应不小于 6 m 的水平距离,见图 7-10(b)。

(3)隔离 3——用一整个舱室或货舱作垂向的或水平的隔离(Separated by a Completed Compartment or Hold From):如果中间甲板不是防火防液的,只能用一介于中间的整个舱室或货舱作纵向隔离。就"舱面"积载而言,这种隔离即不少于 12 m 的水平距离。如果一包件在"舱面"积载,而另一包件在最上层舱室积载,也要保持上述的同样距离,见图 7-10(c)。

(4)隔离 4——用一介于中间的整个舱室或货舱作纵向隔离(Separated by an Intervening Complete Compartment or Hold From):单独的垂向隔离不符合这一要求。在舱内积载的包件与在"舱面"积载的另一包件之间的距离包括纵向的一整个舱室在内必须保持不少于 24 m。就"舱面"积载而言,这种隔离应不少于 24 m 的纵向距离,见图 7-10(d)。

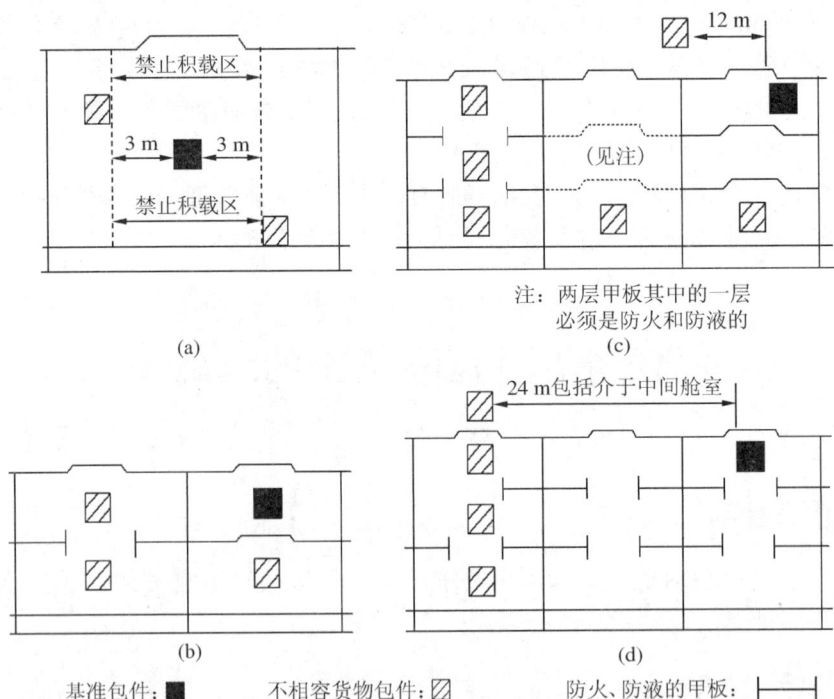

图 7-10 隔离等级图示

不同类别包装危险货物间的一般隔离要求见表 7-5。

表 7-5　包装危险货物隔离表

类别	1.1 1.2 1.5	1.3 1.6	1.4	2.1	2.2	2.3	3	4.1	4.2	4.3	5.1	5.2	6.1	6.2	7	8	9
1.1,1.2,1.5	*	*	*	4	2	2	4	4	4	4	4	4	2	4	2	4	×
1.3,1.6	*	*	*	4	2	2	4	3	3	4	4	4	2	4	2	4	×
1.4	*	*	*	2	1	1	2	2	2	2	2	2	×	4	2	2	×
2.1	4	4	2	×	×	×	2	1	2	×	2	2	×	4	2	1	×
2.2	2	2	1	×	×	×	1	×	1	×	×	×	×	2	1	×	×
2.3	2	2	1	×	×	×	2	×	2	×	×	×	×	2	1	×	×
3	4	4	2	2	1	2	×	×	2	1	2	2	×	3	2	×	×
4.1	4	3	2	1	×	×	×	×	1	×	1	2	×	3	2	1	×
4.2	4	3	2	2	1	2	2	1	×	×	2	2	1	3	2	1	×
4.3	4	4	2	×	×	×	1	×	×	×	2	2	×	2	2	1	×
5.1	4	4	2	2	×	2	2	1	2	2	×	2	1	3	1	2	×
5.2	4	4	2	2	×	2	2	2	2	2	2	×	1	3	2	2	×
6.1	2	2	×	×	×	×	×	×	1	×	1	1	×	1	×	×	×
6.2	4	4	4	4	2	2	3	3	3	2	3	3	1	×	3	3	×
7	2	2	2	2	1	1	2	2	2	2	1	2	×	3	×	2	×
8	4	2	2	1	×	×	×	1	1	1	2	2	×	3	2	×	×
9	×	×	×	×	×	×	×	×	×	×	×	×	×	×	×	×	×

表中:1——"远离";2——"隔离";3——"用一个整舱室或货舱作垂向的或水平的隔离";4——"用一介于中间的整个舱室或货舱作纵向隔离";×——应查阅危险货物一览表是否有特殊隔离规定;*——按第 1 类爆炸品之间的隔离要求配装。

由于每种危险货物的性质差别很大,因此查阅危险货物一览表中对隔离的具体要求比查阅一般要求更为重要。同时,在确定隔离要求时还应当以危险货物主、副(如果存在时)标志的隔离要求中较高者为准。表 7-5 仅是包装危险货物之间的隔离表,对包装危险货物与散装危险货物,散装危险货物之间和危险货物集装箱之间的隔离要求,参见相应的章节。

2.隔离类

就隔离而言,将具有某些相似化学性质的危险货物归并在一起而形成某一隔离类。如果在危险货物一览表中要求涉及某一类物质,例如"酸类",该特殊隔离要求适用于隔离类中的所有货物。应注意,并不是所有物质的名称都列入隔离类,在未列明的条目下运输的一些物质,虽未列入隔离类,但是发货人须决定是否包括在某一合适的隔离类中,并在相关运输单证中注明。

《国际危规》中划分了 18 个隔离类,在危险货物一览表 16b 栏中第一行予以标明,具体分类见表7-6。

表7-6　隔离类代码及说明

隔离类代码	隔离类	描述
SGG1	1	酸类
SGG2	2	铵化合物类
SGG3	3	溴酸盐类
SGG4	4	氯酸盐类
SGG5	5	亚氯酸盐类
SGG6	6	氰化物类
SGG7	7	重金属及其盐类(包括它们的有机金属化合物)
SGG8	8	次氯酸盐类
SGG9	9	铅及其化合物类
SGG10	10	液体卤代碳氢化合物类
SGG11	11	汞及其化合物类
SGG12	12	亚硝酸盐及其混合物类
SGG13	13	高氯酸盐类
SGG14	14	高锰酸盐类
SGG15	15	金属粉末类
SGG16	16	过氧化物类
SGG17	17	叠氮化合物类
SGG18	18	碱类

3.第1类爆炸品之间的隔离要求

本类货物除被细分为6个小类外,依据其相互间混合配装是否安全,又被分为13个配装类,用字母A~L(不包括I)、N和S表示,通常标于其分类及小类(项)号后(如1.4S)。《国际危规》对这类货物相互之间的隔离有明确的规定(见表7-7)。

表7-7　允许混合积载的第1类货物

配装类	A	B	C	D	E	F	G	H	J	K	L	N	S
A	×												
B		×											×
C			×	×[6]	×[6]		×[1]					×[4]	×
D			×[6]	×	×[6]		×[1]					×[4]	×
E			×[6]	×[6]	×		×[1]					×[4]	×
F						×							×
G			×[1]	×[1]	×[1]		×						×

续表

配装类	A	B	C	D	E	F	G	H	J	K	L	N	S
H								×					×
J									×				×
K										×			×
L											×[2]		
N			×	×	×						×[3]		×[5]
S		×	×	×	×	×	×	×	×	×	×[5]		×

注:

[1] 配装类 G 的爆炸性物品(除烟花外)只要同一舱室、货舱或封闭货物运输组件内没有爆炸性物质,可以与配装类 C、D 和 E 的爆炸性物品一起积载。

[2] 托运的配装类 L 的货物只能与同一类型的配装类 L 的货物一起积载。

[3] 第 1.6 类的不同种类、配装类 N 的物品,只有当被证实该物品之间没有共性爆炸的额外危险时,才可以在一起运输,否则须按第 1.1 类对待。

[4] 当配装类 N 物品与配装类 C、D 或 E 物品或物质一起运输时,配装类 N 物品须作为配装类 D 对待。

[5] 当配装类 N 的物品与配装类 S 的物品或物质一起运输时,整个装载须按配装类 N 的标准进行。

[6] 配装类 C、D 和 E 中任何物品的组合均须按配装类 E 对待,对于配装类 C、D 中的任何物质的组合,须根据组合装载中的主要特点,按最适合的配装类进行处理。

"×"表示可以在同一舱室、货舱或封闭货物运输组件中积载的相应配装类的货物。

4.危险货物与食品之间的隔离要求

1)按常规形式积载的具有第 2.3、6.1、6.2、7(UN2908、UN2909、UN2910 和 UN2911 除外)、8 类主副危险的危险货物须与以常规形式积载的食品"隔离"。如果食品或危险货物其中一个是在封闭货物组件中运输的,那么危险货物须与食品"远离"。如果食品和危险货物都是在不同的封闭货物运输组件中运输的,则不须进行隔离。

2)以常规形式积载的第 6.2 类危险货物须与以常规形式积载的食品"用一个整个舱室或货舱隔离"。如果食品或危险货物其中一个是在封闭货物组件中运输的,那么危险货物须与食品"隔离"。

3)货物运输组件内危险货物与食品的隔离,须满足如下要求:

具有第 2.3、6.1、6.2、7(UN2908、UN2909、UN2910 和 UN2911 除外)、8 类主副危险的危险货物须不能与食品在同一货物运输组件内运输。

但只要距离 3 m 以上,下述危险货物仍可以与食品一起运输:

(1)主、副危险为第 6.1 类包装类Ⅲ的危险货物;

(2)主、副危险为第 8 类包装类Ⅱ、Ⅲ的危险货物;

(3)危险货物一览表 16b 栏中备注有"参见 7.3.4.2.2"的危险货物。(7.3.4.2.2 即本小节"距离 3 m 以上则危险货物可以与食品在运输组件内一起运输"的规定。)

任务六　危险货物的运输管理

任务目标

熟悉危险货物在装船前、装货中、运输中及卸货时的各项准备事项及注意事项,保证危险货物运输任务的安全。

任务(知识)储备

危险货物的海上运输需要经历多个环节。严格遵守有关的法律法规,谨慎地处理好运输全过程中每一个环节,才能确保危险货物运输的安全;反之,运输中只要有一个环节稍有不慎,就可能酿成灾难性的事故,危及生命和财产安全,有时还会造成水域污染。

一、受载前准备

1.熟悉并配备有关法律法规

在从事危险货物运输时,首先要熟悉和掌握 IMO、本国政府、挂靠港国家及各级主管部门和船公司等有关危险货物运输现行有效的法律与法规,主要包括:适用于国际海上运输的《国际危规》;挂靠港国家或当地危险货物运输法规;以及我国政府和各级主管机关近年来陆续颁布的《海上交通安全法》《海洋环境保护法》《防止船舶污染海洋环境管理条例》《船舶装运危险货物监督管理规则》《集装箱装运包装危险货物监督管理规定》《船舶载运外贸危险货物申报规定》等法律法规。

2.获取并审查危险货物单证

1)危险货物单证所提供的信息

(1)基本信息。主要包括危险货物的正确运输名称(技术名称或学名);类别及分类(含配装类、副危险性等);联合国编号;包装类;包装类型和总量;等等。

(2)补充信息。如可燃易燃危险货物的闭杯闪点、正确运输名称中未说明的副危险性、危险货物是否同时是"海洋污染物"等。

(3)其他信息。如使用通用条目运输的爆炸品,包括"爆炸性物质,未列明的""爆炸性物品,未列明的""导爆索,未列明的"这些没有具体条目的,生产主管机关应使用适当的危险性分类和配装类的条目,而且在运输单证上注明"在……国主管机关批准条目的规定下装运";如果以温度等于或超过 100 ℃时仍为液态,或以温度等于或超过 240 ℃时仍为固态运输或交付运输的物质的正确运输名称不能表达加温条件,应在运输单证上的正确运输名称前加上"热"字。

2)应向托运人索要的主要的危险货物运输单证

(1)危险货物技术说明书

承运《国际危规》中按"未另列明"条目运输的危险货物以及新品危险货物时,船方必须向托运人索取经主管部门审核、批准的此类说明书。其内容包括品名、类别、理化性质、主要成分、包装类型、急救措施、撒漏处理、消防方法及其他运输注意事项等。

（2）包装检验证明书和包装适用证明书

包装检验证明书用于表明指定类型的包装已经取样进行了所列的包装试验，并获得相应的试验结果。包装适用证明书用于证明指定的包装适合于所列特定的危险货物装载。这两种证书都须经主管机关或其委托的权威机构的确认才能有效。

（3）放射性货物剂量检查证明书

托运放射性货物时必须附有经主管机关或其委托的权威机构确认的此类证书。其内容包括货名、物理状态、射线类型、运输指数、货包表面污染情况、包装等级、外包装破损时的最小安全距离等。

（4）限量危险货物证明书

盛装重量或容积不超过《国际危规》危险货物一览表中列明限量的小容器包装的危险货物，因其运输中危险性很小，可作为普通货物运输。限量危险货物需经主管机关批准获得此类证书，并且其货物包件外要求贴有正确的学名或"第……类限量内危险货物"的字样，但无贴图案标志的要求。

3.向主管机关提出装运申请

危险货物的承运人或其代理应向港口海事管理机构（我国为海事局）提出装运申请（我国为危险货物申报单），以获取危险货物准装单。

船舶载运危险货物进出我国港口，或者在我国港口过境停留，应当在进出我国港口之前24 h，直接或通过代理人向海事管理机构办理申报手续，经海事管理机构批准后，方可进出港口。国际航行船舶，还应当按照《国际航行船舶进出中华人民共和国口岸检查办法》规定的时间提前预报告。对于定船舶、定航线、定货种的船舶，可以办理定期申报手续，定期申报期限不超过30 天。

4.检查承运船舶的技术条件

各种危险货物对船舶技术条件有不同的要求。通常规定，除承运船舶持有有效的危险货物适装证书外，在承运危险货物，特别是承运《国际危规》第 1 类、2.1 类、3 类、4.1类、4.3 类和5.2 类危险货物前，必须事先向船检部门申请对船舶结构、装置及设备进行临时检验，取得相应的适装证书后，方可接受承运。

5.做好危险货物的积载与隔离

国际航行船舶应当按照《国际危规》、国内航行船舶应当按照《船舶载运危险货物安全监督管理规定》，对承载的危险货物进行正确分类和积载，保障危险货物在船上装载期间的安全，保证包装和积载符合规定。

6.做好其他准备

根据待装危险货物的性质，按《国际危规》中的 EmS 和 MFAG 的规定，备妥合适的消防器材和相应的急救药品；备妥衬垫材料和系固用具；保持烟雾报警和救生消防设备处于良好使用状态；保持装载货舱清洁、干燥、管系及污水沟（井）畅通、水密性能良好等。

二、装货过程

1.做好安全防护工作

(1)按港口规定悬挂或显示规定的信号,甲板上设立醒目的"严禁烟火"警告牌;严禁与作业无关的船舶傍靠船舷;应备妥相应的消防设备;夜间作业配备足够的照明设备;装卸爆炸品、有机过氧化物、一级毒品和放射性物品时,装卸机具应按额定负荷降低25%使用。

(2)船舶装卸易燃、易爆危险货物期间,要督促进入现场人员不得携带火种、穿带有铁钉的鞋或化纤工作服,不得在现场使用非防爆型照明、通风和机械设备,不得在甲板上进行能产生火花的检修或船体保养工作;禁止加油、加水;装卸爆炸品(第1.4S类除外)时,不得检修和使用雷达。

(3)遇有雷鸣、闪电、雨雪或附近发生火警时,应立即停止作业;遇危险货物撒漏、落水或其他事故时,应迅速上报,按要求采取妥善措施。

2.严格按配积载计划进行装货操作

(1)认真检查危险货物包装是否完好,标志是否清晰、正确;凡包装有破损、渗漏、严重变形、沾污等影响安全质量的应坚决拒装。

(2)按计划做好积载、隔离、衬垫等项工作。

(3)如需更改积载计划,须经本船船长或大副同意。

三、开航前

装货结束后,做好系固及全面检查工作。备齐危险货物单证,如危险货物舱单、危险货物实载图、危险货物安全积载证书(如申请过监装)等危险货物的单证,以备检查。

四、途中保管

载有危险货物的船舶,不论航行、锚泊或等待卸货期间,均要对危险货物进行有效的监管。应经常检查货物是否有移位、自热、泄漏及其他危险变化,定时测定货舱温度、湿度,合理进行通风,防止汗湿、舱温过高及舱内危险气体积聚。

如需进入可能引发中毒或窒息事故的货舱,甲板上必须专人看守,除非经过培训并戴有完备的自给式呼吸器等,否则进入前应对货舱进行彻底的通风并经检测以确认安全。载有易燃易爆危险货物的船舶,航行中应避开雷区,以免遭雷击。船舶的烟囱口应设置防火网罩。进入货舱人员不得携带火种、穿带有铁钉的鞋或化纤工作服,舱内所使用的照明、通风和机械设备必须具有防爆特性。船上所有易燃易爆气体可及区域,不得进行任何能产生火花的检修或船体保养工作。

五、卸货过程

卸货前,船方应向装卸、理货等有关方详细介绍危险货物的货位、状态、特性、卸货注意事项等。对可能存在危险气体的货舱进行彻底通风。

卸货完毕后,应及时整理货舱。谨慎处理危险货物的残留物和垫舱物料。危险货物的残留物或含有这类残留物的洗舱水必须按国家和港口的规定处理,不得随意排放或倾倒。

任务七　危险货物事故的应急

⊛ 任务目标

熟悉危险货物在装船前、装货中、运输中及卸货时的各项准备事项及注意事项,保证危险货物运输任务的安全。

⊛ 任务(知识)储备

1.船舶载运危险货物应急反应措施(EmS 指南)

该指南的目的是为涉及船上装运《国际危规》所列货物的火灾和溢漏事故应急提供建议,不包括散装货物和非危险货物等其他火灾和溢漏事故。在涉及危险货物的事故中,应根据本指南针对具体的危险货物、船型、危险货物包装的类型和数量、积载位置(舱面还是舱内)、是火灾还是溢漏事故等指导采取正确的行动。

该指南主要包括火灾应急和溢漏应急两大部分。使用时根据现有的联合国编号,查阅"EmS 指南——索引",确定 EmS 火灾的应急表号和 EmS 溢漏的应急表号,然后按表号阅读具体的应急反应措施。火灾应急表号以 F 打头共 10 个,以英文字母F-A~F-J表示;溢漏应急表号以 S 打头共 26 个,以字母 S-A~S-Z 表示。如危险货物"三溴化磷"的联合国编号为1808,据此查索引可得其火灾的应急表号是 F-A,溢漏的应急表号是S-B,具体内容分别如表7-8 和表7-9 所示。

表 7-8　F-A 火灾应急措施总体建议

总体建议		在火灾中,暴露的货物可能爆炸或其他包装可能破裂。 尽可能在远处有防护位置上灭火
舱面货物着火	包件	尽可能用多个水龙喷雾
	货物运输组件	
舱内货物着火		停止通风并关闭舱盖。 使用货物处所固定的灭火系统。如不可能,则用大量的水喷雾
货物暴露在火中		如可行,清除或抛弃可能着火的包件,否则用水冷却
特殊情况: UN1381,UN2447		扑灭火后应立即按溢漏处理(见相关的溢漏应急措施表)

表 7-9　S-B 溢漏应急措施总体建议

总体建议	穿戴合适的防护服和自给式呼吸器。 即便穿戴防护服也应避免接触。 清除污水和蒸气。短时间吸入少量气体也可造成呼吸困难。 用水洒在溢漏物上会激烈反应并产生有毒气体。 该物质对船舶结构造成损害。 污染的衣服用水清洗后清除	
舱面溢漏	包件（少量溢漏）	用大量的水冲洗至船外,不得直接向溢漏物喷水。清除污水。彻底清洁污染区域
	货物运输组件（大量溢漏）	保持驾驶台和居住区处于上风处。用水喷雾驱除蒸气。保护居住区和船员免受腐蚀或毒气伤害。 用大量的水冲洗至船外,不得直接向溢漏物喷水。清除污水。彻底清洁污染区域
舱内溢漏	包件（少量溢漏）	充分通风。不配戴自给式呼吸器不得进入。进入前应测试空间气体(有毒和爆炸危险)。如果不能测试,不得进入,让其自然散去,保持清洁。 液体:保持良好通风,使用大量的水彻底冲洗,并泵出船外。 固体:收集溢漏物,处理下船,将残留物冲洗至舱底。使用大量的水,泵出船外
	货物运输组件（大量溢漏）	保持驾驶台和居住区处于上风处。用水喷洒驱赶蒸气以保护船员和居住区免受有毒和腐蚀性蒸气的损害。 不得进入舱室。保持清洁。无线电咨询专家,待危险评估后按专家意见采取措施。 充分通风。不配戴自给式呼吸器不得进入。进入前应测试空间气体(有毒和爆炸危险)。如果不能测试,不得进入,让其自然散去,保持清洁。通风系统工作时尤其注意防止毒气或易燃气体进入居住区、机房和工作区。 液体:保持良好通风,使用大量的水彻底冲洗,并泵出船外。 固体:收集溢漏物,处理下船,将残留物冲洗至舱底。使用大量的水,泵出船外
特殊情况 海洋污染物标记 UN2802,UN2809,UN3506	根据 MARPOL 公约报告要求报告事故。 不与水反应;对防护服腐蚀不严重。如可行收集溢漏物,尽量避免处理下船。用无线电咨询专家建议	

2.危险货物事故医疗急救指南

危险货物事故医疗急救指南(Medical First aid Guide, MFAG)是由 IMO/WHO/ILO 联合编写的。该指南针对《国际危规》和《国际海运固体散货规则》中的货物,利用船上有限的救治设备和手段,对由货物造成的人员中毒提供初步的抢救和诊断建议。

从结构上看,指南的三部分内容形成"三步法"。第一步:紧急抢救——诊断。第二步:通过"表"的简要指导处置治疗。第三步:通过"附录"的详细指导进行治疗。

任务八　危险货物运输规则

🔅 任务目标

了解 IMO 制定《国际危规》的目的及适用范围,熟悉《国际危规》各分册的内容及结构体系,能够通过危险货物运输名称或联合国编号查取某一危险货物的主危险、副危险、危险程度、积载与隔离等各项相关规定及要求。熟悉《船舶载运危险货物安全监督管理规定》对包装危险货物安全运输的相关规定。

🔅 任务(知识)储备

一、《国际危规》

1.《国际危规》简介

《国际危规》是依据并为实施 SOLAS 1974、《危险货物运输建议书》(即橙皮书)和 MARPOL 73/78 制定的。它适用于任何总吨、任何船型的包装危险货物国际航线运输,不适用于散装固体和液体危险货物、船用物料及其设备运输。

《国际危规》共有 3 册。第 1 册包括:总则、定义和训练;分类;包装和罐柜规定;托运程序;包装、中型散装容器(IBCs)、大宗包装、可移动罐柜和公路罐车的构造和试验规定;运输作业的有关规定。第 2 册包括:危险货物一览表(DGL)、特殊规定和限量免除;附录 A——类属的和未另列明条目的正确运输名称清单;附录 B——术语汇编;索引。第 3 册是补充本,包括船舶载运危险货物应急反应措施(EmS 指南);危险货物事故医疗急救指南(MFAG);报告程序;船舶熏舱应用、船舶安全使用杀虫剂建议;国际船舶安全运输包装辐射核燃料、钚和高度放射性废弃物规则(INF 规则);附录——有关《国际危规》及补充本的决议和通函。

《国际危规》采用概括描述和品种罗列并举的方法,来鉴别危险货物和非危险货物。在危险货物一览表中列出了四种条目:

物质或物品的单一条目,如丙酮(UN1090);

物质或物品的通用条目,如香水(UN1133);

未另列明的特定条目,如醇类,未另列明(UN1987);

未另列明的通用条目,如易燃液体,有机的,未另列明(UN1325)。

规则在每一大类品名中,都设有多项"未另列明(Not Otherwise Specified,N.O.S)"条目,它适用于不另具体列出名称的同一特定种类的货物。这样,《国际危规》实际上将所有的危险货物都已包括在内。船方在承运具有危险特性但危规总索引表中未列品名的货物时,必须要求托运人提供《危险货物技术说明书》,以确定该货物分属哪一类"未另列明(N.O.S)"条目,以便于采取相应的防护措施。

危险货物一览表中的各危险货物条目,按联合国编号(UN No.)顺序由小到大排列。联合国编号是指由联合国危险货物运输专家委员会制定的《危险货物运输建议书》(简称联合国"橙皮书")中对每一种常运危险物质所用的以四位阿拉伯数字表示的编号,并在各种运输方式中被公认。

2.《国际危规》的使用

《国际危规》的基本使用方法是:首先应熟悉第1册的总则、分类、托运程序、包装规定及运输作业的有关规定,然后由第2册的索引查取特定危险货物的 UN No.,并由此进一步查阅"危险货物一览表、特殊规定和限量免除"中的特定条目(见表7-10),条目内列有许多代码或编号,由代码或条目再查阅有关章节或附录,以获得该种危险货物的详细说明或资料。

根据是否已知拟载运危险货物的 UN No.,《国际危规》的查阅方法有两种:

(1)已知联合国编号

可直接按货物的 UN No.查第3部分"危险货物一览表、特殊规定和限量免除"。

(2)未知联合国编号

以货物的正确运输名称 PSN(英文,按英文字母顺序;中文,按汉语拼音字母顺序)查《国际危规》第2册"危险货物英文(中文)名称索引",以获取其联合国编号 UN No.类别及是否为海洋污染物等信息。再根据查得的 UN No. 查第3部分"危险货物一览表、特殊规定和限量免除"。

目前,《国际危规》每两年(偶数年)更新一次,新版危规在奇数年(即通过后第一年)自愿实施,在偶数年(即通过后第二年)起强制实施。由于各缔约国可能选择不同的实施方式,所以在奇数年不同的国家可能根据新、旧版危规对同一货物采取不同的管理方式。因此,在奇数年要特别注意新版危规的新规定,并掌握相关港口国实施危规的情况,使货物的运输条件满足港口国主管机关的要求,从而保障危险货物的安全运输。

危险货物一览表被分为如下18个栏目(实际为20栏),见表7-10。

(1)第1栏"UN No."

本栏目包含由联合国危险货物运输专家分委会对每一危险货物指定的联合国编号,由4位阿拉伯数字表示,不连续,不代表危险货物危险性的大小。

(2)第2栏"正确运输名称"

本栏目是在危险货物一览表中最准确说明货物条目的那一部分。

(3)第3栏"类别"

本栏目是相应危险货物的类别号,对于第1类爆炸品,也包括对该物质或物品指定的配装类。

表7-10 《国际危规》危险货物一览表（部分）

UN No. (1) 3.1.2	正确运输名称 (2) 3.1.2	类别 (3) 2.0	副危险 (4) 2.0	包装类 (5) 2.0.1.3	特殊规定 (6) 3.3	限量 (7a) 3.4	可免除量 (7b) 3.5	包装 导则 (8) 4.1.4	包装 规定 (9) 4.1.4	中型散装容器 导则 (10) 4.1.4	中型散装容器 规定 (11) 4.1.4	可移动罐柜和散装容器 (12)	罐柜导则 (13) 4.2.5 4.3	罐柜特殊规定 (14) 4.2.5	EmS (15) 5.4.3.2 7.8	积载与操作 (16a) 7.1 7.3~7.7	隔离 (16b) 7.2~7.7	特性与注意事项 (17)	UN No. (18)
1230	甲醇	3	6.1	II	279	1 L	E2	P001	—	IBC02	—	—	T7	TP2	F-E S-D	积载类B SW2	—	无色，挥发性液体。闪点12℃c.c.。爆炸极限：6%～36.5%。与水混溶，吞咽会中毒，引起失明。避免皮肤接触	1230
1483	过氧化物，无机的，未另列明的	5.1	—	III	223	5 kg	E1	P002 LP02	PP100 L3	IBC08	B4	—	T1	TP33	F-G S-Q	积载类C H1	SGG16 SG16 SG26 SG35 SG59	特别是如以少量的水浸湿，则与可燃物组成的混合物会在碰撞和摩擦下着火。遇火或与水或酸类接触时，会分解释放氧气	1483
3341	二氧化硫脲	4.2	—	II	—	0	E2	P002	PP31	IBC06	B21	—	T3	TP33	F-A S-J	积载类D	—	白色至淡黄色结晶粉末。几乎无味。强还原剂，100℃以上时强烈放热分解，释放大量氧化硫、氨、一氧化碳和硫化氢、二氧化碳、一氧化氮气体。50℃以反潮湿的情况下明显分解。粉尘刺激皮肤、眼睛和黏膜	3341

（4）第 4 栏"副危险"

本栏目是相应危险货物副危险性的类别号，以及是否将危险货物认定为海洋污染物。P——海洋污染物，基于以前标准并已判定的已知海洋污染物清单，该清单并非详尽无遗；无符号 P 或—不代表可以免除海洋污染物。

（5）第 5 栏"包装类"

本栏目包括指定物质或物品的包装类号（Ⅰ、Ⅱ、Ⅲ）。如果某一条目含有一种以上的包装类，该物质或配制品在运输时需应用第 2 部分危险程度分类标准根据其特性确定包装类。

（6）第 6 栏"特殊规定"

本栏目包含的编号系指在《国际危规》第 2 册第 3.3 章中列出的该物质或物品与运输有关的一些特殊规定。特殊规定如果没有用词给出另外的含义，则适用于该物质或物品所允许的所有的包装类。只适用于海运方式的特殊规定编号从 900 开始。

（7）第 7a 栏"限量"

本栏目提供的是按照《国际危规》第 3.4 章限量所涉及危险物质或物品每一内包装认可的最大量。

（8）第 7b 栏"可免除量"

本栏目提供了《国际危规》第 3.5.1.2 小节所述的字母数字代码，标明按照《国际危规》3.5 章作为免除数量运输的危险货物每个内包装和外包装的最大量。

（9）第 8 栏"包装导则"

本栏目包含的字母数字代码系指《国际危规》第 4.1.4 章有关的包装导则。包装导则指出了运输物质或物品可能使用的包装（包括大宗包装）。

"P"代码系指《国际危规》第 6.1.6.2 小节或 6.3 章中描述的使用包装的包装导则。

"LP"代码系指《国际危规》第 6.6 章描述的使用大宗包装的包装导则。

含有"P"代码，但没有"LP"则意味着该物质不允许使用这类包件。

（10）第 9 栏"包装规定"

本栏目所包含的字母数字代码系指《国际危规》第 4.1.4 章有关的特殊包装规定。

"PP"系指适用于《国际危规》4.1.4.1 中有关"P"代码使用包装的特殊包装规定。

"L"系指适用于《国际危规》4.1.4.3 中有关"LP"代码使用包装的特殊包装规定。

（11）第 10 栏"IBC 包装导则"

本栏目中包含字母数字编码系指运输物质所使用的中型散装容器的相关说明。

（12）第 11 栏"IBC 规定"

本栏目包含字母数字代码，其中字母"B"系指适用于《国际危规》4.1.4.2 带有"IBC"代码所使用的包装的特殊规定。

（13）第 12 栏（保留）

（14）第 13 栏"罐柜导则"

本栏目含有的"T"代码适用于以可移动罐柜和公路罐车运输危险货物。

（15）第 14 栏"罐柜特殊规定"

本栏目包含的"TP"代码注释适用于以可移动罐柜和公路罐车运输的危险货物。

本栏目"TP"列明注释适用于第 13 栏列明的可移动罐柜。

（16）第 15 栏"EmS"

本栏目系指《船舶载运危险货物应急反应措施》（EmS 指南）中火灾和溢漏的应急表号。本栏目的规定不是强制性的。

（17）第 16a 栏"积载与操作"

本栏目中包含积载与操作的代码。

（18）第 16b 栏"隔离"

本栏目包含危险货物隔离代码。

（19）第 17 栏"特性与注意事项"

本栏目包含危险货物的特性与注意事项,本栏目的规定不是强制性的。

（20）第 18 栏"UN No."

本栏目是联合国编号,同第 1 栏。

二、《船舶载运危险货物安全监督管理规定》

为了加强船舶载运危险货物监督管理,保障水上人命、财产安全,防止船舶污染环境,依据《中华人民共和国海上交通安全法》《中华人民共和国港口法》《中华人民共和国危险化学品安全管理条例》等法律、行政法规,交通运输部制定了《船舶载运危险货物安全监督管理规定》（以下简称《规定》）,自 2018 年 9 月 15 日起施行。

1.《规定》简介

该规定共八章、五十二条,包括:第一章总则、第二章船舶和人员管理,第三章包装和集装箱管理、第四章申报和报告管理、第五章作业安全管理、第六章监督管理,第七章法律责任和第八章附则。适用于船舶在中华人民共和国管辖水域载运危险货物的活动,安全监督管理工作由国家海事管理机构负责。

2.危险货物定义

《规定》中对船舶载运的危险货物做了明确定义,具体包括:

（1）《国际海运危险货物规则》（IMDG 规则）第 3 部分危险货物一览表中列明的包装危险货物,以及未列明但经评估具有安全危险的其他包装货物;

（2）《国际海运固体散装货物规则》（IMSBC 规则）附录 1 中 B 组固体散装货物或同时列入 A 组和 B 组的固体散货,以及经评估具有化学危险的其他固体散装货物;

（3）《国际防止船舶造成污染公约》（MARPOL 公约）附则 Ⅰ 附录 1 中列明的散装油类;

（4）《国际散装运输危险化学品船舶构造和设备规则》（IBC 规则）第 17 章中列明的散装液体化学品,以及未列明但经评估具有安全危险的其他散装液体化学品;

（5）《国际散装运输液化气体船舶构造和设备规则》（IGC 规则）第 19 章列明的散装液化气体,以及未列明但经评估具有安全危险的其他散装液化气体;

（6）我国加入或者缔结的国际条约、国家标准规定的其他危险货物;

（7）《危险化学品目录》中所列物质,不属于前款规定的危险货物的,应当按照《中华人民共和国危险化学品安全管理条例》的有关规定执行。

3.与安全装运包装危险货物相关的规定

（1）从事危险货物运输的船舶所有人、经营人或者管理人，应当按照交通运输部有关船舶安全营运和防污染管理体系的要求建立和实施相应的体系或者制度。从事危险货物运输的船舶经营人或者管理人，应当配备专职安全管理人员。

（2）载运危险货物的船舶，其船体、构造、设备、性能和布置等方面应当符合国家船舶检验的法规、技术规范的规定；载运危险货物的国际航行船舶还应当符合有关国际公约的规定，具备相应的适航、适装条件。

（3）禁止托运人在普通货物中夹带危险货物，或者将危险货物谎报、匿报为普通货物托运。

（4）取得相应资质的客货船或者滚装客船载运危险货物时，不得载运旅客，但按照相关规定随车押运人员和滚装车辆的司机除外。其他客船禁止载运危险货物。

（5）船舶载运危险货物应当符合有关危险货物积载、隔离和运输的安全技术规范，并符合相应的适装证书或者证明文件的要求。船舶不得受载、承运不符合包装、积载和隔离安全技术规范的危险货物。

（6）船舶载运包装危险货物，应当符合《国际海运危险货物规则》的要求。

（7）拟交付船舶载运的危险货物包装，其性能应当符合相关法规、技术规范以及国际公约的规定，并依法取得相应的检验合格证明。

（8）载运危险货物的船用集装箱、船用可移动罐柜等货物运输组件和船用刚性中型散装容器，应当经国家海事管理机构认可的船舶检验机构检验合格，方可用于船舶运输。

（9）拟交付船舶载运的危险货物包件、中型散装容器、大宗包装、货物运输组件，应当按照规定显示所装危险货物特性的标志、标记和标牌。

（10）拟载运危险货物的船用集装箱应当无损坏，箱内应当清洁、干燥、无污损，满足所装载货物要求。处于熏蒸状态下的船用集装箱等货物运输组件，应当符合相关积载要求，并显示熏蒸警示标牌。

（11）装入船用集装箱的危险货物及其包装应当保持完好，无破损、撒漏或者渗漏，并按照规定进行衬垫和加固，其积载、隔离应当符合相关安全要求。性质不相容的危险货物不得同箱装运。

（12）集装箱装箱现场检查员应当对船舶载运危险货物集装箱的装箱活动进行现场检查，在装箱完毕后，对符合《海运危险货物集装箱装箱安全技术要求》的签署《集装箱装箱证明书》。

（13）曾载运过危险货物的空包装或者空容器，未经清洁或者采取其他措施消除危险性的，应当视作盛装危险货物的包装或者容器。

（14）船舶载运危险货物进出港口，应当在进出港口 24 h 前（航程不足 24 h 的，在驶离上一港口前），向海事管理机构办理船舶载运危险货物申报手续，提交申请书和交通运输部有关规章要求的证明材料，经海事管理机构批准后，方可进出港口。

（15）拟交付船舶载运的危险货物托运人应当在交付载运前向承运人说明所托运的危险货物种类、数量、危险特性以及发生危险情况的应急处置措施，提交以下货物信息，

并报告海事管理机构:

①危险货物安全适运申报书;

②危险货物安全技术说明书;

③按照规定需要进出口国家有关部门同意后方可载运的,应当提交有效的批准文件;

④危险货物中添加抑制剂或者稳定剂的,应当提交抑制剂或者稳定剂添加证明书;

⑤载运危险性质不明的货物,应当提交具有相应资质的评估机构出具的危险货物运输条件鉴定材料;

⑥包装、货物运输组件、船用刚性中型散装容器的检验合格证明;

⑦使用船用集装箱载运危险货物的,应当提交集装箱装箱证明;

⑧载运放射性危险货物的,应当提交放射性剂量证明;

⑨载运限量或者可免除量危险货物的,应当提交限量或者可免除量危险货物证明。

承运人应当对上述货物信息进行审核,对不符合船舶适装要求的,不得受载、承运。

(16)载运危险货物的船舶在装货前,应当检查货物的运输资料和适运状况。有违反本规定情形的不得装运。

(17)海事管理机构发现船舶载运危险货物有下列情形之一的,应当责令立即消除或者限期消除隐患;有关单位和个人不立即消除或者逾期不消除的,海事管理机构可以依据法律、行政法规的规定,采取禁止其进港、离港,或者责令其停航、改航、停止作业等措施。

①经核实申报或者报告内容与实际情况不符的;

②擅自在不具备作业条件的码头、泊位或者非指定水域装卸危险货物的;

③船舶或者其设备不符合安全、防污染要求的;

④危险货物的积载和隔离不符合规定的;

⑤船舶的安全、防污染措施和应急计划不符合规定的。

项目 八

普通杂货运输

⚓ 项目描述

杂货(General Cargo)是品种繁杂、性质各异、包装形式不一、批量较小的货物的统称,如桶装松香、裸装钢管、散装生铁块、大型化工装置、原木、货运卡车等。目前杂货中不适用于集装箱装载的货种多由杂货船或多用途船承运。由于杂货船装载货票多,挂靠港口多,装卸货物频繁,所装货物种类、性质、包装等差异较大,因此对杂货船配积载的要求比其他类型船舶复杂,运输途中对货物管理的要求也较高。

⚓ 教学目标

1.知识目标

(1)掌握杂货的分类及配积载的相关知识;

(2)掌握杂货船配载的基本原则;

(3)掌握杂货的堆码、衬垫和隔票的相关知识。

2.能力目标

(1)能够进行杂货船的配积载工作并绘制配积载图;

(2)能够进行货物装船前的备舱及准备工作;

(3)能够做好运输途中货物的管理工作。

3.素质目标

(1)培养学生良好的职业道德,遵守航运行业规范的工作意识、行为意识和安全意识。

(2)培养学生具有分析问题、解决问题的能力。

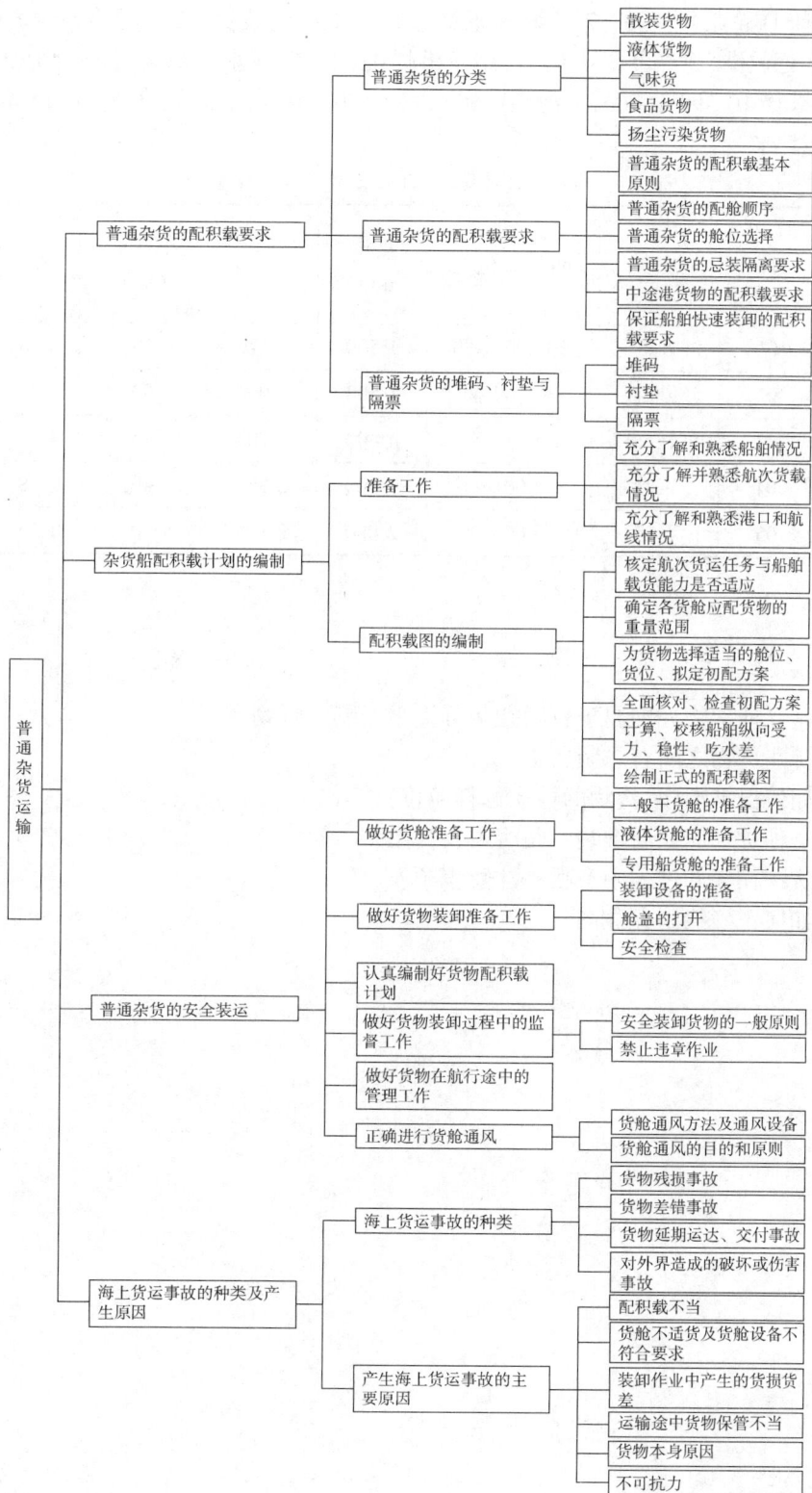

🔱 思维导图

```
                                                              ┌─ 散装货物
                                                              ├─ 液体货物
                                        ┌─ 普通杂货的分类 ──────┼─ 气味货
                                        │                     ├─ 食品货物
                                        │                     └─ 扬尘污染货物
                                        │
                                        │                     ┌─ 普通杂货的配积载基本原则
                                        │                     ├─ 普通杂货的配舱顺序
            ┌─ 普通杂货的配积载要求 ──────┼─ 普通杂货的配积载要求 ┼─ 普通杂货的舱位选择
            │                           │                     ├─ 普通杂货的忌装隔离要求
            │                           │                     ├─ 中途港货物的配积载要求
            │                           │                     └─ 保证船舶快速装卸的配积载要求
            │                           │
            │                           │                     ┌─ 堆码
            │                           └─ 普通杂货的堆码、衬垫 ┼─ 衬垫
            │                              与隔票               └─ 隔票
            │
            │                           ┌─ 准备工作 ──────────┬─ 充分了解和熟悉船舶情况
            │                           │                    ├─ 充分了解并熟悉航次货载情况
            │                           │                    └─ 充分了解和熟悉港口和航线情况
            │                           │
            ├─ 杂货船配积载计划的编制 ────┤                    ┌─ 核定航次货运任务与船舶载货能力是否适应
            │                           │                    ├─ 确定各货舱应配货物的重量范围
            │                           │                    ├─ 为货物选择适当的舱位、货位、拟定初配方案
            │                           └─ 配积载图的编制 ─────┼─ 全面核对、检查初配方案
  普通                                                        ├─ 计算、校核船舶纵向受力、稳性、吃水差
  杂货 ──────┤                                                └─ 绘制正式的配积载图
  运输
            │                           ┌─ 做好货舱准备工作 ───┬─ 一般干货舱的准备工作
            │                           │                    ├─ 液体货舱的准备工作
            │                           │                    └─ 专用船货舱的准备工作
            │                           │
            │                           │                    ┌─ 装卸设备的准备
            │                           ├─ 做好货物装卸准备工作 ┼─ 舱盖的打开
            │                           │                    └─ 安全检查
            │                           │
            ├─ 普通杂货的安全装运 ───────┼─ 认真编制好货物配积载计划
            │                           │
            │                           ├─ 做好货物装卸过程中的监督工作 ─┬─ 安全装卸货物的一般原则
            │                           │                             └─ 禁止违章作业
            │                           │
            │                           ├─ 做好货物在航行途中的管理工作
            │                           │
            │                           └─ 正确进行货舱通风 ──┬─ 货舱通风方法及通风设备
            │                                                └─ 货舱通风的目的和原则
            │
            │                           ┌─ 海上货运事故的种类 ─┬─ 货物残损事故
            │                           │                    ├─ 货物差错事故
            │                           │                    ├─ 货物延期送达、交付事故
            │                           │                    └─ 对外界造成的破坏或伤害事故
            │                           │
            └─ 海上货运事故的种类及产生原因 ┤                    ┌─ 配积载不当
                                        │                    ├─ 货舱不适货及货舱设备不符合要求
                                        └─ 产生海上货运事故的主要原因 ┼─ 装卸作业中产生的货损货差
                                                             ├─ 运输途中货物保管不当
                                                             ├─ 货物本身原因
                                                             └─ 不可抗力
```

⚓ 任务引入

杂货船 Q 轮某年 4 月 17 日第 × 航次计划于上海港装货,货物清单如表 8-0 所示。开往汉堡、伦敦港,途经苏伊士运河,始发港燃油、滑油、淡水等航行储备全部加满。已知上海至汉堡 10 399 n mile,上海至苏伊士港 7 186 n mile,上海至伦敦 10 715 n mile,请完成配载计划。

表 8-0 货物清单

目的港	关单号码 S/O	货名	件数及包装	重量 (t)	体积 (m³)	单件重 (kg)	SF	备注
汉堡	01	五金	30 000 木箱	1 500	1 170	50	0.78	
	02	纤维板	30 000 捆	1 500	3 060	50	2.04	异味
伦敦	03	白云砂	176 000 袋	4 400	6 204	25	1.41	
	04	茶叶	25 000 木箱	1 000	2 880	40	2.88	吸味
	05	石蜡	26 000 箱	2 080	2 808	80	1.35	怕热

🔍 请思考:

(1)这五种货物分别属于普通杂货分类中的哪类货物?

(2)哪些货物之间有忌装要求?

(3)如何根据港序、货物的性质选择舱位?

(4)每种货物应如何堆装?是否需要衬垫?

(5)货物在装卸过程中有哪些注意事项?

(6)如何正确绘制配载图?

任务一　普通杂货的配积载要求

⚓ 任务目标

杂货船装载货物种类多样,性质各异,为保证货运质量,应熟知杂货船舱室的选配要求,掌握舱内货位的选择原则,正确处理忌装与隔离的相关问题,合理进行杂货的堆码、衬垫、系固和隔票。

⚓ 任务(知识)储备

按货物的性质和装运要求,杂货可分为普通杂货和特殊杂货两大类。普通杂货是指对运输保管中无特殊要求的货物,如五金工具、大理石、清洁用具等,本任务着重讲述由杂货船或多用途船装运的普通杂货,不包括装入集装箱中或拖车中的此类货物。

一、普通杂货的分类

为了便于普通杂货的配积载,处理好货物与货物、货物与船舶运输保管条件之间的矛盾,从而保证货物的运输质量,对普通杂货进行适当的分类是很有必要的。

根据普通杂货的性质以及对运输保管条件的要求,通常普通杂货可分为以下几类:

1.散装货物

散装货物(Bulk Cargo)是指在普通杂货船上非整船装运的不加包装且不计件的块、粒、粉状的干散货,如各种矿石、谷物、饲料等。

2.液体货物

液体货物(Liquid Cargo)是指在杂货船深舱中装运的散装液体货,以及用金属桶、塑料桶、木桶等装运的液体货,如石油产品、化工产品、动物油、植物油、酒精、蜂蜜等。

3.气味货

气味货(Smelly Cargo)是指能散发异味的货物,如生皮、猪鬃、烟叶、鱼粉、骨粉、化肥、农药等。含有樟脑的丝绸、皮革,以及某些化妆品、调味料等也可归入气味货一类。

4.食品货物

食品货物(Food Stuff)是指供人们食用的货物,如罐头、奶粉、果仁、茶叶、糖果以及各种袋装谷物等。

5.扬尘污染货物

扬尘污染货物(Dusty and Dirty Cargo)是指易扬尘并使其他货物污染的货物,如水泥,炭黑,石墨,轻、重烧镁以及各种矿石和矿粉等。

6.清洁货物

清洁货物(Clean Cargo)是指在运输过程中不能混入杂质或被污染的货物,如纸浆、新闻纸、滑石粉、白厂丝、工艺品,以及镁砂、钨砂等金属矿粉。有部分非金属矿,如矾土、瓷土等也可归入清洁货物一类。

7.易碎货物

易碎货物(Fragile Cargo)是指不能受挤压、撞击,易于破损的货物,如玻璃、玻璃器皿、陶瓷制品、各种瓶装酒类等。

8.贵重货物

贵重货物(Valuable Cargo)是指价格高昂或具有特殊使用价值的货物,如礼品、文物、金银珠宝、名贵皮毛、贵重药材、精密仪器、艺术品等。

9.活的动植物

活的动植物(Live Cargo)是指在运输过程中仍需不断照料、维持生命和生长机制,不使其发生死亡或枯萎的动物和植物,如鱼苗、牲畜、家禽、树苗等。

10.一般普通杂货

一般普通杂货(Normal General Cargo)是指其特性对运输保管条件无特殊要求的杂货。

二、普通杂货的配积载要求

1.普通杂货的配积载基本原则

普通杂货的配积载应依据以下基本原则:

(1)保证船舶安全的原则

货物在舱内的配置应确保船舶满足强度条件和适宜的稳性与吃水差要求。

(2)保证货物运输质量的原则

通过合理地配积载,为不同种类、不同包装形式的货物合理选择舱位与货位,并提出堆码、衬垫及隔票要求,对具有不同理化特性的相忌货物进行合理的隔离配置,从而实现保证货物运输质量的要求。

(3)提高船舶营运经济效益的原则

通过合理地配积载,充分利用船舶的载货能力,方便货物装卸,缩短船舶在港停泊时间,保证中途港货物的顺利卸出,提高船舶营运效益。

2.普通杂货的配舱顺序

普通杂货船应依据"先下后上,先远后近,先大后小,先特殊后一般"的配舱顺序,将装货清单中所列各种不同种类、不同积载因数、不同特性以及不同卸港的货物合理地配置在船上的各个舱室内。依据上述配舱原则,底舱的货应先配,上层舱的货后配;远程后卸的货先配,近程先卸的货后配;大宗货物先配,小批量零散货物后配;对舱位、货位有特殊要求的货物先配,一般货物后配。

综合考虑,应先配去终点港的、批量大又耐压的大宗货,这些货可配在底舱或二层舱最里面,同时优先考虑有特殊要求的货物,如怕热、怕潮的货物,以及气味货、扬尘污染货、易碎货等,将这些特殊货物先定装舱位置,而后依港序由远到近安排各中途港货物。

3.普通杂货的舱位选择原则

在为不同种类的普通杂货选择舱位时应考虑以下原则:

（1）上轻、清，下重、污

积载因数较大的或较为清洁的货物，应配置在积载因数较小的或较脏的货物之上。

（2）上脆弱，下牢固

就货物包装强度而言，包装脆弱的货物应配于包装牢固的货物之上。

（3）小、软配首、尾，大、硬配船中

小件货、软包装货宜配于首、尾舱，而体积较大的硬包装货配于中部货舱较为适宜。

（4）按装卸工艺合理选择舱位

货物的舱位选择除适应装货港的装卸工艺和设备外，还要考虑卸货的方便。

4.各类普通杂货的舱位选择

（1）散装货物

散装货物宜整票装于中部货舱的底舱作为打底货，以便于抓斗抓卸。若因港序必须装在二层舱，则底舱货物上面应铺盖帆布，以避免受上层舱货物的影响。装散货的舱室必须清洁、干燥，并将污水沟、槽用麻袋铺垫。多票散货不宜配于同一舱室。因为散货一般属于潮湿货，所以不能与怕潮湿的货物同舱积载。

（2）液体货物

散装液体货物应配于杂货船的深舱内。对于有容器或包装的液体货物，包装坚固、单件较重的大容器液体货物应配在大舱底舱作为打底货，并且每层货物间衬垫一层木板，其堆高不超过限高，其上空间配装小件货。包装不耐压的小容器液体货物应配装在二层舱舱口四周或上甲板上。液体货物较少时，应堆装在靠舱的后部。

（3）气味货

气味货不得与食品类货物和其他怕气味货物同舱积载。同类或气味不互抵的气味货，如数量不多时，应尽量集中在一个容积较小的首、尾舱积载。性质互抵、互相串味的气味货则应分舱室积载。装于上甲板的气味货应尽量远离船员居住区、置于下风。

（4）食品类货物

食品类货物应配置于清洁、干燥、无异味、无虫害、远离热源和通风良好的舱室。食品类货物不能与扬尘污染货同舱积载，也不能与气味货、散发水分的货物以及危险货物同舱积载。

（5）扬尘污染货物

袋装扬尘污染货物，如数量不多时，应尽可能整票集中选配在底舱其他货物下面，装后铺盖帆布。如果由于卸货港顺序所限必须配于二层舱时，应尽可能配于二层舱底部其他货物下面或与之扎位配装。扬尘污染货物不能与怕尘、怕污染的货物同装一室或相邻堆装。对怕热的扬尘污染货物，应配装在远离热源的舱室。

（6）清洁货物

清洁货物不得与扬尘污染货物、油污货物同舱积载。

（7）易碎货物

易碎货物应配置在基础平稳、不受挤压、易于装卸的处所，如二层舱或底舱舱口下方及其他货物的上面，尽量后装先卸。易碎货物在舱内的堆码层数不能超高，其上不许再堆装其他货物。

（8）贵重货物

贵重货物应尽可能配置在贵重货舱内,没有贵重货舱时,应配在二层舱深处,并用其他货物作保护性隔堵。少量贵重货物可交专人保管。

5.不同包装类型普通杂货的舱位选择

（1）袋装货物

袋装货物包括袋装谷物、大米、食糖,以及袋装矿粉、矿砂、水泥及各种化肥等,多采用布袋、麻袋、纸袋、塑料袋、编织袋等包装。袋装货物较为松软,故一般多选配在形状不规则的首、尾货舱,以便留出中部货舱供对舱室形状有特殊要求的货物装载。

（2）箱装货物

一般箱装货物,尤其是大型箱装货物最好配于形状规整的中间货舱,重量大、包装坚固的木箱可配于货堆的底层。

（3）桶装货物

桶装货物包括各种桶装植物油、矿物油、蜂蜜、肠衣、酒类、盐渍类货物以及各种化工产品等,其包装有大、小铁桶,木桶,塑料桶,琵琶桶之分。大型桶装货物适宜选配在中部货舱底舱作打底货,或选配于二层舱底部舱口以外的其他处所。

（4）捆装货物

捆装货物有捆卷货物（如盘圆、钢丝、绳索、电缆等）、捆筒货物（如筒纸、油毡、席子等）以及捆扎货物（如马口铁、耐火砖、瓷砖、金属铸锭、金属线材、管材、木材等）。捆卷、捆筒以及捆扎货物一般宜配置于舱形规整的中部货舱。金属类的捆卷、捆筒货物除不耐压的矽钢卷外可作打底货,非金属类捆卷、捆筒货物不耐压,不能作打底货。较长的金属类捆扎货物应配置于舱口大、舱形规则的中部货舱,纵向配置。

6.普通杂货的忌装隔离要求

性质互抵,不能配装在一起的货物称为忌装货。如将忌装货混装,不但会降低货物质量,而且可能会引起火灾和其他严重事故。

（1）对忌装货的隔离要求

在进行忌装货配积载时,应按不同的隔离要求对其进行隔离:

①不得在同一货舱内,即两种性质互抵的忌装货不得装于同一货舱内;

②不得在同一舱室内,即两种性质互抵的忌装货不得装于同一舱室内;

③不得相邻,装在同一舱室内的两种性质互抵的忌装货之间要用非互抵的货物隔开。

（2）常见忌装货的隔离要求

下面是一些常见忌装货的隔离要求:

①忌异味的货物与气味货不得在同一货舱内积载;

②忌潮湿的货物与散发水分货物不得在同一舱室内配装;

③忌杂质的货物与扬尘污染货物不得在同一舱室内配装;

④忌油污的货物与含油脂货物及石油产品不得相邻混装;

⑤金属制品、棉花、棉制品、丝制品等与酸、碱、盐类货物不得在同一舱室内配装;

⑥水泥与食糖、氧化镁以及铵盐类货物不得在同一舱室内配装;

⑦化肥与碱性货物不得在同一舱室内配装；

⑧化纤及其制品与樟脑及含樟脑的货物不得在同一舱室内配装。

实践中,驾驶人员除应借助忌装货隔离表了解忌装货的隔离要求外,更应不断地在实践中总结和积累这方面的经验。

忌装货隔离表(部分)见附录4。

7.中途港货物的配积载要求

1)保证中途港货物的顺利卸出

(1)对装舱顺序的要求

杂货船通常每个航次都要途经几个中途港,为了保证船舶在中途各港都能顺利卸载,在编制配积载计划时,必须合理地确定货位和装舱顺序。一般的装舱顺序应是:后卸的货物先装,先卸的货物后装;货位的安排应是:按货物到港的反顺序,即在底舱由下往上安排,在二层舱由舱口四周向舱口安排。二层舱舱口位(即底舱舱口与二层舱舱口之间的货舱空间)处应安排先到港的中途港货物,而后到港的中途港货物应向二层舱舱口位四周及底舱的上层安排,目的港货物应配置在二层舱的最里端或底舱的最下层。

(2)防止底舱的先卸港货物被堵

当需要在底舱装载一部分先卸货时,该货舱二层舱舱口位处应配置先卸货,并保证当卸去这部分货物后能顺利地打开底舱的舱盖。通常,为了有利于装卸工人的操作安全及防止货物倒垛,在离二层舱舱口位四周1 m的范围内均不得堆装后卸货。而底舱的先卸货应配置在能顺利卸载的底舱舱口下方。为便于检查,我们将在二层舱舱口位四周1 m以外可供配置后卸货物的最大货舱容积称为该舱的防堵舱容,而在该二层舱内实际配置的后卸货物体积称为防堵货物体积。为保证二层舱舱盖能在卸底舱先卸的货物时顺利打开,该二层舱内的防堵货物体积不能超过其防堵舱容。

当需要在甲板上装载部分货物且需堆积在舱盖部位时,舱盖部位只能配置先卸货,并应使其卸后能顺利地打开舱盖进行舱内的作业;后到港的甲板货只能配置在舱口两侧甲板上的适当场所,其堆装部位及绑扎均不得影响开舱及舱内作业的进行,亦不得影响舱面先卸货物的顺利卸载。

2)不同到、发港的轻重货物合理安排

如果先到港的货物为重货,后到港的货物为轻货,在底舱配置时,宜采用扎位堆装的方法,即将后卸的轻货配装于货舱的后半部分,把先卸的重货配装于货舱的前半部分,舱口处可以为几个卸货港的货物所共占。这样既可以保证先卸的重货在中途港顺利卸出,又能避免按通常配置方法配置的后卸轻货被其上的重货压损。在底舱采用扎位装载时,因舱室较高,应注意防止货堆倒塌。一般,底舱扎位宜先装靠后舱壁的轻货,并使货堆向后舱壁有一定的倾斜,呈梯形,且不能深扎位。

3)选港货、转船货的安排

选港货是指为货物指定若干可供选择的卸货港,在船舶到达第一个选卸港前48 h才通知其具体卸货港。对于这样的货物,要求配置在各选卸港均能卸出的货位。由于选港货通常数量不大,最佳货位是二层舱舱口四周以及底舱最上层舱口下。

同一卸货港的转船货,一般批量都不大,在货物性质不互抵的情况下,应尽量将其集中配置在一起，以便于在转船港集中卸船或过驳，从而可以有效地避免错卸、漏卸或丢失等货损、货差事故的发生。

4）保证船舶在各中途港卸、装货物后的船舶纵向受力、稳性、吃水差的要求

船舶在各装货港装完货，或在各中途港卸完货而没有加装，或在各中途港卸完货后又加装，仍应保证船舶纵向受力和变形不超过已确定的强度允许范围，同时具有适宜的稳性和吃水差。但是，当船舶在航程较短的港口间航行时，在保证船舶安全的前提下，可以放宽要求。

船舶在中途港只卸不装，或者没有加装去目的港的货载时，应把运往目的港的货物尽量分散配于各舱，并将适量的货载配置于二层舱中，以保证在整个航程内，对船舶纵向受力、稳性、吃水差的要求都能得到满足。如果到某中途港的货载数量很大，则不论在该港是否加载，从保证船体纵向受力和缩短卸货时间考虑，都不应将中途港货物过分集中地配置于两个货舱室内。

8.保证船舶快速装卸的配积载要求

1）便于货物装卸

在向各舱配置货物时，应尽量考虑到装卸上的方便和操作上的安全。为此，在编制配积载计划时应注意：

（1）单件重量较大的货物，除非能够使用舱内搬运、堆码机械进行作业，否则，一般不宜配于舱口位四周深处，以减少繁重的舱内搬运。

（2）超长件如需下舱，应配置在具有大舱口的货舱内，以减少货物进出舱室的作业难度，对于接近船宽的超长件，在舱内应纵向配置，横向配置会给货物就位带来困难。

（3）为重大件货物选择货位时，应考虑装、卸港是否都有相应的起货设备，如果没有，应将重大件货物配置在本船重吊能直接吊装、吊卸的货位。

（4）无论是底舱，还是二层舱，如果最上面一层货物需平铺堆放，则至少应为其留出2 m的空间高度，以便装卸工人能直立作业。

（5）配置在底舱舱口位四周的货物，其堆高不宜太高，应保证使用装卸机械能将最上层的货物方便地就位和卸出。

（6）同一舱室内不宜配置两种不同的散货，因为不论是平铺还是扎位都会给装卸及隔票带来困难。

（7）散装货常采用抓斗卸船，为提高抓斗的抓取量，减少人工操作工作量，散装货应尽量选配在船中部舱型规整且舱容较大的货舱。

（8）小批量货物尽量集中扎位堆放，不宜整舱平铺，以减少搬运和平整工作量。

2）缩短船舶在港停泊时间

缩短船舶在港停泊时间，主要从缩短装卸作业时间和缩短辅助作业时间这两方面来考虑。

（1）缩短装卸作业时间

①平衡各舱装卸作业时间

通常，将船舶各货舱中所需装卸时间最长的货舱称为重点舱。在编制配积载计划时，应考虑尽可能缩短重点舱的装卸作业时间。将那些装卸效率较高的货物配置在重

点舱,而将那些装卸效率较低的货物配置在非重点舱,以达到缩短重点舱装卸作业时间的目的。

②合理堆装,扩大作业面

在货舱高度较大的底舱,对批量较大的货物应采用平铺堆放的方式,以扩大作业面,便于工人和机械操作,加快装卸进度。对装于最上层的货物,如平铺高度过小,将不利于装卸工人直立操作,因此需要改为和其他货物扎位堆装。此时,应考虑尽量扩大作业面。例如,有四票货物需要在货舱最上层扎位堆放,如图8-1所示,其中图8-1(a)是较为合理的堆积方法,它可以使每票货物的装卸都有较宽敞的作业面,而图8-1(b)所示的堆积方法作业面相对要小。

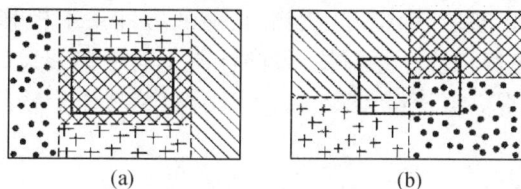

图8-1　货物积载方法示意图

(2)缩短辅助作业时间

缩短辅助作业时间可从以下几方面考虑:

①需要使用专用码头固定设备进行装卸的货物应尽量集中配舱,以避免船舶多次移泊。

②外档装船或卸船的货物,应争取配在同一舱内,以减少浮吊移动次数及调换吊杆里、外档作业的次数。如不能装在同一舱内,应考虑隔舱装载,以利于船驳能方便地进出档。

③可以使用相同装卸设备和吊货工具的货物尽量配装于相邻货位,以缩短调换装卸设备和吊货工具的时间。

三、普通杂货的堆码、衬垫与隔票

1.堆码

堆码(Stowage)是保护货物完好,保证船舶和货物安全,充分利用货舱舱容的重要措施之一。货物在船上的堆码方法,由于货物的性质与包装的不同,各有不同的要求。总的来说,都必须遵循堆码整齐、稳固,防止挤压、倒塌,避免混票和便于通风等原则。

下面简单介绍不同包装类型普通杂货的堆码要求:

1)袋装货物的堆码

根据袋装货物的性质和对货堆稳固性的要求,其堆码方法一般可分为以下3种:

(1)垂直堆码:又称重叠堆码,袋口朝一个方向直上直下的堆码。其特点是操作方便、利于通风、适合于长途运输和要求通风良好的货物或较重的货物(可以提高重心)。为保证垛堆的稳固,一般每码6~7层后掉转袋口方向一次,见图8-2(a)。

(2)压缝堆码:上层袋子压在下层袋子接缝处的堆码。其特点是垛形紧密、稳固、节省舱容,但不利于通风,适合于短途运输和通风要求不高的袋装货物,见图8-2(b)。

（3）纵横压缝堆码：上层袋子横向压在下层袋子纵向接缝处的堆码。此种垛形最为稳固，但不便操作，通常用于堆码垛顶和垛端，以防倒塌，见图8-2(c)。

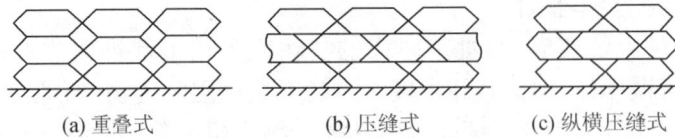

(a) 重叠式　　　(b) 压缝式　　　(c) 纵横压缝式

图8-2　袋装货的堆码

袋装货物扎位装载时，必须注意垛头稳固。整舱平铺装载时，不一定要求整齐规范，通常只要求充分利用舱容，紧密堆放、铺平，对要求通风的袋装谷物则要做到堆码整齐，按规定留出通风道。整舱装载袋装货物时，舱底应铺垫木板和帆布，应先中部、后四周压叠铺垫。对怕潮的货物应注意衬垫，以防汗湿。对于集装袋(太空包)的堆码，由于单件重量大，可在舱内直立或压缝堆垛，货垛周围如无其他货物靠紧时，应进行简单的绑扎固定。

2）箱装货物的堆码

一般可采用垂直码垛，如其上需加载其他货物，应在上层箱货表面铺垫木板。包装脆弱、重量轻的箱装货物，宜采用压缝码垛，以使垛形牢固，当堆码到一定高度时，且应视其具体情况铺垫一层木板，以使下层货箱受力均匀，避免压损。此外，为了充分利用舱容，还应注意大小货件的相互搭配，在货舱底部不规则部位(如污水沟处)堆码箱货要铺垫平整，在货舱顶部应用小箱货件搭配。堆装大型木箱时，应衬垫方木和撑木并进行必要的绑扎。

3）桶装货物的堆码

桶袋货物的堆码，要求底面平稳。圆形桶一般应直立堆码，桶口向上，紧密交错，整齐排列；一般铁桶货每堆码一层铺垫一层木板，以求受力均匀，堆垛稳固；鼓形桶应卧式堆码，其设在腰部的桶口向上(见图8-3)。对大型桶装货堆码高度的限制，视其单件上的大小而异，如单件重200~300 kg的桶装货物堆码不得超过5层，300~400 kg的桶装货物不得超过4层，400~600 kg的桶装货物不得超过3层，600 kg以上的桶装货物不得超过2层。上面几层应绑扎牢固，以防倒塌。

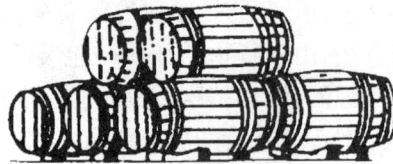

图8-3　鼓形桶的堆码

4）捆装货物的堆码

（1）捆包货物堆码：捆包货物，如棉花及棉织品、生丝及丝织品、卷纸等，此种包装类型的货物不怕挤压，可以在各舱室任意部位堆码，但一般宜堆放在形状不规则的首、尾舱室，这样既有利于保证其他货物的质量，又可充分利用舱容。捆包货物在堆码时，应注意衬隔，以防汗湿和污染。

（2）捆卷、捆筒货物的堆码：捆卷、捆筒货物易滚动，其滚动方向应沿船首尾方向堆放，并前后固定塞紧。当捆卷、捆筒货物数量较多时，也可横向铺满舱底直达两舷，铺平并在两舷衬垫木板后上压其他货物。舱内部分装载捆卷、捆筒货物也可采取立放堆垛形式。

（3）捆扎货物的堆码：捆扎货物应沿船首尾方向堆放。如长度适当，正好可堆放在货舱一端或两舷纵向堆码货物的中间部位，同样也是安全的，但都要合理衬垫、塞紧，防止货物移动。

当整舱装载捆扎货物及钢板时，应注意最初的堆垛高度，避免全部货物下舱后中间出现空当或铺平后尚余部分货物要装而造成绑扎、固定的困难。此外，凡带有突出铁箍的捆扎货物，如舱底板为钢质的，应适当垫以木板，防止货物滑动移位。

5）特殊包装货物的堆码

笺、篓、筐装货物视所装的物质，可按冷藏货或易碎货的要求进行堆码。各种瓶装、钢瓶装、坛装及瓮装等包装货物，应视所装货物性质，有些可按危险货物的堆码要求进行堆码，有些可按桶装货物的要求进行堆码，有些可按桶装货物的堆码要求进行堆码，有些可按易碎货物的堆码要求进行堆码。各种钢瓶应平卧堆放；坛装、瓮装货物的堆高限度为3~4层，每层间必须铺木板衬垫，既可防止压损，又可使货堆更为稳固。

6）裸装货物的堆码

（1）各种钢材的堆码

金属铸锭等块状货物一般在底舱平铺堆码，应尽量堆至两舷舱壁，不要留有可以滑动的空间。如果其他货载数量有限，不足以充塞其四周和上部压紧时，则除注意平舱外，尚应在金属铸锭下面用木板等进行铺垫，以增加摩擦力，防止货物滑动。铁轨、槽钢、角钢、圆钢等长型钢材，也适于作打底货，在舱内应顺船首尾方向堆放，要求堆码整齐、紧密、平铺，以利于上面加载其他货物。如果为了提高重心而采用纵横交错堆码时，应在两舷用方木或木板衬垫，以防船舶横摇时钢材两端撞击船体。钢管等管类货物的堆码应利于防止货物滚动和保护管头不损伤。小口径钢管一般成捆顺船首尾方向堆放，大口径的铸铁管等应注意管头一正一倒交替紧密排列，每层之间应用一厚度适当的木条衬垫，以免管头受力集中而损坏。

（2）大型机械和车辆的堆码

大型机械和车辆在舱内或甲板上堆码时，首先要注意货件的最大尺度和总重量。为使货件在舱内或甲板上布置合理，应充分利用甲板面积或舱容，最好预先按尺度比例剪成纸型在甲板平面草图上排列、调整，选出最优方案。此外，堆码处所要求平整、稳固，车辆轮胎要用垫木塞紧，凡超过甲板允许负荷的，应在货件下面铺垫方木、木板或钢板，要注意保护货件的突出部分，防止在装卸过程中碰伤或损坏，安置就绪后，应进行合理绑扎，以免在航行中移动。

2.衬垫与隔票

1）衬垫

为了保证货物运输质量和船体不受损伤，在船体与货物之间以及货物与货物之间有时需要加以衬垫（Dunnage），其作用是防止货物受到水湿、撒漏、污染等损伤，并防止移动和损坏船体。

（1）防止货物水湿的衬垫

当船舶装运袋、包、捆装类货物时，需在舱底、舱四壁及露天甲板处铺设衬垫，防止货物水湿。尤其以袋装大米的防水衬垫的要求最高。一般先在底舱铺 5.0～7.5 cm 厚的木板，舱底为木质时可取小值。对于近海航线，其厚度为 2.5～5.0 cm。底板应双层叠铺成十字形交叉。铺设方向应视舱内污水井设置位置不同而异：当舱内污水井设在两舷时，应上横下纵；当舱内污水井设置在舱的尾部时，则应下纵上横。底舱的下层板间距为 30 cm，上层板为 15 cm，并要注意留出污水沟空当。此外，舱底木板的面部、舱壁、舷壁的木质部分及露天甲板下的货堆表面还要以席子、帆布或塑料纸衬隔，以防接触汗水。在甲板下面、通风筒下面以及舱内其他易产生汗水或易水湿的地方应多垫几层衬垫材料。

（2）防止货物撒落、掺混和污染的衬垫

当装载散装货物和扬尘污染货物时，应根据货种的不同情况，在其底部、顶部和清洁货物附近的四壁衬垫 1～2 层帆布。当二层舱装有污染货物时，应在其底部及底舱货物表面铺设帆布，以防其污染底舱货物。二层舱装散货时，要避免在其底部铺帆布，以防抓斗等工具撕破帆布。可在底舱货物表面盖上帆布，防止撒漏。

（3）防止货物撞击、振动的衬垫

有些危险货物，尤其是爆炸品，需按货物具体情况垫以木屑、刨花、草席、泡沫塑料等防振动、防撞击的材料或防腐蚀材料，以避免撞击、腐蚀等，保证安全。

（4）防止货物压损、移动和局部强度受损的衬垫

当装运包装不太坚固的货物或当堆码较高时，可在每一层或每隔几层铺设一层垫板以保证货物受力均匀，防止压损货物。在舱内不平处装载木箱或桶装货物时，可用木楔、垫木等垫平，或用撑木支撑固定。甲板上装载重大件货物时应在其底部衬垫木板，以减小单位面积负荷，防止甲板局部强度受损。

2）隔票

为提高理货工作效率，减少货差，须在货物装舱时，对不同货主、不同卸货港和不同提单号的同种货物做好隔票（Separation）工作。

（1）隔票用材料

隔票用材料主要有帆布、油布、草席、竹席、隔票绳网、绳索、油漆、颜料及标志笔等。

（2）隔票方法

①自然隔票：用包装材料明显不同的货物进行隔票，如在两票同种箱装货物之间用桶装货进行隔票。

②用专用隔票材料隔票：用帆布、竹席、隔票绳网等专用隔票材料放置于需隔票的货物上，以区别不同卸货港、不同货主及不同提单号的货物。

③用专用隔票用具隔票：用油漆、颜料、标志笔等用具在需隔票的货物（如钢材、木材等）上进行标识，以区别不同卸货港、不同货主、不同提单号的货物。

任务二　杂货船配积载计划的编制

🚢 任务目标

掌握杂货船配积载计划的编制流程,能够根据杂货船配载的原则,以船舶安全、优质、快速、经济为基本要求编制航次积载任务。

🚢 任务(知识)储备

根据杂货船配积载的基本要求和航次货运任务,结合船舶的具体情况,我们可按照下列程序为拟装的货物选定舱位、货位,并编制相应的配积载计划——杂货船配积载图。

杂货船配积载图的编制程序如下:

对于不同船舶、不同航次的货运任务,其编制配积载图的程序有繁有简,不尽相同,这里仅介绍其一般步骤。

一、准备工作

在编制杂货船配积载图前,应提前做好准备工作,以提高工作效率和尽可能减少在配积载过程出现的差错。准备工作的重点应放在充分了解和熟悉"船""货""港""航"的情况上。

1.充分了解和熟悉船舶情况

主要包括与船舶配积载有关的各种船舶数据和资料:

(1)货舱尺度及结构特点:如各货舱的尺度、舱容、舱容中心距基线高度及距船中距离;各货舱的舱口尺度、舱口至前/后舱壁和左/右舷舱壁间的距离、各二层舱舱口容积、舱口位容积及防堵舱容的大小;轴隧、污水井、电缆、通风设备等舱内设备的位置;舱内平台,支柱、纵、横隔壁的位置等。

(2)装载条件:如舱底板和各层甲板的安全负荷量;可供使用的吊杆数及最大安全负荷、最大舷外跨度;特种货物的适装货位;重大件货物的固定条件等。

(3)液体舱室资料:如各油水舱、压载舱、深舱的位置、舱容、舱容中心距基线高度及距船中距离等。

(4)各货舱舱容比及各货舱配货重量经验百分比。

对于在船舶配积载过程中经常用到的上述数据和资料,可以整理并制成卡片,压放在大副的办公桌玻璃台板下,以便随时查找使用。

另外,在进行船舶配积载前,还应熟悉本船船舶资料中的静水力曲线图、强度曲线图、吃水差比尺(或吃水差计算数值表)、临界稳性高度曲线图等常用图表的使用方法,并将这些图表放置在随时可查用的地方。

2.充分了解并熟悉航次货载情况

船舶每个航次的货载是以装货清单(Cargo List)的形式正式通知船方的。通常,在装货清单上要写明拟装运货物的装货单号(S/O No.)、货名(Description of Goods)、重量(Weight)、货物估计在舱内所占舱容(Estimated Spaces in Holds)、件数及包装形式(Number of Packages)、目的港(Destination)等。对于有特殊运输保管要求的货物及重大件货物、危险货物等,均在备注(Remark)栏内加以说明。

由于船舶每个航次的货载都不一定相同,因此,当装货清单送船后,大副应立即仔细审阅,了解航次货载情况。如有不清楚的地方应立即向代理或港方询问,如仍不清楚,则应设法直接向货主了解,绝不可马虎。在有条件时,还应到堆货现场实地查看货物,留意货物的包装情况,估算货物实际装舱亏舱率。对于首次装运的货物以及重大件货物,现场勘查是熟悉货物并做好相应装船准备的必要步骤。

3.充分了解和熟悉港口和航线情况

对于根据航行计划需要停靠的港口以及航经的海区,应该充分了解和熟悉以下情况:

1)港口及航线水深情况

如本航次船舶航经的海区及港口泊位的水深,有无浅水区及限制吃水;港口与航线对富余水深的要求;入泊限制吃水等。

2)港口有关装卸条件及规定

如码头是否有固定装卸设备,其装卸能力及装卸效率;是否可租用专用装卸车、船、吊以及使用专用装卸工具进行特种货物装卸;下舱铲车车高及举重与举高能力;港口装卸作业方式;港口装卸部门对某些特种货物装卸、堆放有无特殊规定等。

3)航经海区的气候与气象情况

如风浪的频率及大小;平均气温及气温变化幅度等。

上述有关“船”“货”“港”“航”方面的情况中,属于船舶方面的情况在一定时间内是不变的,因此,应尽量将它们整理成清晰的文字资料或卡片,以便在编制配积载图时查用;属于有关货物、港口、航线的情况,随航次任务的不同而有所变化,因此,负责货运工作的大副,在平时就应注意积累、整理这方面的资料。

二、配积载图的编制

在做好上述准备工作的基础上,可按下列步骤编制配积载图:

1.核定航次货运任务与船舶载货能力是否相适应

(1)审核装货清单上所列各票货物的重量、体积、尺码,以及全部货物的总重量、总体积是否正确。

(2)计算本航次的航次净载重量,查取船舶货舱总的包装容积。

(3)核对装货清单上所列货物的总重量、总体积分别与船舶的净载重量和货舱总容积是否相适应。如果航次净载重量大于装货清单上所列全部货物的总重量,货舱总的包装容积大于装货清单上所列全部货物包括亏舱的总体积,则装货清单上所列货物通常应能全部装船。然而,如果航次货载中性质互抵的货物或有特殊装载要求的货物过多,则需予以特别注意,例如,忌装货的隔离要求无法满足,货物装船后产生的总的亏舱可能要比按每票货物计算的亏舱之和为大等。这种情况在核对航次货运任务时有时难以发现,但大副绝对要心中有数,当装货清单上所列全部货物包括亏舱的总体积与货舱总的包装容积相差不大时,更应引起大副注意。

2.确定各货舱应配货物的重量范围

船舶各货舱应配货物的重量,可根据满足船舶纵向受力条件、稳性、吃水差的要求确定的各舱应配货重的经验百分比或舱容比乘以航次货运量求得。

3.为货物选择适当的舱位、货位,拟订初配方案

在确定了各货舱应配货物的重量范围之后,即可着手为装货清单上所列的每票货物选择适当的舱位、货位。此时,应着重考虑保证货运质量及船舶对装卸货物的各项要求。为使此项工作顺利进行,首先可将装货清单上所列货物按其装、卸港序,以及货物的性质、类别进行归纳,然后根据货舱条件及各货舱应配货物的重量范围,从解决主要矛盾入手,灵活掌握各项配舱原则,并经适当调整,拟订初配方案,编制相应的配积载草图。

4.全面核对、检查初配方案

在拟订初配方案后,应对其进行全面的检查、校验,如有不当,应进行调整。

对初配方案需要核对、检查的内容包括:

(1)对照装货清单,核对配积载草图上的每一票货物,防止漏配、重配和其他错误。

(2)对照各货舱应配货物的重量范围及各货舱包装容积,核对该舱所配货物总重量、总体积是否符合要求。各舱所配货物的重量在不影响船舶安全的情况下,允许与应配货物重量范围稍有出入,但各舱配货所占舱容不得大于该货舱的包装容积。

(3)从货与货、货与货舱条件、货与装卸港以及便于装卸等方面检查货物的舱位、货位选择是否合适。例如,各舱所配货物是否性质互抵,装卸有无困难,中途港货物是否有被堵的情况等。

(4)检查甲板局部受力,重点是配置重货的部位。

5.计算、校核船舶纵向受力、稳性、吃水差

在完成对初配方案的核对与检查并确认无误后,应进行船舶在各种装载情况(包括离始发港,到、离中途港,到达目的港)下的纵向受力、稳性、吃水差的计算、校核。油水的消耗、货物载荷的变化,都会对船舶的纵向受力、稳性、吃水差产生影响,因此,在拟订初配方案时就应考虑这些影响。如发现有不当,亦应予以调整,直至符合要求为止。

当然,如果是一位有经验的大副,认为按各舱应配货物的重量范围配装货物,对船舶的纵向受力、稳性、吃水差有充分把握,也可以省略这一步骤。

6.绘制正式的配积载图

经过全面的核对、检查、计算、校核、调整,认为初配方案已符合杂货船配积载的基本要求,即可动手绘制正式的配积载图。

货物的舱位、货位的表示方法,各国大同小异,我国习惯于底舱用正视图表示,二层舱用俯视图表示,不同票货物之间以虚线分割,其标示方法一般如图8-4所示。

正式的配积载图是船舶货运的指导文件并具有一定的法律效力,要求其清晰、整洁、简明、易懂。

图8-5为正式的配积载图。图中上方中间填写船名、航次、始发港、中途港、目的港,以及离港时的船舶首、尾吃水。上方两侧填写各到港货载在各货舱的配置数量与总重

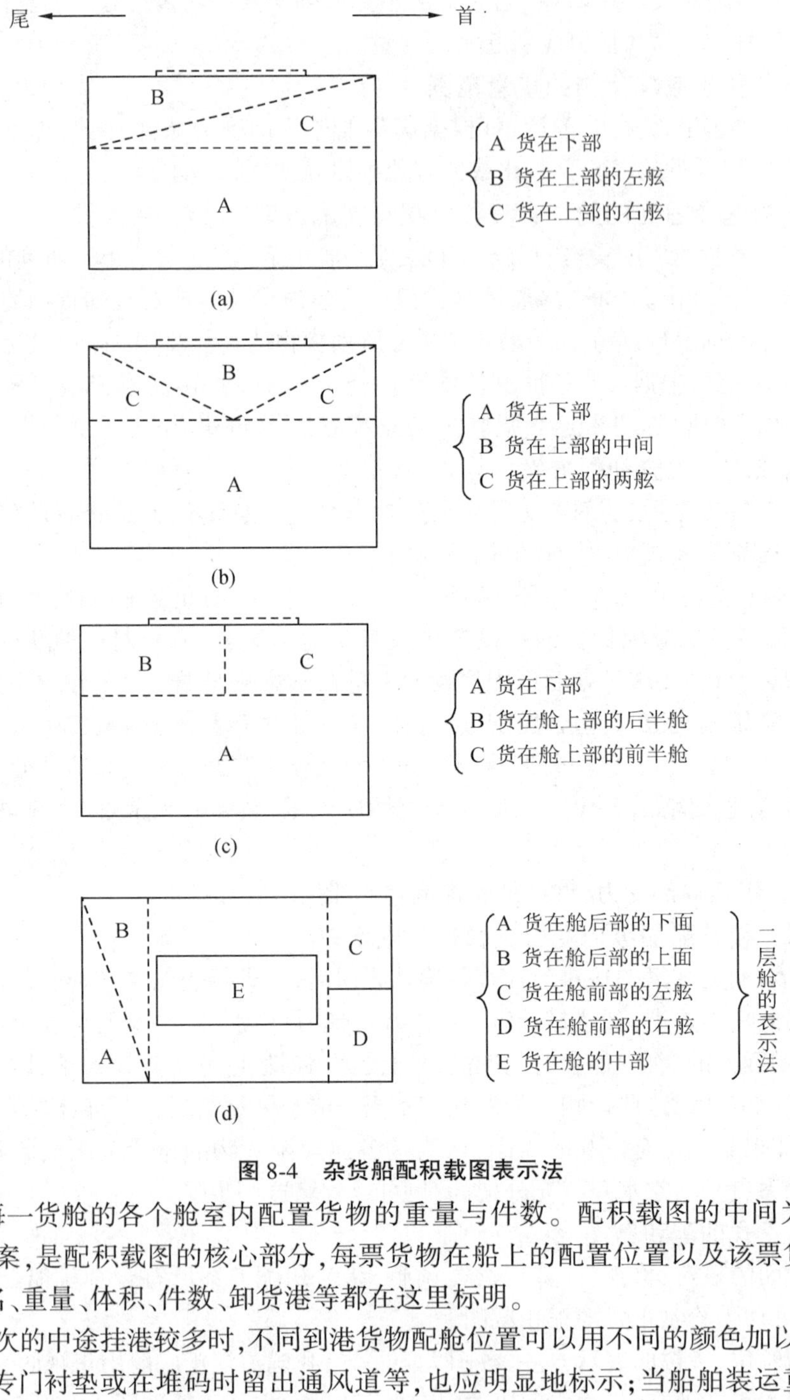
尾
首
B
C
A
A 货在下部
B 货在上部的左舷
C 货在上部的右舷
(a)
B
C
C
A
A 货在下部
B 货在上部的中间
C 货在上部的两舷
(b)
B
C
A
A 货在下部
B 货在舱上部的后半舱
C 货在舱上部的前半舱
(c)
B
C
E
D
A
A 货在舱后部的下面
B 货在舱后部的上面
C 货在舱前部的左舷
D 货在舱前部的右舷
E 货在舱的中部
二层舱的表示法
(d)

图 8-4　杂货船配积载图表示法

量，以及每一货舱的各个舱室内配置货物的重量与件数。配积载图的中间为航次货物配积载方案，是配积载图的核心部分，每票货物在船上的配置位置以及该票货物的装货单号、货名、重量、体积、件数、卸货港等都在这里标明。

当航次的中途挂港较多时，不同到港货物配舱位置可以用不同的颜色加以区别；有些货物需要专门衬垫或在堆码时留出通风道等，也应明显地标示；当船舶装运重大件货物时，应以附图的形式，标明重大件货物的具体装载部位以及对放置和绑扎方面的要求。

配积载图的下方为备注栏，对在装卸过程中应注意的问题，如吊杆安全负荷，货物衬垫、隔票、堆码要求，理货、平舱要求，以及其他需要特别提醒注意的事项等，均应在备注栏内清楚地写明。

中国远洋运输（集团）公司
CHINA OCEAN SHIPPING (GROUP) COMPANY

货物积载图
STOWAGE PLAN

船名 M/S: A 　　航次 VOY: W280

自 FROM: 上海　至 TO: 新加坡、安特卫普、鹿特丹、汉堡

日期 DATE: 开航 DEP: 30/06/04　到港 ARR:

水尺 DRAFT: 前 F: 9.05 m　中 M: 9.12 m　后 A: 9.19 m

Destination	No.1	No.2	No.3	No.4	Total
Singapore	100 t	995 t	370 t	830 t	2 210 t
Antwerp	995 t	450 t	280 t	700 t	2 425 t
Rotterdam	500 t	1 350 t	450 t	800 t	3 100 t
Hamburg	250 t	1 080 t	1 150 t	1 100 t	3 580 t
Optional			285 t		285 t
Total	1 845 t	3 790 t	2 535 t	3 430 t	11 600 t

Hatches	T.D	L.H	Total
No.1	595 t	1 250 t	1 845 t
No.2	1 360 t	2 430 t	3 790 t
No.3	755 t	1 780 t	2 535 t
No.4	1 130 t	2 300 t	3 430 t
No.5			
Total	3 840 t	7 760 t	11 600 t

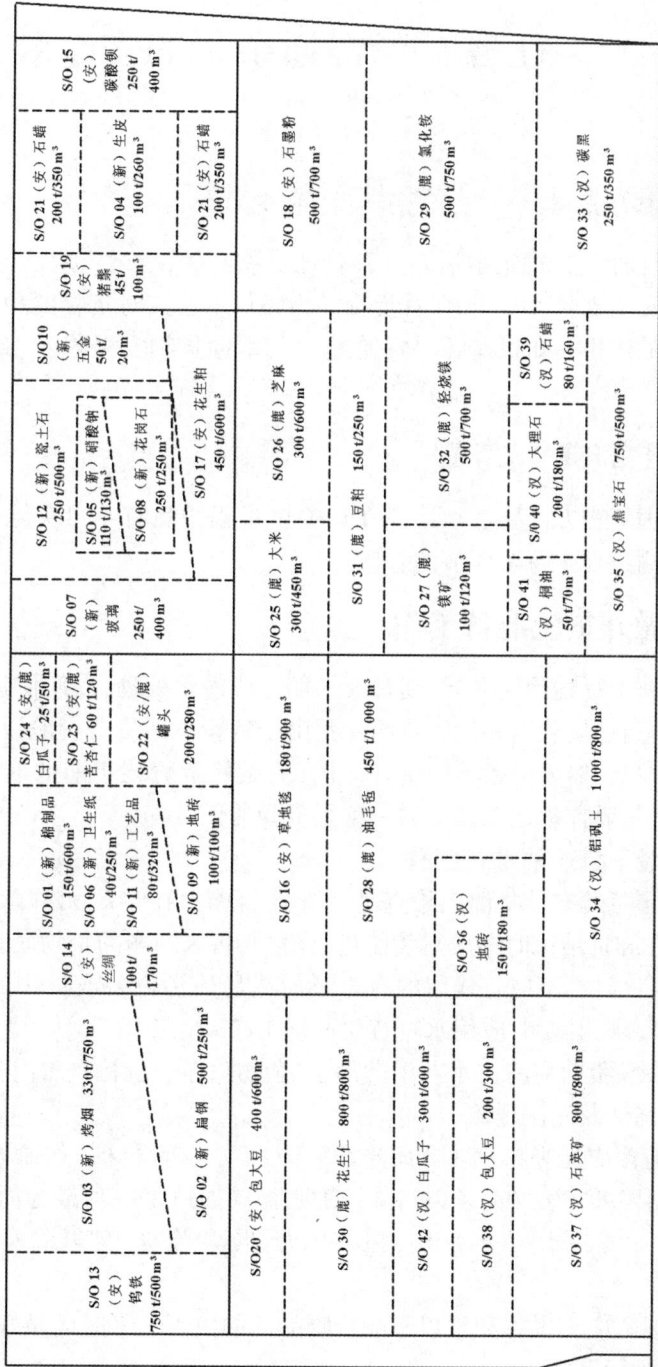

舱内货物积载（S/O 各票货物）：

- S/O 15（安）碳酸钡 250 t／400 m³
- S/O 21（安）石蜡 200 t／350 m³
- S/O 04（新）生皮 100 t／260 m³
- S/O 21（安）石蜡 200 t／350 m³
- S/O 18（安）石墨粉 500 t／700 m³
- S/O 29（鹿）氯化钡 500 t／750 m³
- S/O 33（汉）碳黑 250 t／350 m³
- S/O 19（安）猪鬃 45 t／100 m³
- S/O 10（新）五金 50 t／20 m³
- S/O 12（新）菱沸石 250 t／500 m³
- S/O 05（新）硼酸钠 110 t／130 m³
- S/O 08（新）花岗石 250 t／250 m³
- S/O 17（安）花生粕 450 t／600 m³
- S/O 26（鹿）芝麻 300 t／600 m³
- S/O 32（鹿）轻烧镁 500 t／700 m³
- S/O 39（汉）石蜡 80 t／160 m³
- S/O 07（新）玻璃 250 t／400 m³
- S/O 25（鹿）大米 300 t／450 m³
- S/O 31（鹿）豆粕 150 t／250 m³
- S/O 27（鹿）镁矿 100 t／120 m³
- S/O 40（汉）大理石 200 t／180 m³
- S/O 41（汉）蓖麻油 50 t／70 m³
- S/O 35（汉）焦宝石 750 t／500 m³
- S/O 24（安/鹿）白瓜子 25 t／50 m³
- S/O 23（安/鹿）苦杏仁 60 t／120 m³
- S/O 22（安/鹿）罐头 200 t／280 m³
- S/O 01（新）橡制品 150 t／600 m³
- S/O 06（新）卫生纸 40 t／250 m³
- S/O 11（新）工艺品 80 t／320 m³
- S/O 09（新）地砖 100 t／100 m³
- S/O 16（安）草地毯 180 t／900 m³
- S/O 28（鹿）油毛毡 450 t／1 000 m³
- S/O 36（汉）地砖 150 t／180 m³
- S/O 34（汉）铝钒土 1 000 t／800 m³
- S/O 14（安）丝绸 100 t／170 m³
- S/O 13（安）钨铁 750 t／500 m³
- S/O 03（新）烤烟 330 t／750 m³
- S/O 02（新）扁铜 500 t／250 m³
- S/O 20（安）包大豆 400 t／600 m³
- S/O 30（鹿）花生仁 800 t／800 m³
- S/O 42（汉）白瓜子 300 t／600 m³
- S/O 38（汉）包大豆 200 t／300 m³
- S/O 37（汉）石英矿 800 t／800 m³

备注：本船吊杆负荷为5 t，No.2、No.3、No.4 底舱的配装货载在装完后应盖平舱，以使得上面的货物平整堆装。碳酸钡与硝酸钠为易燃货物，注意安全装载；玻璃易碎，堆放时应特别小心；一船底舱完货后，应将舱口围清扫干净，再关舱盖。

大副签字：

图8-5　A轮配积载图

任务三　普通杂货的安全装运

⚓ 任务目标

我国《海商法》规定承运人负有管理货物义务,承运人应确保货舱及其他载货处所适于并能安全收受、载运和保管货物。为履行承运人对货物的相关责任,应掌握杂货船货舱备舱工作相关知识,确保"货舱适货",掌握货物安全收受、载运和运输途中保管的相关知识。

⚓ 任务(知识)储备

在管理货物方面要求承运人在运输全过程中负有不可免的责任。因此,必须做好货物运输过程中每个环节的工作。

一、做好货舱准备工作

根据海上货物运输合同,通常要求船方应谨慎处理,以便使货舱及其他载货场所适于并能安全收受、载运和保管货物。凡由于货舱不适货或货舱设备存在缺陷,由此而造成的货物损失,船方必须承担责任。因此,做好货舱装货前的准备工作,使其适合所装运的货物,是船方货运工作中的一项很重要的任务。

1.一般干货舱的准备工作

一般干货舱在装货前应检查是否清洁、干燥、无异味、无虫害、水密和设备完好。

(1)在卸货结束时即应对货舱进行清扫,将未卸净的货物底脚集中清除。装货前应检查舱内各部位,不应有残留的有害杂质或易沾污包装或货物的污秽物。根据拟装货物的具体要求,必要时应用水将货舱冲洗干净。

(2)在装货前应将污水井中的污水、杂物除净。应检查舱内各部位,保证无积水、漏水、汗水、漏油及潮湿现象。

(3)舱内应无腥味、臭味、怪味和刺激性气味等异味。如舱内有足以影响货物品质的异味,则要求在装货前予以清除。加强换气通风是一种最为简单的方法,但对一些特殊气味,可考虑采用热水洗刷、粗茶熏蒸、化学除臭、臭氧除臭等方法来达到消除的目的。

(4)船上应无鼠害和足以影响货物品质的虫害。平时应做好防鼠工作,并按要求定期对货舱进行熏蒸。

(5)货舱必须水密,舱盖、双层底人孔盖在关闭时应无缝隙,邻近淡水舱、压载舱和燃油舱的舱壁及内底板无裂缝和锈蚀孔洞,前尖舱截流阀应能正常启闭;通过舱内的测深管、空气管等不得有破损;舱壁护板、人孔盖、污水沟(井)的盖板不得有缺损;通风管系及设备应完好并能正常工作。在装货前,应对货舱的水密和设备完好进行认真的检查。

2.液体货舱的准备工作

液体货舱装货前的准备工作比干货船的要求更为严格。除了和干货船货舱准备有些相似的要求外,对货舱干燥、无异味、无铁锈、无杂质的要求更高。

3.专用船货舱的准备工作

对于专用船货舱的准备工作将在本书相应章节中介绍。

二、做好货物装卸准备工作

1.装卸设备的准备

在开舱装卸货物之前,首先应确认是使用岸上还是船上装卸设备。如使用岸上的装卸设备,应先将船上的吊杆尽可能升高固定(克令吊则甩至外档),以免在装卸作业中被损坏和影响装卸作业。如使用船上的装卸设备,应事先了解工班数,通知机舱按开工工班数送电;把吊杆升至合适的位置,收紧固定稳索;检查吊货索具,检查滑车、吊货钢丝、起货机转动部分的润滑情况。

2.舱盖的打开

除非天气不稳定,否则应在开始装卸前把舱盖打开。打开底舱时应注意防止底舱盖在提起过程中对二层舱舱口位周边货物的损伤;舱盖打开后,如遇天气不稳定,一定要做好及时关舱的准备。

3.安全检查

在开始装卸货之前,应重点检查装卸现场是否有危及人身安全的隐患。如放置在甲板上的舱盖板是否已放稳落实;作业场所是否留出了足够宽度和安全的人行通道;甲板、舱内地面上有无玷污的油渍打滑;舱内灯光照明是否足够;舱内各角落是否有有害气体残存;上下舱的壁梯是否有缺损;拖在地上的舱灯电缆是否绝缘良好;人孔盖及翻起式的底舱舱盖是否已用固定销销好;舱内货物有无倒垛危险等。

三、认真编制好货物配积载计划

货物配积载计划是货物装船的依据,它直接关系到货物的运输质量,因此应认真做好货物配积载计划的编制工作。

在编制货物配积载计划时,应充分考虑货物的类型、包装、理化特性、卸货港序以及对运输的特别要求等,避免因配积载不当而造成货损、货差。

四、做好货物装卸过程中的监督工作

1.安全装卸货物一般原则

(1)货物装卸现场应有专人指挥。在装卸贵重货物、重大件货物及危险货物时,大副(必要时包括船长)应亲临现场指挥。

(2)严格督促装卸部门按配积载计划进行装卸。港方要求调整配积载计划必须理由充分且不至于打乱整个装载计划。对于仅为装卸上的方便而要求调整配积载计划,船方一般应予拒绝。

（3）装卸货时，根据需要安排船员做好看舱理货工作，防止出现货损、货差和货物被偷盗事故。装卸件杂货，可申请理货部门理货，但船方不能完全放弃对理货部门的监督之责。

（4）在装货期间应随时检查货物的堆装、衬垫和隔票情况。如发现和配积载计划的要求不一致，应立即制止，如将影响货物运输质量，应坚决要求返工。

（5）在装船过程中如发现货物包装不固、标志不清/不当或货物外包装有破损，应及时向装卸部门现场负责人或货主提出，要求调换或处理。

（6）在装卸货物期间应经常检查吊货索具和起货设备的使用情况。在装卸重大件和危险货物时，吊货索具和起货设备应降负荷使用。

（7）装卸危险货物之前应向港口的海事主管当局提出申请，经批准后方能进行。危险货物的装载应申请港口的海事主管当局监装，并出具监装证书。

（8）装载粮食、谷物以及动物、植物和木材等货物的舱室，应事先申请商检和动植物检验部门验舱，验舱合格后应要求出具证明。

（9）在装卸具有燃烧、爆炸、毒害性等危险性货物之前，应确切地了解清楚其理化特性、易诱发危险的外界因素、一旦发生危险时应采取的应急措施。

（10）在装卸过程中，如发现船舶不明原因的倾斜或污水井中的污水不明原因增加，应暂停装卸，迅速查明原因。

（11）在装卸过程中如遇雨雪天气，通常应立即组织船员关舱（不怕湿的货物除外）。如货主坚持要求装卸，必须让货主留下"船方对湿损不负责任"的字据。

（12）卸货结束，大副应会同有关人员检查有无漏卸货物。

2.禁止违章作业

在装卸作业过程中，要求值班人员应经常巡视检查，防止装卸工人违章操作。应特别注意下列事项：

（1）严禁吊杆和起货设备超负荷使用；

（2）对于袋装货物不得使用手钩装卸；

（3）对于包装脆弱的货物禁止拖关、倒关作业；

（4）对于桶装、箱装货物不得采用"挖井""留山头"等作业方式；

（5）对于易碎、流质、桶装、怕震、怕撞、怕挤压的货物不得使用滑板作业；

（6）对于易碎货物、精密仪器、成套设备不得倒置或滚动搬运；

（7）舱内严禁吸烟和便溺。

五、做好货物在航行途中的管理工作

为了保证货物运输质量，在航行途中，船方应对其尽到谨慎保管和照料之责。如：根据外界天气条件，正确进行货舱通风，使舱内不致产生大量汗水；按时测量污水沟、井，及时排出污水，使其不致外溢而浸湿货物；遇恶劣天气，舱口盖、通风筒必须严密封闭，不致使海水进入舱内；在大风浪来临前，及时组织船员对甲板货和重大件货物进行加固绑扎；对特殊货物，如冷藏货、活牲畜、危险品等，做到勤检查，遇到问题及时处理。

六、正确进行货舱通风

1.货舱通风方法及通风设备

货舱通风方法分为自然通风、机械通风和干燥通风三种方式,通风设备可相应地分为自然通风装置、机械通风装置和干燥通风装置。

1)自然通风

利用设置在甲板上的通风筒和自然风力进行通风的通风方式叫作自然通风。自然通风有自然排气通风和对流循环通风两种。

（1）自然排气通风

自然排气通风是指将甲板上所有通风筒筒口同时对着下风方向。当天气晴好,甲板不上浪时,还可以将舱盖同时打开。自然排气通风依靠空气的自然上升,使舱内暖湿空气徐徐排出舱外。这种通风方式通风比较缓慢,但安全,见图8-6(a)。

（2）对流循环通风

对流循环通风是指将位于甲板上的一舷所有通风筒筒口对着上风方向,而另一舷所有通风筒筒口对着下风方向,依靠风压力进行通风。这种通风方式通风速度快,适用于需要大量旺盛通风时。但当舱内外空气温差大时,采用这种方法通风,舱内会产生大量雾气,见图8-6(b)。

当外界的空气温、湿度高于舱内时,不能进行自然通风,而需要关闭所有通风筒,称为断绝通风。

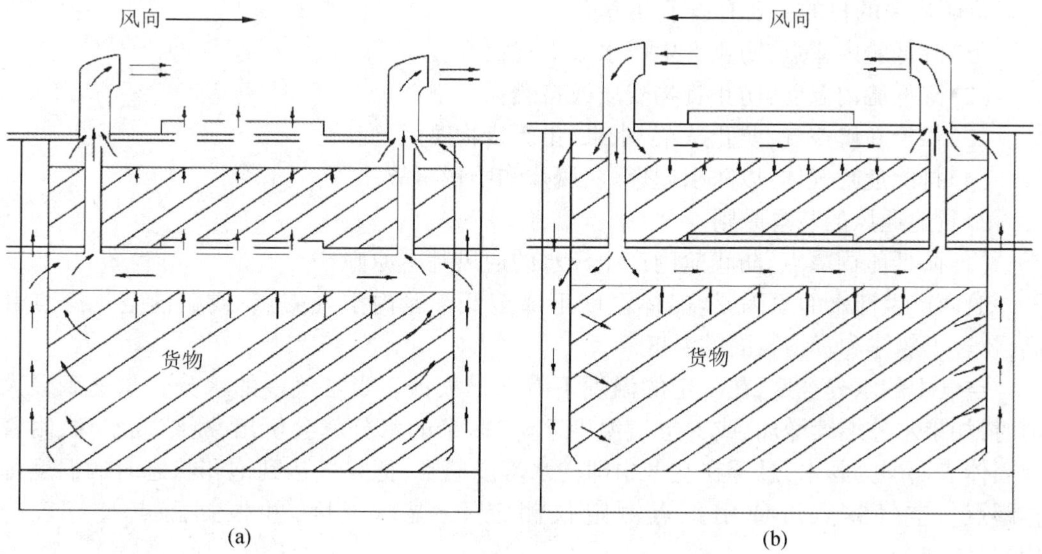

图 8-6　货舱通风方式

2)机械通风

自然通风不仅受风向、风力的影响,也受通风筒截面积大小的限制,通风量往往不能满足要求。机械通风是利用安装在货舱的进气与排气通风管道口的鼓风机进行强力通风的一种通风方式,其通风量比较大。

机械通风可以有以下三种形式：

(1)进气使用机械通风,排气使用自然通风;

(2)进气使用自然通风,排气使用机械通风;

(3)进、排气均使用机械通风。

采用机械通风,可以通过调节阀控制通风量。舱内设有通风管道,并延伸至货舱两侧,管道上间隔一定距离开有通风口,可使货舱各处都能得到充分的通风。

机械通风的换气量,以每小时货舱换气 5~10 次为宜,但对装运水果、蔬菜类、蛋类、活牲畜的货舱,以每小时换气 20 次以上为宜。

3)干燥通风

机械通风虽然在通风量上远远大于自然通风,但仍受外界空气条件的限制。当外界空气湿度很大,不适于送入舱内,而舱内又需要干燥的空气时,如果船上有货舱干燥通风装置,就能很好地解决这一问题。

货舱干燥通风装置工作的基本原理是将外界湿空气送入利用多孔固体吸附剂进行脱水的干燥机中,使其变成干燥空气,然后送入货舱内,以替换舱内湿热空气。经过干燥的空气可利用"再循环"装置在舱内循环,所以,它能在外界条件不适合通风时,仍能调节货舱内的温、湿度,甚至能使已经受潮的货物重新干燥。

货舱干燥通风装置由干燥机、机械通风及循环装置和露点记录器三部分组成。

2.货舱通风的目的和原则

1)货舱通风的目的

货舱通风的目的主要有以下几方面:

(1)降低舱内露点,防止产生汗水或雾气;

(2)降低舱内温度,防止货物变质或自燃;

(3)供给新鲜空气,防止蔬菜、水果、蛋类货物腐烂、变质;

(4)排除危险气体,以防引起燃烧、爆炸和中毒事故。

2)货舱通风的基本原则

(1)降低舱内露点,防止舱内产生汗水的通风基本原则

舱内产生汗水的原因是:船体温度下降至低于舱内空气露点;或舱内空气露点升高,超过了船体和货物表面的温度。

空气中的水分含量,在一定的温度下有其最大值。当空气中的水分含量达到最大值时,如果水分继续增加,或者空气温度下降,多余的水分就会析出,凝结成水珠,附着在固体表面即为露水,悬浮在空气中即为水雾。通常,把空气达到饱和状态时的温度称作露点。空气露点可使用露点测定仪测定干、湿球温度,并根据露点查算表查用(见表 8-1)。

比较空气的露点和温度,可以判断能否产生汗水和雾气。当船体或货物表面(附近的空气)的温度低于舱内空气的露点时,就会在船体或货物表面产生汗水;同理,当舱内空气温度低于露点时,舱内就会产生雾气。

表 8-1 露点查算表

湿球温度(℃)	干、湿球温度差值(℃)																						
	0.0	0.5	1.0	1.5	2.0	2.5	3.0	3.5	4.0	4.5	5.0	5.5	6.0	6.5	7.0	7.5	8.0	8.5	9.0	9.5	10.0	10.5	11.0
−5	−6	−7	−8	−9	−11	−13	−14	−17	−19	−22	−27	−38											
−4	−5	−6	−7	−8	−9	−11	−12	−14	−16	−19	−22	−26	−3										
−3	−3	−4	−5	−7	−8	−9	−11	−12	−14	−16	−19	−22	−2	−32	−37								
−2	−2	−3	−4	−5	−6	−7	−9	−10	−12	−14	−16	−18	−2	−25	−30	−31							
−1	−1	−2	−3	−4	−5	−6	−7	−8	−10	−11	−13	−15	−1	−20	−23	−28	−36						
0	0	−1	−9	−2	−3	−4	−5	−7	−8	−9	−10	−12	−14	−16	−19	−22	−26	−32					
1	1	0	−1	−1	−2	−3	−4	−5	−6	−7	−9	−10	−12	−13	−15	−18	−20	−24	−29	−39			
2	9	1	1	0	−1	−2	−3	−4	−5	−6	−7	−8	−9	−11	−12	−14	−17	−19	−22	−27	−34		
3	3	2	?	1	0	−1	−1	−2	−3	−4	−5	−6	−7	−9	−10	−12	−13	−15	−18	−21	−24	−30	−40
4	4	3	3	2	2	1	0	−1	−2	−2	−3	−4	−5	−7	−8	−9	−11	−12	−14	−16	−19	−22	−26
5	5	4	4	3	3	2	1	1	0	−1	−2	−3	−4	−5	−6	−7	−8	−9	−11	−13	−t5	−17	−19
6	6	6	5	4	4	3	2	1	1	0	−1	−2	−3	−4	−5	−6	−7	−8	−10	−11	−13	−15	
7	7	7	6	6	5	4	4	3	2	1	1	0	−1	−2	−3	−4	−5	−6	−7	−8	−10	−1I	
8	8	8	7	7	6	6	5	4	4	3	2	1	1	0	−1	−2	−3	−4	−5	−6	−7	−8	
9	9	9	8	7	7	6	6	5	5	4	3	3	2	1	1	0	−1	−2	−3	−4	−5	−6	
10	10	10	9	9	8	8	7	7	6	6	5	5	4	4	3	2	2	1	0	−1	−1	−2	−3
11	11	11	10	10	9	9	8	8	7	7	6	5	4	3	3	2	1	0	0	−1			
12	12	12	11	11	11	10	10	9	9	8	8	7	7	6	6	5	5	4	4	3	2	2	1
13	13	13	12	12	12	11	11	19	10	10	9	9	8	8	7	7	6	6	5	5	4	4	3
14	14	14	13	13	13	12	12	12	11	11	10	10	10	9	9	8	8	7	7	6	6	5	5
15	15	15	14	14	14	13	13	13	1.2	12	12	11	11	10	10	10	9	8	8	8	7	7	6
16	16	i6	15	15	15	15	14	14	14	13	13	13	12	12	11	11	11	10	10	9	9	8	8
17	17	17	16	16	16	16	15	15	15	114	14	14	13	13	13	12	12	12	11	11	10	10	10
18	18	18	18	17	17	17	16	16	16	16	15	15	14	14	14	13	13	12	12	11	11		
19	19	19	19	18	18	18	17	17	17	16	16	15	15	15	14	14	14	13	13	13			
20	20	20	20	19	19	19	18	18	18	18	17	17	17	16	16	16	16	15	15	15	14		
21	21	21	21	20	20	20	20	1.9	19	19	19	18	18	18	18	17	17	17	16	16	16	15	
22	22	22	22	22	21	21	21	21	21	20	20	20	20	19	19	19	19	18	18	1.8	18	17	17
23	23	23	23	23	22	22	22	22	22	21	21	21	21	20	20	20	20	19	19	19	18	18	
24	24	24	24	24	23	23	23	23	23	22	22	22	22	21	21	21	21	20	20	20	20	19	
25	25	25	25	25	24	24	24	24	24	24	23	23	23	23	22	22	22	22	21	21	21	21	
26	26	26	26	26	25	25	25	25	25	24	24	24	24	24	23	23	23	23	23	22	22	22	22
27	27	27	27	27	27	26	26	26	26	26	26	25	25	25	25	25	24	24	24	24	24	23	23
28	28	28	28	28	28	27	27	27	27	27	26	26	26	26	26	25	25	25	25	24	24		
29	29	29	29	29	29	28	28	28	28	28	28	27	27	27	27	27	26	26	26	26	26	25	
30	30	30	30	30	30	29	29	29	29	29	29	28	28	28	28	28	27	27	27	27	27		
31	31	31	31	31	31	30	30	30	30	30	30	30	29	29	29	29	29	29	28	28	28	28	28
32	32	32	32	32	32	31	31	31	31	31	31	31	30	30	30	30	30	30	29	29	29		
33	33	33	33	33	33	32	32	32	32	32	32	32	31	31	31	31	31	31	31	30	30	30	
34	34	34	34	34	34	33	33	33	33	33	33	32	32	32	32	32	31	31	31				
35	35	35	35	35	35	35	34	34	34	34	34	34	34	34	33	33	33	33	33	33	33	33	32

船舶在暖湿的地区装货后驶向低温海区,由于外界温度迅速下降,船体温度也迅速下降,当船体温度低于舱内空气露点时,很容易在舱内壁及舱顶表面产生汗水;船舶在干寒地区装货后驶向暖湿海区,若舱外暖湿空气进入舱内,舱内露点很快升高,当舱内空气露点高于货物表面温度时,就会在货物表面产生汗水。

防止舱内产生汗水的通风基本原则就是根据货舱内外的温、湿度及天气情况,采取正确的通风方法,以降低舱内空气的露点,使舱内空气露点始终低于船体和货物表面温度。其基本原则是:

①当舱内空气的露点高于外界空气的露点时,应采取旺盛的通风,用舱外的低露点的空气置换舱内的空气,以降低舱内空气的露点。此时可以进行对流循环的自然通风;或将机械通风的调节阀开至最大;或在使用干燥通风时将调节器放在"通风"位置。

②当舱内空气的露点高于外界空气的温度及露点时,应采取缓慢的通风,以免大量冷空气进入货舱产生雾气。此时应进行自然排气的自然通风;或将机械通风的调节阀关小;或在使用干燥通风时将调节器放在"通风"位置并追加干燥空气。

③当舱内空气的露点低于外界空气的露点时,应断绝通风,以防暖湿空气进入货舱内。如果此时必须进行通风,只能进行干燥通风,将调节器放在"再循环"位置并追加干燥空气。

有关舱内空气的露点可以从舱内安装的露点自动测试装置上读取,也可以根据舱内测定的干湿球温度,使用露点查算表求取(具体方法参阅船舶气象课程知识)。

(2)降低舱内温度,防止货物变质或自燃的通风

来自机舱、燃油加热管等热源的热量传导、太阳光的热辐射、环境气温的升高,以及某些货物自身氧化、呼吸放出的热量,会使舱内温度升高。货舱温度上升又会加剧某些货物的氧化、呼吸作用以及微生物的繁衍。如此循环往复,积热不散,便会引起货物变质或自燃。因此,在航行途中,为了降低舱内温度,防止货物变质或自燃,就必须进行正确通风。

为了降低舱内温度而采取的通风,其通风原则和为降低舱内空气的露点基本相同。但对于棉花、黄麻、煤炭、鱼粉、椰干等易自燃的货物,大量旺盛的通风虽然可以驱散热量,却同时会提供大量的氧气而加剧其氧化,以致最终引起货物的自燃。因此,对于这类货物的货舱通风应特别谨慎。一般来说,当确认舱内没有任何自燃、着火的征状,而外界条件又适于通风时,可以进行连续通风,如发现货舱内有自燃、着火的征状或已长期关闭通风筒,则应考虑断绝或继续断绝通风。对于不同种类易自燃的货物,其通风和断绝通风的时机和方法往往不同,应根据具体货种确定。船舶驾驶员应在平时工作中注意总结这方面的经验。

(3)供给新鲜空气,防止货物腐烂、变质的通风

蔬菜、水果、鲜蛋类货物在运输途中其生命过程并没有结束,需要不断地进行呼吸,这就使得舱内的氧气含量减少,二氧化碳含量增加,温、湿度升高。舱内氧气含量的减少又抑制了蔬菜、水果和鲜蛋的呼吸作用,温、湿度的升高加速了微生物的繁衍,使其容易腐烂、变质。因此,在运送这类货物时,只要外界空气的温湿度适宜,就应进行通风。其通风换气的具体要求和方法见项目九中任务四的冷藏货物运输。

（4）排除危险性气体，防止引起燃烧、爆炸及中毒事故的通风

某些货物在运输过程中可能会散发出危险性气体。其中有些气体与空气混合达到一定浓度时，遇明火就会发生燃烧甚至爆炸，另一些气体则可能是有毒的；谷物和蔬菜、水果在运输过程中，由于呼吸作用使舱内的氧气含量减少；为除鼠害和虫害而进行的熏舱会使舱内残存有毒气体。为保证人身安全，防止发生恶性事故，当运输这一类货物时，在航行途中及开舱卸货前，必须对货舱进行旺盛通风，以增加舱室内的氧气含量和排除危险性气体。

任务四　海上货运事故的种类及产生原因

⚓ 任务目标

杂货船货物种类繁杂，航区经常变换，工作环境复杂，而且常常多工种连续协调作业，所以产生货运事故的各种随机因素较多。了解货运事故产生的原因，才能结合船舶自身情况及货运情况进行风险评估，做好杂货船货运质量管理工作。

⚓ 任务（知识）储备

杂货的货运事故是指在海上运输过程中所产生的货物包装损坏、变形或松脱，货物外形残损、霉烂变质、重量减少或数量短缺和迟延交货等方面的事故。

一、海上货运事故的种类

海上货运事故包括货损、货差、货物延迟运达/交付及货物本身对外界造成的破坏或伤害事故。

1.货物残损（简称货损）事故

货物残损事故是指在装卸、运输过程中发生或发现的货物原有理化性质发生改变的货运事故。如货物变形、损坏、水湿、霉烂、分解、溢漏、灭失等。

2.货物差错（简称货差）事故

货物差错事故是指由于错装、错卸、漏装、漏卸、计数不准等造成的未能按货运单证记载及要求将货物交付给合法提货人的货运事故。

3.货物延期运达、交付事故

货物延期运达、交付事故是指货物未能在运输合同规定的时间内运达并交付给收货人的货运事故。

4.货物对外界造成的破坏或伤害事故

货物对外界造成的损坏或伤害事故是指由于货物本身发生危险，如燃烧、爆炸、释放毒气等造成对船舶、其他货物的破坏及对人身的伤害的货运事故。

二、产生海上货运事故的主要原因

海上货运事故产生的原因,归纳起来,主要有以下几个方面:

1.配积载不当

(1)货物舱位选择不当

货物舱位选择不当是指货物的理化特性与所选配的舱位、货位条件不相适应。如将怕热、忌高温、易融化的货物配置于靠近机舱、加热管系等热源附近的舱位、货位;将忌湿、怕潮的货物配置于甲板或易产生汗水的舱内货位;将要求经常通风的货物配置于深舱或底舱等通风不良的舱位、货位等。其结果是造成货物的融化、水湿、发霉、变质,甚至发生危险。

(2)货物搭配、隔离不当

货物搭配、隔离不当是指将性质互不相容的货物邻近配置,且未采取适当的隔离措施。如将扬尘污染货物配置在清洁货物附近;将气味货配置在怕异味的货物四周;散发水分的货物与忌潮湿的货物同舱混装;危险货物之间的不当隔离等。货物之间搭配、隔离不当有可能造成货物被污染、串味、破损、潮解,甚至引起燃烧、爆炸等严重事故。

(3)货物堆积、系固不当

货物堆积、系固不当是指货物未按其自身特点及运输条件进行堆放、系固。如货物堆码不紧密,垛形及堆垛方式不符合货物要求;未给需要通风的货物留出通风道;未按要求对货物进行系固或系固方式不当等。货物堆积、系固不当可造成货物移位、倒塌、相互挤压,甚至危及船舶安全。

(4)货物衬垫、隔票不当

货物衬垫、隔票不当是指未按货物的特性及运输保管要求对其进行适当的衬垫与隔票。如应该衬垫的部位未加衬垫或衬垫方法不当;衬垫材料选择不合适等;对不同到港、不同货主的同种类、同规格、同包装的货物不予隔票或隔票方式、隔票材料选择不当等。货物衬垫不当可造成货物的汗湿、污染、压损、掺混或移动;货物隔票不当有可能引起货物的混票,造成货物错卸、漏卸。

2.货舱不适货及货舱设备不符合要求

(1)货舱不适货

货舱不适货是指在装货前未对货舱进行必要的处置,货舱状况不适合承运所配置的货物。如货舱不清洁、不干燥、有异味、有虫害,未通过商检、动植物检疫等。

(2)货舱设备不符合要求

货舱设备不符合要求是指货舱的设备技术状况不良,存在缺陷。如污水沟、污水井不畅通,排污设备故障;人孔盖、舱口盖不水密,舱内管系、液舱渗漏;舱内电器、电路老化不绝缘,货舱壁护板缺损;舱内通风、排气、制冷、加热、监视报警系统故障等。

3.装卸作业中产生的货损、货差

(1)装卸机械、设备、索具有缺陷

如在装卸前未对装卸机械、设备、索具进行认真的检查,在装卸货期间突然发生故障,造成货物跌落损坏。

（2）装卸操作不当

如在装卸货期间使用手钩、撬棍;违章拖关、倒关、甩关;吊杆超负荷等。操作不当或违章操作极易造成货物外包装的破损,甚至涉及货物内容的破损。

（3）值班人员疏于职守

装卸货期间,值班看舱人员疏于职守,对装船前已存在的货物缺陷未能及时发现并予以处置,让其蒙混装船;对未按配积载计划装船以及违章操作的现象不能及时发现、制止;对贵重货物、重大件货物、危险货物未能认真监督装卸船,以致被窃或发生危险等。

4.运输途中货物保管不当

（1）货舱通风不当

航行途中,货舱通风不及时或采取的通风措施不当,可能会使舱内产生大量的汗水或使舱内缺氧或聚积大量有害气体,以致引起货物受潮、发霉,或因积热不散而引起货物自燃,甚至发生火灾、中毒事故。

（2）排污、加固措施不及时

航行途中,对污水沟、污水井中的污水不及时测量并排除,会造成污水的外溢而湿损舱内货物;大风浪中不及时对货物的系固索具进行检查、再加固,可能会造成货物移动、倒塌、相互挤压而损坏。

（3）对某些特殊货物途中管理上的疏忽

对冷藏货物、危险货物等特殊货物途中检查和管理上的疏忽大意,可能会造成这些货物的腐烂、变质甚至发生危险。

5.货物本身原因

如动物的疾病、死亡;易腐货物在长途运输过程中发生腐烂或变质;谷物、煤炭在运输过程中的发热、自燃等。

6.不可抗力

如航行途中遇到恶劣天气,因不能通风而造成货物的汗湿、霉烂;航行途中遇到八级以上的大风,货舱进水引起货物湿损,或舱内货物倒塌造成相互挤压破损等。

项目 九

特殊杂货运输

⚓ 项目描述

特殊杂货是指因其自身性质使其在运输过程中对装运技术有特殊要求的货物。特殊杂货包括货物单元、重大件货物、木材、冷藏货物以及包装危险货物等。本部分主要介绍货物单元、重大件货物、木材、冷藏货物、钢材和滚装货物的运输。

⚓ 教学目标

1.知识目标

(1)掌握 CSS 规则的主要内容；
(2)了解货物系固手册的内容及功用；
(3)了解重大件货物运输的相关知识；
(4)了解木材船甲板货运输的相关知识；
(5)了解冷藏货物运输的相关知识；
(6)了解钢材货物运输的相关知识；
(7)了解滚装货物运输的相关知识。

2.能力目标

(1)能够进行货物单元系固效果的计算评判；
(2)能够说明木材甲板货系固的方法及适用；
(3)能够画出卷钢积载系固的方法。

3.素质目标

(1)培养学生认真负责的态度。
(2)培养学生具有较强的自主能力、沟通能力、合作能力、新知识掌握能力、综合运用能力和创新能力。
(3)培养学生分析问题、解决问题的能力。

⚓ 思维导图

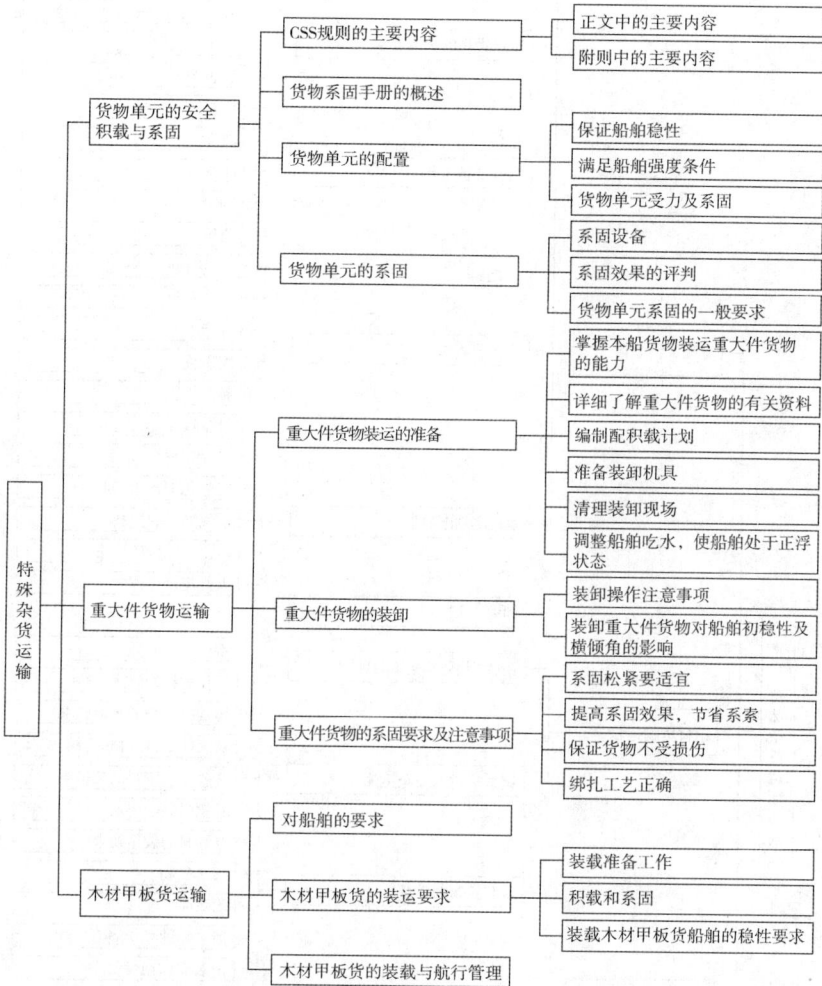

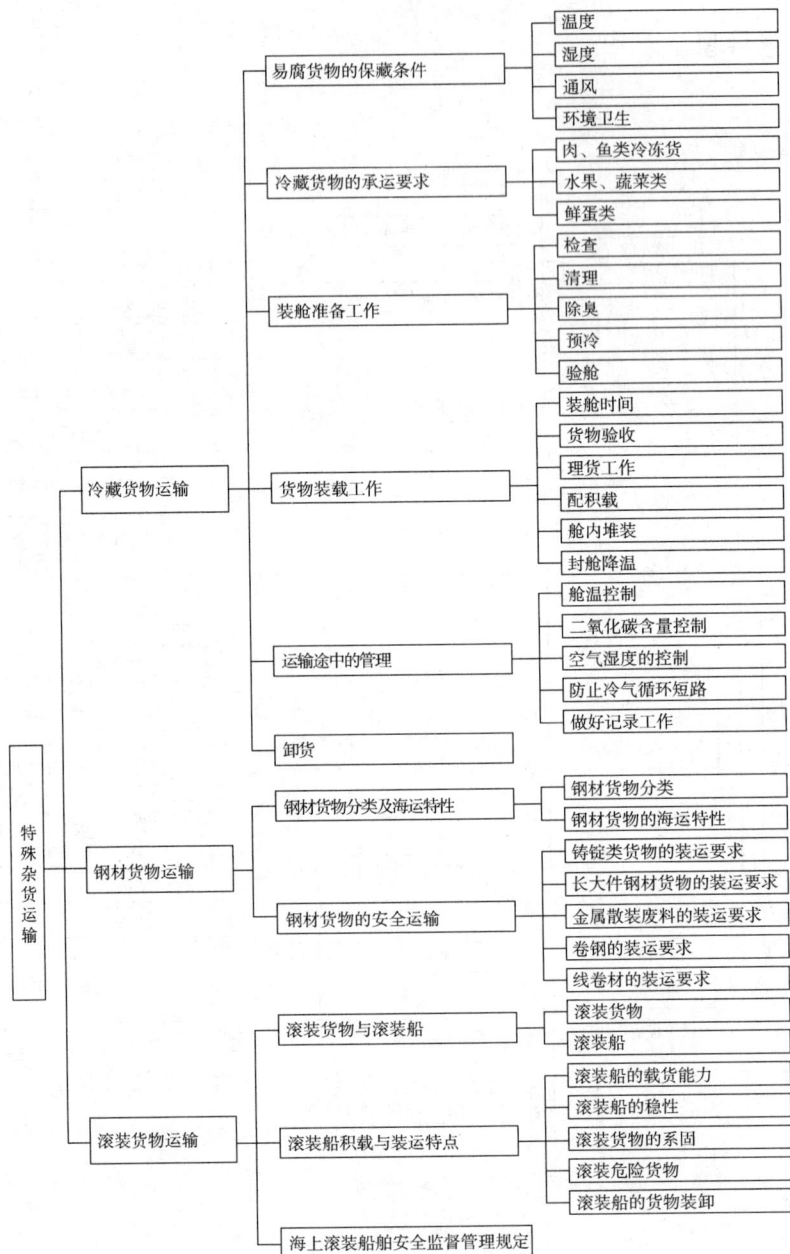

特殊杂货运输
- 冷藏货物运输
  - 易腐货物的保藏条件
    - 温度
    - 湿度
    - 通风
    - 环境卫生
  - 冷藏货物的承运要求
    - 肉、鱼类冷冻货
    - 水果、蔬菜类
    - 鲜蛋类
  - 装舱准备工作
    - 检查
    - 清理
    - 除臭
    - 预冷
    - 验舱
  - 货物装载工作
    - 装舱时间
    - 货物验收
    - 理货工作
    - 配积载
    - 舱内堆装
    - 封舱降温
  - 运输途中的管理
    - 舱温控制
    - 二氧化碳含量控制
    - 空气湿度的控制
    - 防止冷气循环短路
    - 做好记录工作
  - 卸货
- 钢材货物运输
  - 钢材货物分类及海运特性
    - 钢材货物分类
    - 钢材货物的海运特性
  - 钢材货物的安全运输
    - 铸锭类货物的装运要求
    - 长大件钢材货物的装运要求
    - 金属散装废料的装运要求
    - 卷钢的装运要求
    - 线卷材的装运要求
- 滚装货物运输
  - 滚装货物与滚装船
    - 滚装货物
    - 滚装船
  - 滚装船积载与装运特点
    - 滚装船的载货能力
    - 滚装船的稳性
    - 滚装货物的系固
    - 滚装危险货物
    - 滚装船的货物装卸
  - 海上滚装船舶安全监督管理规定

⚓ 任务引入

某船上甲板装载一重大件货物,货重 40 t,拟在其横向左、右各用三根直径为 20 mm 的钢丝进行系固,其中两根钢丝为第一次使用(其破断强度为 164 kN),一根为旧钢丝(其破断强度为 120 kN),钢链的破断强度为 196 kN。试用经验法校核该系固方案是否合格(系固索具的 MSL 与 BS 的关系如表 9-0 所示)。

表 9-0 系固索具的 *MSL* 与 *BS* 关系表

系固索具种类	最大系固负荷(*MSL*)
钢丝绳(第一次使用)	80%*BS*
钢丝绳(重复使用)	30%*BS*
钢链	50%*BS*

请思考:

(1)何为系索的最大系固负荷(*MSL*)?

(2)最大系固负荷(*MSL*)与破断强度(*BS*)的关系?

(3)可移动系固设备有哪些?

(4)如何评判系固效果?

任务一　货物单元的安全积载与系固

◎ **任务目标**

船舶装载非标准、半标准货物时,需要对此类特殊货物制订正确合理的积载和系固方案,并进行系固方案核算。为保证船舶和货物安全运输,应了解《货物积载与系固安全操作规则》(Code of Safe Practice for Cargo Stowage and Securing,简称 CSS 规则)的相关规定以及货物积载和系固的建议做法。

◎ **任务(知识)储备**

为了确保货物和船舶的安全运输,IMO 于 1991 年第十七届大会通过了 CSS 规则。制定该规则的目的是为货物单元的安全积载和系固提供全方位的建议做法。对于装运货物单元的船舶,尤其是装载非标准化货物时,应认真阅读 CSS 规则。

货物单元(Cargo Unit)是指车辆(公路车辆、拖车)、铁路货运车、集装箱、平台、托盘、可移动罐柜、中型散装容器、包装组件、成组货件、重质货件等。未永久性固定的货物装卸设备或部件,也应视为货物单元。

一、CSS 规则的适用范围和主要内容

CSS 规则适用于国际航行船舶装载除固体和液体散装货物及甲板木材货以外的货物,特别是实践中已经证明在积载和系固上会造成困难的那些货物。

规则的内容除前言和一般原则外,有七章和十四个附则。

1.正文中的主要内容

(1)总则。包括规则的适用范围;所用名词的定义;系固装置应克服的货物移动力;货物特性对货物系固的影响;估计货物移动风险的标准;对配备货物系固手册(Cargo Securing Manual)的要求;对货物系固设备及对货物资料的要求等。

(2)货物安全积载和系固的原则。

(3)标准化货物的积载与系固。标准化货物(Standard Cargo)是指船上装备有为其特定种类设计并批准的货物系固系统的货物单元,如全集装箱船装载的集装箱均属此列。

(4)半标准化货物的积载与系固。半标准化货物(Semi-standard Cargo)是指船上装备有能适应于有限种类货物的系固系统的货物单元,如滚装船上装载的车辆、拖车等。

(5)非标准化货物的积载与系固。非标准化货物(Unstandard Cargo)是指需个别积载和系固布置的货物。

(6)恶劣气候时可以采取的行动。

(7)货物移动时可以采取的行动。

2.附则中的主要内容

该规则的十四个附则中,针对在积载和系固中容易产生困难和危险的 12 种包装和形状的货物单元,提出了积载和系固的建议和基本方法,并给出了系固方案的有效性的评估计算方法。其内容包括:

(1)在非专用集装箱船上的集装箱的安全堆装和系固(Containers on Deck of Ships Which are not Specially Designed and Fitted for the Purpose of Carrying Containers);

(2)移动式罐柜(Portable Tanks)的安全堆装和系固;

(3)移动式容器(Portable Receptacles)的安全堆装和系固;

(4)轮载(滚动)货物[Wheel-based (Rollling) Cargoes]的安全堆装和系固;

(5)重件货物(Heavy Cargo Items)的安全堆装和系固;

(6)卷钢(Coiled Sheet Steel)的安全堆装和系固;

(7)重的金属制品(Heavy Metal Products)的安全堆装和系固;

(8)锚链(Anchor Chains)的安全堆装和系固;

(9)散装金属废料(Metal Scrap in Bulk)的安全堆装和系固;

(10)挠性中型散装容器(Flexible Intermediate Bulk Containers)的安全堆装和系固;

(11)甲板下堆装原木(Under-deck Stowage of Logs)的安全堆装和系固;

(12)成组货物(Unit Loads)的安全堆装和系固;

(13)对非标准货物系固装置有效性的评估方法;

(14)甲板集装箱安全系固作业指南。

二、货物系固手册的概述

CSS 规则要求除装载液体散货和固体散货以外的所有运输指定的货物运输单元的国际航行船舶,自 1998 年 1 月 1 日起必须配备货物系固手册(Cargo Securing Manual, CSM),包括集装箱在内的货物单元应按主管机关批准的货物系固手册进行积载和系固。

货物系固手册应根据船舶具体情况编制,其主要内容包括:

(1)总论:包括编制手册的依据、监督审批的主管机关、适用范围、定义及其他等;

(2)系固设备及其配备和维修;

(3)标准货物、半标准货物、非标准货物的堆装和系固的操作指南;

(4)货物安全通道布置;

(5)附录(记录表式)等。

三、货物单元的配置

货物单元配置时主要应考虑以下因素:

1.保证船舶稳性

货物单元的配积载应使船舶稳性在全部航程中保持在可接受的范围内。稳性过小,对船舶航行安全构成威胁;稳性过大,船舶在横摇中会产生较大加速度而使系索受力过大。

2.满足船舶强度条件

货物单元配置应对船体结构不会造成严重影响或破坏。在普通杂货船上装载重量较大且与甲板接触面积较小的货物单元时,为满足船舶局部强度条件,必须预先核算货物单元装船后的局部受力情况,确定衬垫方案。一般可采用方木等衬垫材料扩大受力面积从而减小甲板单位面积负荷,或临时加撑支柱以实现力的转移或传递。

在确定衬垫方案时应对货物单元装载位置处的结构、均布及集中载荷、甲板允许负荷量、衬垫方案实施的可行性等方面做全面、细致的考虑。

在确定衬垫面积时,还应考虑以下因素:

(1)衬垫物料及系固索具的重量;

(2)系固时使货物对甲板的正压力增大;

(3)海上航行时船舶在摇荡过程中货件对甲板的正压力增大;

(4)上甲板梁拱和舷弧的不利影响;

(5)货件装载操作的影响;

(6)货件装载时船舶浮态的影响。

除上述为满足船舶局部强度条件而进行的衬垫外,若货物单元与甲板或结构间或货物单元之间的摩擦力较小,存在滑动的危险,则需在它们之间使用适当材料进行衬垫,如软板、垫板、橡胶等,以增大摩擦。

在计算货件与甲板、货件之间的摩擦力时,其相应的摩擦系数 μ 为:钢板与木材、橡胶之间, $\mu = 0.3$;钢板与金属(干燥状态)之间, $\mu = 0.1$;钢板与金属(潮湿状态)之间, $\mu = 0$ 。

为防止货物单元的移动或滚动,在货物单元与舷侧间、货物单元与舱壁间或货物之间需用木支架、木支撑、木材填充及塞紧。对圆形或椭圆形罐柜可采用架式底座衬垫;卷材类货物单元则可根据装载位置使用直立木材、板条、木楔、木支撑等进行综合填衬;车辆用支架或千斤顶作防滚撑衬。

3.货物单元受力及系固

货物单元所受外力的合力通常随装载位置的高度及离船舶运动中心的纵向距离的增大而增大,因而货物积载于船舶最前端或最后端以及每一舷最高处时,所受外力最大。为减小货物单元受力,应尽可能将其配装在船舶摇摆时角加速度较小处,如底舱中间位置处。货物单元配置应保证系固方案的实施和系固情况的检查。在配装位置处,应具有足够的系固设备,并满足系索系固角度的要求。为便于航行中的检查和加固,应留出一定的空间,以使得人员容易接近。

四、货物单元的系固

1.系固设备

1)系固设备的种类

系固设备可分为固定系固设备和可移动系固设备两种。

(1)固定系固设备

固定系固设备是指系固点及其支撑结构。这些设备既可以是内部的,如焊接在船体结构内,也可以是暴露在外的,如直接焊接在船体结构外部,包括舱壁、强肋骨、支柱等上的固定系固设备(如眼板、带环螺栓等)、甲板上的固定系固设备(如象脚装置、集装箱的角件孔、地令等)、天花板上的类似装置。

(2)可移动系固设备

可移动系固设备包括链条、钢丝绳、纤维绳、绑扎带、松紧器(如松紧螺杆、紧链器等)、卸扣、紧锁夹、集装箱用扭锁、桥锁等。

船舶在选用可移动系固设备时,应根据航线、船舶和所运载的货物单元等具体情况来确定。需考虑的因素包括航次时间、航经的地理区域、可预见的海况、船舶尺度及设计特征、航行中可预计的静外力和动外力、包括车辆在内的货物单元的形式和包装、货物单元计划配积载方案、货物单元的重量和尺寸等。

2)系固设备的强度

衡量系固设备强度的指标有破断强度、最大系固负荷和计算强度。

(1)破断强度

系固设备的破断强度(Breaking Strength,BS),是指设备在拉伸试验中使其达到破断状态时的拉力(kN)。制造厂家至少应提供该设备的标准破断强度资料。

(2)最大系固负荷

最大系固负荷(Max Safety Loading,MSL),是用以确定系固设备系固货物单元时所允许的最大负荷能力,它等于设备的破断强度与相应系数 δ 的乘积,即

$$MSL = \delta \cdot BS \ (kN) \tag{9-1}$$

式中:δ——系固设备系数。

　　　BS——系固设备破断强度。

当多个设备串联使用时,MSL 取其中最小者。

表 9-1　系固设备系数表

设备及材料	$\delta(\%)$
卸扣、环、甲板孔及低碳钢松紧螺杆	50
纤维绳	33
钢丝绳(第一次使用)	80
钢丝绳(重复使用)	30
钢带(第一次使用)	70

(3)计算强度

考虑到货物单元系固布置中可能存在受力不均匀、系固水平不高或其他因素,应取适当安全系数来折减最大系固负荷,折减后的 MSL 则称为系固设备的计算强度(Calculating Strength,CS)。

$$CS = \frac{MSL}{\text{安全系数}} \ (kN) \tag{9-2}$$

为使各系索有一致的弹性变形,应选用材料和强度相近的索具。

2.系固效果的评判

CSS 规则中提供了几种不同的核算方法,相关人员可以根据需要采用不同的方法

对系固方案进行核算。

1）经验评判法

防止货件横向移动的经验法评判标准可表述为：以 W 表示的货件重量不大于每一舷系固设备 MSL 总和，即

$$W \le \sum MSL \ (kN) \tag{9-3}$$

在应用经验法评判系固效果时，假定横向加速度为 $1.0g(9.81 \ m/s^2)$，适应于任何尺度的船舶，并忽略货物单元装载位置、船舶稳性、装载状态及航行季节和区域。该方法既不考虑系固角和系固设备中系固力的非均匀分布的不利影响，也未考虑摩擦力的有利影响。系固角大于 $60°$ 的系索有利于防止货物单元倾倒，但在经验法评判系固效果时不应计入。经验评判标准偏于严格，即偏于安全。

2）完整核算方法

系固效果的完整核算方法包括改进核算法和替代核算法。装于船上的货物单元所受的外力主要由船舶运动引起的惯性力、甲板积载时所受风压力和波溅力组成，按船舶坐标系可将它们分解为纵向力、横向力和垂向力。

在通常条件下，货物系固的目的在于阻止货物单元的水平横移和纵移、防止货物单元横向倾倒。在大多数情况下，其纵向倾倒的可能性极小。因此，系固效果评判标准可写成：

$$F_x \le [F_x] \begin{cases} F_y \le [F_y] \\ M_y \le [M_y] \end{cases} \tag{9-4}$$

式中：F_y, F_x——作用于货物单元上的横向移动力和纵向移动力（kN）；

$[F_y], [F_x]$——阻止货物单元移动的横向约束力和纵向约束力（kN）；

M_y——货物单元横向倾覆力矩（kN·m）；

$[M_y]$——阻止货物单元横向倾覆的约束力矩（kN·m）。

3.货物单元系固的一般要求

1）各系索松紧适宜且受力均匀

对货物单元上的系索，既要使其紧固而不致松动，又要防止过紧而折断，同时还要易于解开，以便万一发生意外时能立即松开。货物单元一侧的系索应保持在同一松紧度上，这样才能保证各系索受力均匀，避免因松紧不一导致某些系索破断。

2）系索尽量横向和纵向对称分布

系索布置对称，可使其左右或前后受力均衡，而不会形成一侧系索因受力过大而失效的不利情况。

3）系索长度不宜过大

系索长度过大，不易收紧，且可能因弹性变形而松动，更不能一索系多道。

4）系固角应适当

过小的系固角不利于防止货物倾倒，过大的系固角则不利于防止货物水平移动。因此，为提高系固效果，应选取适当的系固角，一般应取 $30° \sim 60°$。

5）如需要，使用防滑材料增大摩擦

使用防滑材料增大货物单元与甲板间的摩擦力，从而减小了货物单元的水平移动

力,系索道数可相应减小。

6)注意系固设备的正确操作和使用

不同种类的货物单元在不同的堆装条件下,应使用与之相适应的系固设备,如使用不同的系索、松紧装置等。各种系固设备应正确操作,防止造成损坏或未达到预定的系固效果。如每个地令上可连接的系索数应不超过其 *MSL* 值,否则容易断损,一般认为,同一地令上不能超过 3 根系索,且方向不能相同;系固钢丝绳不应大角度弯曲,以免破断。

7)系索与其他方式的联合固定

除采取系索固定外,根据需要可采用木料支撑、木楔塞紧等方式固定。

8)保证货件不受损伤

为避免系索直接接触货物表面而压损或磨损货件,应在规定的部位进行系固,必要时在系固部位先加铺垫。对怕水湿的货物,除合理选择舱位外,在系固前应先铺盖油布,易腐蚀部位应涂上防护油脂。

任务二　重大件货物运输

◈ 任务目标

重大件货物一般由具有超重型吊杆设备、超厚甲板和特殊稳性系统的专用船运输。了解重大件货物装运前的准备工作,装卸的注意事项及装卸过程中对船舶稳性的影响。知晓重大件的系固方法及注意事项。

◈ 任务(知识)储备

重大件货物(Awkward Lengthy Cargo),通常指单件重量或体积或尺寸过大或兼有的货物,如大型成套设备、集装箱、车辆、游艇等。各国对重大件货物的限定标准不一,我国规定远洋运输中单件重量超过 5 t 或单件尺寸超过 9 m,沿海船运输中单件重量超过 3 t 或单件尺寸超过 12 m 的货物为重大件货物;国际运输的单件重量超过 40 t 或长度超过 12 m 或宽度或高度超过 3 m 的货物即视为重大件货物。

一、重大件货物装运前的准备

1.掌握本船承运重大件货物的能力

在装运重大件货物前,应掌握本船承运重大件货物的能力,如船体结构、局部强度、绑扎系固设备、起重设备的负荷量等。另外,应检查重吊设备的所有部件及属具,使之处于良好的技术状态。

2.详细了解重大件货物的有关资料

在装运重大件货物前,应详细了解其有关资料,如重量、尺寸、形状、吊装位置、包装形式及其坚固程度、装卸要求等。

3.编制配积载计划

(1)选择合适的舱位及货位。主要应从保证货物和船舶安全,便于重吊操作等方面考虑。如当重大件货物装于舱内时,应将其配置于舱口尺寸大且有重吊的中部货舱。上甲板的重大件货物不应置于舱盖上,不应妨碍甲板上其他正常工作,要留出人行通道,且重大件货物在船上的配置应左右对称。如果不是装在舱口的下方,应确定其移动路径和方法;重大件货物装船后衬垫、系固的具体方案应事先定妥。

(2)计算受载部位的局部受力,保证其局部结构不受损伤。

(3)计算装载重大件货物后及用船吊装卸重大件货物的全过程中船舶稳性及横倾变化,并保证不超出允许值。现代承运重大件货物的船,一般采用自动平衡的装置调整横倾角,所以在装卸过程中不会产生过大的横倾。

(4)制订系固方案

具有特殊要求的重大件货物应具有吊运技术资料并拟订专项装卸工艺方案。

4.准备装卸机具

除重吊及其属具外,还应根据重大件货物的具体特征选用相适应的吊具,准备好衬垫及系固用的材料。

5.清理装卸现场

清除妨碍装卸作业的杂物,划出安全作业区,禁止无关人员进出。

6.调整船舶吃水

调整船舶吃水,使船舶处于正浮状态。

二、重大件货物的装卸

1.装卸操作注意事项

(1)严格按重大件货物装卸指示标志系挂吊索,并在货件受压处衬垫,以防货物压损。

(2)重大件货物起升离地面约 0.3 m 时暂停片刻,以便仔细检查重吊各部位在受力后有无异常情况、货件前后左右能否保持平衡、系索是否全部拆除等,无疑后方可继续吊运。

(3)操作员应由熟练工人担任,在操作过程中应平稳缓慢,当发现异常情况时应立即停止操作,应予检查或采取措施,以确保安全。在装货时,大副和值班驾驶员应在现场监装,以便及时处理意外事故。起吊落码要轻,吊运时,初速要缓,运行要稳,途经区域内应无障碍物,重大件货物吊经船舷、船舱口围板等处时,货件底部空档不得小于 0.5 m,吊运载于车辆上的重大件货物,不得从车辆驾驶室的上方通过。对于略大于舱口尺度但小于舱口对角线长度的重大件货物,可先调整其方向,使其与舱口对角线平行后再吊运进出舱口,必要时,在确保安全的基础上,可将重大件货物适当倾斜,然后吊运进出舱口。

(4)重大件货物吊运至车辆、舱口、货垛等处的上方时,缓慢下降离着落处 1~1.5 m处暂停,作业人员使用推拉钩或稳索使重大件货物停稳,然后缓慢降落,当货物妥善放置在预定位置垫稳放平,经检查确认无危险后,才能下令松缆解钩。

（5）装载时一般由舱四周向舱口围、由舱内至甲板按顺序进行；卸载时由甲板至舱内、由舱口围向舱四周按顺序进行。重大件货物与件杂货物混合积载时，应卸清周围的件杂货物后再卸重大件货物。箱装重大件货物应重箱放在下面，轻箱放在上面。在下面箱子强度较弱时，其上应垫方木或木板，所垫位置应在下面箱子的立柱等结构牢靠处，其长度应等于或稍长于下面箱子的宽度。

（6）在重大件货物的整个装卸过程中，应随时注意船舶的浮态，保持船体平衡，横倾角不得大于 3°。当发现横倾过大，超过规定时，应及时用压载水或其他方法予以调整。

（7）在装卸重大件货物的各区域内，夜间照明度应符合有关的要求。

（8）当风速大于 15 m/s（风力 7 级）时，应停止重大件货物的吊运作业；当风速大于 12 m/s（风力 6 级）时，应停止使用浮式起重机吊运重大件货物；雨雪天应停止标有防潮标记的重大件货物在露天作业。

（9）起吊离地前，吊钩垂直线必须对准货物的重心。

（10）装卸过程中应注意调整缆绳，以防船身游动影响作业。当外档作业时，缆绳应适当放松，以免船舶外倾时缆绳受力过大崩断。

2.装卸重大件货物对船舶初稳性及横倾角的影响

根据不同情况，重大件货物的装卸可以通过岸上的装卸设备或船上的重型起货设备来完成。

1）使用岸上的装卸设备装卸重大件货物

使用岸上的装卸设备装卸重大件货物，对于船舶来说，在货物离开或放置在船舶甲板时船舶的稳性和横倾角发生了变化，若货物重量小于排水量的 10%，则无论是吊装还是吊卸，都可看作少量载荷变动对船舶的影响，此时，初稳性高度的改变量 δGM 为

$$\delta GM = \frac{P \cdot (KG-Z_{\mathrm{p}})}{\Delta + P} \ (\mathrm{m}) \tag{9-5}$$

式中：P——重大件的重量（t），加载时取"+"值，卸载时取"−"值；

Δ——船舶排水量（t）；

KG——船舶重心高度（m）；

Z_{p}——重大件重心距基线垂直距离（m）。

吊装或吊卸后，船舶的初稳性高度 GM_1 为

$$GM_1 = GM + \delta GM \ (\mathrm{m}) \tag{9-6}$$

式中：GM——船舶原初稳性高度（m）；

δGM——初稳性高度的改变量（m）。

若装卸重大件货物的位置不在船舶中线上，则会使船舶产生横倾，如船舶初始为正浮状态，产生的横倾角 θ_{h} 为

$$\theta_{\mathrm{h}} = \arctan \frac{P \cdot y}{\Delta \cdot GM_1} \ (°) \tag{9-7}$$

式中：GM_1——吊装或吊卸后船舶初稳性高度（m）；

y——货位距船舶中线的横向距离（m）。

2）使用船上重型起货设备装卸重大件货物

　　当用船上重型起货设备装卸重大件货物时,货物垂向位置的改变使船舶的稳性发生变化,货物横向位置的移动将使船舶产生横倾。如果船舶稳性过小,则过大的横倾可能使船舶倾覆,或使吊杆支索受力过大而破断。过大的横倾也可能使舱内货物移动造成事故,甚至使船舶倾覆。过大的横倾也不利于机舱的工作,特别是检修工作。因此,应预先计算船舶可能产生的横倾角,若横倾角过大,则应采取措施加以调整。计算时可按吊卸和吊装两种不同情况进行。

　　(1)吊卸时

　　如图 9-1 所示,当船上重吊将重大件货物吊起时,货物即转化至悬挂状态,即理论上,重大件货物的重心由原位置上升到了吊杆顶点——"虚重心点"处。设重大件货物积载位置的重心高度为 Z_p,吊杆顶点距基线垂直高度为 Z_b,则此时船舶初稳性高度 GM_1 为

$$GM_1 = GM - \frac{P(Z_b - Z_p)}{\Delta} \ (\text{m}) \tag{9-8}$$

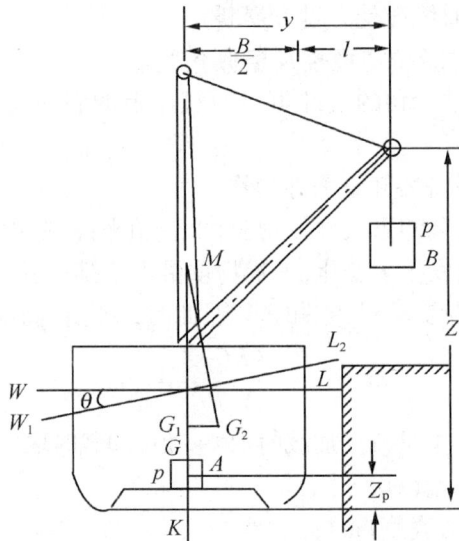

图 9-1　用船机吊卸重大件

　　货物自吊出舱外向舷侧横移,直至移至码头上货物待卸位置,当货物脱离吊钩放至码头地面前,船舶产生的横倾角 θ_h 用下式计算:

$$\tan\theta_h = \frac{P \cdot y}{\Delta \cdot GM_1} = \frac{P \cdot y}{\Delta \cdot GM - P \cdot (Z_b - Z_p)} \tag{9-9}$$

　　式中:y——货物横移距离(m)。

　　若货件积载位置重心横坐标为 y_p,吊杆舷外跨距为 l,船宽为 B,则

$$y = \frac{B}{2} \pm y_P + l \ (\text{m}) \tag{9-10}$$

　　如果考虑重吊横移的影响,则式(9-9)可写成:

$$\tan\theta_h = \frac{P \cdot y + P_b \cdot y_b}{\Delta \cdot GM - P \cdot (Z_b - Z_p)} \tag{9-11}$$

式中：P_b——重吊臂自重(t)；

y_b——重吊臂重心横移距离(m)：

$$y_b = \frac{\frac{B}{2}+l}{2} \quad (m)$$

事实上，吊卸过程中最大倾角和最小稳性并不同时发生，但在生产实际中基本上可将货物将要落放码头时的状态作为最不利状态进行计算。

例 9-1：某船排水量 $\Delta = 12\,600$ t，初稳性高度 $GM = 1.1$ m，船舶重心高 $KG = 7.9$ m，某航次使用船上重吊吊卸一重 60 t 的大型设备，其重心距基线高 2.4 m，横向重心位置为内舷距船舶中线 1.5 m，吊臂顶端距基线 $Z_b = 18$ m，其舷外跨距 $l = 3.6$ m，船宽 $B = 21.8$ m。试求吊卸时船舶产生的最大横倾角 θ_h。

解：由式(9-9)和式(9-10)可知

$$\tan\theta_h = \frac{P \cdot (B/2 - y_p + l)}{\Delta \cdot GM - P \cdot (Z_b - Z_p)} = \frac{60 \times (21.8/2 - 1.5 + 3.6)}{12\,600 \times 1.1 - 60 \times (18 - 2.4)} \approx 0.06$$

$$\theta_h \approx 0.34°$$

（2）吊装时

吊装重大件货物与吊卸重大件货物不同之处在于：吊卸是将货件由船上装载位置吊至卸载位置未着落之前的情况，在此过程中，船舶的排水量未变；而吊装是将货件从舷外提起再吊至拟装部位未着落之前的情况，此时，货件的重量由船外加到了船上，船舶的排水量发生了变化。因此，吊装重货的过程对船舶稳性高度的影响，除了考虑船吊提起重货使之成为悬挂货物的影响外，还要考虑加装少量载荷 P 的影响。

如图 9-2 所示，重大件货物被提起时，相当于货物重量加载到了吊杆顶点，则船舶初稳性高度改变量为

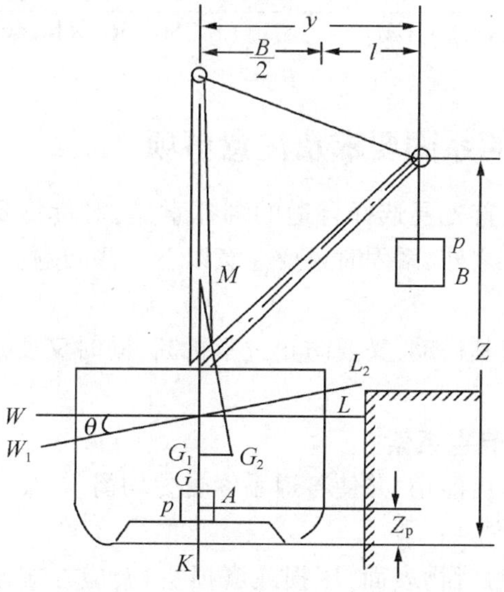

图 9-2　用船机吊装重大件货物

$$\delta GM = \frac{P(KG-Z_b)}{\Delta+P} \tag{9-12}$$

船舶新的初稳性高度为

$$GM_1 = GM + \frac{P(KG-Z_b)}{\Delta+P} \tag{9-13}$$

又因为此时吊臂舷外跨度最大，重大件距船舶中纵剖面最远，因此，此时可能产生的最大横倾角为

$$\tan\theta_h = \frac{P \cdot y'}{(\Delta+P) \cdot GM_1} \tag{9-14}$$

若考虑重吊吊臂横移的影响，则

$$\tan\theta_h = \frac{(P+P_b/2) \cdot (B/2+l)}{(\Delta+P) \cdot GM_1} \tag{9-15}$$

式中：y'——起吊时货件重心距船舶中纵剖面的横向距离，$y' = B/2+l$。

例 9-2：某船某航次使用船上重吊吊装一重 56 t 的大型设备，重吊吊臂自重 $P_b = 5$ t，其舷外跨距 $l = 3.8$ m，船宽 $B = 19.6$ m，吊装前排水量 $\Delta = 8\ 350$ t，初稳性高度 $GM = 1.20$ m，船舶重心高 $KG = 7.9$ m，吊臂顶端距基线 $Z_b = 16$ m。试求吊装时船舶初稳性高度 GM_1 及可能产生的最大横倾角 θ_h。

解：

（1）由公式（9-13）计算初稳性高度 GM_1：

$$GM_1 = GM + \frac{P \cdot (KG-Z_b)}{\Delta+P} = 1.2 + \frac{56 \times (7.9-16)}{8\ 350+56} \approx 1.146\,(m)$$

（2）由式（9-15）计算可能产生的最大横倾角 θ_h：

$$\tan\theta_h = \frac{(P+P_b/2) \cdot (B/2+l)}{(\Delta+P) \cdot GM_1} \approx \frac{(60+5/2) \times (19.6/2+3.8)}{(8\ 350+56) \times 1.146} \approx 0.088\ 2$$

$$\theta_h \approx 5°$$

三、重大件货物的系固要求及注意事项

重大件货物的绑扎，首先要选择合适的绑扎索具，对货物受力进行分析或估算，确定正确的系固方案，除此之外，系固时还要注意以下一些问题：

1.系固松紧要适宜

既要做到紧固，不使其松动，又要防止过紧折断，同时又要易于解开，以防万一发生危险时能立即松绑。

2.提高系固效果，节省系索

系固时，系固角应尽可能小，并使各道系索受力均衡。

3.保证货物不受损伤

为避免系索直接接触货物表面，压损或磨损货物，应在规定的部位进行系固，必要时应在系固部位先加铺垫。对于怕水湿的货物，除合理选择货位外，在系固前应先铺盖油布，易腐蚀部位应涂以防护油脂。

4.绑扎工艺要正确

系索应左右、前后对称。每道系索应先绕货物一周后再在两侧固定（当货物上无系固定点时应在同一侧固定,否则货物仍会移动）,不能一索绑多道。每个生根的地令上不能超过三根绑索,而且方向不能相同。对于车辆等带轮的货物,如为充气轮胎,则应将胎内气体放出一些,以利系固和防止货件滚动;如为铁轮（如火车车厢）,一般应先用枕木铺垫,上铺铁轨,轮子与铁轨之间要用三角铁固定,并应将三角铁焊在铁轨上,如有条件最好先将铁轮用铁板固定住,再用角钢将其焊于船上。装在舱内的重大件货物,除用系索固定外,一般还在垂直方向和水平方向用方木支撑,货件之间用木料钉住,以防航行途中移位。

任务三　木材甲板货运输

◈ 任务目标

运输木材甲板货的船舶规模趋大,设备更趋先进,但货物移位和灭失的事故仍时有发生。运输甲板木材货时,应了解木材货装运的准备工作,掌握木材积载及系固的方法,明晰运输过程中木材货的管理,确保运输安全。

◈ 任务（知识）储备

木材甲板货是指在船舶的干舷甲板或上层建筑甲板的露天部分装载的木材货物,包括原木或锯材、斜木、圆木、杆材、纸浆原料和所有其他散装的或捆装的木材,但不包括木质纸浆或类似货物。

为保证木材甲板货的安全运输,IMO 于 1991 年修订了《船舶载运木材甲板货安全操作规则》(Code of Safe Practice for Ships Carrying Timber Deck Cargoes)。该规则适用于船长等于或大于 24 m 的从事木材甲板货运输的船舶。该规则对安全运输木材甲板货应采取的积载、系固和其他营运安全措施提出了建议。

一、对船舶的要求

对于装运木材甲板货的船舶,当其构造符合载重线规范的各项要求时,可以勘绘木材载重线。只要完全遵守《1966 年国际船舶载重线公约》的规定,正确装载木材甲板货,则不论舱内装载的货物的数量和种类,船舶可以使用木材载重线,但必须做到:

（1）装载木材甲板货时,船舶必须具备装载木材甲板货的综合稳性资料,包括使用资料的相应指导。

（2）装载木材甲板货的船舶在计算稳性时,应计及木材甲板货因吸水或结冰引起的重量增加、木材甲板货间的空隙中积水的重量、途中油水消耗的影响以及自由液面的影响。

（3）当船舶使用木材载重线时,船舶稳性可使用装载木材甲板货时的静稳性曲线图计算。当木材甲板货的装载不符合规定时,船舶稳性应使用不装载木材甲板货的静稳性曲线图计算。

二、木材甲板货的装运要求

1.装载准备工作

1)在装载木材甲板货前应封舱并关闭甲板上的所有开口,有效地保护空气管、通风筒,检查止回阀和类似装置,确认其能有效地防止船舶浸水,除去装载部位的积水和积雪。

2)装载前应在相应的位置上设置立柱和放好系索。立柱应采用钢或其他有足够强度的材料,在船舶的两舷装载木材的整个区域内设置,并用角钢、金属插座等将其牢固地固定在甲板上,各立柱间的间隔不应超过 3 m。

2.积载和系固

1)积载

（1）货垛尽可能密实和紧凑。密实、紧凑积载是安全运输木材甲板货的基本原则,其目的是防止因货垛松动导致系索松弛,使货垛内产生约束力,降低货垛的渗透率。

（2）应使船员住舱、引航员登船通道、机器处所以及船舶必要运转所经常使用的所有其他区域的通道,在任何时候都安全畅通,使甲板上的安全设施、阀门遥控装置、测深管易于接近。

（3）在使用冬季载重线时,木材甲板货的高度不应超过最大船宽的 1/3,在其他任何情况下,都应限制木材甲板货的堆高。限制木材堆高的目的是保持足够的视域、具有安全的稳性、减小首浪对货堆端面的冲击及保证露天甲板和舱盖的受力在允许范围内。

（4）在使用木材载重线的船上装载木材甲板货时,纵向上,木材应分布在上层建筑和首楼之间的全部可用长度内,并尽可能靠近端壁。在尾端无限制性上层建筑时,至少应装至舱口的后端,横向上,在为护栏、舷墙柱、立柱、引航员登船通道等障碍物留出余量后,尽可能接近船舷,货物至两舷的间距不超出船宽的 4%。

（5）木材甲板货的装货重量应不超过舱盖和甲板的允许负荷量;整船装运木材时,甲板货的重量可以达到全船总货重的 40%,但最大不能超过 50%。

2)系固

根据本船的货物系固手册的要求对木材甲板货进行系固,系固时船方应派人参加,以检查系固质量。在木材甲板货装船前,应对船上所有的系固点(包括立柱上的系固点)进行目视检查,发现任何损坏都应及时进行修理。

（1）每一系索和系固装置应具有足够的强度。其破断强度不低于 133 kN;当初始应力为破断强度的 80%时,伸长不超过 5%;为破断强度的 40%时,无永久性变形。

（2）每一系索应配备松紧装置或系统,该装置或系统所产生的载荷,水平部分不小于 27 kN,垂直部分不小于 16 kN。

（3）在张紧和初步系固后,松紧装置或系统的螺杆剩余螺纹长度应不小于一半,以供备用。

（4）每一长度木材至少应系固两道，并尽可能靠近木材端头。两根系索最大间距为3 m，高度越大时，间隔越小。

（5）正确使用钢丝绳夹，给夹具、卸扣和松紧螺套润滑，提高它们的夹持能力并防止腐蚀。

（6）每一系索都应绕过甲板木材并用卸扣有效地固定在甲板边板或其他系固点的眼板中，其布置方式应尽可能保证在整个高度上与木材接触。

3）通常采用的系固方式

（1）拱背系固法

该方法通常用于第 2 层和第 3 层木材的系固。将系索系固在两立柱上并使之拉紧，当上层木材装在这些系索上后，其重量会进一步使其绷紧。

（2）绕行系固法

除系链外，加用钢丝绳系索，每根系索从货堆一侧绕至另一侧并绕最上层货一圈。

（3）鞋带交叉系固法

如图 9-3 所示，摆绳从货堆上绕过，并穿越一系列扣绳滑轮，由基索固定就位。紧索螺套从基索顶部装入摆绳中，以使其保持绷紧状态。

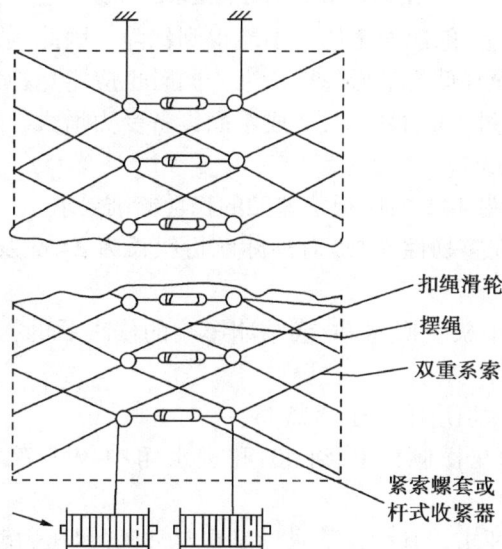

图 9-3　鞋带交叉系固法

（4）链条围固法

系索从货垛顶部绕过并固定到坚固的眼板或舷外其他系固点上。每一系索上需装紧索螺套，以便紧固。

应该注意的是，根据木材不同特点及装载的具体情况，应选用适当的系固方式，或由以上系固方式组成系固系统。四角木材典型系固系统如图 9-4 所示。

系固方式不排除已为实践检验有效的海员通常做法。

3.装运木材甲板货船舶的稳性要求

由于船舶在甲板上装载较大比例的木材，船舶重心提高，稳性降低，受风面积增大，

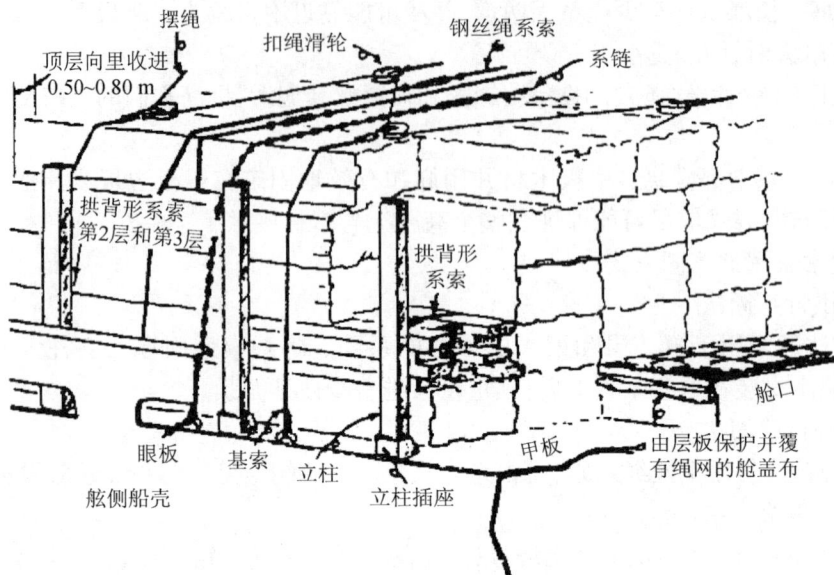

图 9-4　四角木材典型系固系统

在恶劣的海况条件影响下,船舶安全往往不能得到保障。因此,装运木材甲板货的船舶应具有安全的稳性,不允许低于最低稳性衡准。同时也应避免稳性过大,以免船舶在航行中因剧烈摇摆而产生过大的加速度,造成系固设备受力增大。营运经验表明,初稳性高度最好不超过船宽的 3%。

1)IMO 对国际航行装载木材甲板货船舶的稳性衡准要求

IMO《2008 年国际完整稳性规则》对国际航行船长为 24 m 及以上的木材甲板船的完整稳性衡准要求是:

(1)经自由液面及甲板货吸水和/或结冰影响的修正后的初稳性高度 GM 应不小于0.10 m。

(2)复原力臂的最大值应不小于 0.25 m。

(3)复原力臂曲线在横倾角 0°到 40°和进水角中较小者之间所围面积应不小于0.080 m·rad。

(4)满足气象衡准要求。其中仅要求满足在定常风(风压力臂 l_{w1})作用下的横倾角 θ_0 不大于 16°即可(即不需要满足 $\theta_0 < \min\{16°,甲板边缘入水角 80\%\}$)。

船舶到港及航行中均应假定木材甲板货的重量由于吸水增加 10%。结冰计算时,木材甲板货外表面的结冰重量应按实际情况增加,如无实际结冰重量资料,可按稳性报告书中的资料取值。

2)我国法定规则对非国际航行木材甲板货运输船的稳性要求

除满足对干货船基本稳性衡准的要求外,还应满足上述 1)中(1)和(2)两项要求。同时规定,船舶途中木材甲板货假定的吸水增加重量也为 10%原木材重量;在计算船舶复原力臂曲线时,可计入木材甲板货外形体积入水部分 75%的浮力。

三、木材甲板货的装载与航行管理

（1）装货时，保持船舶无横倾，避免使立柱等承受过大负荷；航行中如船舶产生横倾，应查明其原因，如果是由于货物移位、船舶进水或船舶稳性不足所引起，则应根据具体情况采取正确的补救措施。

（2）甲板木材衬垫材料的铺垫方向应保证负荷落在甲板下的结构上，并有助于排除积水。

（3）装货过程中，应监督货物堆积情况，检查货物是否密实紧凑。若木材甲板货周围因舱口围板或甲板障碍物而存在间隙，应有效地填塞松散木材。

（4）木材甲板货一般应纵向堆放。对于包装木材及四角木材，当在舱口位置上积载时，最好有一个或多个不相邻的货层横向放置，使货垛内产生结合效应。只有两端平齐的包装木材才能横向堆积。

（5）原木不应与包装木材在甲板上混装，沉重的大型板材和方材与包装木材最好分开堆装。长度不齐的包装木材和如露天堆装足以影响其运输质量的木材制品不能装在甲板上。

（6）航行期间应定期检查甲板木材货的系索状态，必要时将其收紧。对系索的所有检查和调整均应记入航海日志。

（7）航行中应尽量避开潜在的恶劣天气和海况，当无法避开时，应采取减速、改变航向等措施，以最大限度地减少货物和系索的受力。

任务四　冷藏货物运输

任务目标

冷藏货物要求在低于常温的条件下运输、保管。在冷藏货物中多数为动物性和植物性食品，这类货物在常温条件下经过较长时间会由于微生物作用、呼吸作用和化学作用等使其成分发生分解、变化而腐败，以致失去使用价值。冷藏运输的目的就是使货物在运输期间不致变质、过热或腐败。了解易腐货物的保藏条件、承运要求，掌握冷藏船备舱及配载、冷藏货物的管理相关知识是确保冷藏货安全运输的前提。

任务（知识）储备

一、易腐货物的保藏条件

易腐货物的保藏条件包括对温度、湿度、通风和环境卫生的要求，其中温度是影响货物保藏质量的主要因素。

1.温度

温度对微生物的生长繁殖影响极大，低温会抑制其繁殖，甚至能杀死部分菌类。温度是影响酶作用的最重要因素之一,温度越低,酶的活性也越低。同时,温度对呼吸氧化作用的影响也极为显著,温度升高,水果、蔬菜等的呼吸氧化作用就会加强;反之,温度降低,水果蔬菜等的呼吸氧化作用就会减弱。此外,低温还可减少水果、蔬菜的病虫害,故温度是保藏易腐货物的主要条件。

不同的货物对冷藏温度的要求是不同的,并不都是冷藏温度越低越好,对于不同的货物应分别采取冷却、冷冻、速冻等不同方法进行运输。

所谓冷却,是把食品的温度降到尚不致使细胞膜内的水分结冰的程度,即不充分的冷冻状态,通常是在 0~5 ℃。鲜蛋、水果、蔬菜等常用冷却运输。所谓冷冻,是把食品温度降到 0 ℃以下。在一般情况下,冷冻温度大多在-20 ℃左右,使食品的液态水绝大部分变为冰晶,从而能够使食品质量在较长时间内不致发生变化。猪牛肉、鸡鸭、鱼等均采用冷冻运输。所谓速冻,是在很短的时间内使食品冻结。速冻过程中形成的冰晶颗粒比较均匀、细小,不致造成细胞膜破裂,因而能保持食品原有的鲜味和营养价值。一般情况下,速冻食品的运输温度不低于-20 ℃。

冷藏货物的保藏除要求有一定的环境温度外,还要求保持温度的稳定。

2.湿度

外界空气的湿度对易腐货物的运输、保管质量也有直接的关系。湿度是指空气中水汽含量的多少或空气干湿的程度。一般在冷藏技术上采用相对湿度这一指标,它是指空气的绝对湿度与饱和湿度的百分比。相对湿度越大,空气中的水汽量越接近饱和状态,空气越潮湿,货物越易吸湿;相反,相对湿度越小,空气中的水汽量距离饱和状态越远,空气就越干燥,货物越易散湿。显然,如湿度下降,会使食品的含水量降低和减重,水果、蔬菜等会发生萎蔫现象。如湿度过高,则促使微生物迅速生长繁殖和增强食品的呼吸氧化作用,加速食品的腐败变质。因此,外界空气的湿度过低或过高均不利于易腐货物的保藏。

3.通风

对于冷却运输货物,如水果、蔬菜、鲜蛋等货物,在储运过程中会不断地消耗氧气,散发出水分、二氧化碳等气体,如不及时通风,时间过长会造成缺氧,产生窒息性气体而加速腐烂变质。通风对温、湿度有直接影响,一般在夜间能起到降温作用,寒冷季节可利用阳光充足、温度较高时进行通风升温。通风时间过短不起作用,过长又会对舱内的温/湿度、货物质量产生不利的影响。通风换气量以 24 h 内通风换气次数表示。根据经验,对装运水果、蔬菜的货舱进行通风时,其通风换气量应以每昼夜 2~4 次为宜;对冷冻货物,因保藏温度低可不必换气。

4.环境卫生

易腐货物大多数是食品,在装运保管过程中,保持环境的清洁卫生十分重要。环境卫生如果不好,由于细菌的存在,食品易腐败变质。食品受到尘土、杂质、有害有毒物质等的污染也直接影响外观和质量,甚至完全失去食用价值。因此,冷藏舱、装卸用具和机械、装卸工人的劳动服等都应严格保持清洁卫生。

二、冷藏货物的承运要求

承运易腐货物时,要对易腐货物的质量、包装、温度状况进行检查。如质量不合乎要求,包装有破损,温度偏高或偏低,船方应拒绝承运。由于易腐货物的保管和运输时间是有限制的,因此船方应检查所承运的易腐货物是否在容许的期限之内。对所承运的肉类和生油脂类货物,应检查有无检疫证明。

1.肉、鱼类冷冻货

承运的冻肉应是肉体坚硬,用硬物敲击时能发出清脆的响声,色泽鲜艳,割开部位应呈玫瑰色,用手指或温热物体接触时由玫瑰色转为红色。牛肉则呈暗红色,油脂应呈白色或淡黄色。长距离运输温度为-20~-18 ℃,在这样的温度下,微生物的生长基本停止,肉类表面水分蒸发较少,其营养价值和味道等基本保持不变。如运期在一两个月内,温度可保持在-12 ℃左右,这样能节省冷藏费用。冻肉在出冷库装运时,温度应低于上述承运温度。在运输保管中必须保持舱内温度的稳定,温度忽高忽低波动,不但能使微生物从休眠状态中复苏,还会引起肉类内部重新结晶,导致肉类失去原有的鲜味、营养价值或变质。

承运的冻鱼肉深处的温度应不高于-18 ℃。鱼体应坚硬,鱼鳞要明亮或稍微暗淡,眼睛凸出或稍微凹陷,鳃应鲜红。

2.水果、蔬菜类

承运的水果、蔬菜应鲜艳,无过熟现象。凡是干瘪、腐烂、压损、过熟、泥污、有虫害等的水果、蔬菜均不能承运。应使用合适的运输包装,常用的有果箱、板条箱、条筐、竹篓、竹箩、麻袋和网袋等,其中果箱的防护力最强。对于耐压的水果、蔬菜,如苹果、柑橘、萝卜等,其包装可适当大些;对于怕压的水果、蔬菜,如葡萄、枇杷、番茄等,包装则应适当小些,且选择坚固耐压的包装。水果、蔬菜因有呼吸作用,包装应有隙缝或通气孔,以利通风散热和换气。

水果、蔬菜为冷却货物,储运的温度、湿度和通风对其货运质量有很大的影响。水果、蔬菜冷却的温度应当是既能维持水果、蔬菜的正常生理活动,又不致使其遭受冷害或冻害的温度。冷害是水果、蔬菜在接近冰冻点以上的低温条件下对水果、蔬菜的一种伤害,它们的表面产生凹陷斑点,局部表皮组织坏死,变色且为水浸状,果肉或果心褐变,绿熟的果实丧失后熟能力。冻害是环境温度降至水果、蔬菜冰冻点以下时因水分冻结而使质量降低,生理活动被破坏的现象。

3.鲜蛋类

承运的鲜蛋必须新鲜、清洁、完好、无腐臭味和无沾污现象。鲜蛋的运输包装主要有木箱、纸箱和竹筐。包装不宜太大且留有通风孔,以防发热腐败。包装应坚固,以免在运输中因歪斜、压扁而造成破损,包装内应加衬有弹性的软质材料,填充物应清洁、干燥和无异味。鲜蛋壳上有微孔,极易吸收气味,鲜蛋装舱前一定要做好冷藏舱的清扫和除臭工作,绝不可与有异味的货物同舱。

长距离运输的鲜蛋必须低温冷藏,温度以-2~2 ℃为宜,最低不得低于-3.5 ℃。温度过低会使鲜蛋内容物冻结膨胀使蛋壳破裂,温度过高则鲜蛋易腐败变质。

表9-2为各类冷藏食品适宜的保藏条件一览表。

表 9-2　各类冷藏食品适宜的保藏条件一览表

食品名称	冷藏温度（℃）	相对湿度（%）	昼夜换气次数	大概储藏时间	冰冻点（℃）
冻牛肉	−23～−18	90～95		6～12 个月	
冷却牛肉	−1.0～0	86～90	2～4	3 周	−1.2～−0.6
冻猪肉	−24～−18	85～95		2～8 个月	
冷却猪肉	0～+1.2	85～90	2～4	3～10 天	−2.2～−1.7
冻羊肉	−18～−12	80～85		3～8 个月	
冻家禽	−30～−18	80		3～12 个月	
家禽	0	80		1 周	−1.7
冻兔肉	−30～−18	80～90		6 个月	
鲜蛋	−1.0～−0.5	80～85	2～4	8 个月	−2.2
冻蛋	−18			12 个月	
冻鱼	−20～−12	90～95		8～10 个月	
鲜鱼	−0.5～+4.0	90～95	2～4	1～2 周	−2.0～−1.0
对虾	−7.0	80		1 个月	
苹果	−1.0～+1.0	85～90	2～4	2～7 个月	−2.0
梨子	−0.5～+1.5	85～90	2～4	1～6 个月	−2.0
香蕉	+11.7	85	2～4	2 周	−1.7
橘子	0～+1.2	85～90	2～4	8～10 周	−2.2
桃子	−0.5～+1.0	80～85	2～4	2～4 周	−1.5
葡萄	−1.0～+3.0	85～90	2～4	1～4 个月	−4.0
柚子	0～+10	85～90		3～12 个月	−2.0
柠檬	+5～+10	80～90		2 个月	−2.2
熟菠萝	+4.4～+7.2	85～90	2～4	2～4 周	−1.2
韭菜	0	85～90		1～3 个月	−1.4
土豆	+3.0～+6.0	85～90		6 个月	−1.8
洋葱	+1.5	80		3 个月	−1.0
芹菜	−0.6～0	90～95		2～4 个月	−1.2
花菜	0～+2.0	85～90		2～3 周	−1.1
青椒	+7～+10	85～90		1～3 周	−1.0
白菜	0～+1	80～95	2～4	1 周	
萝卜	0～+3	90～95	2～4	1 周	
胡萝卜	0～+1	80～95	2～4	2～5 个月	−1.7
黄瓜	+2～+7	75～85	2～4	10～14 天	−0.8

三、装舱准备工作

1.检查

检查隔热材料是否松软或存在缺陷,隔热板、舱底板、舱口梁有无损坏,排水孔处是否渗漏海水,管道连接处有无渗漏现象,如有缺陷或损坏,应认真修复。

将通风筒、污水井和人孔盖的隔热塞堵上,通入冷藏舱的管道应堵塞或完全封闭。

2.清理

装运冷藏货要求货舱清洁、卫生。舱内的碎木渣、锯末、残留的货物底脚要清扫干净。

舱内所有表面,包括护舱板、木格栅、船底板、管道槽沟等应清洁干净,用加入清洁剂的高压水冲洗后再用淡水冲净。污水沟要彻底打扫干净、晾干,并消除异味。清洗后的货舱应该充分通风,并完全干燥。待舱内干燥后,把木格栅按顺序铺好。

3.除臭

若冷藏舱内存有异味,可采用臭氧发生器、粗茶熏舱及醋酸水喷洒除臭。当承运油脂性冷藏货物如冻牛油、高脂含量的鲱鱼、乳制品等时,臭氧可使其氧化变质,因此对于这类货物不宜采用臭氧除臭。

在进行了上述三项工作后,要经商检部门检查合格后,在商检部门的允许下,进行预冷以及货舱检验。

4.预冷

冷藏舱的空舱在装货前应进行预冷,其冷却温度应比货物所需的冷藏温度低2~3 ℃,以便货物装入后就具有较适宜的舱温。预冷一般在装货前48 h开始,在装货前24 h舱温降到指定的温度。这个温度是根据不同的货物和货主(或商检部门)的要求确定的,预冷温度过低,港口装卸工人可能拒绝进行装货作业,因此要了解港口装卸工人所能接受的温度,再和商检部门商量决定。

预冷时,舱内排水孔要封闭。在装载水果、蔬菜等需要换气的货物时,通风换气的进、排气管应该打开,装载冻肉等不需要换气的货物时应封闭。

预冷前,应把隔票、衬垫用的物料放入冷藏舱同时预冷。待达到预冷温度后,在商检师的指导下,做隔热保温试验。

5.验舱

在货舱预冷后,经验舱师检验合格,则取得验舱证书,证明冷藏舱已适货。

四、货物装载工作

1.装舱时间

冷藏货物最好选择气温较低的清晨、傍晚或夜间进行装船,尽可能避免在烈日或雨天装船,以减少热量和水汽进入舱内。若载货量较多而必须在烈日下连续装船,则应在舱口处搭上遮阳篷布,并注意舱温,及时打冷气,以防舱温过高损坏冷藏货物。夜间作业时,照明的亮度应足够,以便鉴别和防止不合格货物装上船。装船时,要求货源连续,货物从冷藏车上卸下后应立即入舱,快卸快装,缩短装货时间。冷藏舱内有工人进行装卸作业时,冷风冷却式的冷藏舱应停止打冷。当发现舱温过高时,应停止工作,盖好舱盖,打冷降温。

2.货物验收

冷藏货物的货损,往往是由于它们在装船时新鲜度已经降低而造成的。因此,在装货时谨慎检查货物装船前的质量十分重要。商检部门提供的货物品质证书是货物质量的主要凭证,但如果发现不符合质量要求或包装有缺陷的货物,应要求发货人予以调换或采取相应处置措施,否则,应在大副收据上加以批注,甚至拒装。

冷藏货物不符合质量要求的鉴别方法如下:

(1)肉类:冷冻肉的肉体柔软、无弹力,色泽为不洁的苍白并有恶臭;冷却肉有黄、黑色霉斑(兽体的颈部或咽喉尤易发现这种现象),包装布上有血液渗出或污损或破碎。

(2)鱼类:鱼体柔软,变色,尾鳍折断,包装有血液渗出,穿孔有臭味。

(3)水果:果实柔软、萎缩、皮色不良,切开可发现果心变色或过熟变质。

(4)蛋类:用透视检查,不透明或散黄、臭水、贴壳等。

(5)箱装冻结货:用木格箱、纸箱包装的冻结货,如包装破损、发霉或水渍,均为质量不合标准。

另外,可现场测量货物内部的温度,判断是否达到承运要求。

3.理货工作

大部分冷藏货物是比较贵重的货物,而且容易产生货差,为了防止货物的短缺,可安排船员同理货员一起理货。如果在中途港卸部分冷藏货物,最好安排一名船员在舱内检查,以防工人错卸。负责理货的船员在每装上一冷藏车的货物和每一票货物卸完以及中途因故停装时,都要与理货公司的理货员核对数字。如有不符(尤其是船方理货数目少),应报告大副,视情况决定是否翻舱检查。

4.配积载

冷藏货物的配积载除与普通杂货配积载的若干原则相似外,还有一些不同之处,包括:

(1)由于在积载时需留出通风道,因而亏舱率较大,可达10%~20%,计算装载量时应给予充分估算;

(2)散发气味的货物及易感染气味的货物都应单独配舱;

(3)牛羊肉和猪肉不宜混装;

(4)对舱温要求不同的货物不允许同舱配装;

(5)不同目的港的货物应配装在不同舱室,以免卸载过程中因舱温升高影响其他卸货港货物;

(6)合理混装不同包装的冷藏货物。

5.舱内堆装

各种冷藏货物在舱内的堆装方式因货种、包装及舱内冷却通风方式不同而存在差异。

1)各种冷藏货物的舱内堆装

(1)冻肉:冻肉的堆装要求是头尾交错、腹背相连、长短对弯、码平堆紧。这种堆码法可防冷气损失,提高装载量。装舱时底层应将肉皮向下,然后一层层往上装,最上一层使肉皮朝上,以免舱顶上的凝结水落在肉上积留。不同长度、不同厚度的肉片应分开堆码,结束后可在上面加盖一层草席,起隔热和防汗水作用。

(2)冻鱼:按一定规格和重量冻成盘状在舱内紧凑堆装。

(3)水果、蔬菜类:在舱内堆装时应有利于通风,并便于对货物进行检查。箱装水果应在舱内留出风道,一般采用垂直堆垛方式;蔬菜则需根据包装采用不同的堆垛方式,如箱、筐类常用"品"字形堆垛法,袋装类可采用压缝码垛法,每隔一定间距加插一道风筒,且货垛高度不宜太大。

(4)鲜蛋类:堆装时应留有空隙,但要使垛形稳固以防倒塌和挤压。

2)通风道的留取

为使舱内冷空气能冷却全部货物,尽量使各处温度和相对湿度均匀,货物应排列整齐,在空气流通的方向留有风道,货物与舱顶之间留有空当,与出、回风口也应保持适当的距离,不得将风口挡住。

有些货物包装不规整,在堆装时会自然地在货物间形成缝隙,通风不受阻碍,而包装规整的货物,必须在货垛间留出风道并放置衬垫或垂直撑条,它除了构成风道外,还可以防止货堆在船舶摇摆时移动。衬垫或垂直撑条的插入方法根据舱内冷却通风方式不同而异。

若舱内采用垂直冷却方式,则在每列箱子位置处放置垂直撑条构成风道,在箱高方向上,每堆一定数量的货箱应加垫衬条,将箱体架空,以便气流通过。货物与舱顶之间留有至少 5 cm 的空当。

当舱内采用水平冷却方式时,可在每两层箱子下放置木衬条,构成平行于气流的风道。货物与舱顶之间留有至少 2.5 cm 的空当。

6.封舱降温

货物装载完毕后,盖妥舱盖板随即打冷降温,当发现漏风严重时,应用封舱带将舱盖板的边沿缝隙封闭。

装入舱内的货物温度总是高于所要求的冷藏温度。在封舱后,首先需要将货物温度降至冷藏温度。降温过程所需时间较长,有些水果对从常温降至冷藏温度有特定的时间要求,如杏、鲜枣要求大约 48 h,苹果、桃、梨、橘子等要求 72 h,应予以注意。

五、运输途中的管理

1.舱温控制

冷藏货物运输管理中的最重要问题是严格保持规定的冷藏温度,并使其温度波动不超过允许范围,对于冷却货物如水果、蔬菜、鲜蛋和冷肉等尤应如此。

当载运水果等怕冻货物的船舶进入冬季季节区域时,停止打冷后舱温仍可能继续下降,此时应开启加热器,加热舱内循环空气,以防货物冻坏。

为了保持冷藏舱内各处温度均匀,必须加强舱内空气的循环流动。通风次数不但与舱温有关,还会影响货物水分散失。在降温期间货物会散失大量水分,为减少水分散失,避免货物表面风干,在货温高于舱温时,应增加空气循环量,尽量缩短降温时间;而当货温接近舱温时,则应减少空气循环量。

2.二氧化碳含量控制

在封闭的冷藏舱内,由于水果、蔬菜的呼吸作用,空气中的含氧量逐渐减小,二氧化碳含量会自行增加。空气中含有较多的二氧化碳和较少的氧气能抑制水果、蔬菜的呼吸而使其成熟期延长。但二氧化碳含量过大会引起水果、蔬菜中毒,还会使苹果和梨等果核变色,以致腐烂变质。某些水果、蔬菜适宜二氧化碳含量如表9-3所列。在装有二氧化碳测示仪的冷藏舱内,可根据测出的二氧化碳在空气中的容积百分比来进行通风换气,以保持舱内空气的二氧化碳含量适中。

表9-3 水果、蔬菜适宜二氧化碳含量表

品名	梨	青香蕉	橘柑	苹果	柿子	西红柿
二氧化碳容积百分比(%)	0.2~2	1.6	2~3	8~10	5~10	5~10

在没有二氧化碳测示仪的冷藏舱中,应根据实践经验进行换气。通常,将换气量等于一个舱容称为换气一次。各种水果、蔬菜每24 h需要换气次数详见表9-2。采用水平通风时的换气次数应多于垂直通风时。

3.空气湿度的控制

空气的相对湿度过高时,货物容易滋生细菌,过低时又会使货物中的水分损失过多。在运输中需要保持的相对湿度与冷藏温度有关,冷冻货物因温度较低,主要应防止风干,空气中的相对湿度可高一些;冷却货物因温度在0 ℃以上,相对湿度就要适当低些。

4.防止冷气循环短路

舱内装满货物比装部分货物更容易保持舱内货物温度,这是由于货物相互冷却,即"货冷货"。当舱内货少时,可向舱内空位均匀放置一些钢铁类或折叠的帆布等,防止冷却器中吹出的冷气并不流经货物,而是从货舱空位流动,再被吸回冷却器中,造成短路现象。但这些物品应预冷后放入舱内,使其温度与舱温相近。

5.做好记录工作

必须认真填写冷藏舱日志、冷冻机日志,因为这些记录是监督冷藏舱工作的依据,是以后发生货损,判明责任和今后运输冷藏货物时的参考资料。

六、卸货

船舶抵港后,应根据靠泊计划决定开启冷藏舱及交货时间。卸货应该选择在气温较低的时间,根据情况,预先调节货舱温度,并应要求快速卸货。

有的卸货港要查看验舱证书、冷藏设备入级证书,询问航行中天气的变化,货舱温度波动情况,查看冷藏舱温度记录,现场测量货温,抽样检查货物的品质等。

交货时,一般应同时提交货物品质、重量证明,对肉类还要提交兽医证明,有时还要提交货物温度证明。在伊斯兰国家的港口交货时,一定要交付穆斯林宰割证明。因此,在装货港,应该向货主索取这些证明。

任务五　钢材货物运输

⊛ **任务目标**

钢材海上运输对船舶稳性、船体强度、水密完整性等有特殊要求。为加强钢材海上运输的管理,保障钢材安全积载和系固,应了解钢材的海运特性并掌握各类钢材的积载方式及安全管理事项。

⊛ **任务(知识)储备**

一、钢材货物分类及海运特性

1.钢材货物分类

钢材货物按形状可分为:

(1)板材类:厚度不一,常采用捆扎或成卷的方式交付运输,如钢板、镀锌铁皮(白铁皮)、镀锡铁皮(马口铁)、硅钢、带钢等。

(2)型钢类:按其截面和外形不同,可分为圆钢、方钢、角钢、扁钢、槽钢、工字钢等。

(3)管材类:口径不一,有的具有较粗的管头,分无缝钢管和有缝钢管。

(4)铸锭类:由各类块状金属铸锭组成,如钢锭、钢坯、生铁块等。

(5)丝卷类:粗细不一的各种金属丝线,如铁丝、盘圆(钢筋)、电线、电缆等。

(6)其他钢材类:上述未包括在内的钢材货物,如钢材构件、散装金属废料(废钢)等。

2.钢材货物的海运特性

(1)重质货,积载因数较小

积载因数多数在 $0.30\sim0.58\ t/m^3$。船舶满载时货舱的体积渗透率很高。装载时需要校核船体局部强度。单层甲板船若全船承运钢材货物,船舶重心低而初稳性高度很大,会引发船舶在海浪中发生大幅度的剧烈摇摆。

(2)怕潮湿,易重压变形

钢材货物多采用裸装方式运输,除不锈钢、建材用钢材(如钢梁、钢桩、盘圆等)外的其他钢材货物,受潮容易锈蚀而影响其商业价值。一些钢材因衬垫不当或积载堆码不当会造成下层货物的变形,一些卷钢会因装卸、堆装以及绑扎不当而造成卷边、开卷等。

(3)摩擦系数小,易移位

钢管、卷钢、盘圆等钢材货物,因与积载处所接触面积小、摩擦系数小等,如果装载和绑扎不当,在恶劣天气下极易发生货物移位,甚至个别钢材重件移动,会击穿水下的船侧外板而造成严重的船舱进水。

二、钢材货物的安全运输

对于采用非集装箱方式装运的钢材货物有以下海运要求:

钢材货物不得与酸、碱、盐类及化肥等对钢材有腐蚀性的货物同舱装运。对多数怕水湿的钢材货物,选配舱位时应保证货舱盖水密,必要时装货后应对舱盖做水密处理。应注意洗舱后舱壁上不得留有海水的盐渍,钢材货与散发水分的货物不得同舱室装运。

钢材货物运输中应重视重心高度的控制,防止出现重心较低现象;应注意校核拟装部位的船体局部强度,防止发生装载部位超负荷而引起的船体局部结构受损;应严格遵照船上货物系固手册的要求进行堆装和系固,防止发生货物移位、货堆倒塌等事故。

1.铸锭类货物装运要求

此类货物一般配于底舱作打底货。其堆装应注意不得在货堆与舷壁之间留有陡而宽的可滑动空间。货顶经平舱并加装适当衬垫后可加装其他货物。为提高船舶重心高度,可将一定数量的钢材货物配于二层舱。

2.长大件钢材货物的装运要求

此类货物在舱内必须顺着船舶首尾方向堆放并左右固定塞紧,严防滚动。不能横向堆装,其原因是防止货物横向移动时损伤船体。

钢轨、槽钢、角钢等货物一般应作打底货,要求堆码整齐、紧密、铺平,以利在其上再加装其他货物。钢轨一定要采取平扣方式堆装(见图9-5)。

各种管类钢材货物的堆码,应防止受损、变形和滚动。小口径钢管一般成捆装舱,大口径带管头的铸铁管,应注意紧密且管头交替排列,每层要用厚度合适的木条衬垫(见图9-6)。为防止管类钢材货物的滚动,在其上需要压装其他货物。

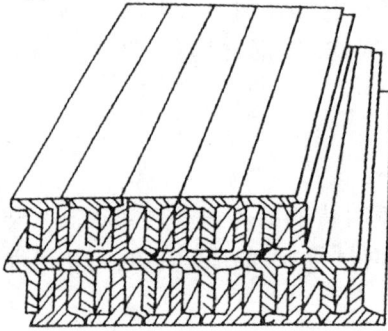

图9-5 钢轨平扣方式堆装

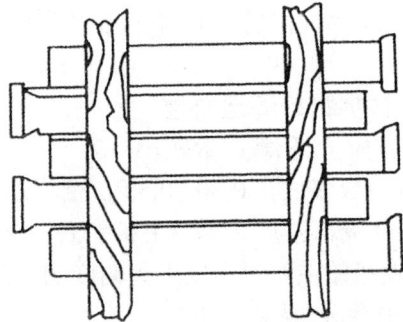

图9-6 钢管堆装与衬垫

3.金属散装废料的装运要求

金属散装废料即废钢,指因其大小、形状和质量难以紧密积载的金属废料的积载,而不适用于金属钻屑、刨屑或车床切屑等金属废料。此种废料的运输在 IMSBC 规则中有规定。

在装货前,货舱壁护条的下层条板应用牢固垫木保护以减少损失和防止重的和锐利的废料接触船侧板。只有木条保护的空气管、测量管及污水和压载水管应做类似保护。

装货时,应防止装货部位超负荷。应注意保护第一批装入的货物不能从可能损坏液舱顶部的高度上落下。若轻的和重的废料装在同一货物处所时,应先装重废料。废料决不积载在金属车床切屑或类似形式的废金属顶上。废料应密实和均匀积载,不能留有空当且不能出现松散的废料的无支撑面。为防止重件废料发生移动而造成船侧板或端舱壁的损坏或稳性的丧失,因此应在货堆上面压载或用适当的系索系固。因散装金属废料形状的不规则性,会导致大多时间使用撑挡的防移的效果不佳,因而应引起船方的高度重视。

4.卷钢的装运要求

成卷钢板是船舶大量运输的件杂货之一,又是最危险的海运货物之一,其每卷毛重超过 10 t,易发生货移而导致船舶倾覆,因此在其积载和系固方面应引起足够的重视。这里仅论述在圆面上积载的成卷钢板。

1) 成卷钢板的积载

(1)成卷钢板应为底积载,在可能时,应以规律的层次在船上装满。

(2)成卷钢板应在横向放置的垫木上积载。卷材应使轴线在纵向积载。每卷应紧靠另一卷积载。在装卸时为防止移动,必要时应使用楔子(如图 9-7、图 9-8 和图 9-9 所示)。

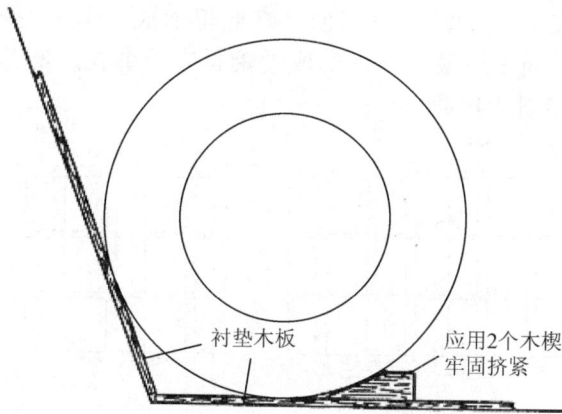

衬垫木板

应用2个木楔牢固挤紧

图 9-7　用木板衬垫和用楔子塞住成卷钢板

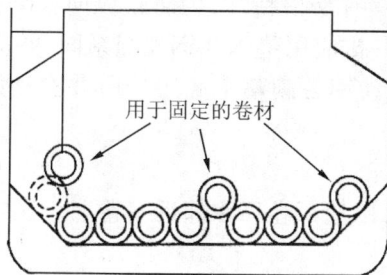

用于固定的卷材

图 9-8　插入用于固定的卷材

(3)为保证卷钢积载牢固,必须设置 1 个或 2 个锁紧卷(Locking Coil or Key Coil)压缝。锁紧卷的压卷深度应小于所装卷钢直径的三分之一(如图 9-8 所示)。

图 9-9　成卷钢板间空隙中的支撑和塞紧

（4）每排最后一卷通常应放在邻近的两卷上边。这卷的质量将固定住该排的其他成卷钢板。

（5）如果有必要在第一层上装第二层，那么第二层的卷材应装在第一层的成卷钢板之间（如图 9-8 所示）。

（6）在最高一层成卷钢板中间的任何空当应加以适当系固或支撑（如图 9-9 所示）。

2）成卷钢板的系固

（1）系固的目的是将它们绑在一起使之在舱里形成一个大的不可移动的卷材组。一般来说，舱内货堆最高一层最后三排的成卷钢材应予绑扎。推荐方法有奥林匹克系固法和成组系固法（如图 9-10 所示）。

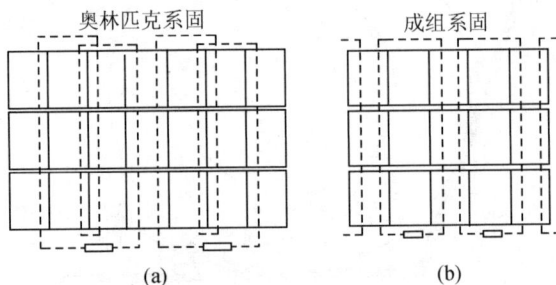

图 9-10　为防止首尾向移动对高层的系固（俯视图）

（2）由于许多成卷钢板具有易损特性，为防止纵向移动，在无外包装卷钢的顶层不应使用成组系固，顶层最后一排应用垫木和钢丝绳系固，并应从一侧到另一侧拉紧和使用附加钢丝绳拉到舱壁。当卷钢装满整个底层处所并有良好支撑时，除用于固定卷钢外，不需要系索。

5.线卷材的装运要求

（1）线卷材应放平积载，以使每卷靠在邻近一卷上。逐层积载的卷材应使每一卷材叠放在下边的卷材上。

（2）线材卷应紧紧地积载在一起并使用牢固的系固装置。在卷材间空当不能避免时或在货物处所边上或端部有空当时，货堆应有适当系固。

（3）当系固多层平放积载的线卷材时，若不对顶层货物进行牢固绑扎，货堆中的卷材会因为船舶的运动被下边的卷材挤出货堆，导致货堆坍塌以致发生货移。

任务六　滚装货物运输

⚓ 任务目标

　　滚装船面临的主要危险是船舶遭遇大风浪时,易引起车辆和其他货物移动。因此,为规避类似的风险,应在了解滚装货物及滚装船特点的基础上,掌握滚装船货物积载系固的一般原则及货物管理的相关知识。了解《海上滚装船舶安全监督管理规定》的内容。

⚓ 任务(知识)储备

　　滚装货物是指可依靠自身动力,或可随船或不随船装载的临时移动装置,通过水平移动方式装上船或卸下船的一种货物单元。如轿车、客车、卡车、牵引车、半挂车等。

　　滚装货物的海上运输多数是借助专运船舶——滚装船(Ro-Ro Ship)完成。滚装船运输能减少码头装卸设备的投资,提高装卸效率,降低装卸成本,特别适合于潮差不大的港口之间的短程海上运输。有资料表明:车辆若装入集装箱采用集装箱船运输,其运输成本要比采用滚装船高出 20%~30%。

　　滚装船是指具有滚装装货处所或者装车处所的船舶,包括滚装客船(Ro-Ro Passenger Ship)和滚装货船[又分为汽车卡车专运船(Pure Car Truck Carrier,PCTC)、汽车专运船(Pure Car Carrier,PCC)]。滚装客船是指具有乘客定额证书且核定乘客定额(包括车辆驾驶员)12 人以上的滚装船。装货处所是指滚装船舶内可供以滚装方式装载货物的处所,以及通往该处所的围壁通道。装车处所是指滚装船舶内有隔离舱壁的甲板上或者甲板以下用作装卸机动车、非机动车并可以让车辆进出的围蔽处所。

一、滚装货物与滚装船

1.滚装货物

　　滚装货物主要由各类车辆及车辆上所装载的货物组成。常见的各类车辆的类别有:

　　(1)轿车:按发动机排量和价格分为微型(A00 型)、小型(A0 型)、紧凑型(A 型)、中级(B 型)、中高级(C 型)和豪华级(D 型)六种。

　　(2)客车:细分为微型(车长 $L \leq 3.5$ m 且发动机排量≤1 L),轻型(车长 $L < 6$ m 且乘坐人数≤9 人),中型(车长 $L < 6$ m 且乘坐人数≤10~19 人),大型(车长 $L \geq 6$ m 且乘坐人数≥20 人)。

　　(3)货车:又称载重汽车或卡车。主要用于运送各种货物或牵引全挂车。细分为微型(最大质量 $W \leq 1.8$ t 且 $L \leq 3.5$ m),轻型($W \leq 4.5$ t 且 $L < 6$ m),中型(4.5 t$\leq W < 12$ t 或 $L \geq 6$ m)和重货($W \geq 12$ t)四种。

(4)自卸车:车厢能自动倾翻的卡车。

(5)牵引车:主要用来牵引其他车辆的专用车辆。

(6)半挂车:车轴置于车辆重心(当车辆均匀受载时)后面,且装有可将水平或垂直力传递到牵引车的联结装置的挂车。

(7)专用车:为承运专门运输任务或作业,装有专用设备,具备专用功能的车辆。

应当注意的是,载于滚装船上的机动车辆油箱内都存有一定量的易燃汽油或柴油。当这类车辆受到撞击或由于其他原因,船舱会弥漫危险气体,若未能采取及时通风等妥善措施将极易引发火灾或爆炸事故。

2.滚装船

大型滚装船常常设计有 10 多层载车甲板(有些层甲板被设计成可上下升降,以调整层高适应装载不同高度的车辆),船舶的上层建筑受风面积较大。为让车辆从一端驶入,从另一端驶出,在船舶设计中无法设置水密横舱壁。这类纵通无水密横舱壁的载车甲板舱设计,一旦海水涌入舱内或发生火灾将很快蔓延,所以,滚装船在抗沉性和防火性方面较弱。

滚装船在船舶首部、尾部或舷边布置货物通道门。它既用作水密门又用作滚装货物装卸的跳板,因此易损坏。货物通道门最大开启度通常为 $-10°$(即低于水平位置 $10°$),且有最大承重限制。

滚装船各层甲板间设计有活动坡道或固定坡道或升降平台。活动坡道关闭时可形成水密,且作为甲板的一部分承载各种车辆。活动坡道上设有系固车辆用的底座。

为了便于车辆通行,甲板上设计有埋入式十字槽底座。CCS《货物系固手册编制指南》规定,经常载运道路车辆且在无遮蔽水域从事远程或者国际航行的滚装船甲板上的系固点的布置:纵向不得超过 2.5 m,横向应不小于 2.8 m 但不大于 3 m。每个系固点最大系固负荷 MSL 应不小于 100 kN。

滚装船的驾驶台上有监控指示板,用于监控边门、尾门和活动坡道的启闭情况。

滚装船适货性较强,除承运载于半挂车上的集装箱外,也适合于装运其他各种车辆和重大件货物。滚装船由于采用水平的装卸方式,装卸可同时进行,对泊位、设备较低,装卸效率很高,所以,特别适合于靠泊港口潮差变化较小的短程水路运输。其缺点是舱容利用率低船舶造价高。

二、滚装船积载与装运特点

1.滚装船的载货能力

滚装船的载货重量能力仍以净载重量表示。滚装船因甲板层数多,空船重量较大。与集装箱船相同,其船舶常数包括了船上大量活动系固件等的重量。

滚装船的容量能力通常以每层甲板的车道长度、限宽、限高、限重、甲板面积等参数表示。汽车专运船 PCC 的容量能力通常以 CEU(Car Equivalent Unit)表示。如某 16 000 总吨的汽车卡车专运船 PCTC 的主尺度中包括:车道长度 835 m(宽 3.1 m 时),或 1 178 m(宽 2.25 m 时),载车辆:拖车 81 辆(10.0 m×3.1 m),轿车 196 辆(5.0 m×2.25 m)。

2.滚装船的稳性

滚装船因甲板层数多,水线以上船体的侧受风面积较大,船舶满载时货物的重心较高。为降低船舶重心高度,一方面,船舶下层设计了大容量的压载水舱;另一方面,对于PCTC船,通常在主甲板及其以下舱位布置货车车道,以上舱位则安排装载重量较轻的车辆。

非滚装客船的稳性衡准指标及要求与普通货船相同。载客超过12人的滚装船——滚装客船需要在满足对普通货船衡准指标要求的前提下,还需要同时满足对客船的特殊稳性衡准要求。

3.滚装货物的系固

挪威船级社(DNV)的研究表明,在滚装船发生的各类事故中,43%是因舱内滚装货物系固不当导致货物移位。

滚装货物在船上的系固是复杂的。一方面,滚装车辆上封闭车厢内的货物装载状况是船员无法检查的,车厢内的货物堆装和系固又常常是由不熟悉海上恶劣运输环境的作业人员完成的。另一方面,滚装船承运的车辆形式多样,从2 t以下的小轿车到45 t的拖车,特殊情况下还有重量可达数百吨的特种车辆。部分车辆上缺少足够的系固点,而车辆在船上的装载常常很难找到最佳的系固位置以编制合理的系固方案。

IMO的CSS规则第A518(14)号决议《在滚装船上运输公路车辆的系固装置指南》,我国交通运输部颁布的《海上滚装船舶安全监督管理规定》等文件,规定了滚装货物的安全堆装和系固标准。

1)公路车辆系固点的最小数量及强度要求

根据IMO《在滚装船上运输公路车辆的系固装置指南》的规定,公路车辆每一侧应当具有相同数量的不少于2个但不多于6个用颜色清晰标识的系固点(内孔径不得小于80 mm,且孔口必须是圆形),公路车辆设计的系固点的最小数量和最小强度应当满足表9-4的要求。

表9-4　公路车辆系固点的最小数量和最小强度表

车辆总质量 W(t)	每侧最少的系固点数量	每一系固点无永久变形的最小强度(t)
3.5 t≤W≤20 t	2	
20 t<W≤30 t	3	$\dfrac{12W}{n}$
30 t<W≤40 t	4	式中:n——公路车辆每侧系固点总数

对于拖挂车而言,表9-4分别适用于机动车和每一挂车,但不适用于半挂车的牵引车。半挂车的牵引车应当在其前部设置2个系固点(可代替2个系固点),其强度应当足以防止车辆前部的横向移动。如果利用牵引装置系固除半挂车以外的车辆,牵引装置不能代替或取代表9-4规定的系固点要求。

2)滚装货物的系固操作

每艘滚装船的货物系固手册提供有该船固定和活动系固设备及其强度的清单,系固作业操作方法、要求、注意事项等具体指导,以及推荐的滚装货物索固方案、系固有效性评估计算表格等。

系固作业前应当确保滚装货物的装载处所干燥、清洁且没有油脂;应当检查滚装货物上是否有合适而明显的系固点标识或可用于系固的足够强度的其他等效装置;应当核查载于车辆上的货物已被适当地系固于堆装平台上,车辆上任何活动部件如吊杆、臂状物或转塔等应适当锁牢或系牢。

系固作业时,系索应采用其强度和拉伸特性至少等同于钢链或钢丝绳的索具;系索只能系固于车辆的专用系固点上,每一个孔只能使用 1 根系索。系索的水平和垂直绑扎角最好控制在 30°~60°;为防止滚装货物移动,可行时,最好将其作纵向而非横向堆装(即车轮沿船长方向滚动);如果滚装货物不可避免地只能横向堆装,则需要提供足够强度的额外系固;车辆在堆装位置应拉紧刹车装置(如有的话),车辆的轮子应用楔子塞牢止动;对于摩擦力较小的有车轮或履带的滚装货物,其下应铺垫其他增加摩擦力的材料,如软板、橡胶垫等;可能时,作为货物组成部分装运的滚装货物,应紧靠船舷堆装或装在备有足够强度和足够的系固点的位置上,或在整个货物处所中塞紧堆装;为防止无合适系固点的滚装货物发生横向移动,在可行时,这类货物应紧靠船舷并相互紧靠堆装,或用其他合适的成组货物(如重载的集装箱)等挡住。

船舶航行中,应当以一定时间间隔对滚装货物的系索进行检查,必要时进行收紧。

4.滚装危险货物

滚装危险货物是指装入滚装运输组件的危险品,在装船前应检查其外部有无损坏迹象或有无内装货物的渗漏或撒漏现象。发现任何货物运输组件有损坏、渗漏或撒漏的情况均不准予以承运,直至采取有效的修理或将破损包件清除为止。

乘客和其他未经许可的人员不得进入装有滚装危险货物的车辆甲板,所有通向这些甲板的门在航行期间都必须牢固关闭,在这些甲板的入口处须设有引人注目的通告或标牌,注明不得进入这类甲板。

在滚装货物、机器和船员居住处所之间通道关闭系统的布置,须能防止危险性蒸气和液体进入这些空间的可能性。当船舶载有滚装危险货物时,这些通道须牢固关闭,除非经批准的人员进入或是为紧急情况之用。

要求仅限于舱面载运的危险货物不得在封闭式的车辆甲板上装载,但可在主管机关批准的条件下,在开敞式车辆甲板上载运。

包含易燃气体或闭杯闪点低于 23 ℃的易燃液体的滚装货物仅限于舱面积载,要积载于封闭式的滚装货物处所或特种处所须满足:所处的设计、构造、设备符合 SOLAS 1974 的相关规定,同时通风系统能够实现每小时至少 6 次换气;或通风系统能够实现每小时不小于 10 次换气,且一旦通风系统失灵或其他致使易燃蒸气积聚的情况发生时,舱内未经认可的电气系统能够通过不是拔出保险丝的其他方式切断电源。

包含易燃气体或闭杯闪点低于 23 ℃的易燃液体的滚装货物仅限于舱面积载时,须远离可能的着火源;若在舱内积载于封闭式的装货处所或特种处所时,则任一货物运输组件中装备的机械操作制冷或加热装置通常不允许启动。

IMO 的《国际危规》对滚装船上滚装危险货物之间的隔离要求应先依据包装危险货的隔离表查取其隔离等级,再由其隔离等级到滚装船货物组件的隔离表(见表 9-5)查具体隔离要求。

表 9-5　滚装船上货物运输组件的隔离表

隔离要求		水平					
		封闭式与封闭式		封闭式与开敞式		开敞式与开敞式	
		舱面	舱内	舱面	舱内	舱面	舱内
远离 1	首尾向	无限制	无限制	无限制	无限制	距离不小于 3 m	距离不小于 3 m
	横向	无限制	无限制	无限制	无限制	距离不小于 3 m	距离不小于 3 m
隔离 2	首尾向	距离不小于 6 m	距离不小于 6 m 或隔一个舱壁	距离不小于 6 m	距离不小于 6 m 或隔一个舱壁	距离不小于 6 m	距离不小于 12 m 或隔一个舱壁
	横向	距离不小于 3 m	距离不小于 3 m 或隔一个舱壁	距离不小于 3 m	距离不小于 6 m 或隔一个舱壁	距离不小于 6 m	距离不小于 12 m 或隔一个舱壁
用一整个舱室或货舱隔离 3	首尾向	距离不小于 12 m	距离不小于 24 m 并隔一层甲板	距离不小于 24 m	距离不小于 24 m 并隔一层甲板	距离不小于 36 m	隔两层甲板或两个舱壁
	横向	距离不小于 12 m	距离不小于 24 m 并隔一层甲板	距离不小于 24 m	距离不小于 24 m 并隔一层甲板	禁止	禁止
用一介于中间的整个舱室或货舱做纵向隔离 4	首尾向	距离不小于 36 m	隔两个舱壁或距离不小于 36 m 并隔两层甲板	距离不小于 36 m	包括隔两个舱壁距离不小于 48 m	距离不小于 48 m	禁止
	横向	禁止	禁止	禁止	禁止	禁止	禁止

注:所有舱壁和甲板均应是防火和防液的。

在《国际危规》第 1 册第 7 部分中列有在滚装船上货物运输组件的详细隔离图示。

5.滚装船的货物装卸

滚装船的卸货次序:先卸主甲板上货物,等主甲板货物卸完,舱内通道位置敞开后,再放下活动斜坡道(或升降平台)通过斜坡道卸上层甲板货物,随后开启活动斜坡道(或升降平台),卸主甲板之下的底舱货物。

装货次序与卸货次序相反。

滚装船的装载手册中通常提供有推荐的各层甲板车辆进出路线与顺序表,可供在实际滚装货物装卸中参考。

三、海上滚装船舶安全监督管理规定

我国交通运输部于 2019 年 9 月 1 日开始实施新的《海上滚装船舶安全监督管理规定》。该规定适用于在中华人民共和国管辖海域内对滚装船舶的安全监督管理活动。

内容主要包括：

1.开航前

1）确认下列内容符合检验机构核发证书的要求：

（1）滚装船舶船首、船尾和舷侧水密门的性能；

（2）滚装船舶装车处所的承载能力，包括装车处所甲板的装载能力及每平方米的承载能力；

（3）滚装船舶装车处所、客舱等重要部位的消防系统和电路系统；

（4）滚装船舶系索、地令、天令及其他系固附属设备的最大系固负荷；

（5）滚装船舶车辆和货物系固手册；

（6）滚装船舶救生系统和应急系统。

2）应当按照滚装船舶首部、尾部及舷侧水密门安全操作程序和有关要求，对乘客、货物、车辆情况及滚装船舶的安全设备、水密门等情况进行全面检查，并如实记录。

3）搭乘滚装船舶的车辆，应当将所载货物绑扎牢固，在船舶航行期间处于制动状态，以适合水路滚装运输的需要。

4）船舶开航前或者拟航经水域风力超过抗风等级的，不得开航或者航经该水域。

2.货物积载系固

滚装船舶应当按照系固手册系固车辆，并符合船舶检验机构核定的装车处所的承载能力、装载尺度。

3.航行途中的管理

（1）滚装客船开航后，应当立即向司机、乘客说明安全须知所处位置和应急通道及有关应急措施。

（2）滚装船舶在航行中应当加强巡检。发现安全隐患的，应当及时采取有效措施予以消除；不能及时消除的，应当向滚装船舶经营人、管理人报告。

（3）滚装船舶在航行中遭遇恶劣天气和海况时，应当谨慎操纵和作业，加强巡查，加固货物、车辆，防止货物、车辆移位或者碰撞，并及时向滚装船舶经营人、管理人报告。

（4）滚装船舶应当对装车处所、装货处所进行有效通风，并根据相关技术规范确定闭式滚装处所和特种处所每小时换气次数。

4.其他注意事项

（1）滚装客船应当在明显位置标明乘客定额和客舱处所。

（2）严禁滚装客船超出核定乘客定额出售客票。

（3）禁止在滚装船舶的船员起居处、装车处所、安全通道及其他非客舱处所载运乘客。

（4）司机在船舶航行期间不得留在车内，也不得在装货处所和装车处所随意走动、停留。

（5）禁止在滚装船舶的船员起居处、装车处所、安全通道及其他非客舱处所载运乘客。

（6）制定滚装船舶首部、尾部及舷侧水密门安全操作程序，并指定专人负责滚装船舶水密门的开启和关闭。

项目十

集装箱运输

⚓ 项目描述

　　海上集装箱运输始于 20 世纪 50 年代,它是运输生产发展的产物。集装箱运输是把大小不一、包装多样、换装不便的货物装入标准化集装箱(Container),并将集装箱作为货物单元实现从一地的门(Door)、货运站(Container Freight Station,CFS)或堆场(Container Yard, CY)到另一地的门、货运站或堆场的一种现代化运输方式。它为实现货物运输和装卸货的机械化和自动化创造了条件。集装箱货物运输是较复杂的综合运输系统工程,它集现代化的船队、高效率的专业化码头、快捷的集疏运网络、科学简捷的单证流通、及时准确的电子数据信息传递和港口口岸监管单位的通力协作为一体。

　　和传统的件杂货运输相比,集装箱运输有着装卸效率高、船舶周转快、货运质量高、营运费用低、便于货物多式联运等显著优越性,因而在短短的几十年中得到了迅猛的发展。目前全世界国际航线上绝大多数实现了件杂货的集装箱化,并有向其他货种拓展的趋势,形成了一个集装箱国际运输网。

⚓ 教学目标

1.知识目标

(1)掌握集装箱标记的相关知识;

(2)掌握集装箱箱位的表示方法;

(3)掌握各类集装箱箱位选择的原则;

(4)掌握保证集装箱船稳性的相关知识;

(5)掌握集装箱系固设备的分类及功用。

2.能力目标

(1)能够进行集装箱船载货能力的核算;

(2)能够进行集装箱配载图的简单编制;

(3)能够进行集装箱装卸的监督检查工作;

(4)能够正确使用集装箱的系固设备。

3.素质目标

(1)培养学生良好的职业道德,遵守航运行业规范的工作意识、行为意识和安全意识。

（2）具有分析问题、解决问题的能力。

（3）培养安全意识。

⚓ **思维导图**

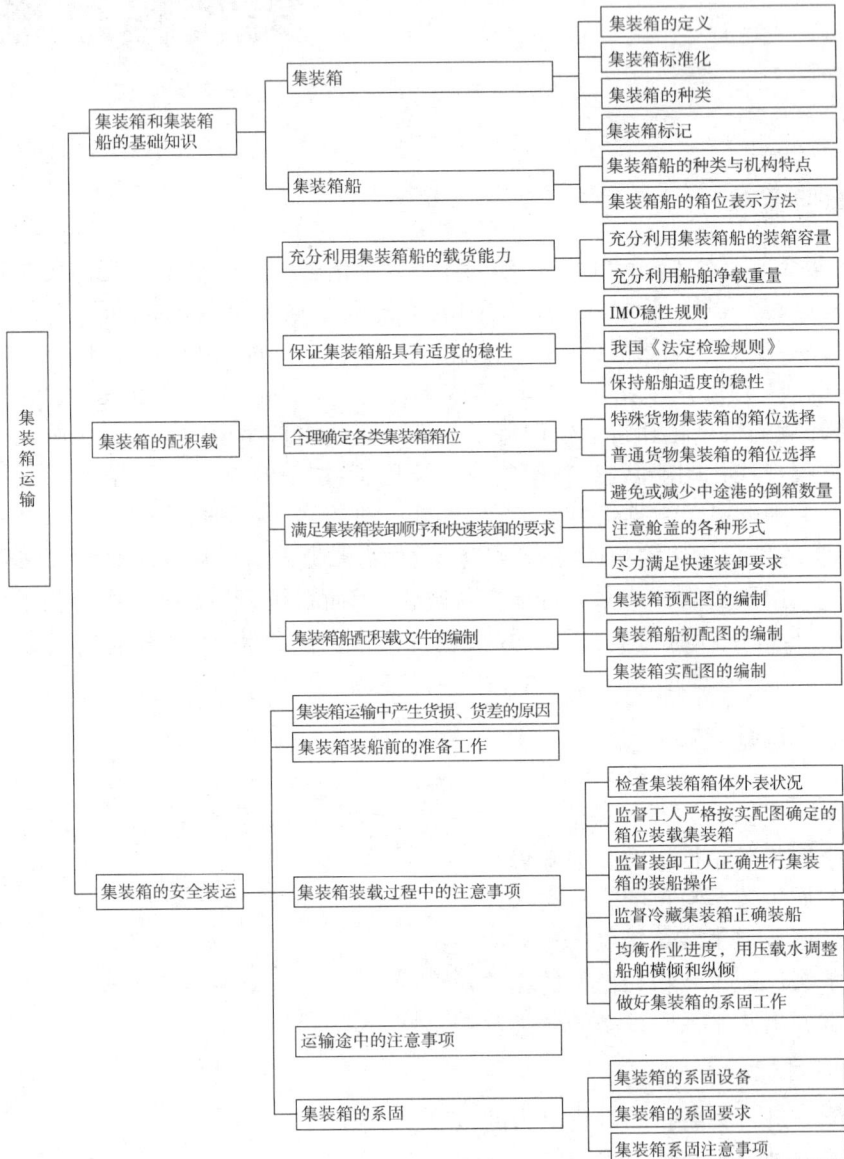

⚓ 任务引入

一、船港概述

船名:Z轮(3 800 TEU 装箱容量吊装式全集装箱船)

航次:V0091　　始发港:上海 Shanghai(SHA,S)

中途港:神户 Kobe(KOB,K)和长滩 Long beach(LGB,L)

目的港:西雅图 Seattle(SEA,E);船舶舷外水密度取 1.025 g/cm³,船舶全航程中无吃水限制。

二、装货清单(见表 10-0)

表 10-0　装货清单

No.	POL/POD	Weight	Size		Type	Container No.	Status	Remarks
序号	装/卸港	吨/箱	长×高		尺寸码×类型码	集装箱箱号	工况	备注
1~60	SHA/KOB 上海/神户	已被输入计算机						
	合计				60(NU),45(TEU)+15(FEU)×2=75(TEU)			
61~290	SHA/LGB 上海/长滩	已被输入计算机						
	合计				230(NU),202(TEU)+28(FEU)=258(TEU)			
291	SHA/SEA	20.0	40′×9′6′		45×RE	COSU2575448	FCL	Reefer Temp.−14~−12℃
292	上海/西雅图	18.5	40′×9′6′		45×RE	OOCL4928430	FCL	Reefer Temp.−14~−12℃
293		15.2	40′×8′6′		45×PL	COSU1401159	FCL	2 bulldozers 两台推土机
294		24.2	20′×8′6′		22×GP	EMCU0430349	FCL	IMDG 4.1
295		22.2	20′×8′6′		22×GP	HKLU0233446	FCL	
	合计	100.1			5(NU),3(TEU)+2(FEU)=8(TEU)			
	总计				295(NU),250(TEU)+45(FEU)=341(TEU)			

💻 请思考:

(1)核算集装箱船的载箱能力,是否能承载清单中货物?

(2)装货清单中有哪几类集装箱货物?

(3)普通集装箱的箱位选配原则有哪些?

(4)特殊集装箱的箱位选配原则有哪些?

(5)集装箱货物在装卸过程中有哪些注意事项?

任务一　集装箱和集装箱船的基础知识

⚙ **任务目标**

集装箱运输是当今主流的运输方式之一。在集装箱船上工作首先需要了解掌握关于集装箱及集装箱船的一些基础知识。如了解集装箱的定义和分类,掌握集装箱的标记和箱位的表示方法等。

⚙ **任务(知识)储备**

一、集装箱

1.集装箱的定义

集装箱(Container)也称为"货柜"或"货箱",是一种具有足够强度,可长期反复使用,可快速装卸和搬运,便于从一种运输方式转移到另一种运输方式且具有一定容积的标准化运输设备。根据国际标准化组织(ISO)的 ISO 830—1981《集装箱名词术语》,对集装箱的定义如下:

(1)具有耐久性,其坚固程度足以能够反复使用;

(2)适于以一种或多种运输方式运送,途中转运时,箱内货物不需要换装;

(3)具有快速装卸和搬运的装置,特别便于从一种运输方式转移到另一种运输方式;

(4)便于货物装满和卸空;

(5)具有 1 m³ 及 1 m³ 以上的容积。

2.集装箱标准化

为了有效地开展国际集装箱多式联运,必须强化集装箱的标准化。集装箱标准有国际标准、国家标准、地方标准、公司标准等。国际标准集装箱是指按国际标准化组织第 104 技术委员会(ISO/TC 104)制定的标准来设计和制造的国际通用标准集装箱。目前使用的国际集装箱规格尺寸主要是第一系列的四种箱型,即 A 型、B 型、C 型和 D 型。它们的尺寸和重量如表 10-1 所示。

表 10-1　第一系列国际标准集装箱规格

规格 (ft)	箱型	长度			宽度			高度			总重	
		mm	ft	in	mm	ft	in	mm	ft	in	kg	lb
40	1AAA	12 192	40	00				2 896	9	6	30 480	67 200
	1AA							2 591	8	6		
	1A							2 438	8	0		
30	1BBB	9 125	29	11.25	2 438	8	0	2 896	9	6	25 400	56 000
	1BB							2 591	8	6		
	1B							2 438	8	0		
20	1CC	6 058	19	10.50				2 591	8	6	24 000	52 920
	1C							2 438	8	0		
10	1D	2 991	9	9.75				2 438	8	0	10 160	22 400

目前在国际海运集装箱运输中,最多采用的是 1AAA、1AA 和 1CC 三种,其他类型则较为少用。在集装箱运输中通常所提及的 40 ft 集装箱和 20 ft 集装箱就是指表中的 1AA 和 1CC 型箱。

在实际工作中,为了便于统计集装箱数量,通常以 20 ft 集装箱作为换算标准箱(Twenty-feet Equivalent Unit,TEU),并以此作为集装箱船载箱量、港口集装箱吞吐量、集装箱保有量等的计量单位。其相互关系为:40 ft 集装箱等于 2 TEU,30 ft 集装箱等于 1.5 TEU,20 ft 集装箱等于 1 TEU,10 ft 集装箱等于 0.5 TEU。另外,实践中人们有时将 40 ft集装箱称为 FEU(Forty-feet Equivalent Unit)。

3.集装箱的种类

为满足集装箱的强度要求和适应不同货物的装载,出现了多种类型的集装箱,其分类方法也不尽相同。

1)按制造材料分类,主要有:

(1)钢制集装箱:其框架和箱壁板皆用钢材制成,具有强度高、结构牢、焊接性好、价格低、易修理、不易损坏等优点,但缺点是自重大、抗腐蚀性差。

(2)铝合金集装箱:它有两种类型,一种为钢架铝板,另一种为框架两端用钢材,其余用铝材。其优点是自重轻、不生锈、外表美观、弹性好、不易变形,缺点是造价高、易损坏。

(3)玻璃钢集装箱:它是在钢制框架上装上玻璃钢复合板构成的,隔热性、防腐性和耐化学性均较好,强度大,刚性好,能承受较大应力,易清扫,修理简便,集装箱内容积较大等优点,但缺点是自重大、造价较高。

2)按用途分类,主要有:

(1)杂货集装箱(Dry Cargo Container):又称干货集装箱,是一种通用集装箱,用以装载各种一般件杂货物。这种集装箱有端开门、侧开门、侧壁全开式、顶开式等不同类型,以适合于装载不同类别的货物。据统计,此类集装箱的数量约占世界集装箱总量的 85%。这种集装箱样式较多,使用时应注意箱子内部容积和最大负荷,特别是在使用

20 ft、40 ft 集装箱时更应注意这一点。

（2）冷藏集装箱（Reefer Container）：它是专为在运输中要求保持一定温度的冷冻货或低温货而设计的集装箱。该类集装箱有两种：一种是箱内设有隔热结构并装设有冷冻机的内藏式冷藏集装箱，装船后只要供给电源即可制冷；另一种是箱内只有隔热结构外置式冷藏集装箱，箱子装在舱内时，由船舶冷藏装置通过导管供应冷气。目前船舶运输的冷藏集装箱以内藏式居多。

（3）隔热集装箱（Insulated Produce Container）：这是一种为防止箱内温度上升，使货物保持鲜度，主要用于载运水果、蔬菜等类货物的集装箱。它通常用干冰制冷，保温时间约为 72 h。

（4）通风集装箱（Ventilated Container）：这是一种为装运不需要冷冻，且具有呼吸作用的水果、蔬菜等类货物，而在侧壁或端壁上开有 4~6 个装有钢丝网罩、箱外部可以开闭操作通风口的集装箱。此种集装箱通常以设有通风孔的冷藏集装箱代用。

（5）敞顶式集装箱（Open Top Container）：实践中又称开顶式集装箱，此类箱箱顶采用可折叠式或可拆式顶梁作支撑，由帆布、塑料布或涂塑布组成了可拆卸顶棚。它适合于装载超高货物，或需要从箱顶部吊入箱内如玻璃板、钢制品、机械类等重大件货物。此类集装箱的防水性能较差。

（6）台架式集装箱（Platform Based Container）：这种集装箱包括台架式集装箱和板架式集装箱两大类，其共同点是没有箱顶板、侧壁板和门，只有厚度较一般通用集装箱厚许多的箱底板及连接在箱底板上的骨架。这种集装箱没有水密性，适合于装载尺寸超过标准箱尺度的货物。

（7）平台式集装箱（Flat-rack Container）：这是一种无上部结构，只有底部结构的集装箱。它的平台的长度和宽度与国际标准集装箱的尺寸相同。平台式集装箱的出现，打破了过去一直认为集装箱必须有一定容积的概念。它主要用来装运外形尺寸过长、过高或（和）过宽的货物。

（8）散货集装箱（Bulk Container）：这是一种密闭式集装箱。它除了端部设有门外，箱顶还设有带水密盖子的 2~3 个装货口，端壁下部设有卸货口。该集装箱适合于装运大豆、面粉、水泥、矿砂等固体散货。

（9）罐式集装箱（Tank Container）：这种集装箱专门用于装运各种酒类、油类、化学品等液体货物，主要由罐体和箱体框架构成。其罐体为圆柱或椭圆柱，箱体框架为箱形。由于所装货物的性质不同，其箱的结构和设备也不相同。

（10）动物集装箱（Pen Container）：这种集装箱是专为运输家禽和家畜而设计的，其结构便于对动物进行喂养、清洁等管理工作。为了遮挡阳光，其箱顶采用胶合板覆盖，侧面和端面均有用铝丝网制的窗，以使通风良好，侧壁下方设有清扫口和排水口，并配有可上下拉动的提升窗，以方便清扫垃圾。该集装箱的强度只允许装一层，且上面不宜装载其他集装箱。

（11）汽车集装箱（Car Container）：这是专门供运输小型汽车而制造的集装箱，其结构简单，通常无侧壁，只设有框架与箱底。根据汽车的高度，其可装载一层或两层。

（12）可折叠式集装箱（Foldaway Container）：近年来新研制的可折叠式集装箱，其卸货后可收叠堆放,卡车、火车或船舶回程载运的空箱数量将因此增加三倍,如此可使载运空集装箱的成本降低75%。

4.集装箱标记

为便于集装箱在国际运输中的识别、管理和交接,国际标准化组织制定了《集装箱的代码、识别和标记》国际标准,规定了集装箱标记的内容、标记字体的尺寸、标记位置等。这些标记可分为必备标记和自选标记两大类。

1)集装箱的必备标记

(1)集装箱箱号(Container Number)

集装箱箱号按顺序由箱主代码、顺序号和核对数字共11位代码组成,其在集装箱上的标注位置如图10-1所示。

①箱主代码(Owner Code):用3个大写拉丁字母表示。如"COS"为中国远洋运输(集团)总公司箱主代码,"APL"为美国总统轮船公司箱主代码。为避免箱主代码出现重号,所有箱主在使用代码之前,应向国际集装箱局注册登记。

②设备识别码(Equipment Identification Code):用1个大写拉丁字母表示。规定为:"U"表示常规集装箱,"J"表示集装箱所配置的挂装设备,"Z"表示集装箱拖车和底盘挂车。

③顺序号(Serial Number):由6位阿拉伯数字组成,用以区别同一箱主的不同集装箱,若有效数字不足6位时,应在数字前加0补足,如"001234"。

④校验码(核对数字)(Check Digit):用1位阿拉伯数字表示,用以验证箱主代码和顺序号的准确性,位于顺序号之后,并加方框以醒目。其值由箱主代码的4位字母和顺序号的6位数字通过一定方法换算而得。

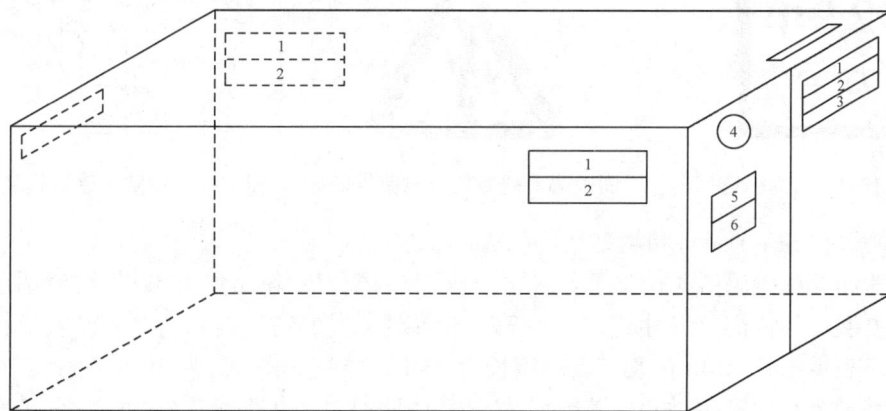

1—集装箱箱号位置;2—尺寸和类型代码位置;3—额定重量和自重标记位置;
4—被授权的组织标记位置;5—CSC安全合格牌照;6—CCC海关批准牌照

图10-1　集装箱标记位置图

(2)最大总重量(Max Gross)和空箱重量(Tare)

最大总重量系指集装箱和所装货物的最大允许总质量;空箱质量系指包括固定附属装置在内的空集装箱的质量。集装箱的最大总重量和空箱重量要求同时以kg(千克)和lb(磅)标示。容积(Cube)为箱子的容积,要求同时以cu.m(立方米)和cu.ft(立

方英尺)标示,如:

$$
\begin{array}{lll}
\text{MAX} \quad \text{GROSS} & 32,500 & \text{kg} \\
& 71,650 & \text{lb} \\
\text{TARE} & 3,880 & \text{kg} \\
& 8,550 & \text{lb} \\
\text{CUBE} & 76.2 & \text{cu.m} \\
& 2,690 & \text{cu.ft}
\end{array}
$$

(3)超高标记(Height Mark for Container)

凡高度超过 2.6 m (8.5 ft)的集装箱均应有如图 10-2 所示的超高标记,通常在箱的两侧和两端都设有此类标记。

(4)登箱顶触电警告标记(Warning Sign of Overhead Danger)

因罐式集装箱在运输中箱内液体与箱壁的冲击可能积聚较高的电位,所以一般在这类箱子位于邻近登箱顶的扶梯处标有登箱顶触电警告标记,以警告登箱顶者有触电的危险,如图 10-3 所示。

(5)空陆水联运集装箱标记(Symbol to Denote Air/Surface Container)

此类集装箱设计了适合于空运的系固和装卸装置,如图 10-4 所示。因其设计强度较低,海上运输时这类箱禁止在甲板上堆装,而在舱内堆码时箱上最多允许堆装 1 层箱;在陆地上堆码时,这类箱上规定最多允许堆装 2 层箱。

图 10-2　超高标记	图 10-3　登箱顶触电警告标记	图 10-4　空陆水联运集装箱标记

(6)尺寸(Size Code)和类型代码(Type Code)

尺寸和类型代码由 4 位字母与数字组成,前两位表示箱子的外形尺寸,后两位表示箱子的类型及其特征。尺寸代码中的第一位字母或数字表示箱长,如"2"表示箱长为 20 ft,"4"表示箱长为 40 ft,"L"表示箱长为 45 ft ,"N"表示箱长为 49 ft 等;第二位字母或数字表示箱宽和箱高,如"2"表示箱宽和箱高分别为 8 ft 和 8.5 ft,"5"表示箱宽和箱高分别为 8 ft 和 9.5 ft 等。类型代码第一位由拉丁字母表示箱型,如"G"表示通用集装箱,"B"表示干散货集装箱,"R"表示保温集装箱;第二位用 1 个数字表示该箱型的主要特征。箱型和主要特征构成统一的整体,如 G0 为该箱型中一端或两端开门的集装箱,G1 为该箱型中货箱上部空间设有透气孔的集装箱,B5 表示该箱为水平卸货且试验压力 150 kPa 等。ISO 6436—1995 文件中提供了集装箱尺寸与代码一览表和类型代码与箱类型结构特点一览表。

2）集装箱的自选标记

（1）最大净货载（NET）

根据工业上的需要，除了标出最大总重量和空箱重量外，还可以标出最大净货载的数据，如果标出最大净货载，应标在最大总重量和空箱重量之后。

（2）国际铁路联盟标记（Emblem of UIC）

凡符合《国际铁路联盟条例》规定的技术条件的集装箱可以获得此标记，如图 10-5 所示。标记方框上部的"ic"表示国际铁路联盟（Union Internationale Des Chemins De Fer）。标记方框下部的数字表示某铁路公司代码（33 是中华人民共和国铁路的代码）。

图 10-5　国际铁路联盟标记

集装箱除了上述标记外，还有：

（1）检验合格徽记：为确保集装箱对运输工具的安全，国际标准化组织要求检验机关（多为被授权的船级社）对符合该组织所制定标准并经试验合格的集装箱，在箱门处加贴该检验机关的检验合格徽记。

（2）安全合格牌（CSC Plates）：《国际集装箱安全公约》（简称 CSC）要求主管部门对符合人身安全检验的集装箱加贴"CSC 安全合格"金属标牌。

（3）海关加封运输批准牌照（海关牌照）：《集装箱海关公约》（简称 CCC）要求经批准符合运输海关加封货物技术条件的集装箱增加标有"经批准作为海关加封货物运输"字样的金属标牌（常与"CSC 安全合格"金属标牌合二为一），以便于集装箱进出各国国境时，不必开箱检查箱内货物，以加速集装箱的流通。

（4）免疫牌：运往澳大利亚和新西兰的集装箱，还应增加表明集装箱所用的裸露木材已经免疫处理的"免疫牌"等。

二、集装箱船

1.集装箱船的种类与结构特点

集装箱船是随着集装箱运输的发展而产生的一种特殊船型，从装卸方式来分类，主要有吊装式和滚装式两种。此外，有学者把载驳船作为浮装式集装箱船，也归入集装箱船中。应该指出，通常所称的"集装箱船"，是指吊装式集装箱船中的全集装箱船，故本章仅介绍吊装式全集装箱船的相关内容。

吊装式全集装箱船在结构上有如下特点：

（1）单层甲板，无装卸设备

除舱内装载外，集装箱船在舱面上也堆装较多层数的集装箱。国际标准集装箱的强度设计要求可使其上能承受堆码 8 层满载箱的负荷，故集装箱船货舱没有必要设置多层甲板来减轻上层箱对下层箱的负荷量。船上通常不设起货设备,集装箱装卸由岸上高效的集装箱装卸桥吊进行装卸。

(2)舱口宽大,与货舱同宽

为了能够使集装箱直上直下直接堆装而无须在舱内水平移动,集装箱船采用大舱口形式,舱口的宽度与货舱宽度相同,一般可达船宽的 70%~90%,故舱盖的重量很大。为了减少每块舱盖的重量,大型集装箱船都采用多列舱盖板。

(3)双层船体结构,设有大容量压载水舱

为弥补单层甲板和大货舱开口设计对船舶结构强度的不利影响,集装箱船体通常采用双层侧壁、双层横舱壁和双层底的双层船壳结构,以增强船体的纵向强度、横向强度和扭转强度。双层体船壳结构同时为船舶提供了大量的液体舱室,除用于燃油、淡水舱外,大量的用作压载水舱,以适应船舶空载或舱面装载大量集装箱时调整船舶重心高度的需要。

(4)舱面设有集装箱标准系固装置

在舱面上,设有集装箱底座和系固集装箱用的地令等固定式系固装置,及扭锁、桥锁和绑扎杆等活动式系固装置。当在甲板上堆装集装箱后,利用舱面上的系固装置可将集装箱与甲板固连成一体,有效地防止集装箱的移位和倾覆。

(5)舱内设置固定格栅导轨

为方便集装箱的装卸和防止摇摆过程中集装箱移位,集装箱船在舱内设计了由角钢立柱、水平桁材和格栅箱轨(Cell Guide)组成的箱格。由于导箱轨与集装箱之间的空隙很小,因此在导轨上端设有倾斜面的导向装置,便于集装箱装入箱格内,该装置称为"导口"。舱内集装箱不需要绑扎,从而提高了装卸效率。

(6)机舱设置在船尾部或偏尾部

集装箱船的机舱设置在船尾或偏尾部,使船体中部形状变化较小的部位形成装载区,以尽可能多地装载集装箱。

2.集装箱船的箱位表示方法

在集装箱船运输管理中,为准确表示每一集装箱在船上的装载位置,ISO 制定了国际统一的箱位代码编号方法。它是以集装箱在船上呈纵向分布为前提,每一箱位坐标以 6 位数字表示,其中前两位为排号(或称行号),中间两位为列号,最后两位为层号。

1)排号

排号(Bay No.)为集装箱箱位的纵向坐标,自船首向船尾按序排列。装 20 ft 箱的箱位排号依次以 01、03、05、07 等奇数表示;当纵向两个邻近 20 ft 箱位上被用于装载 40 ft集装箱时,则该 40 ft 箱位以介于所占的两个 20 ft 箱位奇数排号之间的偶数表示。

2)列号

列号(Row No./Slot No.)为集装箱箱位横坐标,以船舶中纵剖面为基准,向两舷分别依次排序,自中向右的箱位列号以 01、03、05 等奇数表示,向左舷的箱位列号为 02、04、06 等偶数表示,两舷列数相等。若船舶箱位总列数为奇数,中纵剖面上存在一列,该列编号为 00。

3)层号

层号(Tier No.)为集装箱箱位的垂向坐标,舱内和舱面均自下而上依次排序,舱内以全船的最低层为基准,其层号以 02、04、06 等偶数表示;舱面上也以全船舱面最低层为基准,以 82、84、86 等表示其层号。舱内和舱面非全船最低层的层号大致上以距船舶基线高度相同,层号相同为原则确定。

显然,全船每一箱位,都对应于唯一的以 6 位数字表示的箱位坐标,这样,集装箱实际在船上的装载位置可以用按上述方法限定的 6 位数字明确地表示出来。例如,某一集装箱的箱位号为"110484",则表示该箱为 20 ft 箱,纵向位于自船首始的第六排,横向位于中起左舷第二列,垂向在舱面上的第二层。又如图 10-6 中 A 货的货位编号为030204,B 货的货位编号为 160382。

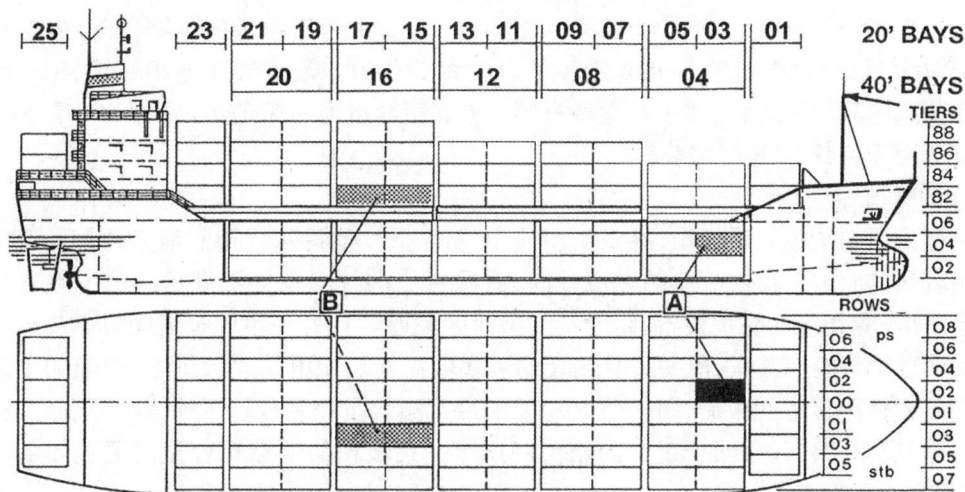

图 10-6　集装箱船的箱位表示

任务二　集装箱船的配积载

⊛ **任务目标**

能够核算集装箱船的载货能力,为各类集装箱选择合适的箱位,满足装卸顺序及快速装卸要求,且满足船舶稳性、强度及吃水等性能指标要求。

⊛ **任务(知识)储备**

一、充分利用集装箱船的载货能力

在集装箱箱源充足的条件下,充分利用集装箱船的装箱容量和净载重量,提高集装箱船的箱位利用率,是提高集装箱船营运经济效益的重要途径。

1.充分利用集装箱船的装箱容量

在判定一艘全集装箱船装箱容量大小的时候,其指标主要包括如下三个方面:

1) 20 ft 箱容量

它是指集装箱船所能装运 20 ft 集装箱的最大箱位数。许多集装箱船上设计了一些专门装载 40 ft 箱的箱位,如船尾部舱面上,其集装箱底座跨距为 40 ft,这种箱位不能装载 20 ft 箱。因此,船舶所具有的 20 ft 箱容量应为仅限装载 20 ft 箱的箱位数与 20 ft 箱和 40 ft 箱可交替装载的箱位数之和。"中远鹿特丹"轮 20 ft 箱容量为 4766TEU,另有 242 个 40 ft 箱位仅适用于装载 40 ft 的集装箱。

2) 40 ft 箱容量

它是指集装箱船所能装运 40 ft 箱的最大箱位数。由于货舱长度限制,部分舱位只能装载 20 ft 箱。因此,船舶的 40 ft 箱容量为仅供装载 40 ft 箱的箱位与 20 ft 箱、40 ft 箱可交替装载的箱位数之和。"中远鹿特丹"轮 40 ft 箱容量为 5036TEU,另有 214 个 20 ft 箱位仅适用于装载 20 ft 的集装箱。

3) 特殊箱容量

它是指船舶装载危险货箱、冷藏箱、非标准箱以及其他特殊货箱的最大数量。设定特殊箱容量的原因是:首先,船舶在设计时,有些货舱的技术条件不满足装载危险货箱的要求(如没有相应的防护设备,距船员的生活区太近等),另一些货舱则局限于装载个别类别的危险货箱。其次,冷藏集装箱装船后多数需要船舶电站连续供电,受船舶电站容量和电源插座位置的限制,每一集装箱船的冷藏箱容量和装载位置通常都是确定的。再者,非标准箱的装载会减少正常的箱位利用率。集装箱的特殊箱容量需通过船舶资料查取,应慎重对待。

为充分利用集装箱船的装箱容量,应着重考虑以下几点:

(1)在集装箱预配时,将订舱单上所列的 20 ft 箱数量和 40 ft 箱数量与本船的 20 ft 箱容量和 40 ft 箱容量进行比对,特别要考虑特殊集装箱的数量,以提高船舶箱位利用率。

(2)合理压载,减少退箱。由于集装箱船的箱位约有总量的 $1/3\sim1/2$ 安排在舱面上,装载后将使船舶稳性减小。为增大船舶稳性,需在压载舱内注入数量合理的压载水,以避免因稳性不满足要求而不得不退掉若干集装箱,造成船舶箱位的浪费。

(3)适当安排中途挂港的箱位,增加卸货后的承载能力。当集装箱船挂靠多个港口进行装卸时,要适当安排中途挂港的箱位,应尽量保持不同卸货港集装箱垂向箱位及卸箱通道的独立性,避免发生倒箱,增加集装箱船的承载能力。

2.充分利用船舶净载重量

当航次承运的集装箱总量较大或船舶吃水受航线水深限制时,校核航次订舱单所列的集装箱总重量与集装箱船的净载重量是否相适应,是编制集装箱船预配计划第一步中的一项重要内容。集装箱船的净载重量 NDW 计算式是:

$$NDW = DW_{max} - \sum G - B - C \text{ (t)}$$

式中,B 是为保证船舶稳性而必须保留的压载水及固定压载物的重量。在集装箱预配时,尚无法准确估计所需压载水的重量,它取决于集装箱重的分布及船舶积载的水平和经验。当各集装箱的箱重近均匀分布时,可从船舶装载手册或稳性报告书的相应装载状态中查得,否则,应根据经验并借助装载仪进行估算。集装箱船 *NDW* 计算式中的船舶常数 *C* 通常较大,这是因为 *C* 中包含了船舶所有非固定系固设备的重量。

集装箱船在箱位接近装满时,船舶重心往往很高。此时,为降低船舶重心高度获取适度的稳性,就需要在压载舱内打入大量压载水,这样使船舶净载重量大幅减少。因此,努力提高集装箱船配积载计划的编制水平,合理确定不同卸港轻重集装箱在舱内和舱面的配箱比例,减少用于降低船舶重心所需打入的压载水重量,是增加集装箱船净载重量的主要措施。根据经验,为了保证集装箱船安全营运及具有合理的稳性范围,船舶总的压载能力一般占其夏季满载时总载重量的 30%~40%,其中满载状态用于调整其稳性的可变压载量约占其压载能力的 50%。

二、保证集装箱船具有适度的稳性

为提高装箱能力,通常集装箱船的甲板上载有占总量 1/3~1/2 的集装箱,这就导致集装箱船具有水线以上受风面积大和船舶重心高的特点,对船舶的稳性不利。因此,营运中的集装箱船除必须具有足够的稳性外,亦不应使其初稳性高度过大,以免船舶剧烈横摇使甲板上集装箱受惯性力过大而对系固设备产生不利的影响。为保证集装箱船具有适度的稳性,IMO 和我国船级社对此均有明确的要求。

1.IMO 稳性规则

IMO《船舶完整稳性规则》对船长大于 100 m 的集装箱船和其他具有可观外漂或大的水线面面积的货船,建议采用下列 6 项完整稳性衡准要求,以代替该规则对各种类型船舶完整稳性基本衡准要求中除天气衡准以外的前 6 项要求。由于集装箱船大多具有较大的水线面面积,因此 IMO 对集装箱船的稳性要求可以归纳为:

(1)静稳性力臂曲线在横倾角 0°~30°所围面积不应小于 0.009/*C*(*C* 为船体形状因数,其计算后述)(m·rad);

(2)静稳性力臂曲线在横倾角 0°~40°或进水角 θ_f 中较小者之间所围面积不应小于 0.016/*C*(m·rad);

(3)静稳性力臂曲线在横倾角 30°~40°或进水角 θ_f 较小者所围面积应不小于 0.006/*C*(m·rad);

(4)静稳性力臂曲线在横倾角 0°~θ_f 所围面积不应小于 0.029/*C*(m·rad);

(5)在横倾角为 30°处的静稳性力臂应不小于 0.033/*C*(m);

(6)最大静稳性力臂应不小于 0.042/*C*(m)。

上述衡准中的船体形状因数 *C* 可按 IMO《2008 年船舶完整稳性规则》给出的如下公式求取:

$$C=\frac{d \cdot D'}{B_h^2}\sqrt{\frac{d}{KG}}\left(\frac{C_b}{C_W}\right)^2 \cdot \sqrt{\frac{100}{L}}$$

$$D'=D+h\frac{2b-B_D}{B_D} \cdot \frac{2\sum L_H}{L}$$

式中:d——平均吃水(m);

    D——船舶型深(m);

    h——船舶舱口围高度(m);

    b——船舶中部货舱舱口宽度(m);

    B_D——船中剖面上甲板左边缘与右边缘的水平距离(m);

    L——船舶两柱间长(m);

    $\sum L_H$——船舶$L/2$船中处向前$L/4$和向后$L/4$之间船长段货舱舱口长度之和(m);

    B_h——船中剖面$d/2$吃水处的船宽(m);

    KG——船舶重心距基线距离(m),不应小于d;

    C_b——方形系数;

    C_W——水线面系数。

2.我国《法定检验规则》

我国《法定检验规则》对国际航行船长超过100 m的集装箱船的特殊稳性衡准要求与IMO《船舶完整稳性规则》的规定完全相同;而对非国际航行装载集装箱的专用和非专用集装箱船,除需满足对普通船舶完整稳性的要求外,尚应满足以下特殊稳性要求:

①经自由液面修正后的初稳性高度应不小于0.30 m;

②船舶在横风作用下的静稳性曲线上求得的静倾角应不大于1/2上层连续甲板边缘入水角,且不超过12°。

在对船舶稳性各项指标进行校核时,《法定检验规则》规定了如下计算条件:

①每只集装箱重心垂向位置应取在集装箱高度1/2处;

②计算船舶在横风作用下的静倾角时所使用的横风风压倾侧力矩,取在计算稳性衡准数K时所确定值的1/2,且假定其不随船舶横倾而变化;

③计算静稳性力矩(臂)时,不计入舱面集装箱浮力的影响。

3.保持船舶适度的稳性

集装箱船的安全营运要求船舶必须具有适度的稳性,根据经验,集装箱船满载时适度的GM值范围为0.6~1.2 m,或取船宽B的4%~5%。而具体船舶适度的稳性应视船舶大小、装载状态和天气情况等因素确定,通常可以通过预估船舶的横摇周期来确定船舶的稳性范围。为保证集装箱船具有适度的稳性,可以从以下两个方面加以考虑:

(1)控制舱内和舱面所装集装箱的重量处于合适的比例范围。

(2)合理利用压舱水。当船舶的实际排水量还未达到满载排水量时,可以通过合理利用压载水来调整船舶的稳性;当船舶的实际排水量已达到满载排水量时,可以通过压载水产生的自由液面来调整船舶的稳性。同时应注意的是,在利用压载水调整船舶稳性时,还应考虑对船舶浮态和总纵强度的影响,做到统筹兼顾。

三、合理确定各类集装箱箱位

与杂货船配积载相似,在编制集装箱船配积载图时,首先应了解各停靠港的集装箱数量、平均箱重、特殊集装箱的数量以及运输要求等情况,总体上划定各停靠港集装箱在船上的装箱区域,随后按先末港后初港、先特殊后一般的原则,逐一为每一集装箱选择合适的箱位。

1.特殊货物集装箱的箱位选择

1)危险货物集装箱

要认真查阅《国际危规》和本船对危险货物配装的具体要求,正确选择危险货物集装箱的箱位。无论是舱内还是舱面积载,均应尽量远离船员工作与居住处所,尽可能远离热源、火源;对于需要经常检查特别是接近检查,或易形成爆炸性混合气体,或能产生剧毒蒸气及对船舶有严重腐蚀作用的货箱,原则上应积载于舱面上,且尽可能接近船首部位,同时还应考虑集装箱的稳固性和遮蔽性;当允许在舱内或舱面积载时,优先选择舱内;装有海洋污染物的集装箱应尽可能选配于舱内,若仅限于舱面装载时,则应选配于舱面防护或遮蔽条件良好的处所。要按《国际危规》的隔离要求做好危险货物集装箱之间的隔离,做好危险货物集装箱与普通货物集装箱之间的隔离。《国际危规》中有关危险货物集装箱不同隔离等级的隔离要求如表 10-2 所列。

表 10-2　危险货物集装箱隔离要求表

隔离要求	封闭式与封闭式	封闭式与开敞式	开敞式与开敞式		封闭式与封闭式		封闭式与开敞式		开敞式与开敞式	
					舱面	舱内	舱面	舱内	舱面	舱内
远离1	允许一个在另一个上面	允许一个装在另一个上面	允许开敞式的装在封闭式的上面,否则则按开敞式与开敞式的要求	首尾向	无限制	无限制	无限制	无限制	一个箱位	一个箱位或隔一个舱壁
				横向	无限制	无限制	无限制	无限制	一个箱位	一个箱位
隔离2	除非一层甲板隔离,否则则不许在同一直垂线上①	以一层甲板隔离,否则则不许在同一直垂线上①按开敞式与开敞式的要求	除非一层甲板隔离,否则则在同一直垂线上①	首尾向	一个箱位	一个箱位或隔一个舱壁	一个箱位	一个箱位或隔一个舱壁	一个箱位②	隔一个舱壁
				横向	一个箱位	一个箱位	一个箱位③	两个箱位	两个箱位②	隔两个舱壁
用一整个舱室或货舱隔离3				首尾向	一个箱位②	隔一个舱壁	一个箱位②	隔一个舱壁	两个箱位②	隔两个舱壁
				横向	两个箱位②	隔一个舱壁	两个箱位②	隔一个舱壁	三个箱位②	隔两个舱壁
用一介于中间的整个舱室或货舱作纵向隔离4	禁止			首尾向	最小水平距离24 m④	隔一个舱壁且最小水平距离24 m⑤	最小水平距离24 m④	隔两个舱壁	最小水平距离24 m④	隔两个舱壁
				横向	禁止					

注:所有舱壁和甲板均应是防火防液的;
①对于无舱盖集装箱货船,《国际危规》定义为"不允许在同一垂线上";
②对于无舱盖集装箱货船,《国际危规》定义为"一个箱位且不在同一货舱上";
③对于无舱盖集装箱货船,《国际危规》定义为"两个箱位";
④对于无舱盖集装箱货船,《国际危规》定义为"最小水平距离24 m且不在同一货舱内或货舱上";
⑤集装箱距离中间舱壁不少于 6.0 m。

2)冷藏集装箱

因为冷藏集装箱需要船上提供外接电源插座和监控插座,所以此类货箱在船上的积载位置和数量是固定的。为方便在运输中对冷藏集装箱的检查和制冷装置的维修,冷藏集装箱的箱位通常在主甲板以上。在此类箱位的船舷外侧,应当选配几层通用集装箱作遮挡,以防止冲上甲板的海浪对冷藏箱制冷设备造成损害。

3)超高集装箱

超高集装箱是指在装载货物后,其货物高度超过箱顶角件的高度,使其上面不能再堆装其他货箱的集装箱。超高集装箱的积载位置,无论是在甲板上还是在舱内,都应配在最上一层,在舱内积载时,不应影响舱盖的正常使用。

4)超长和超宽集装箱

对于舱内设置固定箱格导轨的集装箱船,因舱内每一箱格通常设有横向构件,一般无法装载超过箱格长度的超长箱。因此,20 ft 的超长箱可以选配于舱内 40 ft 箱位,但 40 ft 的超长箱通常只能配装在甲板上。

超宽集装箱可选配在甲板上,至于能否装于舱内,则应视货舱的箱格结构和入口导槽的形状和尺寸确定。一般对于中部超宽而两端某一范围内不超宽的集装箱,可以选配于舱内;但对于箱格之间设有纵向构件的船舶,则舱内无法装载超宽箱。无论舱内或舱面积载,当超宽尺度不大于相邻箱位之间的空隙时,则该超宽箱不侵占相邻箱位;反之,箱内超宽货物将伸至相邻箱格中,相邻箱格必须留出空位。

5)动物集装箱

动物集装箱应配装于甲板上,为减少风浪袭击,周围应以其他货箱遮蔽。由于动物集装箱结构和强度的原因,在甲板上只能堆装一层,所占空间相对较大。此外,所选配箱位周围应留出通道,以便做好供水、喂料、清扫等管理工作。

6)通风集装箱

为便于箱内货物的自然通风和监管,此类箱通常应选配于舱面,而且应当选择能避开冲上甲板的海浪并经通风孔灌入箱内的位置。对于装载兽皮的通风集装箱,为避免箱内温度过高引起货物腐败变质,应避免选配于受阳光直射的甲板最上一层。

2.普通货物集装箱的箱位选择

1)垂向箱位选配

(1)重箱、强结构箱应配于下层,轻箱、弱结构箱应配于上层。舱面应尽量配装新箱、强结构箱,舱内多配旧箱及弱结构箱。

(2)当 40 ft 箱和 20 ft 箱垂向混装时,20 ft 箱在下,40 ft 箱在上,不可颠倒,且必须满足两个 20 ft 箱的角件处于同一水平面时才允许在上面配装 40 ft 箱。如果两个 20 ft 箱的角件不在同一水平面时,应增设高度补偿器找平。

(3)应满足船舶的局部强度条件的要求,注意使在每一箱底座上的各层集装箱重量之和不超过该位置上的集装箱允许堆积负荷。

(4)要控制舱内和舱面所配集装箱重量的合适比例,以保证船舶的稳性处于适度的范围内。

由于国际上有些运河(如苏伊士运河)当局制定的船舶过运河收费规则规定,集装箱船通过运河将随船舶舱面集装箱堆装最高层数的不同加收一定百分比的额外运河通航费。因此,集装箱船在通过这类运河前,应适当考虑过运河的特殊收费规定,在可能的情况下,采取措施(如适当减少舱面集装箱的最高堆装层数)以减少运河通航费的支出。

2)纵向箱位选配

总体上应考虑满足船舶在各离到港状态下船舶适当的吃水差和总纵强度的要求。另外,为保证驾驶员具有良好的瞭望视野,在船舶前部甲板上还应考虑适当减少堆装层数,以满足 IMO 对船首盲区长度不大于两倍船长的要求。

3)横向箱位选配

总体上应使船舶装箱后及各离港状态时无初始横倾以及船体扭转变形符合要求,应尽量使各卸货港集装箱在各排上重量分布左右均衡,或对船舶中纵剖面的力矩代数和接近于零。

四、满足集装箱装卸顺序和快速装卸的要求

集装箱船通常中途挂靠一个以上港口,且往往多线作业,装卸同时进行,港口机械作业效率高,船舶在港停泊时间短。因此,为各港集装箱合理选配箱位,以满足装卸顺序和快速装卸的要求,对确保船期且减少不必要的港口使费具有重要意义。

1.避免或减少中途港的倒箱数量

在确定集装箱的配装区域时,应对船舶在整个航线的停靠港顺序及各港集装箱卸箱数量、加箱数量等情况予以综合考虑。应避免后卸货港集装箱压住先卸货港集装箱或堵住先卸箱通道的现象出现,尽量减少倒箱现象的发生。其基本原则是先卸货港集装箱配装于甲板上或上层,后卸货港集装箱配装于舱内或下层。

2.注意舱盖的各种形式

鉴于舱盖结构形式不同将对各卸货港集装箱的箱位安排带来较大的影响,因此,在配积载前应首先熟悉各货舱舱盖的结构形式。目前新式集装箱船多采用在一个 40 ft 箱位的行上,使用两个或三个纵向箱形舱盖。这两个或三个箱形舱盖,自然地将舱内箱位分为左右、两部分或左、中、右三部分。图 10-7 为某轮第 19 行行箱位图,其舱盖形式是

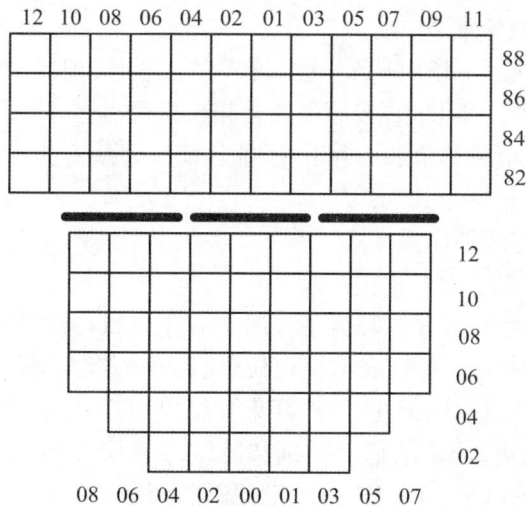

图 10-7　某轮第 19 行行箱位图

在纵向一个 40 ft 箱位行上,横向设计为三块可被独立吊至岸上的箱型舱盖,这三块舱盖相当于将一个舱分为无纵隔壁的三个小舱,左舷小舱占 04、06、08 三列,中间小舱占 02、00、01 三列,右舷小舱占 03、05、07 三列。若设 A、B 为某航次任意两个卸货港,则该行箱位上较合理的箱位选配方案之一是,舱内中间小舱选配 A 港货,舱内左、右两个小舱选配 B 港货,舱盖上 01 和 02 列上只能选配 A 港或先于 A 港的集装箱,舱盖上 05～12 列上只能选配 B 港或先于 B 港的集装箱,而舱盖上 03 和 04 列上只能选配 A、B 中的先卸箱或先于 A、B 卸港的集装箱。

3.尽力满足快速装卸要求

集装箱船的装卸作业多采用岸上高效的集装箱装卸桥。大型集装箱船有时采用多达 5 台以上的装卸桥同时并排作业,但装卸桥的结构使得 2 台装卸桥不容许紧靠在一起作业,必须至少纵向间隔一个 40 ft 箱位。因此,在集装箱箱位选配时,应当考虑这一因素,以满足其快速装卸要求。

当船舶在港作业量较大时,应当根据集装箱泊位的装卸桥作业台数,均衡分配船上各台装卸桥作业区域的集装箱作业量,以缩短船舶装卸作业时间。当船舶在港作业量很少时,若条件许可,其箱位应尽量选配于舱面,以减少开关舱作业量。20 ft 箱和 40 ft 箱在每一行位的舱内和舱面上应当尽量保持各自对船舶中纵剖面的力矩接近于零,以免装卸中为减少船舶横倾角而需多次调整装卸桥自动吊具尺度和集装箱岸吊沿岸移动及其对位时间。

五、集装箱船配积载文件的编制

集装箱船配积载图通常由全船行箱位总图(封面图、行箱位断面总图)和每行一张的行箱位图(排位图、行箱位断面图)组成。集装箱船行箱位总图是将集装箱船上每一装 20 ft 箱的行箱位横剖面图自船首到船尾按顺序排列而成的总图。从该图上可以总览全船的箱位分布情况。集装箱船行箱位图是船舶某一装 20 ft 箱的行箱位横剖面图。它是对集装箱船行箱位总图上某一行箱位横剖面图的放大。在该图上可以标注和查取某一特定行所装每一集装箱的详细数据。

1.集装箱预配图的编制

集装箱船的航次预配工作由船公司积载部门、船舶代理或集装箱船大副承担。将航次订舱单上所列的每一集装箱,按照集装箱箱位选配的基本原则,满足装卸顺序和快速装卸的要求,在集装箱船的全船行箱位总图上做一大致安排。该图绘制完成后需及时送交集装箱装卸公司。

行箱位总图通常有两种标注方式。

(1)彩色行箱位总图

在总图的每一箱格内,标注以吨为单位的集装箱重量,并涂以代表集装箱不同卸货港的特定颜色。箱格内标以"×",表示该箱位已被 40 ft 箱占用,对特殊箱箱位,则在其箱格上划圈并在适当位置加以标注,如冷藏集装箱以"R"表示;危险货物集装箱以字母和数字表示按《国际危规》规定的危险类别和等级,如"D5.1"表示箱内装有第 5.1 类危险货物等。各卸货港的标色,应在图上适当位置予以说明。

（2）黑白行箱位总图

由于彩色标绘的预配图难以进行复制和传输,因此,实际工作中通常采用黑白标绘方式。此时的预配图一般由三张行箱位总图构成,一张为字母图,一张为重量图,另一张为特殊箱位图,分别如图 10-8、图 10-9、图 10-10 所示。字母图表示在本港装船的集装箱的目的港,图上待装箱的箱位内均用 1 个英文字母(通常为目的港英文名称的首写字母)表示该箱的目的港,如:N 代表纽约港,B 代表巴尔的摩港,C 代表查尔斯顿港等。重量图用来表示每个集装箱的总重量,在每个箱位内用阿拉伯数字表示,单位为 t。特殊集装箱数量较多时,可单独使用一张行箱位总图予以标注,若数量较少,可标注在字母图或重量图中的任一张总图上。

此外,对于其他一些特殊箱,也应根据情况加以标注或文字说明,如可在箱格上方或左右标注"∧"及">""<"作为超高和超宽的标记,并注明超高、超宽的尺度。

2.集装箱船初配图的编制

集装箱装卸公司在收到集装箱预配图后,由码头船长或码头集装箱配积载员,根据预配图和码头实际进箱情况,编制集装箱初配图。由于初配图由码头制作,它又叫码头配积载图。集装箱船初配图由行箱位总图和各行箱位图构成。

1)集装箱船行箱位总图

在集装箱船行箱位总图中,各箱格内通常只标注集装箱的卸货港和特殊箱的标记。其标记方法与预配图相同。

2)集装箱船行箱位图

在集装箱船行箱位图(见图 10-11)中,按规定格式将详细的集装箱数据填入各箱格中,如图 10-12 所示。其内容说明如下:

(1)集装箱的卸箱港和装箱港。表示方法一般为卸箱港在前,装箱港在后,中间用"×"分开,也有的只标注卸箱港,不标注装箱港。卸箱港和装箱港用 3 个英文字母表示。

(2)集装箱箱主代码、顺序号和核对数。

(3)集装箱总重。

(4)船上箱位号或码头堆场上的箱位号。集装箱在船上的箱位号根据其位置很容易确定,因而该项常被省略。但为便于码头调运集装箱时提供集装箱的堆放位置,往往在各箱格内标注集装箱在码头堆场上的箱位号。

(5)集装箱备注。如危险货箱以"IMO 3.1""D 4.2""H 5.2"等注明;冷藏箱且其运输温度在 2~4 ℃ 范围内以"R+2+4"表示;非标准箱常用符号"∧"、"<"和">"并注以数字标明超高、左或右超宽;"E"表示空箱。

由码头的初配图经船上大副(或船长)审核签字后,即作为指导船舶装箱作业的正式积载计划。

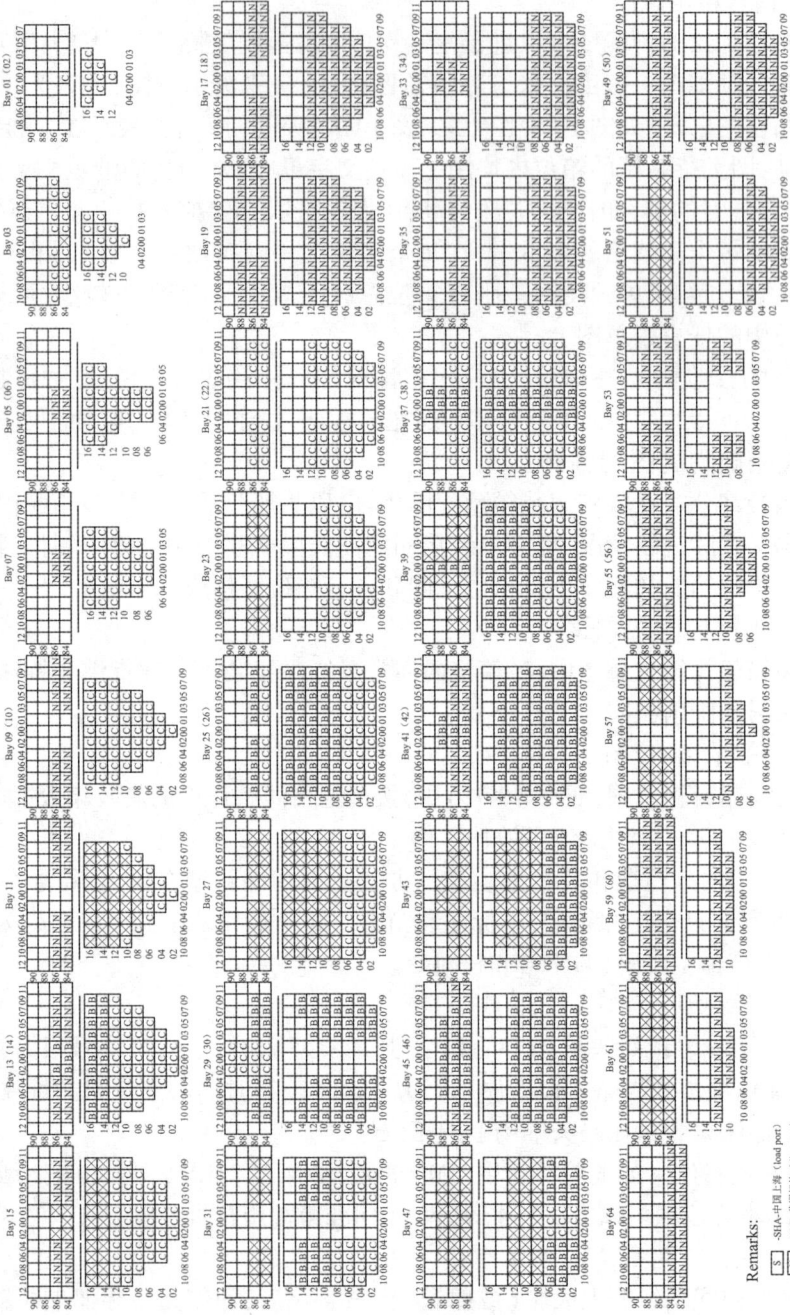

图 10-8 "CG"轮某航次全船行箱位总图(字母图)

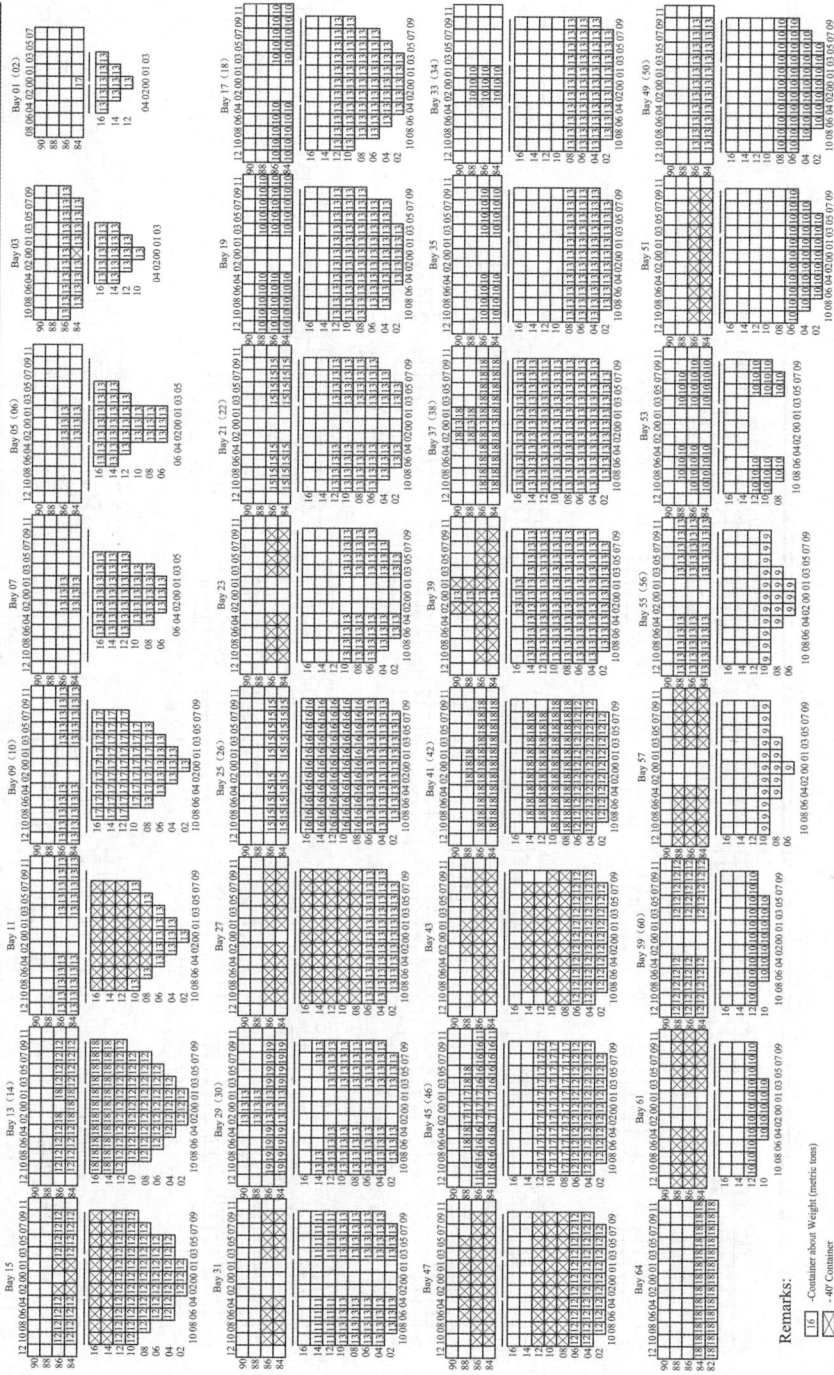

图 10-9　"CG"轮某航次全船行箱位总图(重量图)

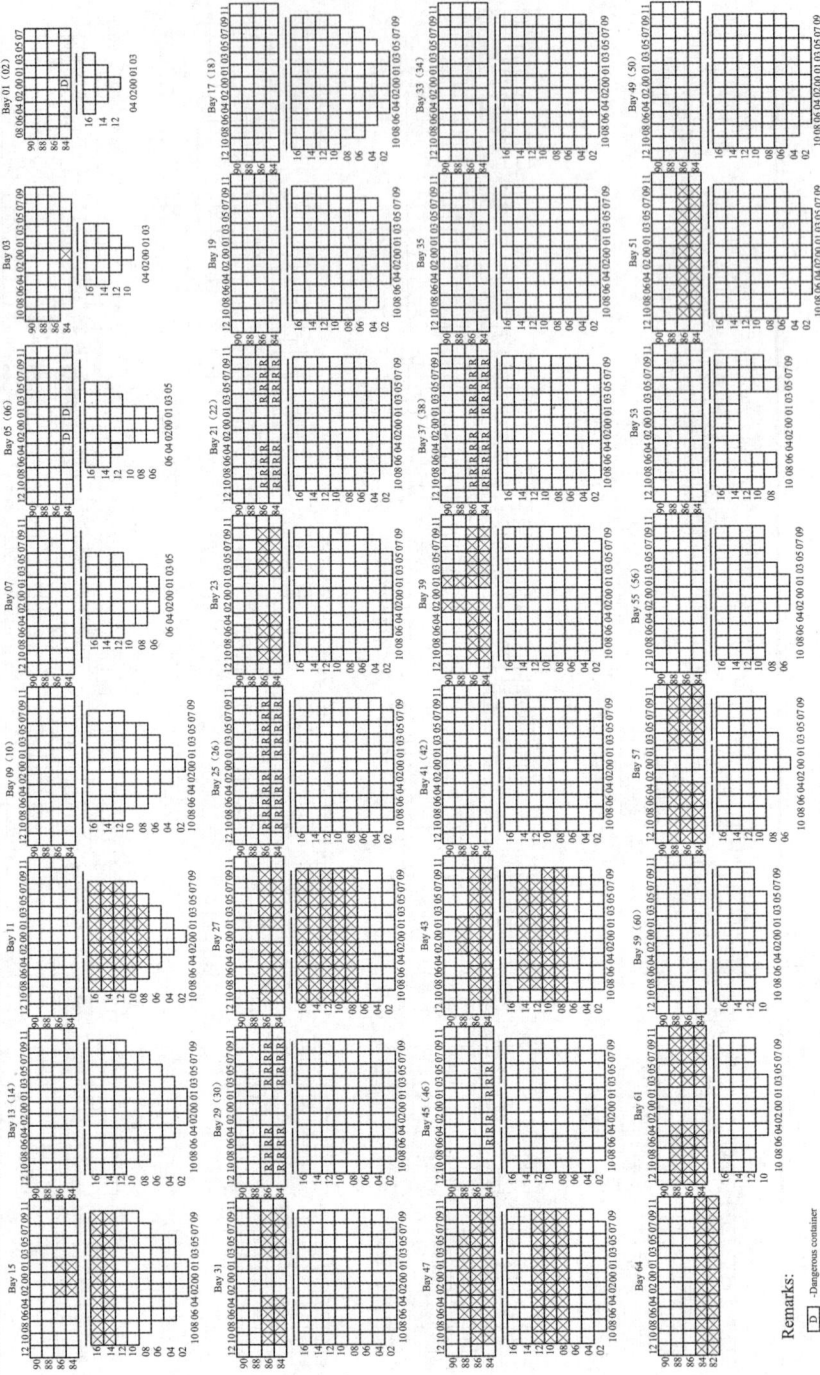

图 10-10 "CG"轮某航次全船行箱位总图(特殊箱位图)

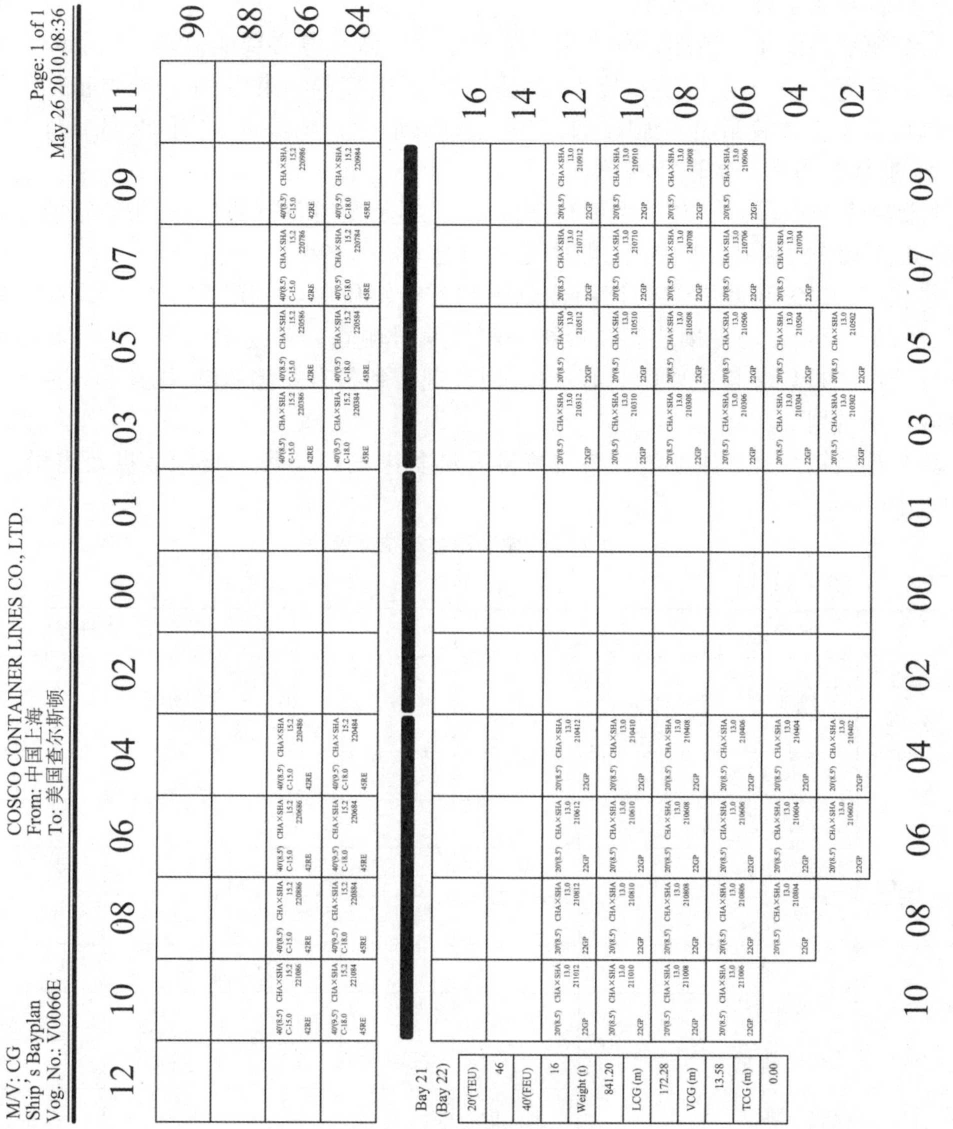
M/V: CG
Ship's Bayplan
Vog. No.: V0066E
COSCO CONTAINER LINES CO., LTD.
From: 中国上海
To: 美国查尔斯顿
Page: 1 of 1
May 26 2010,08:36
Bay 21
(Bay 22)
20'(TEU)
46
40'(FEU)
16
Weight (t)
841.20
LCG (m)
172.28
VCG (m)
13.58
TCG (m)
0.00

图 10-11　"CG"轮某航次第 21 行行箱位图

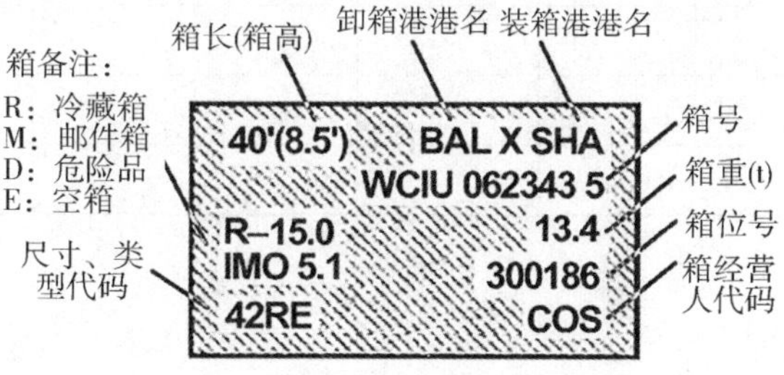
箱长(箱高)
卸箱港港名 装箱港港名
箱备注：
R：冷藏箱
M：邮件箱
D：危险品
E：空箱
尺寸、类型代码
40'(8.5')
BAL X SHA
WCIU 062343 5
R–15.0
13.4
IMO 5.1
300186
42RE
COS
箱号
箱重(t)
箱位号
箱经营人代码

图 10-12　行箱位图标注

3.集装箱船实配图的编制

集装箱船初配图在装船过程中出于某些原因会做一些必要的改动。装船时理货员对每一装船集装箱箱号、所装箱位等均做记录。船舶装载结束后,由理货员依据现场理货记录负责绘制集装箱船实配图,即最终积载图,船舶大副负责对实际装载条件下的船舶稳性、船体受力和吃水进行核算。

集装箱船实配图通常包括全船行箱位总图、集装箱船各行箱位图、集装箱船装箱统计表(见表10-3),以及船舶稳性、船体受力和吃水核算结果。

集装箱船最终积载图中的行箱位总图和各行箱位图与初配图中的形式和内容一致,只是将各行箱位图中集装箱在堆场的箱位编号删除。最终积载图中的行箱位总图及各行箱位图是集装箱主要的装载文件,由代理传到各有关停靠港,据此制订船舶卸箱及加载作业计划。

集装箱装箱统计表用于统计各装货港及卸货港的各类集装箱的数量及重量,其形式如表10-3所示。

表 10-3　集装箱装箱统计表

船名:　　航次:　　日期:

装箱港	卸箱港					合计	
	箱类型	20′	40′	20′	40′	20′	40′
	重箱						
	冷藏箱						
	危险货箱						
	空箱						
	重箱						
	冷藏箱						
	危险货箱						
	空箱						
⋮	⋮	⋮	⋮	⋮	⋮	⋮	⋮
合计	箱数						
	重量						
总计							

任务三 集装箱的安全装运

⚓ 任务目标

船舶装载非标准、半标准货物时,需要对此类特殊货物制订正确合理的积载和系固方案,并进行系固方案核算。为保证船舶和货物安全运输,应了解 CSS 规则的相关规定以及货物积载和系固的建议做法。

⚓ 任务(知识)储备

集装箱船无论在港装卸还是航行途中,都应根据集装箱装运特点,做好各环节的工作,确保船舶、集装箱和货物的装运安全。

一、集装箱运输中产生货损、货差的原因

与普通货船运输相比,集装箱船运输中的货损、货差事故率有了明显的下降。这主要是因为:集装箱运输能够实现门到门的直达运输,运输途中货物操作次数少;集装箱本身坚固耐压,而箱内货物多采用货板装载方式,使箱内底层货物承受的压力大大减小;集装箱货物都被箱体严密封闭,箱门有铅封,防盗性大大加强。据统计,船运集装箱货损、货差事故 90%以上发生在舱面。集装箱运输各环节中产生货运事故的原因主要可归纳为:

(1)货物装箱不规范,如性质互抵货物混装或不加衬垫,货物装载方式或固定方法不当等;

(2)集装箱积载不当,如甲板上堆装集装箱过多、过高,结构弱的箱子装在甲板或货舱的最下层,20 ft 箱子装在 40 ft 箱子上面以及重箱压轻箱等;

(3)装卸操作不当,如装卸工人技术不熟练,操作不当而造成货箱碰撞或跌落等;

(4)货箱固定不当,如绑扎不牢或漏绑扎而使货箱移位或掉入海中等;

(5)集装箱在运输途中因箱内产生汗水造成货损,如受外界温度、湿度变化的影响,导致箱内货物受湿造成货损;

(6)恶劣天气造成的货损,如遇大风浪船舶剧烈摇晃使货箱滚落或进水,大浪对甲板集装箱的剧烈冲击造成箱体或箱内货物的损坏;

(7)货物短少或盗损,如集装箱锁封损坏或不符,箱内物品被盗等;

(8)集装箱不适货或货箱本身存在缺陷,如冷藏集装箱装运冷藏货时,因箱底排水孔堵塞致使箱内积存污水而导货物湿损,箱体连接处变形、裂缝等;

(9)货物本身或其包装存在缺陷,如货物含水量过高或货物包装强度不够等;

(10)其他偶然事故,如将箱顶有积雪的集装箱装入舱内,船舶航行途中因积雪融化但又未及时排出船外,造成该舱下层集装箱因融化的雪水进入箱内使货物湿损等。

二、集装箱装船前的准备工作

装箱前船方应按照已制订的集装箱系固方案,整理和安排好数量充足且技术状态良好的集装箱系固索具。检查货舱箱格导轨、货舱舱盖有无变形,是否影响集装箱的装载及堆码。检查舱内污水井及排水系统、通风系统是否正常,应使之处于适用状态。检查甲板上的固定系固装置是否损坏。检查并对压载泵、管系及阀门进行试操作,使全船压载水系统处于随时可用状态。对冷藏箱电源予以认真检查,以免冷藏箱装船后因电源缺陷造成箱内货物升温而影响冷藏质量。装载危险货箱的舱位,应按《国际危规》的要求,使其满足相应的技术条件。调整好装箱前的吃水,避免出现过大的纵倾。

三、集装箱装载过程中的注意事项

集装箱在装船过程中,为确保船舶安全和货运质量,应做好看舱工作,加大集装箱装船的监督力度。

1.检查集装箱箱体外表状况

(1)检查集装箱箱体外表状况。

值班人员应认真查看集装箱箱体外表状况是否完好,若发现箱体破损、严重锈蚀、局部或整体严重变形等现象,在区分原残还是工残的基础上,应在现场记录单上用准确的文字记载或图形标注,必要时配以现场照片,并及时送交工头或理货员签认,以免除船方箱损的责任。

(2)检查集装箱箱门铅封的标志。

集装箱铅封是承运人检查货物转运过程中安全性的关键,是集装箱交接时衡量货物质量的重要标志。如铅封未完全锁住或受撞击遭受破坏,或已被人为剪断等,则船方对此箱应拒收,以免卸箱时承担箱内货物短缺的责任。

(3)检查危险货物集装箱箱体外表状况及有关标记。

危险货物集装箱装船时,除检查箱体外表状况外,还应检查其箱外两端和两侧是否具有符合《国际危规》要求的危险货物标志或海洋污染物标记。要特别检查危险货物集装箱箱体外是否有液体渗漏或气体外泄现象。如出现此类问题,船方应拒装。必要时,应申请当地海事主管部门监装。

2.监督工人严格按实积图确定的箱位装载集装箱

对实积图中确定的每一集装箱的装箱箱位,未经船舶大副的同意,不得随意更改,否则,可能会造成堵塞其他货箱卸箱通道或被其他货箱堵塞而无法卸出的现象。船员在值班过程中,应当督促并监督理货人员对每一装船集装箱的箱号逐一核对并予以准确记录,以防发生错装或漏装现象。

3.监督装卸工人正确进行集装箱的装船操作

集装箱起吊后应稍做停顿,以检查箱的受力是否平衡。当箱稳定后继续起吊,动作尽量平缓。集装箱在快速下降中应避免突然停止,在落到舱面之前,下降速度应减慢。

4.监督冷藏集装箱正确装船

冷藏集装箱装载时,为防止航行中上浪,海水侵入冷藏箱的机械和电器部分,应将冷藏箱制冷机组一端朝船尾方向,而且该端应留有人员能接近的通道,并尽量避免冷藏集装箱堆装超过两层,以方便有关人员检查和修理。冷藏集装箱装船后,应由大管轮和电机员负责尽快按装货清单的标注检查其设定的冷藏温度并对制冷机械试机运行。若存在故障,则应采取及时修理、临时更换或退关的措施。若对冷藏集装箱有任何疑问,大副应在冷藏集装箱设备交接单上签名的同时加上适当批注。

5.均衡作业进度,用压载水调整船舶横倾和纵倾

装载过程中,应当均衡各作业线的作业进度,保证满足船体强度和最低限度的稳性要求,同时注意调整平衡水舱的压载水,防止船舶在装卸中出现较大的横倾和纵倾,以免集装箱无法顺利地进入箱格导轨。集装箱船在装卸过程中的横倾角和纵倾角通常应不大于3°。

6.做好集装箱的系固工作

值班船员应严格按船方制订的集装箱系固方案监督执行,尤其是舱面集装箱的系固对集装箱的安全运输极为重要。要特别注意的是,使用非自动扭锁系固舱面集装箱时,特别是在开航前,应确保舱面系固的每一扭锁处于锁闭状态。

四、运输途中的注意事项

集装箱船的航线设计,应尽量避开大风浪出现频率较高的海域。航行途中,遇到大风浪警报时,应当注意检查和增设集装箱的系固设备。对温度有控制要求的集装箱,航行途中应注意定时检查其温度。对集装箱内货物产生的任何异常现象,要及时查明原因,采取必要的处置措施,并注意记录事故发生的时间、环境、气象、温度,以及观测到的其他各种现象和变化过程及船方的处置措施。

五、集装箱的系固

装在船上的集装箱,由于受到船舶运动而产生的力的作用而具有运动的趋势,如不对其系固,将会产生位移,从而造成集装箱的损坏、滚落船外并可能危及船舶安全。因此,船舶开航前应采取适当的系固方式,限制集装箱在船上的运动。

1.集装箱的系固设备

1)扭锁

扭锁(Twist Lock)是用于甲板上两只集装箱之间或集装箱与船体之间的垂向连接锁紧装置,以防止集装箱的倾覆和滑移。

(1)半自动扭锁(Semi-automatic Twist Lock)

半自动扭锁如图10-13(a)所示,装箱时需将扭锁装于集装箱底部角件内,当集装箱置于船上箱位时,受箱体压力作用,该钮锁能自动转动锁锥使其处于锁紧状态。卸箱时需使用专用开锁棒,将开锁销拉出,从而打开扭锁与舱盖或与另一集装箱顶部角件的连接,再用桥吊吊下集装箱,在码头上人工将其取下。半自动扭锁逐渐被全自动扭锁代替,目前在一些老旧船上使用较多。

(2)全自动扭锁(Fully-automatic Twist Lock)

全自动扭锁如图10-13(b)所示,装箱时与半自动扭锁类似,集装箱上船之前,码头工人需将扭锁装于集装箱底部角件内,吊装上船时在集装箱重力的作用下,扭锁内部装置自动转向锁定。卸箱时无须人工开锁,集装箱重力完全被码头桥吊承受的时候,扭锁内部装置转向复位成开启状态,直接吊卸。此种扭锁节省人工成本,缩短船舶在港时间,当前集装箱船上广泛使用。

(3)底座扭锁

底座扭锁(Bottom Twist Lock)如图 10-13(c)所示,左图主要用于甲板上下层集装箱之间连接锁紧或底层集装箱与甲板突出式底座连接锁紧;右图仅用于底层集装箱与甲板燕尾式底座的连接锁紧,而不能用于两个集装箱垂向的连接。使用时,先将手柄置于非锁紧位置,再将它装于甲板的底座上或下层集装箱顶部角件上,待集装箱装妥后,旋转手柄使锁锥转动,从而使集装箱和船体(或集装箱)连接成一体。

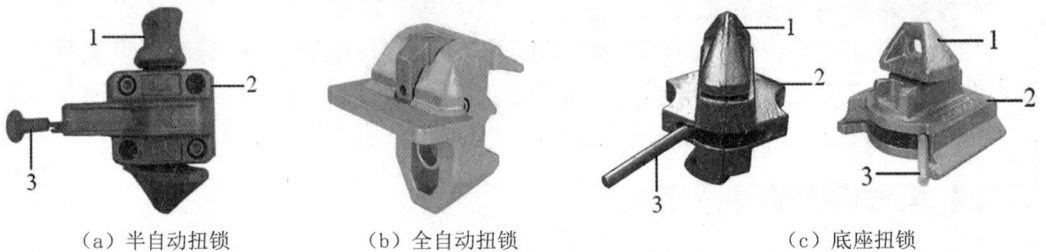

(a)半自动扭锁　　　(b)全自动扭锁　　　(c)底座扭锁

1—锁锥;2—锁体;3—手柄

图 10-13　扭锁和底座扭锁

2)桥锁

桥锁(Bridge Fitting)如图 10-14 所示,是用于对最上一层相邻两列集装箱进行横向水平连接的系固设备,用以分散主系固设备所承受的负荷,从而提高系固效果。使用时,将两个锁钩分别插入两个集装箱的角件孔中,然后旋转调节螺母,使之收紧。目前较少使用。

图 10-14　桥锁

3)定位锥

定位锥(Stacking Cone)又称为中间堆锥,分为单头定位锥(Single Stacking Cone)和双头定位锥(Double Stacking Cone)两种,如图 10-15 所示。其作用是将定位锥置于两层集装箱之间,用于集装箱定位,并能防止集装箱的水平滑移,双头定位锥还能用作相邻两列集装箱之间的水平连接。定位锥通常在舱内 40 ft 箱位上装载 20 ft 集装箱时用于固定 20 ft 集装箱。

4)锥板

锥板(Cone Plate)又称为底座堆锥,分为单头锥板(Single Cone Plate)和双头锥板(Double Cone Plate)两种,如图 10-16 所示。使用时,将其插入集装箱箱位底座内,然后将集装箱底部角件与其连接,用于集装箱定位和防止集装箱滑移。通常在舱内 40 ft

箱位上装载 20 ft 集装箱时使用。

　　（a）单头定位锥　　　　　　（b）双头定位锥

图 10-15　定位锥

　　（a）单头锥板　　　　　　（b）双头锥板

图 10-16　锥板

5）高度补偿器

　　高度补偿器（Height Compensation）又称为调整堆锥,用于补偿相邻两列同一层号但因箱高不同引起的集装箱顶角件的高度差,以便于使用系固设备或在纵向相邻两行 20 ft 箱顶部堆装 40 ft 箱等,如图 10-17 所示。补偿器有多种型号,有效的补偿高度通常在 0.152~0.305 m 范围内。目前较少使用。

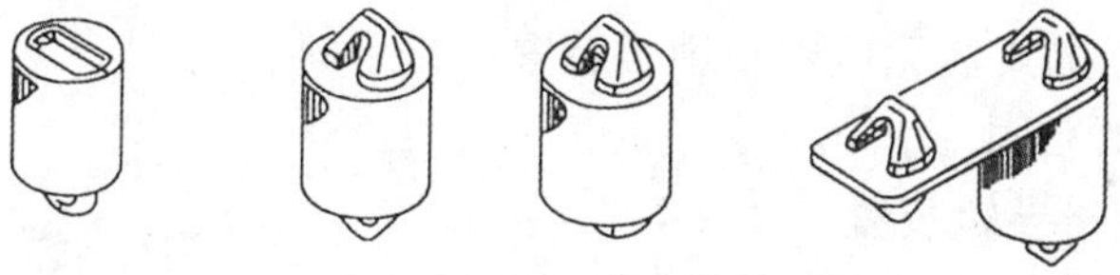

图 10-17　高度补偿器

6）拉紧装置

　　绑扎拉杆（Lashing Bar）和松紧螺杆（Turnbuckle）组合使用形成系固集装箱的拉紧装置,如图 10-18 所示。使用时,将绑扎拉杆的一端插入集装箱角件内,另一端通过松紧螺杆连接在甲板的系固地令上,通过调节松紧螺杆将绑扎拉杆收紧。

2.集装箱的系固要求

　　国际上许多船级社在海船入级规范中,提供了集装箱受力计算方法和对集装箱系固及其所用设备的基本要求。我国船级社对集装箱系固的一般要求如下:

1）露天甲板上集装箱的系固

（1）甲板上装一层集装箱

①在集装箱的底角处应用角锁紧装置对集装箱系固;

②除上述①外,也可在每只集装箱的两端用绑扎装置以对角或垂直方式对集装箱系固,并在每个集装箱底角处用定位锥定位。

（2）甲板上装两层集装箱

①在每层集装箱的底角处应用角锁紧装置对集装箱予以系固。

281

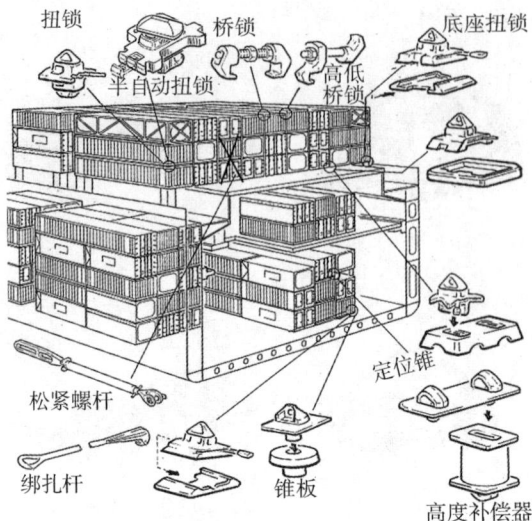

图 10-18　各种系固设备所在位置及配套使用

②除上述①外,也可在第二层每只集装箱的两端与甲板或舱盖之间用绑扎装置对集装箱予以系固,且在每一层集装箱的底角处应设置定位锥。若经计算表明在集装箱的底角出现分离力,则应在该处设角锁紧装置。

(3)甲板上装两层以上集装箱

①对第一层和第二层集装箱应按上述(2)的方法系固;

②对第二层以上的集装箱应用角锁紧装置进行系固。

2)舱内集装箱的系固

(1)若舱内无箱格导轨装置

①可参照上述1)甲板集装箱的系固要求进行操作;

②若经计算表明在集装箱层之间出现分离力,则应在该层设置角锁紧装置,对其他位置可考虑使用双头定位锥;

③若经计算表明各层集装箱间均无分离力,则角锁紧装置可考虑全部由双头定位锥替代。

(2)若舱内有箱格导轨装置

我国规范对此无明确规定。通常,舱内装于箱格导轨中的集装箱,若其长度与导轨间长度一致,则无须设置任何系固索具;当舱内供装载 40 ft 箱的箱格内配装 20 ft 箱时,则应在 40 ft 箱的导轨长度中间底部使用锥板,两层集装箱之间使用定位锥来固定 20 ft 集装箱。

3.集装箱系固注意事项

1)经常检查系固设备。经检查如有变形或损坏,应及时修复或更换,对需活络的系固设备如花篮螺丝等,应经常加油使其保持操作的灵活性。

2)正确使用各种系固设备。船员应熟悉各种系固设备的结构特点及使用方法,如扭锁在何位置分别处于非锁紧状态和锁紧状态;定位锥用于固定舱内 40 ft 箱位上所装载的 20 ft 集装箱时,不同卸货港集装箱之间不得采用双头定位锥,否则将造成中途港的卸箱困难。

3）防止过大稳性对系固设备的不利影响。在设计集装箱系固系统时,船厂根据设定的初稳性值计算集装箱所受外力大小,实际营运中的船舶初稳性大于设定值时,使集装箱受力增大,从而导致系固设备不能满足集装箱安全系固的要求,这对于较小初稳性设定值的集装箱系固系统尤其应引起注意。

4）购置集装箱系固设备时,应与系统要求匹配。除注意设备的规格外,还应注意设备的安全负荷要求,以防那些规格相同但安全负荷达不到要求的设备混入,为此,应向供应商索要经船级社检验的证明文件。另外,购置扭锁时,应特别注意手柄的旋转方向。新购置的扭锁手柄的旋转方向,一定要与原先船上的一致,否则会造成使用上的混乱而无法判断是否锁紧。

5）航行中减轻船舶摇摆。集装箱装船后虽然已按要求予以系固,但由于船舶在大风浪中摇摆剧烈而使集装箱受力过大,会造成其系固设备的破坏,从而使集装箱甩入海中或导致集装箱箱体损坏。

项目 十一

散装谷物运输

⚓ 项目描述

谷物(Grain)是指包括小麦(Wheat)、大麦(Barley)、燕麦(Oats)、稞麦(Rye)、小米(Millet)、大米(Rice)、玉米(Maize)、豆类(Pulses)和种子(Seeds)等及由其加工的与谷物在自然状态下具有相同特性的制成品。

谷物是海上运输的大宗货物之一,大宗谷物一般均采用散装方式运输。相对于包装运输谷物散装运输具有许多优点:可以增加一定的装载数量;节省装卸费用和包装费用;采用机械装卸可以节省装卸时间等,这对提高运输能力和降低运输成本都是有利的。但是散装谷物有其特性,因此,必须采取一定的措施来适应这些特性,才能确保运输的安全。

⚓ 教学目标

1.知识目标

(1)掌握散装谷物的海运特性及散粮船的结构特点;

(2)掌握散装谷物装舱的几种基本方案;

(3)熟悉散装谷物装运规则对散装谷物船的稳性衡准要求;

(4)熟悉散装谷物船的稳性核算方法;

(5)熟悉改善散装谷物船稳性的方法。

2.能力目标

(1)能够进行散装谷物船装载能力的核算;

(2)能够进行散装谷物船配载图的简单编制;

(3)能够进行散装谷物船稳性的核算工作。

3.素质目标

(1)培养学生良好的职业道德,遵守航运行业规范的工作意识、行为意识和安全意识。

(2)具有分析问题、解决问题的能力。

⚓思维导图

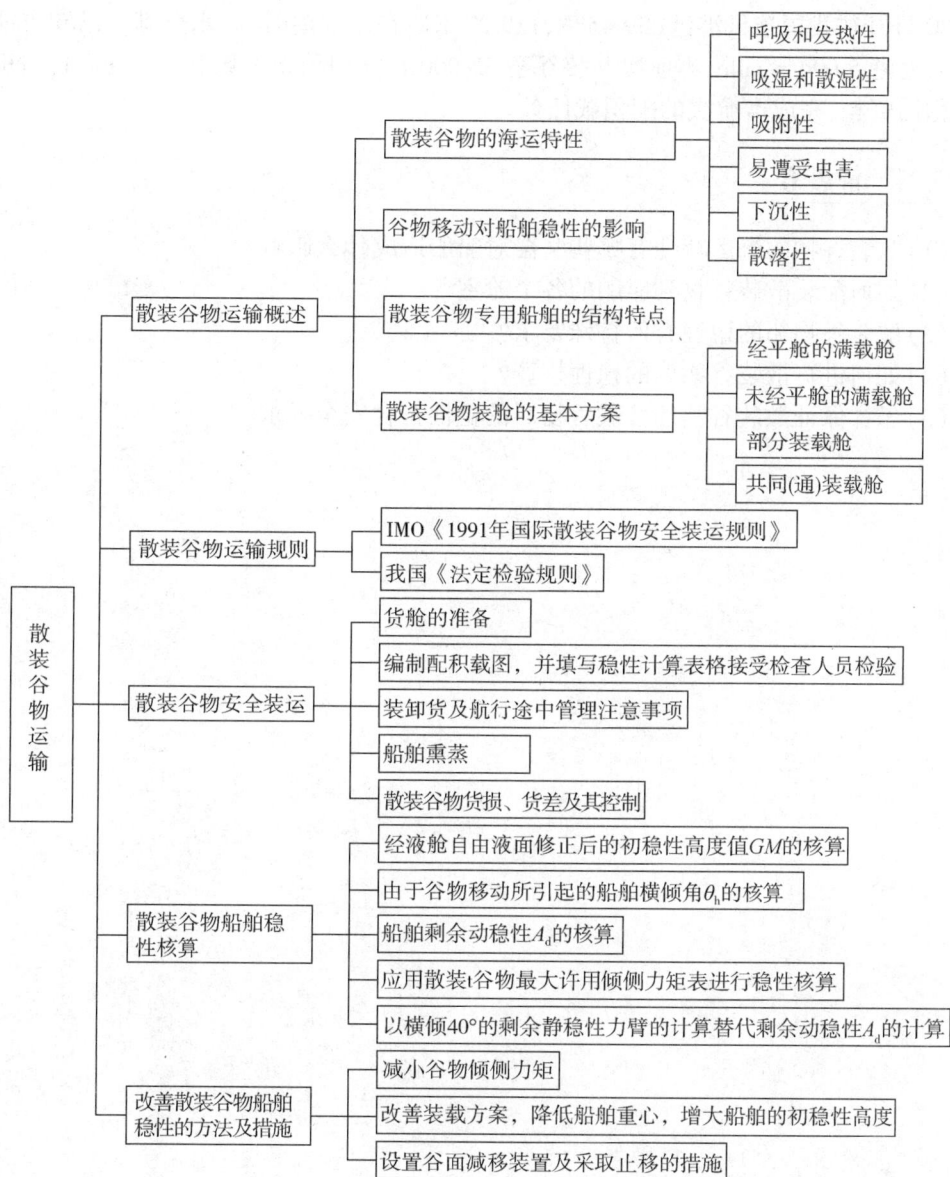

散装谷物运输
- 散装谷物运输概述
  - 散装谷物的海运特性
    - 呼吸和发热性
    - 吸湿和散湿性
    - 吸附性
    - 易遭受虫害
    - 下沉性
    - 散落性
  - 谷物移动对船舶稳性的影响
  - 散装谷物专用船舶的结构特点
  - 散装谷物装舱的基本方案
    - 经平舱的满载舱
    - 未经平舱的满载舱
    - 部分装载舱
    - 共同(通)装载舱
- 散装谷物运输规则
  - IMO《1991年国际散装谷安全装运规则》
  - 我国《法定检验规则》
- 散装谷物安全装运
  - 货舱的准备
  - 编制配积载图，并填写稳性计算表格接受检查人员检验
  - 装卸货及航行途中管理注意事项
  - 船舶熏蒸
  - 散装谷物货损、货差及其控制
- 散装谷物船舶稳性核算
  - 经液舱自由液面修正后的初稳性高度值GM的核算
  - 由于谷物移动所引起的船舶横倾角θ_h的核算
  - 船舶剩余动稳性A_d的核算
  - 应用散装ι谷物最大许用倾侧力矩表进行稳性核算
  - 以横倾40°的剩余静稳性力臂的计算替代剩余动稳性A_d的计算
- 改善散装谷物船舶稳性的方法及措施
  - 减小谷物倾侧力矩
  - 改善装载方案，降低船舶重心，增大船舶的初稳性高度
  - 设置谷面减移装置及采取止移的措施

⚓ 任务引入

"崖州海"轮某航次由澳大利亚吉朗港(38.09°S,144.22°E)装谷物后,于 2023 年 6 月 20 日开往我国连云港港(39.45°N,119.27°E),在始发港时油、水全满。已知吉朗港至连云港港 5 094 n mile,本航次共装谷物 52 000 t,谷物积载因数是 1.25 m³/t,请根据船舶稳性资料,完成本航次的配积载任务。

🔍 请思考:

(1)散装谷物的海运特性有哪些? 会对船舶造成什么影响?

(2)如何配装散装谷物到船舶的各个舱室?

(3)散装谷物船的稳性有何特殊要求?

(4)如何进行散装谷物船的稳性核算?

(5)怎样保证散装谷物船装载谷物后的稳性符合安全要求?

任务一　散装谷物运输概述

◎ 任务目标

熟悉散装谷物的海运特性及各种特性所带来的危害,熟悉谷物移动对船舶稳性的影响,掌握谷物运输船适于运输散装谷物的结构上的特点,掌握散装谷物装舱的几种基本方案及各自的优缺点。

◎ 任务(知识)储备

一、散装谷物的海运特性

散装谷物的海运特性主要有:

1.呼吸和发热性

谷物靠呼吸来维持生命,谷物呼吸将产生水和二氧化碳并释放热量。由于谷物的导热能力差,所产生的热量很难散发,货舱内的温、湿度不断增大。同时,较高的温度和较大的含水量又为谷物的旺盛呼吸创造了条件,因此旺盛的谷物呼吸将使货舱内环境恶化,导致谷物发芽、霉变和腐烂,影响谷物的运输质量。

谷物的呼吸强度受其本身的水分、温度、储运场所空气中的含氧量以及籽粒状态等因素影响,其中水分是最重要的因素。在一定的温度范围内,谷物含水量增大,呼吸将大大加强。干燥谷物呼吸作用极为微弱,当水分超过安全水分时,呼吸强度骤然增强。温度为 0~50 ℃时,呼吸强度随温度上升而增强,谷物呼吸作用最适宜的温度为 20~40 ℃。空气中氧气含量充足时则呼吸强度大。新粮、瘪粒、破碎粒、表面粗糙的籽粒等呼吸作用较强。

为抑制谷物呼吸,船舶在装载谷物前,必须对谷物含水量进行严格控制,超过规定标准时应拒绝装载。我国贸易部门对谷物含水量有专门规定的标准。

2.吸湿和散湿性

谷物具有吸收水分和散发水分的性能。当谷物比较干燥而外界空气湿度较大时,谷物会吸收水分使其含水量增大;当外界空气湿度较小时,谷物会向周围散发水分。因此船舶在航行中,应正确通风,以防外界潮湿高温的空气进入舱内。

3.吸附性

谷物极易吸附异味和有害气体。当异味和有害气体被谷物吸收后,散发很慢,甚至不能散发,以致影响谷物的食用。为防止谷物因感染异味而影响其质量,装货前应做好清扫、除味等货舱的准备工作。

4.易遭受虫害

谷物易遭受害虫,为防止虫害,必要时,谷物和货舱应用药物进行熏蒸。

5.下沉性

谷物的下沉性是指装于船舱内的散装谷物,受船舶摇摆、振动等作用,谷物间的空隙逐渐缩小引起谷物表面下沉的特性。谷物的下沉,一方面导致舱内谷物重心下降,另一方面会使满载货舱出现空档(Void),形成可自由流动的谷物表面。谷物的下沉性与其颗粒大小、形状、积载因数、表面状态、含水量等因素有关。

6.散落性

散装谷物在船舶摇摆、振动等外力作用下,能自动松散流动的特性称为散落性。谷物的散落性与其颗粒大小、形状、表面状态、含水量、杂质含量等因素有关,其大小用静止角(Angle of Repose)表示。静止角是指谷物由空中缓缓自然散落到平面上所形成的锥体斜面与水平面的夹角α(见图11-1),有的资料也称该夹角为休止角、自然倾斜角、摩擦角等。显然,静止角越小,散装谷物越易流动,散落性越大。

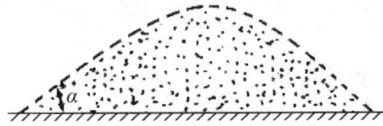

图11-1　谷物静止角

谷物的静止角一般为35°~37°,当其干燥时为20°~30°。应当指出,货舱内的散装谷物,由于船舶在航行中的摇摆和升降运动,其静止角明显减小,约为原静止角的一半。实验表明,静止角为25°的谷物,在船舶摇晃中开始移动的角度为14°24′。

二、谷物移动对船舶稳性的影响

谷物的下沉性和散落性对船舶的稳性影响很大,由于散装谷物具有散落性和下沉性的特点,在船舶航行中,舱内的谷面ab与甲板顶界之间将出现一个空当,随着船舶的摇摆和振动,舱内的谷面由ab移至cd,即有一部分谷物由ebd移至aec,它的重心由g_1移至g_2,从而使船舶重心由G_0移至G_2,如图11-2所示。由图11-2可知,舱内谷物的移动将产生谷物横向倾侧力矩,其结果使船舶出现横倾角,也使船舶重心升高,导致船舶稳性变小,严重时甚至造成翻船事故。

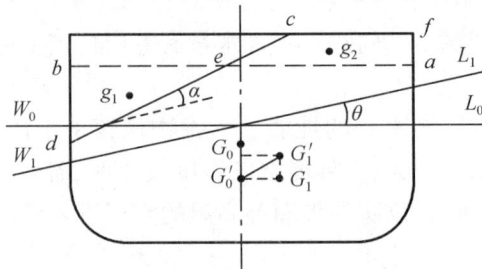

图11-2　谷物移动对船舶稳性的影响

为保证散装谷物船舶的安全,可以采用改善散装谷物船舶的货舱结构形式以及逐步完善有关散装谷物运输规则两条途径来解决。

三、散装谷物专用船的结构特点

为了适应散装谷物的运输要求,在船舶上应采用适于散装谷物海运特性的货舱结构形式。散装谷物专用船的货舱一般设计成图 11-3 所示的形式,其结构特点是:

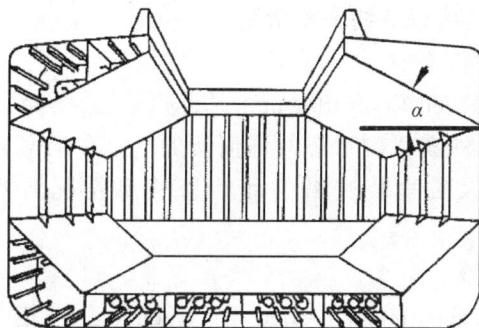

图 11-3　散装谷物专用船货舱结构

1.单层甲板、双层底

从便于装卸和减小舱内谷物移动倾侧力矩等因素考虑,专用散装谷物船均采用单层甲板形式。此外,为了提高船舶的抗沉性,以及改善空船时的航海性能,散装谷物专用船均设双层底。

2.舱口围板高

较高的舱口围板可以起到添注的作用,即当初始状态为满载舱的舱室的谷物开始下沉时它能保持自由谷面仍处于较小的舱口围之内,从而起到减小谷物移动倾侧力矩的作用。

3.设置顶边水舱和底边水舱

专用散装谷物船一般在船侧设有顶边水舱及底边水舱,使上下方的舱壁呈斜面形,而且顶边水舱和底边水舱的倾斜面与水平面的夹角一般设计成大于谷物的静止角(至少为 30°),这样既可减少装舱谷物的自由谷面,又有利于平舱与清舱。另外,边水舱具有压载舱的作用,以保证船舶空载或兼运其他货种时对稳性和适航性的要求。

专用散装谷物船大大地改善了船舶的稳性状况,一般来说正常装载时船舶稳性均能满足要求。

四、散装谷物装舱的基本方案

散装谷物在货舱内采用何种装载方案,将直接关系到舱内谷物移动状况,从而对船舶稳性产生不同程度的影响。我国《法定检验规则》和 SOLAS 1974 关于散装谷物船的运输规则对散装谷物的各种不同的装载方案都有严格的定义。

1.经平舱的满载舱

经平舱的满载舱(Filled Compartment After Trimming),指经充分平舱后,使甲板下方和舱口盖下方的所有空间装满至可能的最大限度的任何货舱。经平舱的满载舱谷物的移动力矩最小,因而对船舶稳性的不利影响最小。

2.未经平舱的满载舱

未经平舱的满载舱(Filled Compartment Without Trimming),指舱口范围内装至可能的最大程度,但在舱口以外,未进行平舱的任何货舱。未经平舱的满载舱谷物移动对船舶稳性的不利影响要明显大于上述经平舱的满载舱。在航次货源和稳性核算许可的条件下,采用这种装载方案,可以节约平舱费用。

3.部分装载舱

部分装载舱(Partly Filled Compartment),又称松动舱,指经合理平舱,将谷物自由表面整平,但未达到上述两种满载舱状态的任何货舱。部分装载舱谷物移动对稳性的不利影响随货舱结构形状及谷物装舱深度而变化,多数情况下要远远超过上述两种满载舱。

4.共同(通)装载舱

共同(通)装载舱(Compartment Loaded in Combination),指多用途船或一般干货船装载散装谷物时,在底层货舱舱盖不关闭的情况下,将底层货舱及其上面的甲板间舱作为一个舱进行装载的货舱。当在共同(通)装载舱内谷物装载超过底层货舱舱盖高度时,与将底层货舱舱盖关闭方案比较,采用此方案谷物移动对稳性的不利影响要减小许多,因为如果将底舱舱盖关闭,将在底舱和上层甲板间舱内产生两个自由谷面。

任务二　散装谷物运输规则

⊛ 任务目标

掌握 IMO 及我国关于散装谷物船舶运输的相关规则及对装载散装谷物船舶稳性的具体要求。

⊛ 任务(知识)储备

为适应散装谷物运输的需要,IMO 及有关航运国家陆续制定了散装谷物船舶运输规则,其中现行的国际和国内的相关规则有:

1.IMO《1991 年国际散装谷物安全装运规则》

SOLAS 1960 第六章对载运散装谷物的非专用船和专用船提出了散装谷物的装运和稳性的特殊要求。后来,在 1969 年等效条例中,有关专家进行了深入的研究,提出了较 SOLAS 1960 第六章更加合理的谷物计算假设模型和衡准要求。到 SOLAS 1974 制定时,对 1969 年等效条例的谷物计算模型和计算方法又做了适当修改。

1991 年,第 95 届海安会决定将 SOLAS 1974 第六章改为单行规则,即《国际散装谷物安全装运规则》(以下简称《1991 年谷物装运规则》),并将适用范围由谷物扩大到对船舶及船上人员有特别危害而需采取专门预防措施的货物,该规则于 1994 年 1 月 1 日生效。

1)谷物下沉和倾侧计算模型的假设

(1)谷物下沉

部分装载舱谷面下沉忽略不计,其空档或装舱深度按谷物装载体积由舱容表确定。满载舱按舱口内和舱口外两部分计算,对于舱口内,假定舱口盖最低部分与舱口围板的顶端中较低者起至谷面之间存在一空档,其平均深度为150 mm;对于舱口外的甲板下面,假定所有与水平线倾角小于30°的边界下面存在一个不小于100 mm的空档,其大小决定于货舱有关尺度。

(2)谷面倾侧

移动后的谷物表面,部分装载舱假定与水平成25°角倾侧,经平舱的满载舱则假定与水平成15°角倾侧;对未经平舱的满载舱,在舱口范围内及舱口两侧,其谷面与水平成15°角倾侧,在舱口两端,谷面则与水平成25°角倾侧。

2)稳性衡准

任何装运散装谷物的船舶在整个航程中的完整稳性,在上述假设计算条件下,至少应满足以下要求:

(1)由于谷物移动使船舶产生的横倾角应不大于12°,但1994年1月1日以后建造的船舶应考虑甲板边缘浸水角,取两者中的较小者。

(2)在静稳性曲线图上,静稳性力臂曲线、谷物倾侧力臂曲线及右边界线所围面积,即剩余动稳性,应不小于0.075 m·rad。

(3)经对各液舱自由液面修正后的初稳性高度应不小于0.30 m。

2.我国《法定检验规则》

我国《法定检验规则》对散装谷物运输的要求,分为国际航行和国内航行两部分,对船舶的完整稳性衡准的要求完全相同,但谷物计算模型的假定差别较大。

1)对散装谷物船舶的稳性要求

(1)满足我国《法定检验规则》对一般干货船完整稳性的要求。

(2)在整个航程中,经自由液面修正后的船舶稳性应同时满足以下特殊稳性衡准指标:

①初稳性高度 GM 应不小于0.30 m;

②由于谷物假定移动所引起的船舶静横倾角 θ_h 应不大于12°,但1994年1月1日后建造的船舶尚应考虑该横倾角 θ_h 应不大于12°和甲板边缘浸水角 θ_{im} 中较小者;

③船舶剩余动稳性 A_d (剩余静稳性面积)应不小于0.075 m·rad。

2)谷物计算模型的假设

(1)国际海域航行的船舶

对计算船舶横倾角和剩余动稳性时所假定的谷物下沉和倾侧模型,我国《法定检验规则》与SOLAS 1974完全相同。

(2)国内沿海航行的船舶

国内沿海航行的船舶是指仅在国内沿海各港口之间航行的船舶以及国际航行船舶在港外部分卸载进港或驶往其他港口的船舶。其满载舱和部分装载舱均假定谷物表面移动后与水平夹角成12°,在此基础上,假定倾侧体积矩的计算方法为:

①当船舶具备《SOLAS 1974》要求的计算谷物假定倾侧体积矩 M_v 的资料时,在国内沿海航行情况下其谷物假定倾侧体积矩 M_v' 取为:

对未经平舱的满载舱和部分装载舱

$$M_v' = 0.46M_v \qquad\qquad (11-1)$$

对经平舱的满载舱

$$M_v' = 0.80M_v \qquad\qquad (11-2)$$

②当船舶缺乏上述资料时,国内沿海航行情况下的谷物假定倾侧体积矩 M_v' 取为:

对各部分装载舱

$$M_v' = 0.017\,7lb^3\,(m^4) \qquad\qquad (11-3)$$

式中:l——各部分装载舱的长度(m);

b——各部分装载舱谷物表面的最大宽度(m)。

对经平舱的满载舱

$$M_v' = 0 \qquad\qquad (11-4)$$

航行于遮蔽水域或沿海范围内的散装谷物船舶,由于风浪较小,距岸近,可适当放宽对稳性的要求。由《法定检验规则》对谷物移动倾侧模型的假设可知,我国对沿海航行的散装谷物船舶的稳性要求低于国际公约规定的稳性衡准。

任务三　散装谷物安全装运

🎡 任务目标

掌握装货前的货舱各项准备工作,熟悉配积载图的编制要求,掌握装卸货及航行途中散装谷物管理的一些应注意的问题,掌握熏蒸的相关要求及安全相关规定,掌握散装谷物货损、货差的原因及解决措施等。

🎡 任务(知识)储备

散装谷物在海上运输的全过程中,除需要按杂货的一般要求运输外,还应特别注意下列几个方面。

一、货舱的准备

散装谷物船舶装货之前,做好货舱适货是获得装载许可证书的重要一环。货舱的准备主要包括:保证货舱通风、水密设备及烟火检测设备进行全面检查并试运行,使其处于良好状态;清扫货舱,使舱内无残存货、无铁锈、无油漆皮、无异味、无鼠虫害、无有害物质(美国港口当局规定,若舱内有未能识别的物质,则以有毒物质论处)、污水沟畅通且干净等。船舶到港前,应将货舱清洁时的垃圾、污物吊出货舱。准备工作完毕,船舶到达装货港后,申请验舱。验舱合格,船舶将取得验舱证明。

二、编制配积载图,并填写稳性计算表格

散装谷物船舶配积载的基本要求及方法与杂货船相同,但是由于散装谷物本身的特性,且散装谷物船舶结构的特点与杂货船不同,配积载时考虑问题的侧重点有所不同。

(1)散装谷物船舶的装载在大多数情况下是满载的,因此航次货运量应等于航次净载重量,即

$$NDW = DW - \sum G - C$$

由于散装谷物船舶的吨位较大,当航道或码头水深限制船舶吃水时,需按航道或码头的最大允许吃水确定船舶的总载重量。

(2)在向各舱分配货量时,要按照舱容和货物积载因数尽量将舱装满,一般要预留1~2个部分装载舱。部分装载舱的选择原则是,对船舶纵向受力影响较小,便于调整船舶的吃水差,并且该舱谷物移动所产生的倾侧力矩应避开峰值,从而能够保证船舶稳性。

(3)配积载图用正视图和俯视图表示。图中应标明各货舱装载谷物的数量,凡满载舱(货舱内,散装谷物已最大可能填满甲板下方及舱口盖下方的一切空间)需写明"F"(Full)字样,对部分装载舱(货舱内散装谷物装载未达到满载舱的任何状态)标记"S"或"P",并写明空档高度或谷物深度。如果货舱采取了止移措施或固定表面的措施,还须标明其位置、尺度及固定方法。如货舱内安装有添注漏斗或围井,则须标明其位置及尺度等。

在编制配积载图的基础上,要根据散装谷物船舶稳性计算资料,填写稳性计算表格。各国都有各自的稳性计算表格标准格式,虽然形式各有不同,但基本内容大同小异。

三、接受检查人员检验

船舶在取得验舱证明后,在装货港方还要接受港方的检验,检验项目包括污水泵工作是否正常,装载和稳性计算是否符合规定。通过检验后,港方将向船方颁发装载许可证书(Certification of Readiness to Load),船舶方可装货。

四、装卸货及航行途中管理注意事项

在装卸货及航行途中,为保证安全及货物质量,还应该注意:

(1)要选择好天气时装舱。为了减少货差,在装货时,甲板上不得有积水,以便将撒落在甲板上的谷物收入舱内。

(2)装货时,应按船方所制订的装货顺序进行。如果是单头作业,在按顺序装货时,各舱要轮流装载,不能一次装满。如果是多头作业,可隔舱或所有货舱同时装载。在隔舱装货时,也要求分2~3轮装载。为保证压载水顺利而完全地排出,要求船舶在装卸过程中保持一定的尾倾。

(3)装货结束前1 h,值班人员应通知大副,并协同大副密切注意六面吃水,当达到

所要求的吃水时,应立即通知港方停止装货。

(4)装货完毕后,应按要求进行平舱,必要时采取止移措施,而且要清理舱口周围的货物,及时关闭舱盖,并封舱。

(5)装货结束后,船方应取得由装卸公司根据在谷物装船口处设置的计量装置,记录谷物实际的装载量绘制出谷物实际装载图,并妥为保管。

(6)装货完毕,应按贸易合同的规定进行随航熏舱。

(7)船舶在航行途中,应根据外界天气情况和舱内谷物状况对货舱进行适当通风。

(8)卸货前,货主通常委托有关机构人员上船检查各舱谷物状况,只有在确认未发现待卸谷物存在水湿、霉变、虫害、污染等情况时,才允许卸货。

(9)散装谷物的卸货一般是用吸粮机或抓斗进行的。卸货时,卸货速度较快,因而船舶的吃水、吃水差都会发生较大的变化,值班人员应注意前后缆绳的松紧情况,防止发生断缆,并防止由于卸货和压载不当所造成的横倾。当舱内货物较少时,为防止抓斗与舱底碰撞,要尽量使用铲车进舱堆货,以便使剩余货物相对集中。在卸货时,要及时压载,并且注意不要开错阀门。

五、船舶熏蒸

动植物产品中的害虫和蛆蛹可随货物进入货舱造成引入传染,也可以从一种产品传至另一种产品导致交叉传染,或残留物造成后来的货物感染引起残留传染。为防止虫害传播,海上运输粮谷类货物时应采取船舶熏蒸的方式杀虫除鼠,控制传染。

1.船舶熏蒸条件

船舶熏蒸是指采用熏蒸剂在船舶的密闭场所内通过释放烟、气杀死害虫、病菌或其他有害生物的技术措施。符合以下情况时应对船舶进行熏蒸:

(1)船舶装运粮谷类货物(大米、大豆、高粱、小麦、玉米等);

(2)船舶装运木薯片、豆粕、鱼粉等做饲料的原料;

(3)船舶运输动物,发现有动物尸体时;

(4)船上有不明情况的人员尸体;

(5)来自疫区的船舶;

(6)船上发现老鼠;

(7)港口检疫部门根据相关法律要求熏蒸的船舶。

2.船舶熏蒸方式

对散装谷物运输而言,主要对空货舱和舱内的货物进行熏蒸,称为空舱熏蒸和实舱熏蒸。因为所用熏蒸剂多为剧毒物质,所以船上人员不得进行熏蒸操作,熏蒸作业必须由适任的岸上专业人员进行。

1)空舱熏蒸

空舱熏蒸多适用于散装谷物装货前验舱时发现货舱内有虫害或鼠害。空货舱熏蒸操作应注意以下事项:

(1)空舱熏蒸可用的熏蒸剂主要有二氧化碳、氮气、溴代甲烷和二氧化碳的混合物、溴代甲烷、氰化氢、磷化氢等。其中溴代甲烷适用于需要迅速处理货物或处所的情况,但是要求该处所的通风系统应良好且有效。

（2）空舱的熏蒸和通风处理应始终在港内进行（在码头或锚地），在熏蒸负责人签署除气证书之前，船舶不得离港。仅当测试显示残留熏蒸剂已从货舱和工作区域附近彻底消散，且剩余熏蒸材料已被清除后，方可签发放行证书。

（3）熏蒸负责人在船舶被证明除气前的整个熏蒸期间应始终负责工作。

（4）熏蒸前，船员应撤离到岸上，直到熏蒸负责人或其他被授权人员签发除气证书后方可回船。在此期间，应安排好值班人员防止未经授权人员登船或进入，在舷梯和居住处所入口处应始终显示规定格式的熏蒸警告牌。

（5）熏蒸结束前，熏蒸人员应采取必要的措施确认熏蒸剂已经消散。若需要船员协助工作如开启舱盖，应向其提供足够的呼吸保护装置，并严格遵守熏蒸负责人的指示。

（6）船舶通风前，熏蒸负责人应书面通知船长哪些区域已被确认安全并可供关键船员进入。

（7）在整个熏蒸和通风期间，熏蒸负责人应对允许船员返回的区域进行监控。任何地方的有害气体浓度超过船旗国规定的安全阈值，船员应迅速撤离，直至测量显示安全后才能重新进入。

（8）除非紧急情况，任何人员不得进入正在熏蒸的处所。若必须进入，熏蒸负责人应至少和另一人各自使用适合所用熏蒸剂的保护装备和救生索。每一救生索应由熏蒸处所外的一人看管，该人也应穿戴上述相同的装备。

2）实舱熏蒸

实舱熏蒸是指对货舱装载的散装谷物进行的熏蒸，可分为在港熏蒸和随航熏蒸。目前可使用的熏蒸剂主要有溴代甲烷和磷化氢。

在港熏蒸是指在装运港口进行投药和必要的监护，在港期间完成密闭熏蒸和散气。熏蒸时间一般为2~4天，多使用具有快速挥发性的溴代甲烷。考虑到熏蒸剂对人体的毒害，为保证安全，除了经过培训的船员看船外，其余人员应安置于岸上住宿，因此该熏蒸方式成本较高。

3.随航熏蒸

随航熏蒸是指在装运港口进行投药和必要的监护，在航行期间完成密闭熏蒸和散气的熏蒸方式。随着造船技术的提高，货舱密闭性越来越好，同时考虑到节约成本，随航熏蒸已经成为散装谷物运输中非常普遍的做法。随航熏蒸一般使用磷化铝作为熏蒸剂。磷化铝与空气中的水分反应释放出磷化氢气体，该气体无色、剧毒、易燃、较空气重、有类似臭鱼的味道，可以逐渐渗入货堆，达到杀死害虫的目的。磷化氢对船员安全构成一定的威胁，同时随航熏蒸期间货舱不能进行通风，对货物也有潜在风险。熏蒸的效果取决于环境（谷物）温度、空气中的水分含量、磷化氢气体浓度和封闭熏蒸时间等，而熏蒸时间又与环境温度等有关，因为在低温条件下，磷化氢产生的速率很慢。熏蒸时间通常由熏蒸机构或熏蒸剂生产商提供，熏蒸人员完成投药并密封货舱后告知船方需保持密闭的时间，如72 h、96 h等。

随航熏蒸通常有三种实施方式，即表面熏蒸方式（Surface Application）、沟槽熏蒸方式（Trench-in Application）和环流熏蒸方式（Recirculation Application）。

（1）表面熏蒸方式是将熏蒸剂磷化铝片剂或丸剂以带状、袋状、条状包装后铺于散装谷物表面，便于在熏蒸完成后完整地回收残留物。不要将磷化铝片剂或丸剂直接放置于谷物表面，因为分解后的粉状药物残渣难以消除干净，会影响谷物质量，造成危害或严重的经济损失。

（2）沟槽熏蒸方式与表面熏蒸方式操作基本相同，唯一的区别是以挖沟槽的方式将包装后的熏蒸剂埋设于谷物表面下约 30 cm 处。

（3）环流熏蒸方式是将熏蒸药剂包装放置于谷物表面或以沟槽方式埋设于谷物浅表处，然后利用铺设的管路和机械通风系统将释放的磷化氢气体送至货堆底部，使磷化氢气体循环通过谷物。

三种熏蒸操作方式各有特点，表面熏蒸和沟槽熏蒸方式操作方便、成本较低，但不利于磷化氢气体渗透到谷物深层，难以达到全面熏蒸的效果；环流熏蒸方式可以提高磷化氢气体的渗透效率，缩短熏蒸时间，达到全面熏蒸的效果。

因此，不同的船舶、不同的谷物装载深度，其适用的熏蒸方式也有差异。表面熏蒸和沟槽熏蒸方式多适用于灵便型和巴拿马型固体散货船载运散装谷物，环流熏蒸方式多适用于海岬型固体散货船载运散装谷物。

4.随航熏蒸的安全保障措施

谷物随航熏蒸是一个高风险的操作，船方应制订好详尽的熏蒸程序，与熏蒸人员良好配合，按计划逐步实施，航行中按部就班地认真检查，以保证人员和货物的安全。

（1）在收到熏蒸通知后，应首先召开全船安全会议，编制货舱自查清单，安排船员对货舱进行密闭性彻查，包括舱壁、舱底板、污水井、通风设备、测量孔、电缆导管、下舱通道、道门、舱盖及货舱和舱盖的穿透处等。若发现问题，应及时整改。

（2）熏蒸前，船长与熏蒸人员应按照 IMO"船舶安全使用杀虫剂建议：货舱熏蒸应用"及公司的安全管理体系要求，共同协商制订熏蒸程序，并按此严格执行。

（3）熏蒸前，专业的熏蒸人员和接受过相关培训的船员一起检查全船，确定船舶是否适合熏蒸。货舱应做到完全气密，以防熏蒸剂泄漏到船上生活区、机舱及其他工作区域。

（4）经熏蒸培训的船员应得到并熟悉：有关熏蒸剂化学品安全技术说明书（MSDS）中的内容；熏蒸剂标签或包装上的使用说明，如熏蒸剂生产商建议的对空气中熏蒸剂的测试方法、熏蒸剂的作用及有害特性、中毒症状、相应的医疗方法及特殊医疗处理和应急程序等。

（5）熏蒸船舶应配备：熏蒸剂的气体探测装置和充足的附属设备，船旗国规定的在安全工作条件方面的使用说明和熏蒸剂的职业暴露阈值，关于残余熏蒸剂处理的说明；至少 4 套合适的呼吸保护装置，一套最新版的《危险货物事故医疗急救指南》（MFAG）并包括适当的药品和医疗设备。

（6）熏蒸前，应清点船员人数，确保船员撤离熏蒸现场，同时确保所有码头工人及无关人员离船。在熏蒸作业开始后，应通知到位，除特别紧急情况外，任何人不得进入正在熏蒸的区域。若有熏蒸人员或船员突然患病，绝不能排除熏蒸气体中毒的可能性。

(7)熏蒸剂施放后,舱盖与舱口围接触处、下舱道门及其他与货舱相连通的开口使用封舱胶带或其他合适材料予以封闭,以保证货舱的气密,并设置"禁止入内"标志。在船上的相关区域,设置醒目的熏蒸警告牌,警告牌上应注明熏蒸剂的特性和熏蒸的日期、时间。熏蒸人员应与经培训的船员一起进行初步泄漏检查,如果发现泄漏应立即进行有效密封;同时,熏蒸人员应在一名经培训船员的陪同下,检查居住处所、机舱和其他工作区,确认没有有害浓度的气体存在。只有当船长对相关预防措施满意时,船舶才可以开航。

(8)盛装熏蒸剂的空瓶及袋子等责令熏蒸人员带走,不要留在船上,以免残留的药品造成中毒、自燃等事故或违反船舶防污染规定。

(9)密闭熏蒸期间,船方应在白天悬挂"VE"旗,夜间开启"绿红绿"垂直环照灯。

(10)随航熏蒸期间,经培训的船员应间隔一定的时间利用气体检测设备对居住处所、机舱和其他工作区域进行气体浓度安全检查,检查结果应记录在航海日志中。国际上规定至少每 8 h 一次,我国规定每 4 h 一次。如果发现磷化氢浓度超过安全阈值时,应及时将船员疏散到安全处,并查找和封堵漏毒部位。

(11)随航熏蒸中,如果发现有船员出现恶心、呕吐、头痛、胸闷、呼吸困难等症状之一,特别是多名船员同时有疑似症状时应考虑船员可能中毒。一旦发现船员有上述症状,应立即安排健康船员穿戴防护装置,对疑似区域进行气体测量,同时将疑似中毒的船员转移至空旷有新鲜空气处。

(12)除非遇到极端紧急情况,随航熏蒸期间不得开启或进入熏蒸密封处所。

(13)如果航行时间较长,货舱内磷化氢最低浓度和密闭熏蒸时间达到熏蒸要求后,则开始散毒。散毒时,首先打开货舱风筒和通风口,机械通风 4~6 h 或自然通风 24 h,然后开启舱盖和道门进一步散毒。当舱内谷物中的磷化氢残留浓度降到安全阈值以下时,则散毒结束。散毒结束后和到达目的港之前,经培训的船员应使用安全设备入舱回收磷化铝药物残渣,并对残渣做无害化处理。

(14)船舶到港前至少 24 h,船长应通知目的港主管机关本船正在进行随航熏蒸。通知信息应包括熏蒸剂类型、熏蒸日期、熏蒸的货舱以及是否开舱通风等。

(15)船长应在熏蒸后开航前签发海事声明,对外宣布由于货物熏蒸在航期间不能对货舱进行通风,由此带来的货物损失船方不负责任,并取得发货人或其代理人的签字确认。根据我国《海商法》或相关国际法规,货物随航熏蒸不能及时通风而产生变质,可以根据承运人的免责条款进行抗辩。

(16)在熏蒸报告中,船方一般会被告知舱盖被密封的时限。时限过后,在开启货舱通风时,还应格外谨慎,继续监测生活区、机舱及其他工作处所的气体浓度,直至货舱被彻底打开卸货。而到达卸货港口后,即使舱盖被彻底打开,仍然要注意货舱死角可能还有残留熏蒸药剂,所有人员未经许可不得下舱。

(17)熏蒸药剂中大多含有磷成分,在遇水时可能会自燃并可能产生爆炸,因此建议在卸货时,应妥善处理熏蒸使用过的塑料管等材料,最好由岸上接收处理,或者将其单独放置于船舶垃圾站内,避免高温潮湿发生危险。

六、散装谷物货损、货差及其控制

散装谷物的某些海运特性及运输条件和运输技术的限制使其容易产生货损和货差,造成经济损失。对承运人而言,应了解货损、货差产生的原因,掌握避免或减少货损、货差的方法,保证货物质量良好、数量完整。

1.散装谷物货损产生的原因及控制措施

(1)受先前运输的货物残留物、船舱脱落的油漆和/或锈蚀造成污损。

(2)舱内谷物由于虫害导致货损。

该类货损可以通过装货前验舱,保证货舱清洁、干燥、无虫害、无异味,使货舱适货来避免。

(3)装货前受其他物质污损。

该类货损主要是由于船舶将已经受到污损的谷物装入舱内造成的。因此应在装货前加强对来货质量的检查,检查其是否有褪色、发潮、结块、发芽、发霉、枯萎、污损、不良气味和虫蛀现象。如若发现谷物有以上情形,应当拒绝接收该货物。

(4)由于谷物水分含量过高而导致腐烂、自热、发霉和/或结块。

预防该类货损的主要措施是控制装船谷物的含水量。经研究,大豆的温度不超过35 ℃、含水量不超过 11.5%时,可长期安全储存,长航程海上运输,应该是安全的;大豆在温度为 25~35 ℃、含水量为 11.5%~14%时,安全储存期为 20~70 天,长航程海上运输,发生霉烂的可能性较大;大豆在温度为 25~35 ℃、含水量大于14%时,安全储存期仅为 20 天甚至更短,长航程海上运输,基本可以肯定会发生霉烂。由此可见,托运人应托运含水量不超过安全阈值的谷物。

(5)汗损。货舱内外空气露点和温度的变化,会导致舱壁内侧出汗,从而使谷物表面出现汗湿损害。适当而有效的表面通风可以防止汗损,但是应注意随航熏蒸封舱的要求而导致无法通风造成的汗损,船方应做好记录,正确应对。

(6)湿损。该类货损是由于舱盖未做到风雨密而导致海水或雨水进入舱内,或水从污水管路和/或泄漏的压载舱进入舱内浸湿谷物造成的。故装货前对货舱舱盖的水密检查和舱内设备检查至关重要,只有保证货舱水密和设备完好,才能有效控制湿损。

(7)热损。该类货损是由于谷物靠近机舱舱壁和/或装载高温燃油的舱室因受热而损坏。因此在装货之前,应将货物的确切性质和将采用的积载计划告知轮机部人员,使其能够针对燃油加热使用等采取适宜的安排,从而减少货物遭受热损的风险。如可行,应使用不与货舱毗邻的燃油舱;如果必须对与货物直接接触的燃油舱进行加热,应当尽可能控制加热程度,加热到燃油可以安全输送即可,另外,应尽可能地只对使用中的燃油舱进行加热。

2.散装谷物货差产生的原因及控制措施

散装谷物货差是指装货港货物数量与卸货港货物数量不一致。导致货差的客观原因有:

(1)自然损耗导致的货差

散装谷物在航行途中会挥发水分,导致重量不可避免地减少。

（2）装卸港计量方式不同导致的货差

散装谷物船舶在国外港口装货时，装船谷物数量多由岸上的计量器（流量计）提供，并作为计算依据。到达卸货港卸货时，却使用水尺计重的方式计算卸船谷物重量。计量方式的不同必然导致货差。因此船方应在装货港利用水尺计重来确定装货量的准确性。

（3）水尺计重方式误差的影响

水尺计重的基本原理是根据观测装货前后或卸货前后船舶吃水的变化，计算船舶排水量的变化，并扣除其他载荷的变化而得到装货量或卸货量。该计量方式存在吃水观测误差、压载水测量误差、港水密度测量误差、吃水计算误差、排水量计算误差等。虽然为了保障承运人的利益，行业惯例和计量规程给出了 0.5% 的计量误差，但是船方依然应与检验方密切配合，提高精度，减小误差，保证货物顺利交付。

任务四　散装谷物船舶稳性核算

⊚ 任务目标

熟悉散装谷物船舶各项稳性指标的核算方法及具体要求，掌握应用"散装谷物最大许用倾侧力矩表"进行稳性核算的方法，了解以横倾 40° 时的剩余静稳性力臂值替代剩余动稳性值 A_d 的使用条件及计算方法。

⊚ 任务（知识）储备

散装谷物船在航行中产生摇摆、振动等导致舱内谷物移动，从而影响船舶稳性，在恶劣海况下船舶因谷物移动存在倾覆的危险。为有效防止散装谷物船发生倾覆事故，IMO 及各主要航运国家对散装谷物船的稳性做出相应的规定，以确保安全。本任务内容是学习最常用的《1991 年谷物装运规则》所规定的有关散装谷物船舶完整稳性要求的核算方法。

一、散装谷物船舶完整稳性要求的核算方法

1.经液舱自由液面修正后的初稳性高度值 GM 的核算

在计算中，《1991 年谷物装运规则》规定的关于货舱内散装谷物重心高度的确定方法有所不同。

1）部分装载舱的谷物重心

部分装载舱的谷物重心位置取在所装谷物的体积中心处，可根据谷物体积或谷物装舱深度从舱容曲线图或货舱容积表中查取。

2）满载舱的谷物重心

满载舱的谷物重心有两种确定方法：一种是谷物重心位置取在货舱的舱容中心处，

即不考虑谷物下沉后对重心的影响,其重心位置可从货舱容积表中查取;另一种谷物重心位置取在舱内谷物的实际体积中心处,应根据扣除空档舱容后的谷物体积从舱容曲线图或货舱容积表中查取。由于以舱容中心作为谷物重心计算比较简便,且偏于安全,故实际稳性计算中多采用该方法确定满载舱谷物重心位置。

若经计算所得的船舶初稳性高度 $GM \geqslant 0.30$ m,就能满足《1991 年谷物装运规则》对散装谷物船舶稳性衡准要求的第一条。

2.由于谷物移动所引起的船舶横倾角 θ_h 的核算

θ_h 可由计算法或作图法求取。

1)计算法求 θ_h

(1)θ_h 计算公式

按《1991 年谷物装运规则》建立的舱内谷物下沉和倾侧模型,若在假定谷物移动总的倾侧力矩(包括横移以及垂移)$\sum M_u'$ 作用下引起船舶的静横倾角为 θ_h,则,船舶因谷物移动产生的横倾角 θ_h 的计算公式为

$$\theta_h = \arctan \frac{\sum M_u'}{\Delta \cdot GM}(°) \tag{11-5}$$

式中:Δ——船舶装载排水量(t);

$\quad\quad GM$——经自由液面修正后的初稳性高度(m);

$\quad\quad \sum M_u'$——全船谷物总的倾侧力矩(t·m)。

(2)$\sum M_u'$ 的求取

已知谷物积载因数 SF_i,各货舱谷物总的倾侧体积矩(包括横移以及垂移)M_{vi}',则全船谷物总的倾侧力矩 $\sum M_u'$ 由下式求取:

$$\sum M_u' = \sum \frac{M_{vi}'}{SF_i}(9.81 \text{ kN} \cdot \text{m}) \tag{11-6}$$

(3)$\sum M_v'$ 的确定

谷物在舱内的移动可分成横向和垂向两部分,谷物的横向移动使船舶产生横向倾侧力矩而引起横倾,而谷物的垂向移动使船舶重心提高,初稳性高度 GM 减小,由载荷横向移动引起的船舶横倾角随 GM 的减小而增大,因此,应考虑谷物垂向移动的不利影响。由于船舶资料中仅提供谷物横移的体积矩,公约规定,在计算船舶横倾角 θ_h 时,船舶的重心高度 KG 应取谷物垂向移动前的值,而将谷物横向倾侧体积矩与一大于 1 的系数相乘,以补偿谷物表面垂向移动的不利影响。

设谷物横向倾侧体积矩为 M_v,则经谷物垂向移动修正后的倾侧体积矩 M_v' 为:

①满载舱,谷物重心取在舱容中心处时

$$M_v' = 1.00M_v \tag{11-7}$$

②满载舱,谷物重心取在体积中心处时

$$M_v' = 1.06M_v \tag{11-8}$$

③部分装载舱

$$M_v' = 1.12M_v \tag{11-9}$$

④M_v 的查取

船舶设计或建造部门根据公约规定的谷物计算模型,求得各货舱满载时及部分装载时的谷物横向倾侧体积矩 M_v,并在船舶稳性计算资料中提供。对于各满载舱,一般分为经平舱和未经平舱两种情况,它们的 M_v 值不同,但都有一确定值相对应。某散装谷物船舶各货舱谷物横向倾侧体积矩 M_v 值如表 11-1 所示,使用时根据舱号及平舱情况查取。

表 11-1 满载舱容积、中心坐标及体积矩表

货舱	肋位	舱容（m³）	舱容中心距基线高度（m）	舱容中心距船中距离（m）	倾侧体积矩（m⁴）	
					端部平舱	端部不平舱
No.1	193~227	7 661.9	9.191	69.69	1 152	1 924
No.2	163~193	8 133.6	8.767	46.64	1 125	2 569
No.3	133~163	8 290.5	8.757	22.83	1 152.1	2 771
No.4	103~133	9 297.2	8.764	−1.13	1 152.1	2 771
No.5	73~103	8 301.5	8.767	−25.18	1 152.1	2 771
No.6	43~73	7 904.4	8.899	−48.70	1 152.1	2 771

对于部分装载舱,M_v 值则随谷物装舱深度不同而变化。船舶稳性资料中提供了部分装载舱的 M_v 曲线,使用时根据舱号及谷物装舱深度(或装舱容积)查取。图 11-4 为某船货舱的 M_v 曲线。

综上所述,在求取船舶横倾角时,应首先根据各货舱谷物装载情况,查取谷物横向倾侧体积矩,然后根据上述方法,求取经垂向移动修正后的谷物倾侧体积矩 M_v',从而由式(11-6)得到全船谷物总的倾侧力矩 $\sum M_u'$,最后按式(11-5)求得 θ_h 的大小。

2)作图法求 θ_h

利用作图法求 θ_h 的步骤如下:

(1)绘制装载状态下的船舶静稳性力臂曲线 GZ-θ

绘制方法同船舶稳性所述,应当注意对曲线进行自由液面的修正。

(2)绘制谷物倾侧力臂 λ_H-θ 曲线

谷物倾侧力臂是随横倾角变化的曲线,按公约或规则的规定,可以简化成一条随横倾角增大而减小的直线。具体作图方法为:

①计算横倾角为0°时谷物倾侧力臂 λ_0 和横倾角为40°时谷物倾侧力臂 λ_{40}:

$$\begin{cases} \lambda_0 = \dfrac{\sum M_u'}{\Delta} \\ \lambda_{40} = 0.8\lambda_0 \end{cases} \tag{11-10}$$

②在已绘制的曲线坐标平面上作出$(0°,\lambda_0)$和$(40°,\lambda_{40})$两点,并过此两点作直线连线,该直线即为谷物倾侧力臂 λ-θ 曲线(见图 11-5)。

(3)在 GZ-θ 曲线和 λ_H-θ 曲线交点处,读取其横坐标值,则该值即为在谷物倾侧力矩 $\sum M_u'$ 作用下引起的船舶横倾角 θ_h。

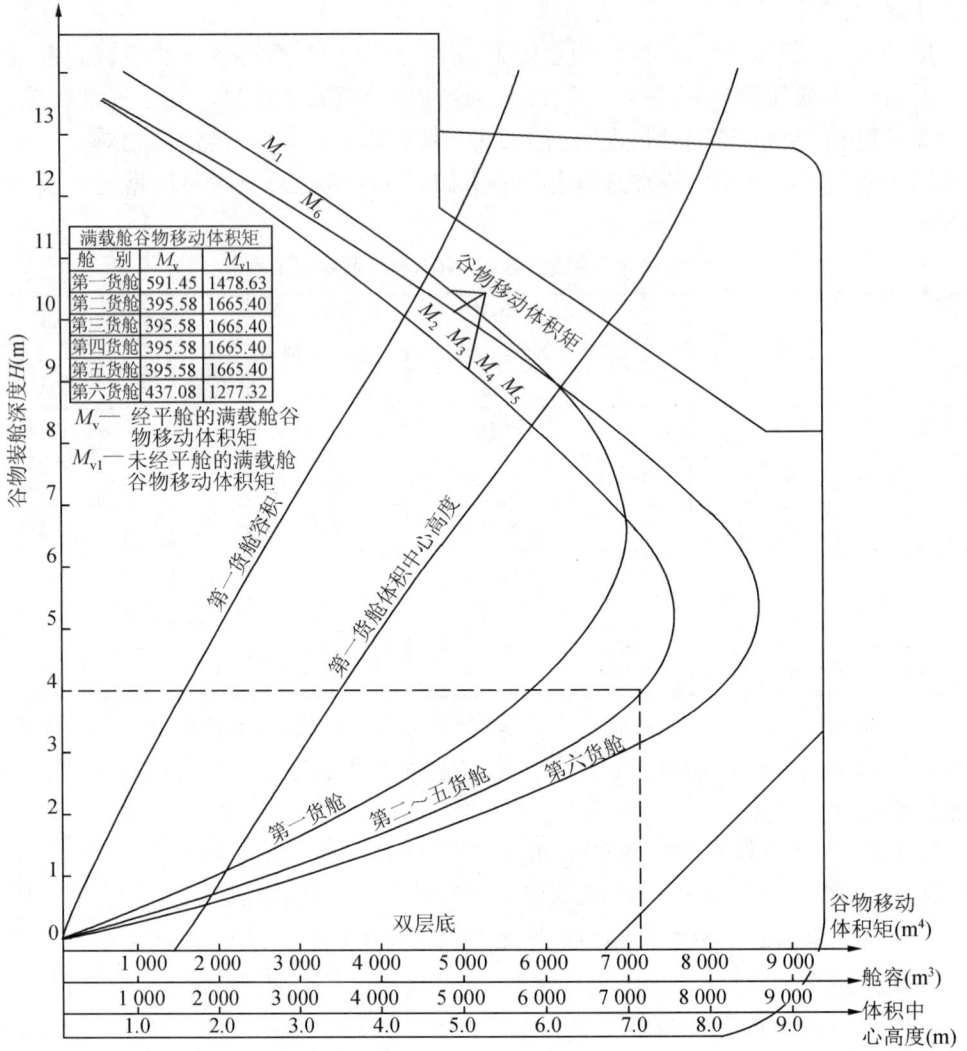

图 11-4　谷物横向移动体积矩曲线图

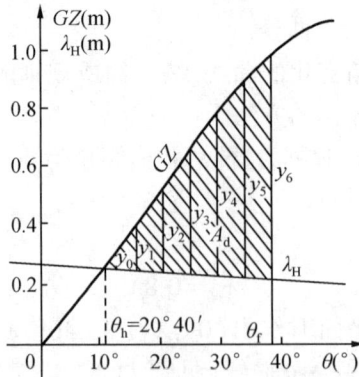

图 11-5　谷物横向移动体积矩曲线图

　　显然公式计算简便,但由于计算时使用不变的 $\sum M_u{}'$,计算的 θ_h 往往偏大。而作图法求取较为烦琐,但由于考虑了 $\sum M_u{}'$ 随横倾角 θ 的变化,从而使读取的 θ_h 精度较高。当由公式法求出的结果不满足要求,而作图法求出的结果满足要求时,该装载状态下 θ_h 仍被认为是满足公约和规则要求的。

　　公约和规则要求 $\theta_h \leqslant 12°$;对于 1994 年 1 月 1 日后建造的船舶,公约和规则要求 θ_h 小于等于12°和甲板浸水角 θ_{im},即 $\theta_h \leqslant \min\{12°, \theta_{im}\}$。

3.船舶剩余动稳性 A_d 的核算

　　船舶剩余动稳性(Residual Dynamical Stability)是指扣除了由于谷物移动倾侧使船舶损失稳性后的动稳性,在静稳性曲线图上,它是由 $GZ\text{-}\theta$ 曲线、$\lambda_H\text{-}\theta$ 曲线和右边界线 θ_m 所围面积,亦称剩余静稳性面积。如图 11-5 中阴影部分的面积所示。

　　在上述绘制 $GZ\text{-}\theta$ 曲线、$\lambda_H\text{-}\theta$ 曲线的基础上,继续按下述步骤求取 A_d。

　　1)确定右边界线 θ_m

　　公约及规则规定,右边界线为过横坐标 θ_m 且垂直于横坐标轴的直线。θ_m 按下列公式确定:

$$\theta_m = \min\{\theta_{GZ'max}, \theta_f, 40°\} \tag{11-11}$$

　　式中:$\theta_{GZ'max}$——$GZ\text{-}\theta$ 曲线和 $\lambda_H\text{-}\theta$ 曲线差值(即船舶剩余静稳性力臂)最大处对应横倾角(°);

　　　　　θ_f——公约或规则定义的船舶进水角(°),指在船体、上层建筑或甲板室上不能关闭成风雨密的开口浸没时的横倾角,可从稳性计算资料中由船舶装载状态时的排水量查取。

　　$\theta_{GZ'max}$ 的求取方法:

　　设静稳性力臂 $GZ\text{-}\theta$ 曲线对应极限静倾角为 θ_{max},则:

　　(1)当 $\theta_{max} < 40°$ 时,在 $GZ\text{-}\theta$ 曲线上画一条与 $\lambda_H\text{-}\theta$ 曲线平行且与 $GZ\text{-}\theta$ 曲线相切的直线,切点处所对应的横倾角即为 $\theta_{GZ'max}$;

　　(2)当 $\theta_{max} \geqslant 40°$ 时,无须再作切线,而直接令 $\theta_{GZ'max} = \theta_{max}$。

　　2)计算剩余动稳性 A_d

　　在横坐标 $\theta_h \sim \theta_m$ 范围内将曲线横向六等分,并分别量取各等分处船舶剩余静稳性力臂 GZ' 值,然后按辛氏第一法则公式计算,即

$$A_d = \frac{x}{3}(a+4b+2c+4d+2e+4f+g) \times \frac{\pi}{180} \ (\text{m} \cdot \text{rad}) \tag{11-12}$$

　　式中:x——在横坐标 $\theta_h \sim \theta_m$ 范围内将曲线横向六等分的等分间距,可按下式计算:

$$x = \frac{\theta_m - \theta_h}{6}$$

　　　　　a、b、c、$\cdots$、g——依次表示在横坐标 $\theta_h \sim \theta_m$ 范围内将曲线横向六等分的每一垂线处量取的船舶剩余复原力臂值(m)。

　　按公约及规则规定,要求 $A_d \geqslant 0.075$ m · rad。

二、《1991 年谷物装运规则》所规定的散装谷物船舶稳性衡准指标的简化核算方法

1.应用散装谷物最大许用倾侧力矩表进行稳性核算

这是一种简单、实用的核算方法,但使用这种方法进行散装谷物船稳性核算的前提是,船舶装载手册或船舶稳性报告书等稳性计算资料中必须有由船舶设计或建造部门提供的散装谷物最大许用倾侧力矩表资料。表 11-2 为某 25 000 t 散装谷物船 Y 轮的散装谷物最大许用倾侧力矩表的一部分。由船舶的排水量 Δ 和经自由液面修正后的船舶重心高度 KG 为查表引数,就可以从该表中求得船舶此时的最大许用倾侧力矩 M_a。

表 11-2　散装谷物最大许用倾侧力矩表(9.81 kN·m)

KG(w) $\diagdown$ Δ(t)	7.5	7.6	7.7	7.8	7.9	8.0	8.1	8.2	8.3	8.4	8.5
28 000	12 535	11 916	11 297	10 678	10 059	9 440	8 821	8 202	7 583	6 964	6 345
29 000	12 981	12 340	11 699	10 417	10 417	9 776	9 135	8 494	7 853	7 212	6 571
30 000	13 428	12 765	12 102	10 776	10 776	10 113	9 450	8 787	8 124	7 464	6 798
31 000	14 204	13 519	12 834	11 464	11 464	10 779	10 094	9 409	8 724	8 039	7 354
32 000	14 661	13 954	13 247	11 833	11 833	11 126	10 419	9 712	9 005	8 298	7 591
33 000	15 470	14 741	14 012	12 554	12 554	11 825	11 096	10 367	9 634	8 909	8 180
34 000	16 299	15 548	14 797	13 295	13 295	12 544	11 793	11 042	10 291	9 540	8 798

1)利用散装谷物最大许用倾侧力矩表进行稳性核算的原理

谷物许用倾侧力矩是指恰能同时满足公约或规则中稳性三项指标要求时对船舶各货舱内允许出现的谷物假定移动倾侧力矩之和的最大限制值。船舶 Δ 和 KG 一定时,静稳性力臂曲线 GZ-θ 已经确定。在静稳性曲线图上,分别寻找恰使 θ_h = 12° 和 A_d = 0.075 m.rad 的 λ_H-θ 曲线,由此得到相应的 λ_0 值。再根据 λ_0 与 $\sum M_u'$ 的关系式 $\lambda_0 = \sum M_u'/\Delta$,分别求取满足 θ_h = 12° 和 A_d = 0.075 m.rad 的谷物倾侧力矩 $\sum M_u'$,取其中较小者,即为同时符合公约和规则中对 θ_h 和 A_d 要求的谷物许用倾侧力矩 M_a。改变 Δ 和 KG,以同样方法可获得相应的谷物许用倾侧力矩 M_a 值。同时,为满足 $G_oM \geqslant 0.3$ m 的要求,在求取 M_a 时,去掉不满足 $G_oM \geqslant 0.3$ m 的 KG 值,即在符合 $G_oM \geqslant 0.3$ m 的 KG 范围内确定 M_a 值。这样,所求得的 M_a 值即可表征使船舶同时满足公约或规则的三项稳性指标要求的谷物所允许的最大倾侧力矩。

2)散装谷物最大许用倾侧力矩表的使用方法

(1)计算航程中最不利状态时的船舶排水量 Δ 和经自由液面修正后的重心高度 KG;

(2)根据谷物装舱情况计算全船总的谷物倾侧力矩 $\sum M_u'$;

(3)以 Δ 和 KG 为查表引数,由"散装谷物许用倾侧力矩表"中查得该核算装载状况下的谷物许用倾侧力矩 M_a 值;

(4)比较 $\sum M_u'$ 和 M_a,若 $\sum M_u' \leqslant M_a$,则船舶稳性满足公约或规则的要求。

2.以横倾40°时的剩余静稳性力臂的计算替代剩余动稳性 A_d 的计算

此法是当船舶资料中无"散装谷物许用倾侧力矩表"时,可以用横倾40°时剩余静稳性力臂 GZ'_{40} 的计算,替代三项稳性衡准指标中求取过程烦琐的剩余动稳性 A_d 计算的一种简便校核方法。

1)核算条件

可否采用剩余静稳性力臂法来替代剩余动稳性 A_d 的计算,应首先判断是否同时满足以下三项条件:

(1)谷物移动引起的船舶横倾角 θ_h 不大于12°;

(2)经自由液面修正后的 GZ-θ 曲线在12°~40°时形状正常,无凹陷现象;

(3)右边界线 θ_m 在40°。

若其中任一项不能满足,则应采用其他方法进行核算。

2)稳性衡准

$$GZ'_{40} \geqslant 0.307 \text{ m}$$

该衡准表明,只要满足横倾40°时剩余静稳性力臂 GZ'_{40} 较0.307 m大,则剩余动稳性 A_d 必定符合不小于0.075 m·rad 的要求,即以 $GZ'_{40} \geqslant 0.307$ m 来替代 $A_d \geqslant$ 0.075 m·rad的核算。

如图11-6所示,以横坐标轴12°~40°为底边 l,以 GZ'_{40} 为高作一任意三角形,其面积为 S,它小于在 θ_h~40°范围内剩余动稳性 A_d,因此,只要 $S \geqslant 0.075$ m·rad,则必定满足 $A_d \geqslant 0.075$ m·rad 的要求。该任意三角形的面积 S 为:

$$S = \frac{1}{2} \times l \times GZ'_{40} = \frac{1}{2} \times \frac{(40-12)}{57.3} \times GZ'_{40}$$

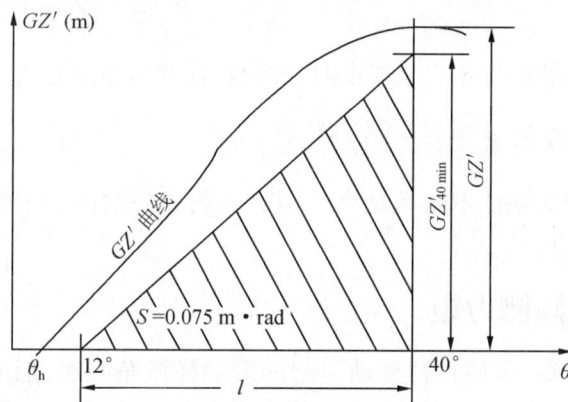

图 11-6 GZ'_{40}法原理图

即 $S = 0.244\ 3GZ'_{40}$

令 $S \geqslant 0.07\ 5$ m·rad,则有 $GZ'_{40} \geqslant 0.307$ m。

3)核算方法

利用剩余静稳性力臂法核算稳性,可按下列方法完成:

(1)计算船舶装载状态下的 Δ,KG,GM 和 $\sum M_u'$,并满足 $GM \geqslant 0.3$ m。

(2)判断简化核算条件是否满足:

①按横倾角计算公式求取 θ_h，并确定 $\theta_h \leqslant 12°$；

②查阅稳性计算资料，并选择与实际核算装载状态相近的某一典型装载情况，参照其中的静稳性曲线及船舶进水角曲线，从而确定 GZ 曲线在 12°以后的形状有无凹陷及右边界线 θ_m 是否小于 40°。若 GZ 曲线在 12°~40°时形状正常，且 $\theta_m = 40°$，则核算条件满足。

也可通过分析不同倾角下的 GZ 值变化趋势判断 GZ 曲线在 12°后形状是否正常；比较最大 GZ 值对应横倾角 θ_{max}、船舶进水角 θ_f 确定 θ_m 是否为 40°；或通过作图来判断 GZ 曲线形状及右边界线位置。

(3)计算横倾 40°时剩余静稳性力臂 GZ'_{40}：

由图 11-6 可知：

$$GZ'_{40} = GZ_{40} - \lambda_{40} = KN_{40} - KG_0 \cdot \sin 40° - 0.8 \times \frac{\Sigma M_u'}{\Delta} \qquad (11\text{-}13)$$

式中：GZ_{40} 和 KN_{40} 分别表示横倾 40°时静稳性力臂和形状稳性力臂值。

(4)判断是否符合 $GZ'_{40} \geqslant 0.307$ m 衡准，若符合，则表明船舶满足剩余动稳性的要求。

任务五 改善散装谷物船舶稳性的方法及措施

⊛ 任务目标

掌握散装谷物船舶稳性不满足要求时，改善稳性的措施及方法。

⊛ 任务(知识)储备

当散装谷物船舶的稳性不能满足有关国际公约或规则的要求时，应采取一些必要的措施，予以调整和改善。

一、减小谷物倾侧力矩

减小谷物倾侧力矩，可使谷物移动引起的船舶横倾角减小，船舶剩余动稳性增大，它是改善散装谷物船舶稳性的主要措施。散装谷物倾侧力矩是由满载舱和部分装载舱两部分倾侧力矩组成的，对于满载舱，无论是否平舱，其假定移动倾侧力矩为一固定值，而对部分装载舱，其倾侧力矩随舱别及装舱深度而变化，其值在全船谷物倾侧力矩中占有较大比例。因此，为减小谷物倾侧力矩，首先应考虑减小部分装载舱的谷物倾侧力矩。

1.减少部分装载舱数目

船舶满载时舱容剩余或为保证船舶强度和吃水差，都会出现部分装载舱情况；船舶因水深限制在港外卸掉部分货载后进港或多港口卸载，也可能出现多个部分装载舱。

无论是装载后还是部分卸载后,为减小谷物倾侧力矩,都应尽可能减少部分装载舱数目。

2.尽可能将宽度和长度较小的货舱作为部分装载舱

由于谷物倾侧力矩与谷面宽度的立方成正比,因此,如将部分装载舱安排于舱宽较小的货舱(如首部货舱),就会大大减小部分装载舱的谷物倾侧力矩。另外,在舱宽相同或相近时,部分装载舱则宜选择舱长较短的货舱,但同时应兼顾船舶受力和吃水差的要求,防止顾此失彼。

3.谷物装舱深度应避免使该舱谷物倾侧力矩处于峰值附近

各舱谷物倾侧力矩峰值所对应的装舱深度位于底边舱和顶边舱之间的舱宽最大处,因此实际装载谷物深度应尽可能远离此位置。如发现配积载方案中出现某部分装载舱的谷物倾侧力矩恰处于峰值附近,可以考虑将某满载舱的部分谷物移入该部分装载舱。这样,该部分装载舱的谷面因避开峰值而减少的谷物倾侧力矩,可能会超过原满载舱因谷物移出后而增加的谷物倾侧力矩,从而在总体上使谷物倾侧力矩减小。

4.视谷面位置确定是否采用共通装载方式

对于多层甲板干货船,当装载后谷面超过该层舱舱口时,可采用共通装载方式。若谷面未超过该层舱舱口,但当舱内谷面倾侧25°谷物有可能流入上层舱时,则应将舱盖关闭,从共通装载方式变为上下各层舱单独装载方式。

5.采取平舱措施

计算表明,货舱满载时经平舱和未经平舱的谷物倾侧力矩两者相差数倍,显然,按要求对各满载舱进行平舱,可以大大减小谷物倾侧力矩。对于部分装载舱,装载或卸载后也应使谷面基本平整,以减少谷物移动的有害影响。

二、改善装载方案,降低船舶重心,增大船舶的初稳性高度

船舶重心高度减小,可有效地改善船舶稳性。它表现在使静稳性力臂增大,从而增大剩余动稳性值,同时减小了由于谷物移动引起的船舶横倾角。

三、设置谷面减移装置及采取止移的措施

如前所述,不论是专用船还是多用途船,在整个航程中均应满足公约或规则对散装谷物船完整稳性的要求。若不符合公约规定,船舶可以在装运谷物的一个或几个舱内设置适当的谷面减移装置或采取一定的止移措施,以达到减小舱内谷物移动的可能性,这是作为散装谷物船舶稳性不足时采用的一种不得已的补救手段。公约及规则提供了几种具有较强实用价值的减移装置和固定谷物表面的方法。

1.常见的散装谷物船舶的减移装置

散装谷物船舶的减移装置有补给装置、止移装置、谷面固定装置等。

1)补给装置

为了使货舱内由于谷物下沉而形成的空档不断由散装谷物填满,以及使谷物在舱内减少移动,可以设置补给装置,适用于双层甲板船装载谷物。包括添注漏斗(Feeder)和围井(Trunk)。添注漏斗和围井不一定同时设置,可根据需要选用。

（1）添注漏斗

添注漏斗设置于船舶二层甲板的两舷,由纵向隔壁构成一对纵向设置的两侧添注漏斗。添注漏斗应延伸到舱内甲板的全长,并且在二层甲板上开有适当间隔的添注孔。每一添注漏斗的容积应等于舱口边桁材及其延伸部分外侧的甲板下方空挡的体积。这样,二层甲板下方的空档将被从两侧添注漏斗中流出的谷物密实填满,从而减小了底舱的自由谷面。

（2）位于主舱口上的围井

围井是设在二层舱主舱口上,由纵向隔壁及横向隔壁构成的四周封闭的空间,围井的设置使谷物在甲板间舱内减少移动,围井内的谷物被限制在围井本身的范围内移动,从而使谷物移动倾侧力矩减小。

2）止移装置

谷物的止移装置包括止移板（Shifting Board）、立柱（Upright）、撑柱（Shore）及拉索（Stay）。

（1）止移板是纵向垂直设置的木质或钢质的隔壁。木质隔壁的厚度应不小于50 mm,并应设置成谷密,且在其必要处用立柱支持。所有止移板的端部应牢固地嵌入插槽,并具有75 mm的最小支撑长度。止移板的强度应符合公约或规则的规定。

（2）立柱是用以支持受载止移板的垂直设置的钢质或木质构件。各立柱两端插入插座的深度应不小于75 mm,各立柱间的水平距离应使止移板的自由跨度不超过公约的规定,最大自由跨度按止移板的厚度决定,一般为2.5~4.0 m。

（3）撑柱是用以支持止移板的钢质或木质构件。当采用木质构件时,该撑柱应为整根的。其每一端都应牢固地加以固定,并应将撑柱的根部撑牢在船舶的永久性构件上,但不应支撑在船舶外板上。当撑柱的长度为7 m及7 m以上时,应在长度中点处牢固地架撑。在任何情况下,撑柱与水平线之间的夹角应不超过45°。

（4）拉索是用来支撑受载止移板的构件,它应水平地或尽量水平地设置。拉索由钢丝绳制成,钢丝绳的尺寸应满足公约或规则所规定的负荷要求。

3）谷物表面的固定装置

这里是指部分装载舱的谷物表面的固定,可分为两种:

（1）利用粗帆布（或等效物）、木板、钢丝绳及松紧螺丝等对谷面进行捆扎或捆绑,以达到固定谷面的目的。

（2）在散装谷物的表面利用垫隔布（或等效物）或平台以及袋装谷物压包,也可以达到固定谷物表面的目的。

4）舱口盖的固定装置

当在双层甲板的底舱内装满散装谷物,而其上面的二层舱没有装载散装谷物或其他货物时,为了防止底舱的谷物在航行过程中由于移动而顶开二层舱盖,在主管机关的同意下,可在二层舱盖上加载货物或装设某种固定装置对其进行固定。

2.各种装载状况的止移措施

1）满载舱

适合于满载舱的谷面减移装置有3种:

（1）设置纵向隔壁

公约或规则规定纵向隔壁必须为谷密且强度满足要求，在甲板间舱的纵向隔壁必须由下层甲板延伸到上层甲板，在货舱内的纵向隔壁必须从甲板或舱盖向下延伸至甲板下或舱口下的纵桁材之下至少 0.6 m。

（2）设置托盘

除装载亚麻籽和具有类似性质的其他种子的情况外，舱内设置托盘可以替代设置纵向隔壁。如图 11-7 所示，托盘底部放置隔垫帆布或其他等效物，其上堆满袋装货物，其深度 d 根据船舶型宽不同，要求在 1.2～1.8 m。托盘顶部应由舱口边桁材或围板及舱口端梁组成。

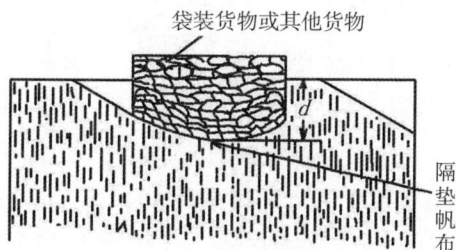

$B \leqslant 9.1$ m $\quad d = 1.2$ m 以上；

$B \geqslant 18.3$ m $\quad d = 1.8$ m 以上；

9.1 m $< B <$ 18.3 m $\quad d$ 用内插计算

图 11-7 托盘图

（3）设置散装谷物捆包

作为设置托盘的一种替代方法，可用散装谷物捆包代替袋装货物来填装托盘，其形式及长度与托盘相同，托盘内应有足够抗拉强度的衬垫材料且顶部应有适当的固定装置，见图 11-8。

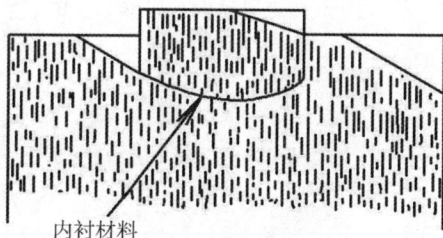

图 11-8 散装谷物捆包

2）部分装载舱

适合于部分装载舱的减移装置及固定谷面措施有：

（1）设置纵向隔壁

部分装载舱纵向隔壁的设置，除受到舱顶和舱底限制外，要求谷面以上高度和谷面以下深度为该舱最大宽度的 1/8。

（2）谷面上堆装货物

将自由谷面整平，在谷面上使用隔垫帆布或其他等效物，或设置一垫木平台，其上堆妥为装满且牢固缝口的袋装谷物或其他等效货物，并且堆装高度不应小于谷物表面最大宽度的 1/16 或 1.2 m，取较大者。

（3）用绑索或钢丝网固定谷面

用钢带、钢索或链条等系索固定谷面时，应在完成装载前先将系索用卸扣经一定间距连接在谷物最终表面以下 0.45 m 的舱内两侧的船体结构上，谷物装完后将谷面平整至顶部略呈拱形，并用粗制帆布或等效物覆盖，其上密排底层横向铺设和上层纵向铺设并钉成一体的两层垫木，随后将两舷系索用松紧螺丝旋扣紧固。航行中应经常检查系索，且必要时应予以收紧。

用钢丝网固定谷面的方法与上述用系索固定的方法基本相同，只是以两层增强钢丝网替代两层垫木，并在舱内两舷钢丝网边缘用木板夹紧，最后用钢丝绳、双层钢带等捆索固定。

项目十二
散装固体货物运输

⚓ 项目描述

　　散装固体货物是指不加包装又不按件计数的颗粒状、粉末状或较大块状的货物,如粮谷、矿石、煤炭、水泥、化肥、饲料等。散装固体货物运输具有运输批量大、货源充足稳定、大多货种单一并采用专用船舶整船单向运输、装卸效率高的特点。在国际航运业中,散货船运输占货物运输的30%以上。由于各类散装固体货物具有不同的货物特性,它们对安全运输都存在不同程度的影响,若采取措施不当或未采取正确的措施,则会影响货物运输质量,危及船舶及人员安全。此类事故时有发生,应引起足够的重视。本项目重点介绍除散装谷物外的其他散装固体货物运输的有关知识。

⚓ 教学目标

1.知识目标

　　(1)掌握散装固体货物的特性;

　　(2)学会查阅 IMSBC 规则;

　　(3)进行散装固体货物的安全装运,保证船舶和货物安全。

2.能力目标

　　(1)熟悉装载流程,能制订装载计划,按照装舱顺序和装载轮回数,进行散装固体货物装载;

　　(2)会核算船舶性能,保证船舶稳性,满足船体强度要求,保持船舶具有适当的浮态;

　　(3)保证货物运输质量及防范货运事故发生,合理装载。

3.素质目标

　　(1)培养学生良好的职业道德,遵守航运行业规范的工作意识、行为意识和安全意识。

　　(2)培养学生较强的自主能力、沟通能力、合作能力、新知识掌握能力、综合运用能力和创新能力。

　　(3)培养学生使其具有分析问题、解决问题的能力。

⚓ 思维导图

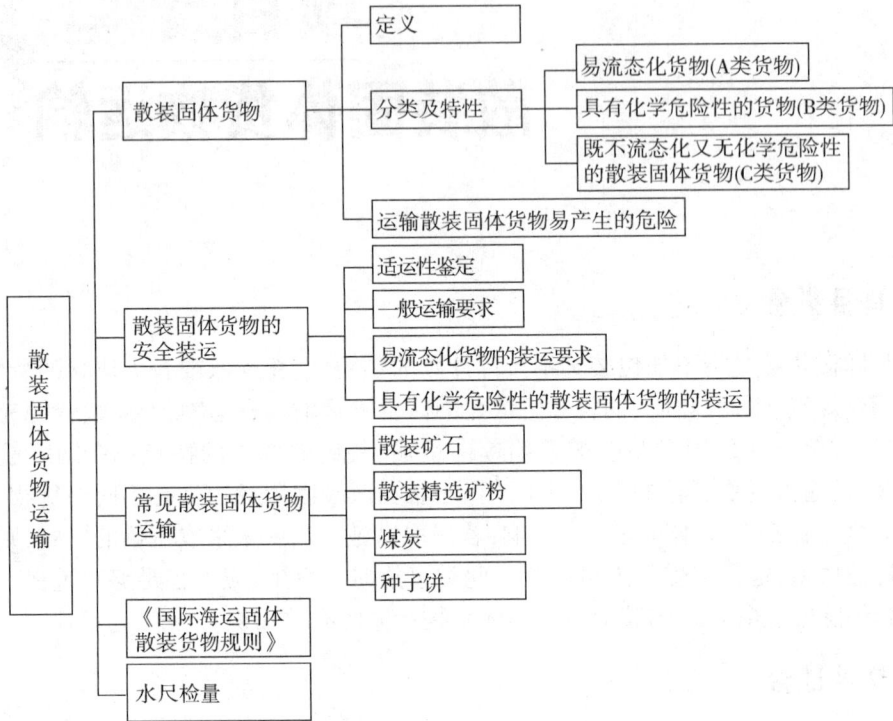

⚓ 任务引入

"崖州海"轮于某年4月18日压载空船抵达秦皇岛港1号泊位,压载水舱全满。计划装煤炭($SF=0.95$ m³/t)驶往宁波,泊位及航线水深不受限。使用岸上装卸设备,单头作业方式,装载能力1 100 t/h,两到三轮完成。船上两台压载水泵,每台泵排水能力650 t/h。试完成配载计划及货物装舱和压载水排放顺序表。

请思考:

(1)散装煤炭的特性。

(2)如何确定装舱顺序?

(3)根据装船机高度确定船舶最小吃水。

(4)装载过程中如何安排打排压载水?

(5)调整吃水差预留的货物数量。

任务一 散装固体货物简介

任务目标

能掌握固体散装货物的分类及特性,合理装载,保证人员、船舶、货物安全。

任务(知识)储备

一、散装固体货物的定义

IMSBC 规则中定义的散装固体货物是指:除液体或气体以外,由粒子、颗粒或较大块状物质组成的任何货物,其成分通常一致,并直接装入船舶的货物处所而无须任何中间围护形式。

规则特别提出,谷物以外的散装固体货物运输应符合 IMSBC 规则的相关规定。

二、散装固体货物的分类及特性

根据散装固体货物的海运特性以及运输要求的不同,IMSBC 规则将散装固体货物分成三类,即易流态化货物、具有化学危险的货物、既不易流态化又无化学危险的货物。

1.易流态化货物(A 类货物)(Cargoes Which May liquefy—Group A)

1)易流态化货物的定义

易流态化货物,是指由较细颗粒的混合物构成且含有一定水分的物质,若水分含量超过货物的适运水分限量(Transportable Moisture Limit,TML)时,在海上运输过程中,受到外界各种力的作用,水分渗移而形成流态化从而导致货物移动。所谓"流态化"是指该物质在装运时外观比较干燥,但实际含有大量的水分,在航行中由于船舶的颠簸、振动,使其水分逐步渗出,表面形成可流动的状态。其表层已流态化的货物在船舶摇摆时会流向一舷,但在回摇时不能完全流回,如此继续,将使船舶逐渐倾斜乃至倾覆。

易流态化货物大致可分成两类:一类是积载因数为 $0.33\sim0.57$ m^3/t 的各种精矿,如铁精矿、铅精矿、镍精矿、铜精矿、锌精矿、黄铁矿、硫化锌(闪锌矿)等;另一类是具有与精矿性质类似的其他物质,包括含有足够水分的细颗粒状物质、散装草泥、散装鲜鱼和据报能形成流态化的煤炭(细颗粒状)、煤泥(含水粉砂,颗粒粒度一般小于 1 mm)、焙烧黄铁矿、氟石等物质。

2)易流态化货物具有以下特性:

(1)含水性

易流态化货物均含有较多水分,其水分含量偏高主要是由生产工艺、降尘措施和自身特性所造成的。受生产工艺影响而使水分含量较高的货物主要是各类矿产品,尤其是精选矿产品。在装货过程中容易产生粉尘污染的货物,为减少粉尘,作业中往往采用喷水方法降尘,由此导致水分含量增大,如煤炭。

易流态化货物含水性以含水量表示,指试样中所含水分、冰及其他液体占试样潮湿时重量的百分比,一般由试验测出。

(2)易流态性

易流态化货物的易流态性是指该类物质在外部因素的作用下,产生流态的趋势及可能性,它是易流态化货物最显著及最主要的特征。装在船舱中的易流态化货物,由于船体的振动和摇晃,货物下沉,颗粒间孔隙减小,当含水量高时,就会使其水分逐步渗出,在货物表面形成可流动状态。

易流态化货物的易流态性以流动水分点(Flow Moisture Point,FMP)来表征,它是指货样在规定的试验方法下达到流态时的含水量。货物在装运时,其实际含水量必须小于流动水分点,否则,会因货物的流态化而产生移动,导致船舶稳性减小或丧失。为安全计,取流动水分点的90%作为该货物的适运水分限量。

需要说明的是,即使货物的平均水分含量低于适运水分限量,也并不意味着货物一定不会对船舶稳性造成影响。货物表面可能呈干燥状,但导致货物移动的不被察觉的流态化也可能出现,即水分渗移后形成危险的湿底,货物在舱内会出现滑动现象,尤其是高含水量的货物很浅且遇到较大倾斜角时。

易流态化货物的流动水分点应定期进行测定,即使货物成分均匀,测定试验也应最长6个月进行一次。如果货物成分或性质因某种原因发生了变化,则应增加测定频度,试验周期应为3个月或更短。测试含水量的采样时间和试验时间应尽可能与装货时间接近。除非对货物加以充分遮盖而使其含水量不发生变化,否则采样/试验与装货时间的间隔不得超过7天。

另外,易流态化货物还具有一定的腐蚀性、自热和自燃性、毒害性以及散落性等,这些特性会使船舶的使用寿命缩短,甚至损害人体健康,影响船舶运输安全。

3)易流态化货物含水量的测定

对于A类货物,实际含水量和适运水分限量应按IMSBC规则的要求,根据有关当局确定的程序测定,除非该货物由特别建造或装备的船舶载运。

国际上和各国均有测定各种物质含水量的公认方法。测定适运水分限量的建议方法见IMSBC规则附录2。

(1)船方可在船上或码头边用下述辅助方法进行核对试验,大致确定货物流动的可能性:

用一份货物样品将一圆桶或类似容器(容量为0.5~10 L)装至一半。一手持桶,将其从约0.2 m的高度猛力摔向坚硬的地面,以1~2 s的间隔重复25次。检查货样表面是否出现游离水分或流动状况。如果出现游离水分或某种流动情况,应对货物进行含水量的正规检验。该方法又称圆筒实验法,为IMSBC规则中推荐船员在实践中使用的方法。

(2)也可用以下简易测定方法:

①用手抓一把矿粉,从1.5 m高处自由落到地面上或甲板上,如着地时货样崩散,说

明其含水量不超过 8%,可以承运,如仍为一团,则说明其含水量超过 10%。

②手抓矿粉成团后,如用手能捏散,则说明其含水量低于 8%,否则超过 8%。

③货样装入平底玻璃杯或其他类似容器内,来回摇动 5 min,如明显有液体浮在货物表面,说明货物含水量太高,应要求进行正规的含水量测定。

④货样散在一平盘上压成锥体,用平盘抨击桌面,如锥体呈碎块或块状裂开而不坍塌,表示货物适运,如坍塌成煎饼状,则说明其含水量过高。

⑤人踩在矿粉上,如出现松软现象,呈流沙状流动,表明货物的含水量过高。

2.具有化学危险的货物(B 类货物)(Materials Possessing Chemical Hazards—Group B)

具有化学危险的货物是指由于自身的化学性质而在运输中会产生危险的固体散装货物。这类货物有下列几种:

1)已列入《国际危规》的散装固体货物

此类货物无论是以包装形式还是散装形式运输,都属于危险货物,具有相同的分类号,但由于其运输方式的不同,有关安全运输的要求存在一定差别,因此应查取不同的规则。即在包装条件下的安全运输的要求可查阅《国际危规》,而在散装条件下的安全运输要求应查阅 IMSBC 规则,其危险类别及常见货物分别为:

4.1 类　易燃固体,如硫黄;

4.2 类　易自燃物质,如干椰肉、种子饼、氧化铁、金属屑等;

4.3 类　遇水放出易燃气体的物质,如废铝、锌渣、硅铁等;

5.1 类　氧化剂,如硝酸铝、硝酸铵、硝酸钙、硝酸镁等;

6.1 类　有毒物质;

6.2 类　感染性物质;

7 类　放射性物质,如低比活度放射性物质(LSA-Ⅰ)、表面射线污染的物体(SCO-Ⅰ)等,其放射性比度<70 Bq/g;

8 类　腐蚀性物品;

9 类　其他危险货物,如鱼粉、蓖麻籽、硝酸铵化肥等。

2)仅在散装运输时会产生危险的货物(MHB)

未列入《国际危规》,但在散装运输中易产生危险而应予以特别关注的散装固体货物,属于仅在散装运输时具有危险的货物(Materials Hazardous Only in Bulk,MHB)。此类货物在 IMSBC 规则中包括煤、木炭、油焦炭、沥青球、木屑片、锯末、动物肥、还原铁、磷铁、锰硅合金、锑矿、硌矿、钒土矿、生石灰等,它们分别具有第 4 类、第 6 类和第 8 类危险货物的特性。此类货物由于未列入《国际危规》,因此在散装运输中易产生的危险往往容易被人们所忽视。MHB 货物在运输中具有减少舱内含氧量、易于自热自燃及潮湿时产生危险的特性。

3)散装固体废物

散装固体废物是指一些固体物质,它们含有 IMSBC 规则中有关第 4.1、4.2、4.3、5.1、6.1、8 或 9 类危险货物的规定所适用的一种或多种成分或受其沾染,而且除了倾倒、焚烧或其他处理方法外无明确用途。值得注意的是,含有放射性物质或受到放射性物质沾染的散装固体废物不属于此类,应适用有关放射性物质运输的规定。

3.既不流态化又无化学危险的货物(C类货物)(Bulk Materials Which are Neither Liable to Liquefy Nor to Posses Chemical Hazards—Group C)

既不易流态化又无化学危险的散装固体货物,有的与A类散货同名,但其块状较大或含水量较低而不易流态化;有的与B组散货同名,但已经过某种化学处理或因某些物质含量较小而不具有特别危险性。某些物质虽自身尚具有一定毒性或腐蚀性,但较B组散货其危险性大为减小。具体包括水泥、滑石粉、石膏、黏土、硼砂、白云石、苜蓿粉、碳酸钡、重烧镁、盐、沙子、糖等。

该类散装固体货物在运输过程中应考虑以下海运特性:

1)扬尘性

若干散装固体货物在装卸时极易扬尘,如水泥、滑石粉、铁矿砂、花生果等,因此在装卸此类散装固体货物时应采取一定措施,以保证人员健康及船舶设备不因粉尘而受损。

2)下沉性和散落性

散装固体货物装舱后颗粒间空隙随航行中船舶振动、摇晃等而减小,由此引起散货表面下沉并具有自动松散流动的特性。对于非黏性固体散货,其散落性以静止角来表征。就一般散装固体货物而言,散落性大小是影响船舶安全的重要因素。对于静止角较小的散装固体货物,应采取严格的平舱措施,预防货物在舱内的移动。散装固体货物的静止角是由倾箱实验完成的。

3)怕杂质

某些耐火材料如重烧镁、矾土、耐火黏土、碳化硅等货物,在装运中应避免混入铁、煤、木屑、氧化镁、氧化钙等杂质,以防降低其熔点。

4)忌水湿

水泥、化肥、糖、磷盐岩等货物,水湿后会结块变硬,使货物质量下降或失去使用价值。

5)毒性和窒息性

某些散装固体货物自身具有一定毒性,它们虽未列入具有化学危险的货物,但在装运时亦应引起重视,采取相应的预防措施。如铅矿、铬矿、锑矿呈粉末状,粉尘吸入或吞入会引起铅中毒,锑矿潮湿时会产生锑化氢、砷、磷化氢等有毒气体。有些固体散货在运输中因氧化而导致舱内缺氧,易造成窒息中毒。

6)腐蚀性

化肥等散装固体货物对船体具有一定的腐蚀性,在一定条件下具有较强的腐蚀性。

7)磨蚀性

散装固体货物均具有一定磨蚀性。对那些磨蚀性较强的货物,应选择合适的装卸工具采用合理的装卸方法和防护措施以减小对船体的磨蚀。

8)与危险货物的隔离

某些固体散货虽然自身无有害危险,与某些危险货物接触却能增加危险或产生某种有害影响。如放热型铁铬合金、锰铁合金等,应与易自燃物质隔离;铅矿石应与酸类物质隔离,否则会产生剧毒气体。

除了 IMSBC 规则给出的上述三类散装固体货物外,在 IMSBC 规则附录中还列出几种货物,它们既具有流态化又具有化学危险。这些货物没有自成一体,他们既属于 A 类又属于 B 类货物,如煤、硫化金属矿等。运输这些货物时要充分考虑其双重特性。

三、运输散装固体货物易产生的危险

散装固体货物在海上运输中一般存在以下三方面的危险:

(1)不合理地分配货物重量或平舱不当造成船舶结构上的损坏。

(2)航行中船舶由于稳性的减小或丧失而导致危险。

造成船舶稳性减小或丧失的原因主要有以下两个方面:

①平舱不当或货物重量分配不合理,在恶劣天气下使货物发生移位。

②在运输含水量较高的细颗粒货物时,船舶在航行中的振动和摇晃,使货物流态化而流向货舱一舷。

(3)散货的化学反应,如释放有毒或可燃气体,而产生自燃或腐蚀等,而造成事故。

任务二 散装固体货物的安全装运

⚓ 任务目标

能根据 IMSBC 规则,针对不同的固体散货特性,安全装运固体散装货物。

⚓ 任务(知识)储备

各类散装固体货物由于具有不同的特性及危险性,因而在装运时应考虑的因素也存在一定的差异。IMSBC 规则对其运输的各个环节都提出了相应的安全要求。

对于散装固体货物而言,托运人在货物装船前应保证已达到 IMSBC 规则所要求的运输条件,并有责任向船方提供有关资料。

一、散装固体货物适运性鉴定

货物的适运性鉴定是指根据货物资料、有关规定及本船的技术条件对是否能够安全装运托运人的货物做出的估计,是判断货物能否达到安全适运要求的重要证明。托运人应对货物进行采样和测试,并向船长提交适用于该货物的相应实验证书。不同类型的散装固体货物的适运性有不同的要求,如易流态化货物含水量应低于适运水分限量,某些具有化学危险性的货物在装运前的温度、水分、露天或遮盖堆放时间、化学处理时间的限制条件是否满足,货物通风次数、货位选择条件等。船长应在取得货物资料的基础上,认真阅读有关规则和规定,结合船舶技术条件做出是否承运的合理决策,并了解装载和运输保管时的注意事项。

1.标识和分类

(1)IMSBC 规则中的每种散装固体货物均核有一个散货运输名称(BCSN)。散装固

体货物在海上运输时,应在其运输单证上用 BCSN 对其予以标识。当该货物是危险货物时,BCSN 应用联合国(UN)编号加以补充。

(2)如果废弃货物在送去处置或送去加工后处置的运输途中,货物名称前应标有"废弃物"字样。

(3)散装固体货物的正确标识有利于确定安全载运该货物的必要条件和确定应急程序(如适用)。

(4)在适宜情况下,应根据《联合国试验和衡准手册》第Ⅲ部分将散装固体货物分类。IMSBC 规则所要求的散装固体货物的各种特性,应按适合该货物的方式,根据来源国主管当局认可的试验程序(在有该试验程序时)测定。如无该试验程序,某种散装固体货物的各种特性应按适合该货物的方式,根据 IMSBC 规则附录 2 规定的试验程序测定。

2.资料的提供

(1)托运人应在装货前及早向船长或其代表提供货物的相应资料,以能实施可能为货物的妥善积载和安全运输所必需的预防措施。

(2)货物资料应在装货前以书面形式通过运输单证予以确认。

货物资料应包括:

①BCSN(IMSBC 规则列出该货物时)。除 BCSN 外,还可使用辅助名称。

②货物类别(A 和 B,A、B 或 C)。

③货物的 IMO 类别(如适用)。

④货物以字母 UN 开头的联合国编号(如适用)。

⑤交运货物的总量。

⑥积载因数。

⑦平舱的需要和平舱程序(必要时)。

⑧移动的可能性,包括静止角(如适用)。

⑨对精矿或其他可流态化货物,以证书形式提供的关于货物含水量及其适运水分限量的补充信息。

⑩形成潮湿底层的可能性。

⑪货物可能产生的有毒或易燃气体(如适用)。

⑫货物的易燃性、毒性、腐蚀性以及耗氧倾向(如适用)。

⑬货物的自热特性,以及平舱的需要(如适用)。

⑭与水接触后散发的易燃气体的特性(如适用)。

⑮放射特性(如适用)。

⑯国家主管当局要求的任何其他信息。

(3)托运人提供的资料应附有一份申报单。

货物申报单的格式示例如表 12-1 所示。货物申报单可用其他格式。可使用电子数据处理(EDP)或电子数据交换(EDI)技术,作为书面单证的辅助手段。

表 12-1　货物申报单的格式示例

BCSN	
托运人	运输单证编号
收货人	承运人
名称/运输工具 出发港/出发地	须知或其他事项
到达港/目的地	
货物概述 (物质种类/颗粒大小)	总质量(千克/吨) 　　kg　　　t
散货规格(如适用): 积载因数: 静止角(如适用): 平舱程序: 化学特性(例如有潜在危害): ＊例如类别和联合国编号或"MHB"	
货物组别 □ A 组和 B 组＊ □ A 组＊ □ B 组 □ C 组 ＊可流态化货物(A 组和 A 组及 B 组货物)	适运水分限量 装运时含水量
货物相关特殊性质 (例如快速溶于水)	补充证书＊ □含水量和适运水分限量证书 □风化证书 □免除证书 □其他(说明) ＊如有要求
申报 对所托运货物的说明详尽准确,确认并确信所填试验结果和其他规格正确无误并能视为待装货物的代表性参数,特此申报	签字人姓名/身份,公司/组织名称 地址和日期 代表托运人签字

(4)托运人对常运散装固体货物的危险和有害物质应提供的信息

①易流态化货物

托运人应提供给船长所托运的易流态化货物,如精矿粉或其他含水矿产品的平均含水量 MC、流动水分点 FMP、适运水分限量 TML、积载因数 SF、静止角、积水排放法、运输中存在的危险性及预防措施等。

②煤炭

所属种类(自燃型煤或易产生甲烷气体的煤)、特性、岸上堆积时间、煤堆温度、湿度、开采季节等。

③种子饼

托运人应提供证明说明其实际含油量和含水量、杂质含量、出厂日期和货物出厂后至装船前是否有两个月的氧化期、榨油方法(机械压榨或溶剂萃取)等。

④鱼粉

实际含水量、脂肪含量、存放超过 6 个月鱼粉的抗氧化处理的详细情况、运输时剩余抗氧剂的浓度(应超过 100 mg/kg)、货物总重量、出厂时的温度、出厂日期等。如果托运人提供了其所在国际主管机关签发的证明书说明其在散装运输时无自热性,则该种鱼粉应属于既不流态化又无化学危险性的货物。装货时,其温度不得超过 35 ℃ 或高于环境温度 5 ℃,取高者。

⑤硅铁铝粉末、无涂层硅铝粉、废铝、硅铁等

潮湿或发热货物不得装运。托运人应出具证明,说明装运前已以运输时的粒度在遮盖下于露天存放不少于 3 天。

⑥直接还原铁 DIR

直接还原铁是在低于铁的流动点的温度下对氧化铁直接除氧(还原)而生产出的物质。其易与水和空气发生反应,产生氢气和热量,引起燃烧爆炸。

装运应由托运国家主管机关认可的有资格的人员向船长证明,所托运的直接还原铁当时适于运输。装运前,直接还原铁应存放至少 72 h,或经空气钝化技术处理,或用其他等效方法使该物质的化学活性至少减至存放后的水平;若其温度超过 65 ℃ (150 ℉)不得装运。

二、散装固体货物的一般运输要求

1.了解拟装货物的物理、化学性质

装货之前,托运人应向船方提供拟装货物的特点和性质的详细资料,如货物的化学危险(毒性、腐蚀性等)、流动水分点、积载因数、含水量、静止角等,以便船方采取必要的安全措施,船方可根据货名在 IMSBC 规则中查到其安全运输的有关要求作为参考。对于 IMSBC 规则未列出的货物,货方还应提供该种货物发生的有关货运事故的资料、应急措施、医疗急救方法等。

2.分配各舱室散装固体货物重量的基本原则

因散装固体货物装卸不当而发生的事故不少。应注意的是,散装固体货物须在全船范围内妥为分布,使船舶具有足够稳性并确保船舶结构绝不会受力过大。此外,托运人应按 IMSBC 规则第 4 节的规定向船方充分提供货物资料,以确保船舶妥善装货。

确定各舱室散装固体货物应分配的货重主要应从船舶强度、稳性和吃水差三方面要求考虑。

1)防止船舶结构受力过大

普通货船的构造通常可使载运密度在满舱满载时达到 1.39~1.67 m³/t。当装载高

密度散装固体货物(积载因数为 $0.56\ m^3/t$ 或以下)时,应特别注意重量的分布,以避免应力过大,并考虑到装载时的工况可能与已查明正常的工况不同,以及货物分布不当可能使承载结构或整个船体处于受力状态。由于各船的结构布置可能差别很大,为所有船舶做出确切的荷载分布规定是不切实际的。关于货物妥善分布的资料可在船舶稳性资料手册内提供,或利用装载计算仪(如有)获得。

2)提高船舶稳性

(1)根据 SOLAS 1974 第Ⅱ-1/22.1 条的规定,所有受该公约约束的船舶均应备有稳性资料手册。应能计算航程中预期最恶劣工况下的稳性和离港时的稳性,并证明船舶已具有足够稳性。

(2)凡在甲板间货物处所或仅用货物处所的一部分载运的固体散货有容易移动的疑问时,应安装具有足够强度的防移隔板和添注漏斗。

(3)高密度货物应尽实际可能优先装在底舱货物处所,此后再考虑甲板间货物处所。

(4)当有必要将高密度货物装在甲板间货物处所或更高的货物处所内时,应充分考虑到确保甲板区域不会受力过大,并且船舶稳性不会减至低于船舶稳性资料中规定的最低可接受水准。

3.对货物装卸的要求

(1)应按所要装载的特定货物,检查和准备货物处所,使其适于拟装货物。

(2)对需要特别准备的舱底污水井和滤板,应予以充分注意,以利于泄水和防止货物进入舱底污水系统。

(3)货物处所内的舱底水管系、测深管和其他工作管系应处于良好状态。

(4)考虑到某些高密度固体散货装载的速度,可能有必要特别注意保护货物处所的设备不受损坏。在装货完成后对舱底水测深,是查出货物处所设备是否损坏的有效方式。

(5)应尽实际可能在装载或卸货期间关闭或遮蔽通风系统并将空调系统置于空气循环状态,以尽量减少进入生活区或其他内部处所的粉尘。

(6)应充分考虑尽量减少粉尘与甲板机械的运转部分以及外部助航设备的接触。

4.对平舱的要求

1)平舱一般规定

(1)货物平舱可减少货物移动的可能性并最大限度减少进入货物的空气。空气进入货物会导致自热。为最大限度减少这些风险,必要时应将货物合理整平。

(2)货物处所应在不对船底结构或甲板间强度造成过大载荷的情况下尽实际可能装满,以防散装固体货物滑动。应充分考虑到各货物处所的散装固体货物量,并计及货物移动的可能以及船舶的纵向弯矩和剪力。货物应尽实际可能广为散布到货物处所限界。可能还需考虑到 SOLAS 1974 第Ⅻ章所要求的隔舱装载限制。

(3)船方如基于所拥有的资料而对船舶稳性有任何担忧并考虑到船舶特征及预定航程,有权要求将货物整平。

2)多层甲板船舶的特别规定

(1)当散装固体货物仅装在下层货物处所内时,应充分平舱以使货物重量均匀分布在船底结构上。

(2)当在甲板间内载运固体散货时,如装载资料表明这些甲板间的舱口敞开会使船底结构的应力达到不能接受的水平,则应关闭舱口。货物应合理整平并应从一舷散布至另一舷,或用具有足够强度的纵向隔板使其稳固。应注意甲板间的安全荷载能力,确保甲板结构不超载。

3)黏性散货的特别规定

(1)所有潮湿货物和某些干燥货物均具有黏性。对黏性货物,IMSBC 规则第 5.1 的一般规定应适用。

(2)静止角不是黏性散货稳定性的指标,没有纳入各项黏性货物细目。

4)非黏性散货的特别规定

(1)非黏型散货是 IMSBC 规则附录 3 第 1 段列出的货物,以及那些该附录虽未列出,但显示黏性物质特性的任何其他货物。

(2)静止角是非黏性散货的一个特征,能表示货物的稳定性,已纳入各项非黏性货物的细目。应按货物的静止角来确定适用本节的哪些规定,静止角的测定方法见 IMSBC 规则第 6 节。

(3)静止角小于或等于 30°的非黏性散货

这些像谷物一样自由流动的货物,应按谷物积载的适用规定载运。

(4)静止角大于 30°至等于 35°的非黏性散货

这些货物应按下列衡准平舱:

①按货物表面最高点和最低点之间的垂直距离(Δh)量取的货物表面不平整度不得超过 B/10,其中 B 为船宽(m),Δh 的最大允许值为 1.5 m;

②装货中使用经主管当局认可的平舱设备。

(5)静止角大于 35°的非黏性散货

这些货物应按下列衡准平舱:

①按货物表面最高点和最低点之间的垂直距离(Δh)量取的货物表面不平整度不得超过 B/10,其中 B 为船宽(m),Δh 的最大允许值为 2 m;

②装货中使用经主管当局认可的平舱设备。

三、易流态化货物的装运要求

1.易流态化货物的危险特性

易流态化货物主要是渗水性的湿精矿,在装载时可能呈现比较干燥的颗粒状态,但所含水分可能足以使其在压实作用和航行期间出现的振动作用影响下变成流体。其危险性如下:

(1)船舶的运动会引起货物移动,这可能足以使船舶倾覆。

(2)某些可流态化货物也可能自热。

(3)重量分布不合理或没有充分平舱导致船舶结构受损。

2.易流态化货物产生危害的条件

(1)A 组货物含有一定比例的小颗粒和一定水分。A 组货物即使有黏性并已整平,在航行期间仍可能流态化。

流态化的成因如下：

①随着货物因船舶的运动等而压实,颗粒之间的空隙体积减小;

②货物颗粒之间的空隙减小引起空隙内的水压增加;

③水压的增加减小了货物颗粒的摩擦,造成货物抗剪强度减小。

(2)当达到下列条件之一时,流态化不会发生:

①货物含有极小颗粒。在此情况下,颗粒的运动受到黏性的限制,货物颗粒之间空隙内的水压不会增大。

②货物由大的颗粒和块体组成。水穿过颗粒之间的空隙,水压不会增大。完全由大颗粒组成的货物不会流态化。

③货物所含空气的百分比高,含水量低。水压的增大受到抑制。干燥货物不易流态化。

(3)当货物的含水量超过适运水分限量时,可能发生流态化引起的货物移动。如前所述,有些货物易产生水分迁移,即使平均含水量低于适运水分限量也可能形成危险的潮湿底层。尽管货物表面可能呈干燥状,仍有可能发生流态化而不被发现,造成货物移动。含水量高的货物易于滑动,特别在货物堆高较低且受到较大横倾角影响时。

(4)在所造成的黏滞性流体状态中,货物可能随着船舶横摇而流向一侧,但可能不会随着船舶摇向另一侧而完全流回来。因此,船舶可能逐渐达到一个危险的倾斜角而突然之间倾覆。

3.易流态化货物安全装运要求

(1)货主应提供货物的适运水分限量和含水量资料,只有在含水量没有超过规定的适运水分限量的情况下,才能同意装运,否则应予以拒载。

(2)在装货时,应进行货物取样,以便通过试验了解装货时货物的情况。在样品经船货双方共同监督封存后,成为具有法律效力的凭据。

(3)在装运时应满足相关规定:

①可流态化精矿和其他货物应在其实际含水量不超过适运水分限量时方可接受装载。尽管有此规定,这类货物即使在其含水量超过适运水分限量时仍可接受用特别建造或装备的货船装载。

②除罐装或类似包装的货物外,含有液体的货物不得在同一货物处所内的这些散装固体货物的上面积载或与之相邻。

③在航行期间应采取适当措施防止液体进入积载这些固体散货的货物处所。

④应注意在海上航行时用水冷却这些货物可能产生的危险。进水可能使这些货物的含水量达到流动状态。必要时,应充分注意以喷洒方式用水。

(4)凡装运易流态化货物的货舱,均应采取措施防止海水流入货舱。

(5)注意易流态化货物对某些危险货物的影响。有些危险品遇水会发生有害化学反应,产生易燃气体、有毒气体等,应将此类危险品与易流态化货物予以有效的隔离。

(6)尽可能将易流态化货物集中配装,一旦货物形成流态化,可将对船舶稳性的影响减到最小。

（7）使用特别建造或装备的货船：

①含水量超过适运水分限量的货物应使用特别建造的船舶或特别装备的船舶载运。

②特别建造的货船应有永久性结构限界，其布置可将货物的任何移动限制在可接受的限度内。这些结构应经主管机关批准。

③特别装备的船舶应装有特别设计的可移动隔板，将货物的任何移动限制在可接受的限度内。

（8）具有特殊设备和具有特殊结构的船舶装运含水量较高的易流态化货物时，注意核算货物流态化时船舶稳性是否符合安全要求。

四、具有化学危险性的散装固体货物的装运

1.具有化学危险性的散装固体货物的危害性

此类散装固体货物在配积载与装运时应充分考虑到由于货物自身及外部因素影响而发生化学反应，可能产生危及船舶、货物和人员的事故，因而要采取措施确保安全。

1）安全危害

安全危害是指具有燃烧、爆炸危险性的散装固体危险和有害物质在一定条件下发生火灾和爆炸事故，对船舶和人命安全造成危害。

通常能造成危害的散装固体危险和有害物质包括：

第4.1、4.2和4.3类物质，第5.1类物质，具有燃烧爆炸危险性的MHB货物，具有燃烧爆炸副危险性的其他类B组货物，能产生可燃粉尘散装货物，能产生可燃气体的散装货物。

2）接触危害

接触危害是指人员通过呼吸系统吸入，经皮肤、眼睛吸收或通过吞咽使有毒或腐蚀性物质进入体内，或进入封闭处所可能造成缺氧和窒息的危害。

具有接触危害的散装固体危险和有害物质包括：

第6.1类，第7类，第8类，具有上述危险性的MHB货物，具有上述副危险性的其他B组货物，潮湿时能散发毒性气体的物质，潮湿时对皮肤、眼睛黏膜或对船舶结构具有腐蚀性的物质。

3）污染危害

污染危害是指因撒漏进入海洋后可能给人类健康、海洋资源和海洋生物、海洋生态环境造成危害的物质。此外，污染危害也应包括能造成反射性污染的物质。

通常能造成这类危害的散装固体危险和有害物质包括：

《国际危规》中指明的"海洋污染物"、能造成放射污染的散装固体危险和有害物质。

2.具有化学危险性的散装固体货物的积载与隔离

1）一般注意事项

（1）采用专舱装运。舱壁周围及舱盖必须是防火型水密结构，舱内电器、电缆绝缘良好，并有防止产生火花短路等安全保护装置。

（2）防止某些性质互抵的货物相互污染。在装完性质互抵的一种货物之后,舱盖应关闭,甲板上的残余货物要彻底清除,然后才能装另一种货物。卸货时也相同,舱内货物卸空之后,货舱应清除残留货物,经过严格检查,才能装运其他货物。

（3）多数具有化学危险性的货物要求货舱保持阴凉、干燥,要与所有热源和火源隔离。

（4）某些散发可燃气体或毒气的货物,应装在有机械通风的舱室。

（5）货舱及其附近要有明显的警告标志。

2）货物的舱位安排

（1）不同类别的货物配装在同一货舱时,应注意其相容性。

（2）配装第4类物质的货舱应远离热源、火源,尽可能保持货物的冷却和干燥;船舶电器和电缆状态良好。易散发气体或蒸气并与空气能形成可爆混合物的物质,须配装在有机械通风处所。

（3）第5.1类物质应远离热源、火源配装,尽可能保持货物处于冷却和干燥状态;同时,与其他易燃物质隔离时,尽可能少用干燥的木材衬垫。

（4）拟装第7类物质的货舱不得有渗漏,并不与其他货物同舱装载。

（5）配装第8类物质或具有类似性质的物质时,舱位应清洁、干燥,并确保货物不会渗漏到邻近舱室、污水沟(井)及护板内。

3）隔离要求

为保证货物安全运输,具有化学危险性的散装固体货物与包装危险货物、具有化学危险性的散装固体货物之间都应适当隔离。若无特别规定,具有化学危险性的固体散货与包装危险货物间应按表12-2的要求进行隔离,具有化学危险性的固体散货间的隔离按表12-3的要求进行。

（1）具有化学危险性的散装固体货物与包装危险货物的隔离

①隔离种类

"远离"——对不相容物质进行有效的分隔以使其发生事故时不能产生危险性反应,但是若最小水平分隔距离能达到3 m,则可以装在同一货舱或甲板上,见图12-1(a)。

"隔离"——当装在甲板下时应装在不同货舱内,若中间甲板是水火密的,不同货物处所内的垂向分隔(装于不同舱室中)可以认为与本分隔等效,见图12-1(b)。

"隔一整个舱室或货舱"——指垂向或水平方向分隔。如果甲板不是水火密的,则只有纵向分隔,即由一整个货舱分隔才可接受,见图12-1(c)。

"纵向隔离一整个货舱"——仅垂向分隔不满足要求,见图12-1(d)。

②隔离表

具有化学危险性的散装固体货物与包装危险货物间的隔离要求如表12-2所列。表中数字1、2、3、4依次表示"远离""隔离""隔一整个舱室或货舱""纵向隔离一整个货舱";"×"表示无一般隔离要求。

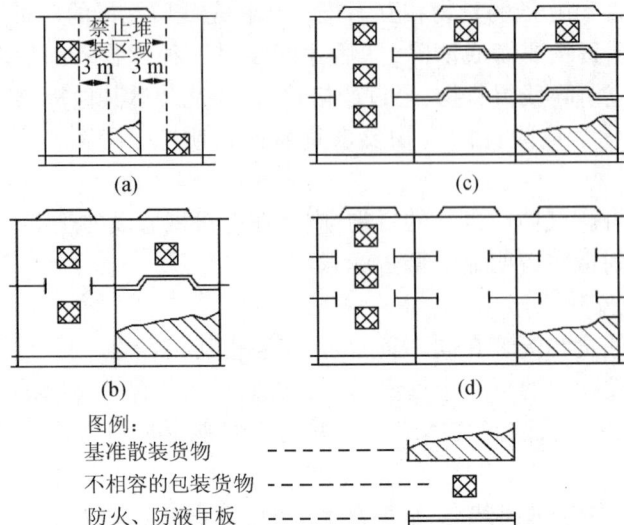

图例:
基准散装货物 — — — — — — —
不相容的包装货物 — — — — — — ⊠
防火、防液甲板 — — — — — — ⊢

图 12-1　具有化学危险性的散装固体货物与包装危险货物间的隔离种类

表 12-2　具有化学危险性的散装固体货物与包装危险货物的隔离表

散装货物（属危险货物类）	类别	包装形式的危险货物															
		1.1 1.2 1.5	1.3 1.6	1.4	2.1	2.2 2.3	3	4.1	4.2	4.3	5.1	5.2	6.1	6.2	7	8	9
易燃固体	4.1	4	3	2	2	2	2	×	1	×	1	2	×	3	2	1	×
易于自燃物质	4.2	4	3	2	2	2	2	1	×	1	2	2	1	3	2	1	×
遇水后放出易燃气体物质	4.3	4	4	2	1	×	2	×	1	×	2	2	×	2	2	1	×
氧化物（剂）	5.1	4	4	2	2	×	2	1	2	2	×	2	1	3	1	2	×
有毒性物质	6.1	2	2	×	×	×	2	×	1		1	1	×	1	×	2	×
放射性物质	7	2	2	2	2	2	2	2	2	1	×	×	3	×	2	×	
腐蚀性物质	8	4	2	2	1	×	1	1	1	1	2	2	×	3	2	×	×
其他危险物质和物品	9	×	×	×	×	×	×	×	×	×	×	×	×	×	×	×	×
仅在散装时具有危险性的物质（MHB）				×	×	×	×	×	×	×	×	×	×	×	×	×	×

（2）具有化学危险性的散装固体货物间的隔离

①隔离种类

"隔离"——当装在甲板下时应装于不同的舱内。如果中间甲板是水火密的,则垂向分隔即装在不同的舱室可认为与该分隔等效,见图 12-2（a）。

"隔—整个舱室或货舱"——垂向或水平分隔。如果中间甲板是非水火密的,则只有纵向分隔即由一整个货舱隔离才可接受,见图 12-2（b）。

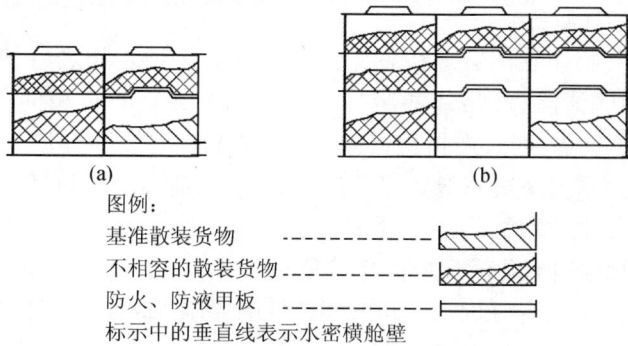

图例：
基准散装货物 ------------
不相容的散装货物 ------------
防火、防液甲板 ------------
标示中的垂直线表示水密横舱壁

图 12-2　具有化学危险性的散装固体货物间的隔离种类

②隔离表

具有化学危险性的散装固体货物之间的隔离要求如表 12-3 所列。表中数字 2 和 3 分别表示"隔离""隔一整个舱室或货舱"；"×"表示无一般隔离要求。

表 12-3　具有化学危险性的散装固体货物之间的隔离表

固体散货	固体散货								
	4.1	4.2	4.3	5.1	6.1	7	8	9	MHB
易燃固体　4.1	×	2	3	3	×	2	2	×	×
易于自燃物质　4.2	2	×	3	3	×	2	2	×	×
遇水后放出易燃气体物质　4.3	3	3	×	3	×	2	2	×	×
氧化物(剂)　5.1	3	3	3	×	2	2	2	×	×
有毒物质　6.1	×	×	×	2	×	2	×	×	×
放射性物质　7	2	2	2	2	2	×	2	2	2
腐蚀性物质　8	2	2	2	×	2	×	×	×	×
其他危险物质和物品　9	×	×	×	×	×	×	×	×	×
仅在散装时具有危险性的物质(MHB)	×	×	×	×	×	×	×	×	×

3.具有化学危险性散装固体货物的装运注意事项

1)装卸注意事项

具有化学危险性的散装固体货物,在装运中应严格遵守规则规定,谨慎操作。

(1)由于不同货物对货舱的条件要求不同,因此应据此做好货舱的准备。就整体而言,应使货舱清洁、干燥、无油污,水密和舱内设备良好。采用专舱装运,舱壁周围及舱盖必须是防火型水密结构,舱内电器、电缆绝缘良好,并有防止产生火花短路等安全保护装置。

(2)尽管可以从规则中查获所承运货物的理化特性及运输注意事项,但在装货前,船方必须从托运人处获得其理化特性和装运要求的最新资料。如拟装货物未列入规则中,船舶必须持有主管机关对其运输的认可证明。

(3)货舱及其附近要有明显的警告标志。

(4)船方应对货物是否适运做进一步的考察,如货物对限制温度、露天堆放时间、潮湿程度的要求应予以满足。

（5）防止某些货物相互污染。在装完性质互抵的一种货物之后,舱盖应关闭,甲板上的残余货物要彻底清除,然后才能装另一种货物。卸货时也相同,舱内货物卸空之后,货舱应清除残留货物,经过严格检查,才能装运其他货物。

（6）对于在紧急情况下需将舱盖打开的货物,货舱舱盖应保持随时可开状态。

（7）多数具有化学危险性的货物要求货舱保持阴凉、干燥,要与所有热源和火源隔离,防止因温升或潮湿引起化学反应而导致危险。

（8）根据货物性质确定对货物装卸天气条件的要求,如第4.3类和多数MHB货物,在雨雪天应停止作业。

（9）卸货后应注意清理货舱,尤其是有毒货物和腐蚀性货物。当卸完有毒货物后,必须检查货舱是否被污染,对受到污染的货舱,在装下批货物尤其是食品之前,必须彻底清扫并验舱。腐蚀性货物卸完后,最好用水冲洗货舱再加以干燥处理,因为这些货物的残余物可能腐蚀船舶结构。

（10）性质互抵的散装固体危险和有害物质与包装危险货物之间、GNG散装固体危险和有害物质之间、与食品之间一定按规则要求进行有效隔离。

（11）某些散发可燃气体或毒气的货物,应装在有机械通风的舱室。

2）航行中货物管理

具有化学危险性的散装固体货物在运输的过程中,应做好以下几方面的管理工作,以确保货物和船舶的安全。

（1）定期测定舱内的温、湿度,进行适当的通风,防止舱内产生汗水而影响货物质量或因水湿使货物发生化学反应而对船舶构成威胁,或因货温过高而危及货物正常运输和船舶安全。

（2）按时测定货舱污水深度,及时排除舱内污水,防止货物水湿。

（3）对某些易产生有害气体的货物,航行中应注意适时通风换气,以排除舱内存在的有害气体。

（4）检查货物在货舱内的状况,发现异常情况,应采取相应的措施。

（5）注意下舱安全,防止人员伤亡。

任务三　常见散装固体货物运输

⊛ 任务目标

掌握常见散装矿石、散装精矿粉、煤炭、种子饼等的运输要求。

任务(知识)储备

一、散装矿石

矿石是地层天然存在的岩石、粉、粒的统称。矿石分金属矿石,如铁矿、钨矿、锑矿等,以及非金属矿石,如磷灰石、石灰石、白云石等。

散装矿石是 IMSBC 规则所涉及的主要货种,为海运大宗货物,特别是铁矿石,是世界散装固体货物中运量最大的货种,海上一般都采用专用船舶进行运输。

1.矿石的一般特性

(1)密度大,积载因数小。故在配积载时应特别注意其对船体受力和稳性的影响。

(2)易散发水分。矿石都含有不同程度的水分,一些经水选的精矿石所含水分更大,当外界空气的相对湿度较低时,其水分容易散发。

(3)易扬尘。一些本身颗粒较细的矿粉或者由于矿石带有泥土杂质,随着水分的蒸发,在装卸过程中极易产生粉尘的飞扬,造成粉尘污染。

(4)易流态化。部分颗粒较小,含水量较大的货物(如精矿粉)运输中易产生流态化现象,从而影响船舶的安全。

(5)忌混入杂质。某些清洁的矿石,对其纯度的要求很高,在散装运输中如果混入杂质,将会严重影响矿石的质量。

(6)易冻结。矿石中含有水分,在低温时易冻结,造成装卸上的困难。

(7)易散发有害气体。金属矿石能散发各种有害气体,如甲烷、乙烷、一氧化碳、二氧化碳、二氧化硫等气体混合物。货舱内这类气体的积聚对人身安全和船舶消防带来巨大的隐患。

(8)自热和自燃性。某些矿石含有相当数量的易氧化成分,开采后氧化条件更为充分,易引起自热;如果积热不散,易引起自燃。一般含硫量大的矿石,如黄铁矿、精铜矿较易自热,甚至引起自燃。

(9)静止角大。矿石的静止角大,意味着其流动性较小,在一定面积上可以堆装较高,但如果不做好平舱工作,将对船舶的受力和稳性产生不利影响。

2.专用矿石运输船的结构特点

由于矿石具有上述的自然特性,装运矿石的船舶的结构特点应适应矿石的这些自然特性。专用矿石运输船的结构特点如下:

(1)货舱容积小

矿石密度大,所需容积小,虽然船舶排水量较大,但是货舱容积仅占全船容积的40%左右,其他容积作为压载舱使用。

(2)双层底较高

为提高船舶重心,以减小过大稳性,采取的主要措施就是增大船舶的双层底高度。

(3)货舱两舷设置较大边压载舱

较大边舱的设置,减小了货舱容积,增大了压载能力,并且有利于货物的平舱和清舱。

（4）货舱横舱壁数少

由于货种单一,且具有两道纵向边舱壁,从货物的配积载和船体强度方面考虑,没有必要设置过多横舱壁使货舱数增加,但舱口仍按需要设置。

（5）不设装卸设备

由于货物装卸都是在专用码头利用岸壁装卸机械完成的,因而船上不设置装卸设备。

3.散装矿石专用船的装运特点及注意事项

大多专用散装矿石船载重量大,吃水深,一般靠泊在具有专用装卸设备的码头上进行装卸作业,且装卸效率很高,停泊时间较短等,因而在进行矿石的安全装运时所考虑的侧重点也不同。

1）装货准备

（1）有关货运及港口资料的获取

装货前,船方应获取有关承运货物性质的所有资料。托运人或其指定的代理人应确切地向船长提供矿石中每一种物质的特点和性质的详细资料,包括货物毒性、腐蚀性等化学危险性,流动水分点、积载因数、含水量、静止角等物理性质,以及其他应引起船方注意的性质。船长、大副还应了解装卸港口的有关资料,包括进出港口的泊位及航道的限制水深,基准水深,潮汐资料,富余水深,装船机的类型、效率、限制高度,以及港口特殊规定等。

（2）货舱准备

在装货前应检查和准备货舱,使其适于装载拟装的货物,必要时应取得验舱证明。污水沟、测深孔及其管系应处于良好的状态。高密度矿石装舱时具有较大的冲击力,应注意采取措施防止对货舱造成损坏。舱内的清洁程度视具体货物不同确定。

2）装卸计划的制订

同其他货物一样,矿石在装卸前也应制订装卸计划,以保证货物的顺利装卸。装卸计划主要包括货物的配积载、货物装卸顺序、压载水排注顺序、吃水及船体受力变化情况等内容。

（1）航次货运量的确定

矿石为大宗货物,一般情况下船舶都是满载的,由于矿石的密度较大,船舶满载后舱容尚有剩余。因此航次货运量应等于航次净载重量。由下式确定:

$$NDW = DW - \sum G - C \ (\text{t})$$

由于专用矿石船吨位较大,所以泊位和航道水深是确定航次货运量的决定因素。

一般杂货船装运高密度的矿石时,应酌情减载,其减载货量约占船舶夏季满载时总载重量的20%。

（2）船舶最大、最小吃水的确定

大型矿石专用船需在专用码头利用装船机进行装卸。其最大吃水受码头泊位水深的限制,而其最小吃水又受装船机高度的限制。因此,船舶装卸过程中应使其吃水在允许范围内变动。

①船舶最大吃水的确定

a.卸货港或途中有吃水限制时船舶装载最大吃水的确定

当卸货港或途中对船舶最大吃水有限制时,确定船舶的装载吃水可直接使用式(12-1)进行计算。

b.装货港有吃水限制时船舶最大吃水的确定

当装货港船舶最大吃水受限制时,船舶的装载吃水可用下式计算:

$$d_{\max} = D_d + H_w - D_a \tag{12-1}$$

式中:D_d——装货泊位的基准水深(m);

　　　H_w——靠泊期间最低水位距基准水面的距离(m);

　　　D_a——装货港要求的船舶必需的富余水深(m)。

②船舶最小吃水的确定

在船舶吃水较小时,矿石专用船的上层建筑甚至舱口会触及岸壁机械或装船机,故大型矿石专用船靠泊在具有专用装卸设备的码头上进行装卸时,装货港的装船机的高度对船舶的最小吃水有所限制。因此,船舶在装货期间,尤其是装货开始前,必须注意调整船舶吃水,使之不小于装船机高度所允许的最小吃水。

由图 12-3 可知,船舶最小吃水可用下式计算:

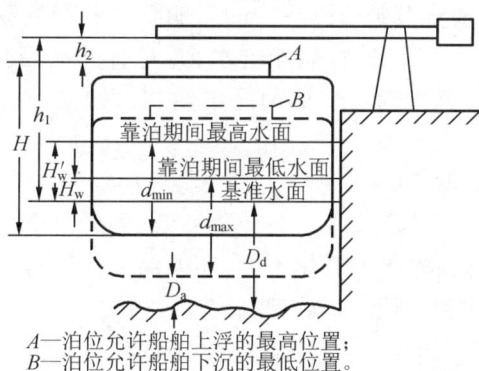

A—泊位允许船舶上浮的最高位置;
B—泊位允许船舶下沉的最低位置。

图 12-3　矿石船的最小吃水

$$d_{\min} = H - h_1 + h_2 + H'_w \tag{12-2}$$

式中:H——船底至上甲板可能碰撞位置(舱口或甲板舱室等)顶端的垂直距离(m);

　　　h_1——泊位基准水面至装船机头下端的垂直距离(m);

　　　h_2——装船机下端和船舶碰撞位置间的安全距离(m);

　　　H'_w——靠泊期间最高水位距基准水面的距离(m)。

若船舶吃水过大(包括纵倾),又会使船舶在码头搁浅。所以,船舶的吃水只允许在一定范围内浮动。5 万吨级以下的矿石船一般没有这一问题,但 15 万吨级以上的大型矿石船几乎都会遇到这一问题。为了控制装卸货期间的船舶吃水,通常必须依靠边装卸货边打排压载水的方法达到。

(3)合理分配各舱货物重量

各货舱货重的分配原则是先按舱容比分配各舱货重,并留出首尾调整量,以调整首、尾吃水,使船舶装载后达到平吃水。

(4)确定货物装舱顺序和压载水排放顺序

大型矿石专用船利用装船机装舱时,各舱不可能同时进行。为满足船体纵向强度条件及吃水和吃水差的要求,必须拟订合理的装货顺序及排放压载水的舱位顺序。

①确定装舱顺序

货舱装载顺序一般有三种方案。第一种方案在是水深较充裕的港口,可以先从尾部货舱开始,逐次向前装载。此法使船舶在整个装货过程中处于尾倾状态,对排放压载水有利,并且对装船机的移动较为方便。第二种方案为先由中部货舱开始,然后首、尾部交替装载。此法对控制船舶纵向受力有利,由于矿石船在空载时呈中拱状态,先从中部货舱开始装货可以减少船舶的中拱程度,然后首、中、尾货舱交替装货可以使船舶纵向受力较为均匀,并且在整个装货过程中船舶不会产生过大纵倾,因此大型矿石船一般都采取这一方案。第三种方案是先装首部,形成首倾,然后由尾向首逐次装载。此法对船舶纵向受力不利,通常不用。

在实际工作中,确定装舱顺序时,要考虑多方面因素。如装载前船舶压载状态、码头装船机的装船效率、本船排放压载水的速度、港口水深、潮汐情况等。经过实践,才能总结出适合于本船各种状态和港口条件的装舱顺序。

装舱顺序确定后,还应计算装货过程中的船舶吃水和校核纵向受力,即每装载一个货舱(包括同时排放压载水)后,计算船舶吃水,并对有关剖面(站点)进行剪力和弯矩的校核。如有专用装载计算机则计算更为简单便利。如果不符合要求时,可调整装船顺序或排放压载水计划。

②确定压载水的排放顺序

压载水舱的压载水排放顺序基本上与装货一致,即装哪个货舱,就排放邻近压载舱的压载水。这样不仅可保持吃水差变化不大,还能保证船舶的纵向变形不致过大。

③编制货物装舱顺序和压载水排放计划表

对大型矿石船首先要了解矿石专用码头的装船效率,然后编制出切实可行的货物装舱顺序和压载水排放计划表。

a.了解矿石专用码头的装船效率

装货速度是用于计算各舱装货时间及装货量的重要依据,船舶靠泊时所存压载水通常应在装货过程中排放,压载水排放速度直接影响到船舶吃水变化、装货时间与装载顺序等。在制订装货计划时,应注意装货效率及压载水排放速度可能出现的变化给船舶装载带来的影响。因此,矿石专用码头的装卸效率,是必须了解的重要资料之一,用以计算船舶在港装货所需时间及估算各舱装货时间和装货量。

b.编制货物装舱顺序和压载水排放计划表

在货物装舱和排放压载水时,往往会出现各种变化,如:港口装船机的效率不稳定,机动量的大小,甲板部人员不能充分协同工作等,所有这些在装卸过程中可能出现的情况在编制计划时都应予以充分估计,以保证计划能顺利执行。

对吨位较小的矿石专用船,虽不受吃水变动范围的限制,但也应同样计划好装舱顺序,以保证平吃水出港。

3）装卸过程中的注意事项

（1）高密度散装矿石装舱时具有较大冲击力，应注意防止货舱设备受到损坏。装货后应测定货舱的污水深度，以确定船体或舱内管线是否仍处于良好状态。

（2）装货时，应督促装卸工人及时调整装船机矿石出口位置，以尽可能保持船身正浮，即使存在短时横倾，也不应超过 3°。当船舶纵倾较大时，应注意首、尾缆的松紧状态，并随时调整。

（3）装货时应严格按货物装船顺序计划表进行，并应密切注意船舶吃水，如实际装卸效率、压载水排放量等与计划值存在较大出入时，应及时调整。当改换排放的压载舱时，应注意先将排空舱的阀门关上，然后进行下一压载舱的排水，以免造成压载水的倒灌。

（4）防止散货粉尘对船员居住生活区、甲板机械及助航仪器的污染。在装货期间，若可能，应关闭或遮盖通风系统，将空调系统调为内部循环，遮蔽甲板机械的活动部件及外部助航仪器。

（5）在潮差大的港口，必须密切注意潮水涨落情况，防止船身上升舱口触及装船机喷口。甲板部值班人员应经常注意核对压载水的排放情况是否正常，最好的办法是每隔 15 min 或 30 min 对工作中的压载舱测深一次，然后根据测深簿查出该压载水舱压载水的存量，并与装船的工头和装船机司机保持联系，防止事故发生。

（6）每个货舱装货结束后，应随时关好舱盖，以节省开航前的准备工作时间，并避免由于所有舱口盖都开向一边而造成船舶横倾。当然，作为最后调整吃水差的个别一两个舱口可以最后关闭。

（7）大型矿石船满载时，一般产生中垂变形。中垂变形除影响船舶的强度外，同时使船中吃水增加，使在限定吃水情况下装货量减少。故在装货结束前应注意观测吃水，正确估算本航次可能产生的中垂值。

（8）装货结束前，要估算剩余装载量，以便安排装货结束前的准备工作。

（9）在装货的最后阶段，应精确测定压载水存量，并估算货物剩余量，以便安排装货结束前的准备工作，并确定矿石的加载量。

（10）装载结束命令停止装载时，在皮带运输机上的矿石还要装入舱内，一般为 100~200 t，它可能使吃水变化 1~2 cm，对此必须引起注意。

（11）应根据货物静止角大小进行合理平舱。

4）航行中货物管理

矿石在海上运输过程中，应做好以下几方面的管理工作，以确保货物质量和船舶安全：

（1）定期测定舱内的温度和湿度，进行适当的通风，防止舱内产生汗水而影响货物质量，或因汗水使货物发生化学反应而对船舶构成威胁，或因货温过高危及货物正常运输和船舶安全。

（2）按时测定污水井内的污水深度，及时排出舱内污水，防止湿损舱内货物。

（3）对某些易产生有害气体的货物，航行中应注意适时通风换气，以排出货舱内存在的有害气体。

（4）检查货物在舱内的状况，是否存在某些异常现象，如需要应采取相应的措施。

（5）注意下舱安全，防止人员伤亡。

5）卸货过程中应注意的事项

（1）卸货开始时，由于大型船吃水深，船底距海底较近，故不能马上利用泵浦压载，可先利用海水压力，自然注入压载水，待一段时间后，再利用泵浦压载，以避免吸入大量泥沙。

（2）压载数量和压载方法要根据具体航线条件、航海气象等因素确定，最好和船长共同研究决定。应及早尽可能准确地估算出卸货结束时间，以便安排开航前一系列准备工作。

二、散装精选矿粉

精矿粉是指利用物理或化学的选矿方法从原矿中分离出不需要的成分后所得到的品质和纯度较高的物质。由于选矿的方法不同，所得矿粉的含水量有差异，因此有干精矿粉和湿精矿粉两大类。以水选法所得的含水量在8%以上者为湿精矿粉，而以机械碾压所得的含水量较低的为干精矿粉。

1.精矿粉的主要特性

湿精矿粉主要是由水选法产生的含硫化物的矿粉，含有相当多的水分。虽形似干矿，但在海运过程中，由于船舶的摇摆和震动，会产生流态化而危及船舶的安全，这是其主要危险特性。

干精矿粉为粉末状，含水量约在5%。其主要危险特性有：

（1）散落性。当船舶在航行中产生横摇时，货物由于其散落性而发生移动使船舶倾斜，危及船舶和人命安全。特别是静止角在35°以下的干精矿粉的危险性更大。

（2）自热和自燃性。干精矿粉含有硫化物和游离的硫黄，这些成分可能被氧化而放热，若其热量积聚达到易燃成分的自燃点时易引发货物的自燃。

（3）释放有毒和易燃气体。某些精矿粉在运输中会释放硫化氢、二氧化碳等有毒气体或使舱内缺氧。有些矿内含有的金属元素遇水会释放氢气，积聚后遇明火产生爆炸。

（4）腐蚀性。硫化金属矿粉遇海水会产生酸性溶液，对船体和设备有腐蚀作用。

2.散装精矿粉的装运注意事项

散装精矿粉的装运注意事项，除了在本章第一节中已经提及的外，还有：

（1）托运人应向船方提供由产品质量监督检验部门签发的有关货物含水量、静止角、理化性质、积载因数等证明文件。

（2）装船前，船方应进行货物取样，并用简易方法检测货物的含水量，如发现或怀疑有问题，应及时通知货方重新申请检验。一般货船运输精矿粉时，其含水量不得超过货物的适运水分限量，我国规定不超过8%。含水量超过适运水分限量的货物只能由具有特殊结构的船舶进行运输，这种船舶应具有符合要求的永久性分隔设备，可以把货物的移动限制在允许的范围之内。这种船舶应携带其主管机关认可的证明。

（3）装船前，船方应做好货舱的清洁工作，清除货舱内任何化学物品和可燃物，并保持货舱的水密。做好货舱内污水井、管系的清洁保护工作，以防其堵塞或受损。装货后应立即进行污水测量和抽水实验,以保证污水管系的畅通。木质舱底板不宜装载精矿粉。

(4)干精矿粉特别是静止角小于35°的货物,在航行中很容易移动,装载时应特别注意采取相应的防范措施。为防止货物移动,可将部分矿粉装袋,用以设置纵向隔堵。

(5)货物在装卸过程中,应防止粉尘污染,尽量降低其对人体和船舶设备的损害。

(6)精矿粉的氧化发热在选矿后的15天内温度最高,所以,装船前货物在场地累计堆放时间应不少于15天。装载时,舱内货堆面积要大,以利散热,货堆高度宜在1.2~1.5 m。当精选铜矿粉外观颜色为浓绿色时,表明其尚未氧化发热,装船后必定发热,因此须特别警惕。如其颜色发黑,则说明其正在氧化发热中或已到氧化后期。

(7)为保证人员安全,在装卸作业时,人员应佩戴气体防护口罩等防护用品。

(8)雨雪天不得进行装卸作业,装货过程中应防止杂质混入货物,特别是可燃物质。

(9)装运干精矿粉时,为限制其氧化,装妥后应平舱并压紧货物或在货物表面加以铺盖。航行中至少每天测量货温2次,如发现货温升高可开舱翻动发热的部分货物或通风散热。

(10)如果船舶在航行中发生横倾,船长应立即电告公司,并根据现场情况采取相应措施或到附近港口进行处理。

(11)精矿粉燃烧起火时,CO_2灭火效果不明显。当舱内货物局部起火时,可用少量水雾灭火降温,单处着火时,可用掩埋法灭火。

另外,散装精矿粉的含水量可以采用 IMSBC 规则的推荐方法,也可采用简易测定方法(按本章第二节所述)。

三、煤炭

煤炭是重要的能源之一,在散货的海上运输中占有相当比例,在 IMSBC 规则中它属于 B 组中仅在散装运输时具有危险的散装固体货物(MHB 货物),煤泥同时又是易流态化货物。

1.煤炭的主要特性

煤炭的主要成分是固定碳、挥发物(氢、氧、一氧化碳、硫、磷、甲烷等)、水分、灰分等,与运输有关的主要性质有:

(1)氧化性

煤炭在运输中会和空气中的氧发生缓慢的氧化作用,使煤堆发热,如果通风不良,会促使煤温不断升高。同时,氧化使舱内一氧化碳含量增加,氧气含量减少。影响煤炭氧化的主要因素有:黄铁矿含量、煤炭的粒度、所含水分、碳化程度等。

(2)自热和自燃性

某些煤炭因氧化作用而易于自热,使舱内煤温升高,当升到煤炭的自燃点时,就会发生自燃现象,挥发物含量越高的煤越易自燃。在煤炭的自热过程中,会产生一氧化碳气体,它具有易燃和有毒的危害性,其可燃极限为12%~15%,吸入对人体有害。

(3)易产生易燃易爆气体

煤炭会产生甲烷气体,它比空气轻,易积存于货舱或其他封闭空间的上部。当空气中甲烷含量达到5%~16%时,遇明火即会引起爆炸。另外,煤炭粉尘在空气中的含量达到10~30 g/m³时,遇明火也会引起爆炸。

（4）与水反应性

某些煤易与水发生化学反应,生成酸和氢,酸对船体造成腐蚀,氢为易燃和有毒气体,其可燃极限为4%~75%。

（5）易流态化的特性

某些煤属于易流态化货物,在航行途中可能会流态化而导致船舶发生倾覆。

2.煤炭的装运要求

（1）装运前,应弄清拟运煤炭所属种类、特性、岸上堆存时间、煤堆温/湿度、开采季节等,货煤中不应含杂草、粪便、废油渣等有机物。若煤温达35 ℃及以上或含水量过大者应拒绝装船。

（2）货煤装船前船舶应做好以下准备工作:

①清除货舱内所有的废料和货物残渣,使货舱包括可移动的货舱护板,保持清洁干燥。

②清理污水沟,保证污水排出系统畅通,并封盖其盖板,以防被煤粉堵塞。

③检查舱内电缆及电气设备,保证其处于完好无损并能在有可爆气体或粉尘的空间安全使用或做了有效隔离。货舱内的电器均应为防爆型。

④检查船上灭火系统(包括烟火探测器),保证其处于良好状态。

⑤预先放置好不进入货舱即可测定有关参数的相应仪器,包括测量舱内的甲烷、氧气及二氧化碳的浓度,舱内污水井中污水试样的pH值以及舱内温度测温仪等相应仪器。

⑥应从托运人或指定代理人处获得待运货煤的有关资料,包括货煤的含水量、含硫量和粒度等特性,以及安全装载和运输的建议等。

（3）货煤在装载时,不应将货煤装在高热区附近,不在货区或毗邻货舱内吸烟和使用明火。避免将第5.1类物质与煤积载在一起。货煤应与包装的第1.4、2、3、4和5类物质"隔离",与第4和5.1类散货"隔离"。装载完毕应对货煤进行平舱,将货物表面平整至舱壁,以防形成积存气体的坑洼及空气渗入煤堆中。

（4）航行中,严禁烟火,除非经测定表明安全,否则不得在货物处所及毗邻区附近进行明火作业。

（5）条件许可时,可采用下列通风方法来排除舱内的有害气体或降温,即煤炭装船后应先进行4~5天的表面通风,然后隔日通风6 h,也可以根据不同季节地区特点采取甲板喷水降温的办法。

（6）对装运易自热自燃的煤炭的船舶,每天至少检测货温3次。远洋船舶的每个货舱应在货煤表面下3 m处设3个均匀测温点,而且温度数据应在舱外读取,并做好记录。

（7）当装运煤炭的货舱舱内温度接近45 ℃时,应立即停止通风,并封闭所有货舱舱口和通风筒,防止空气进入货舱。如果货温继续升高并有烟雾出现,不能用水直接冷却货煤或灭火,可通过冷却货舱外壁界来间接降温,或者封舱施放CO_2进行灭火,有条件的话,可以就近港口避难。

（8）在开舱卸货前,应对货舱进行充分的通风,以排除有害气体,确保人员安全。人员不得随意进入可能积存有害气体或缺氧的舱室,必须进入时,应先对舱室进行检测并确认其安全,如有怀疑,应佩戴自给式呼吸器进入。

四、种子饼

种子饼是各种含油植物的种子通过机械压榨或经过溶剂萃取法提取油料后剩余的残渣,它主要用作饲料和肥料。最常见的种子饼有:椰子饼、棉子饼、花生饼、亚麻仁饼、玉米饼、尼日尔草籽饼、棕榈仁饼、油菜子饼、稻糠饼、大豆饼及葵花子饼等,常以饼、块、球等形式交付运输。

1.种子饼的主要特性

因为种子饼内含有油和水,所以会自行缓慢地分解发热,并在遇潮湿或含有一定比例未经氧化的油类时会自燃。在长期的储运过程中也会发生自热和自燃,消耗舱内 O_2 并产生 CO_2,能引起货舱内缺氧,所以包装运输的种子饼在《国际危规》中被列为第4.2类危险货。散装的种子饼在 IMSBC 规则中属于 B 组货物。和其他物质一样,不饱和的有机物质较其饱和状态更容易产生化学反应,放出热量。碘值是表示有机物不饱和程度的一个指标。碘值越大,物质的不饱和程度就越高。种子饼也是如此,因种类不同其碘值也不同。其中葵花子饼碘值最大,它最不稳定,更易发热自燃。

种子饼自燃主要是由它们的理化性质决定,但外界因素如温度、湿度、货物内氧化杂质等也是导致其发热自燃的重要条件。

2.种子饼的装运注意事项

（1）托运的种子饼的含油量和含水量必须符合船运要求。为此,托运人必须提供由承运人认可的人员签发的证书,表明其含油量符合要求并提供有关的货物品质检验证书,对不符合装运要求的货物应拒装。

（2）装运种子饼的船舶应按《国际危规》和 IMSBC 规则的要求,配备相应的设备和检测仪器,具有良好的通风条件,具有有效的 CO_2 灭火系统,货舱清洁、干燥,货舱内管系、电缆状态良好,通风筒应设置防火罩,备妥安全灯,排除各种不安全因素,并具有有效的验舱证书。

（3）装货的舱室应保持污水沟、井的畅通,其盖板应用麻袋覆盖,以防货物流入堵住。

（4）种子饼应远离热源,不应装于机舱附近。整船装运种子饼时,在靠近机舱的舱室应从远离机舱壁的货舱另一端开始装货,并装成斜坡形,靠机舱壁的自然流堆的货高不能超过 1.5 m。底舱装运种子饼时,应避开需加热的油舱,若无法避开应采取有效的隔热措施,同时应控制燃油加热的时间和温度（一般宜在 50 ℃以下）。

（5）种子饼本身含有油分,且具有气味和吸味性,故不能与怕气味以及有气味的货装在一起,同时应与危险货物做好隔离工作。

（6）装卸和运输种子饼的过程中要严禁吸烟和使用明火。作业期间,应显示规定的信号。

（7）货物要保持干燥，雨天和湿度较大的阴天应停止装卸。装货过程中如果货温超过当地最高气温 5 ℃时应停止装货，并采取降温措施。

（8）当舱内温度升高时，不能采取甲板洒水的降温措施，以免舱内产生过多汗水，引起货物表层温度升高，增加种子饼发热的可能。

（9）航行中应定时测量货温并做好记录，同时应按照通风的要求和原则进行正确的通风。当舱温和货温较高时，应根据外界气温条件，适时进行通风或开舱晾晒。如果种子饼局部发热，可将焦化冒烟和温度过高的货物清除抛海。当货温达到 55 ℃时应封闭货舱并停止通风，对机械压榨的种子饼可合理施放 CO_2，对溶剂萃取的种子饼则在未见明火前决不能使用 CO_2，以防产生的静电将溶剂蒸气点燃。当货舱内自燃起火时，可注入海水灭火，但一定要注意船舶的浮态和稳性。

任务四　国际海运固体散装货物规则

任务目标

能掌握《国际海运固体散装货物规则》的适用范围、主要内容，以及会查阅、使用规则，安全装运固体散装货物。

任务（知识）储备

为了保证除散装谷物以外散装固体货物的海上运输安全，国际海事组织 IMO 制定了《散装固体货物安全操作规则》（Code of Safe Practice for Solid Bulk Cargoes，简称 BC Code），并于 1965 年开始出版，其后几经修订。2008 年 12 月，IMO 海上安全委员会第 85 次会议以 MSC.268（85）决议通过了《国际海运固体散装货物规则》（International Maritime Solid Bulk Cargoes Code），简称 IMSBC Code。该规则取代了先前的 BC Code，并于 2011 年 1 月 1 日起强制实施。经修正的《1974 年国际海上人命安全公约》（SOLAS 公约）涉及海上人命安全问题的各个方面，其第Ⅵ章 A 和 B 部分以及第Ⅶ章 B 部分分别含有适用于固体散货运输和固体散装危险货物运输的强制性规定。新的《国际海运固体散装货物规则》（IMSBC 规则）则扩充了这些规定的内容，被称为当今海上运输固体散装货物最基本最权威的规则。

2022 年 4 月，海事安全委员会通过的决议对 IMSBC 规则进行了修订，最新的决议是 MSC.500（105）号决议，其中纳入了第 06-21 号修正案，即 IMSBC 规则第 6 次修正案。从 2022 年 1 月 1 日起作为过渡期，IMSBC 规则第 6 次修正案可在自愿的基础上适用，并将所有在 2023 年 1 月 1 日或之后装载固体散装货物的所有船舶上强制执行。IMSBC 规则每两年修正一次，双数年份自愿实施，单数年份强制生效。现行的规则包括正本和补充本，补充本内容包括《散货船安全装卸操作规则》（BLU 规则）和有关船上安全使用杀虫剂进行货舱熏蒸的建议书等内容，还包括负责谷物和固体散装货物安全运输的指定国家主管部门的联系人姓名和地址目录。

IMSBC 规则的主要目的是,通过介绍散装固体货物运输的一般建议,200 多种典型固体散货的理化特性及其安全运输的特殊要求,固体散货试样采集和特性指标的测试方法等内容,就散装固体货物积载和运输的安全标准向主管机关、船舶所有人、货物托运人及船长做出相关规定及提出相应指导。

一、规则的目的

装运固体散货所涉及的各大危害都与货物分布不当、航行期间稳性丧失或减少以及货物的化学反应造成的船舶结构损坏、倾覆或燃烧、爆炸中毒事故有关。因此,本规则的主要目的是通过对装运某些种类固体散货所涉及的危险提供信息,并对筹划装运固体散货时所应采取的程序提供须知,便于固体散货的安全积载和装运。

二、规则的主要内容

IMSBC 规则 2022 版本主要内容由 2 个决议 MSC.268(85) 和 MSC.500(105) , 13 个章节,5 个附录组成。主要涉及:一般规定和定义、评定货物的安全适运性、平舱措施和确定静止角的方法、易流态化货物和易流态货物的测试程序、具有化学危险性的货物、各固体散装货物明细表、实验室测试程序与标准,以及干散货物的特性和索引等。

规则具体结构如下:

前言;

第 1 节:一般规定;

第 2 节:装载、运输和卸载一般预防措施;

第 3 节:人员和船舶的安全;

第 4 节:对安全装运托运货物可接受性的评估;

第 5 节:平舱程序;

第 6 节:测定静止角的方法;

第 7 节:可流态化货物;

第 8 节:可流态化货物的试验程序;

第 9 节:具有化学危险性的货物;

第 10 节:散装固体废弃物的运输;

第 11 节:保安规定;

第 12 节:积载因数换算表;

第 13 节:相关资料和建议案的引用;

附录 1:固体散货细目(见表 12-4);

附录 2:实验室试验程序、相关器具和标准;

附录 3:固体散货的特性;

附录 4:索引(见表 12-5);

附录 5:散装货物运输名称 BCSN(英、法、西班牙语三种语言)。

其中第 1 节对本规则列出和未列出的货物做了说明,制定了规则的适用范围和实施方案,提及免除和等效措施,回顾了相关公约及其相关内容,介绍了规则适用的定义和概念以及固体散货的分组。

第2节就货物重量的分配,防止船舶结构受力过大、保证船舶的稳性,以及货物的安全装卸提出安全要求和预防措施。

第3节提及装运固体散货的一般安全要求,并就某些固体散货易造成中毒、腐蚀和窒息危害、粉尘对健康的危害的特殊防护提出要求,还对由某些固体散货所造成的易燃易爆环境有效检测和控制的方法及通风以及货物熏蒸做出相应的规定。

第4节强调运输本规则中每种固体散货的标识和分类方法,并就托运人货物资料的提供、货物所需要的实验证书、采样程序和方法、测定适运水分限量和含水量所需的采样/试验和装货的间隔期、精矿货堆的采样程序提出要求,提供了供参考用标准化采样程序范例,简述了载运危险货物船舶要求备有的单证。

第5节介绍了平舱的一般规定、多层甲板船的特殊规定以及黏性和非黏性散货的特别规定。

第7节就易流态化货物的特性及危险提出了安全预防措施。

第9节对具有化学危险性的货物进行了危害的分类、提出积载与隔离的具体要求。

第10节介绍了散装固体废弃物定义、本节的适应范围、越境转移以及相关单证、废弃物的分类、积载装卸与隔离以及事故处理程序。

第11节针对散装固体货物在海上运输期间的保安问题,提出了公司、船舶和港口设施一般规定、岸上人员一般规定以及会造成严重后果的固体散货规定。

第12节积载因数换算表。

第13节列出了与本规则的要求相关的IMO文件引用出处并列出清单。

表 12-4　固体散货细目

硝酸钡 UN1446

说明

有光泽的白色晶体或粉末。溶于水。

特征：

静止角	散货密度（kg/m³）		积载因数（m³/t）
不适用	—		—
大小	类别	次风险	组别
细粉末	5.1	6.1	B

危害

吞入或吸入粉尘后有毒害。如遇火，与可燃物质混合后易于点燃并可能猛烈燃烧。

积载和隔离

与食品"隔离"。

货舱清洁度

按货物的危害达到相应的清洁和干燥状态。

天气预防措施

无特殊要求。

装载

按本规则第 4 和 5 节的相关规定进行平舱。

预防措施

应采取相应预防措施保护机器处所和起居处所不受货物粉尘的影响。货物处所的舱底污水井应受到保护不让货物进入。应充分考虑到保护设备不受货物粉尘的影响。可能暴露于货物粉尘的人员应戴护目镜或其他等效的防尘护目用具和粉尘过滤面罩，必要时应穿防护服。舱底污水井应保持清洁、干燥并适当遮盖以防货物进入。

通风

在航行期间，必要时应仅对货物表面进行自然或机械通风。

运输

无特殊要求。

卸货

无特殊要求。

清扫

无特殊要求。

应急程序

应携带的专用应急设备

防护服（手套、靴子、工作服、安全帽）。自给式呼吸器喷雾嘴

应急程序

穿戴防护服及自给式呼吸器。

火灾应急措施

用大量的水，最好以喷雾形态施用以避免扰乱物质表面。物质可能熔化或融化；在此状况下用水可能导致融化的物质大范围扩散。隔绝空气或使用 CO_2 均不能控制火势。宜充分考虑到水的积聚对船舶稳性的影响。

医疗急救

参见经修正的《医疗急救指南》（MFAG）

表 12-5　索引表

散装货物运输名称	组别	参照
银铅精矿（Silver Lead Concentrate）	A	见精矿细目
银铅矿精矿（Silver Lead Ore Concentrate）	A	见银铅精矿
烧结渣（Sinter）		见锌铅熔砂（混合）
炉渣，颗粒状（Slag, Granulated）	C	见颗粒状炉渣
斯利格（铁矿砂）［SLIG（Iron Ore）］	A	见精矿细目
苏打灰（Soda Ash）	C	
硝酸钠 UN1498（Sodium Nitrate UN1498）	B	
硝酸钠和硝酸钾混合物 UN1499（Sodium Nitrate and Potassium Nitrate Mixture UN1499）	B	
榨油后的大豆（Soyabean, Expelled）	B 或 C	见种子饼
萃油后的大豆（Soyabean, Extracted）	B 或 C	见种子饼
废阴极（Spent Cathodes）	B	见铝熔炼副产品或铝再熔炼副产品 UN3170
废槽衬（Spent Potliner）	B	见铝熔炼副产品或铝再熔炼副产品 UN3170
不锈钢研磨粉（Stainless Steel Grinding Dust）	C	
钢屑（Steel Swarf）	B	见黑色金属钻屑、削屑、旋屑或切屑
辉锑矿石（Stibnite）	C	见锑矿石和残留物
石屑（Stone Chippings）	C	
斯特拉瑟颗粒（Strussa Pellets）	B 或 C	见种子饼
糖（Sugar）	C	
硫酸钾和硫酸镁（Sulphate of Potash and Magnesium）	C	
硫化物精矿（Sulphide Concentrates）	B	见金属硫化物精矿
硫黄 UN1350（碎块及粗粒）（Sulphur UN1350 Crushed Lump and Coarse Grained）	B	
硫黄（成形固体）［Sulphur（Formed, Solid）］	C	

三、规则的适用范围和实施

　　本规则的规定适用于经修正的 SOLAS 公约所适用且载运该公约第Ⅵ章 A 部分第 2 条所定义的固体散货的所有船舶。

　　虽然本规则在法律上依据 SOLAS 公约视为强制性文件，但规则下列规定仍为建议性的或资料性的：

第11节保安规定(11.1.1除外);第12节积载因数换算表;第13节相关资料和建议案的引用;以及除本规则附录1"固体散货细目"外的附录和附录1"固体散货细目"中的"说明""特征""危害"和"应急程序"等内容外的其他内容。

四、规则的使用

船舶在运输散装固体货物之前,为取得所运载货物的装运规定和安全指导,应认真阅读并完整理解 IMSBC 规则的相关内容。

(1)使用者应了解规则的整体内容和编排特点,阅读对整体散装固体货物运输具有指导意义的内容。

(2)当对拟装货物组别已知时,A 组货物应阅读第 7、8 节规定,B 组货物应阅读第 9 节规定;当对拟装货物未知组别时,可由索引别中查的。

(3)根据货物名称查取本规则附录1"固体散货细目",获得货物装运的详细信息。

(4)若需获取规则中未包含的其他信息和建议,可首先由规则给出的参考清单(第13 节)得到 IMO 相关参照文件后,具体查阅这些文件。

(5)若该物质还属于规则 B 组具有化学危险性的物质,还应到 IMDG 规则中的 EMS 表中查找发生事故时的应急行动。对于人员防护的规定,可查阅清单列出的《危险货物事故医疗急救指南》(MFAG)相关条款和 SOLAS 1974《国际消防安全系统规则》有关章节。

(6)对未知理化特性的散装固体货物,还可以依照附录 2"实验室试验程序、相关器具和标准"进行散装固体货物特性的测试。

任务五　水尺检量

任务目标

能掌握水尺检量的步骤,并运用水尺检量的方法进行货物计算。

任务(知识)储备

水尺检量(Draught Survey)是利用船舶装卸货物前后水尺变化来计算载货重量的一种方法。虽然水尺检量在计重精度上较粗略,但是由于方法简便,节省人力、物力和时间,因此广泛适用于煤炭、生铁、废钢、矿石、硫黄、盐、化肥等价值较低的散货计重。水尺检量工作,在国内由商品检验局(CCIQ)承担,国外由公证鉴定机构承担,检量结束后出具货物计量证明,该证明在国际贸易中可作为货物重量交接凭证。

一、水尺检量的基本原理

水尺检量是利用船舶吃水与排水量的关系,通过观测船舶装(卸)前后平均吃水的变化,计算其对应的排水量的变化,扣除装(卸)货前后油水等重量的变化,就可得到所载货物的重量。

设装货前(或卸货后)的排水量为 Δ_f,全船燃油、淡水、压载水等储备总量为 G_f,装货后(或卸货前)的船舶排水量为 Δ_a,全船储备总量为 G_a,则货物装(卸)载量 Q 可由下式求出:

$$Q = (\Delta_a - G_a) - (\Delta_f - G_f) \tag{12-3}$$

二、水尺检量的步骤和方法

世界各国水尺检量的原理和方法基本是相同的,现根据我国商品检验局的规定,介绍散装货物水尺检量的方法和步骤。

1.测定有关原始数据

为减小水尺检量的误差,应尽可能地提高每一项有关原始数据的测量精度。

1)观测船舶六面吃水

装(卸)货前、后,船方会同水尺检量人员,共同查看船舶的六面吃水。观测时,船上不得进行一切可能影响水尺观测的操作,如压载水的排注、吊杆移动等。有波浪时,尤其是伴有横摇时,应在较长时间的注视后取一瞬间静止状态吃水值,或读取水面最高和最低时吃水,取其中间值。在波浪情况下,吃水至少观测 2~3 次,取它们的平均值。为提高船舶吃水观测精度,对于经常需要观测的水线附近的水尺标志,要常用油漆刷新,有助于准确读取。

2)测定港水密度

港口当局虽然有公布的标准密度,但因水温变化,一般在观测吃水的同时,实测当日港水密度。港水取样时应避开船舶排水管口和码头下水道管口,通常在外舷船中部吃水深度一半处选取水样,并用铅锤密度计测定该水样密度。

3)测定压载水数量及淡水数量

大型散货船的压载舱,数量多,容量大,若测定不准,会使检测的货物重量产生较大的误差。一般水尺检量人员不一定逐一测定每个压载舱的水深,如果经检验,确认船上的测定记录准确就直接使用船上的记录,因而船上的压载水深测量记录应该准确无误。若对压载水数量存有怀疑,应立即复查。大型货船淡水舱较少,且舱内设有水位标志,可以直接读取读数。

4)计算燃油存量

水尺检量时,一般不是通过测定油舱深度来计算燃油存量,而是根据机舱所报存油量加补给量再扣减停泊消耗量的方法求取的。船舶到港前,机舱应具体测量,确定存油量并报告大副,防止出现过大的误差。

在测定油水存量时,若船舶有纵倾或横倾且测深孔不在舱的中心时,应进行纵、横倾修正,其纵、横倾修正值一般可从船舶资料中查取。

2.计算船舶最终平均吃水

1)计算左右舷平均吃水及船舶吃水差

$$d_F = \frac{d_{FP} + d_{FS}}{2} \tag{12-4}$$

$$d_A = \frac{d_{AP} + d_{AS}}{2} \tag{12-5}$$

$$d_\boxtimes = (d_{\boxtimes P} + d_{\boxtimes S})/2 \tag{12-6}$$

$$t = d_F - d_A \tag{12-7}$$

2)对船舶首、尾吃水做垂线修正

船舶的首、尾吃水应以水线与首尾垂线的交点处的读数为准,而船舶的实际水尺标志不在首尾垂线上。因此,当船舶有吃水差时,就需要对上述首、尾吃水进行垂线修正。由图 12-4 可知,首垂线修正量 C_F 和 尾垂线修正量 C_A 的计算公式为

$$C_F = \frac{t \times l_F}{L_{bp} - l_F - l_A} \tag{12-8}$$

$$C_A = \frac{-t \times l_A}{L_{bp} - l_F - l_A} \tag{12-9}$$

式中:t——首尾垂线修正前的吃水差(m),首倾取(+),尾倾取(-);

L_{bp}——船舶垂线间长(m);

l_F——观测首吃水点至首垂线的水平距离(m),其值可由总布置图或首尾垂线图上量取;

l_A——观测尾吃水点至尾垂线的水平距离(m),其值获取方法同 l_F。

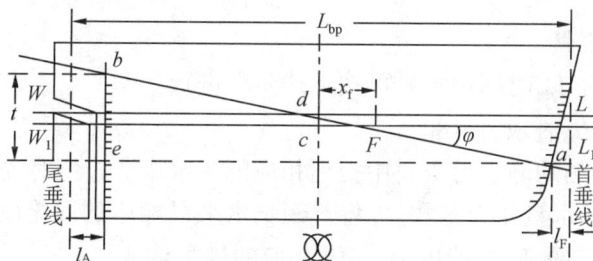

图 12-4　吃水的首尾垂线修正

经首尾垂线修正后的首、尾吃水 d_{F1} 和 d_{A1} 分别为

$$d_{F1} = d_F + C_F \tag{12-10}$$

$$d_{A1} = d_A + C_A \tag{12-11}$$

3)首尾平均吃水 d_{M1}

$$d_{M1} = \frac{d_{F1} + d_{A1}}{2} \tag{12-12}$$

当船舶吃水差的绝对值小于 0.3 m 时,可以不做此项修正。

4)计算经拱垂变形修正后的最终平均吃水船舶出现拱垂变形后,其首尾平均吃水与船中吃水不等。如图 12-5 所示,船舶中拱时,则首尾平均吃水 d_{M1} 要比船中吃水 $d_\boxtimes$ 大,此种情况下若不修正平均吃水,而以 d_{M1} 计算排水量,就会多算了图中阴影部分的排水体积,也就是多算了货物装载量;反之,船舶中垂时则少算了装载量。为此,需对船舶吃水进行拱垂变形修正。检量机构常用的方法按以下步骤进行:

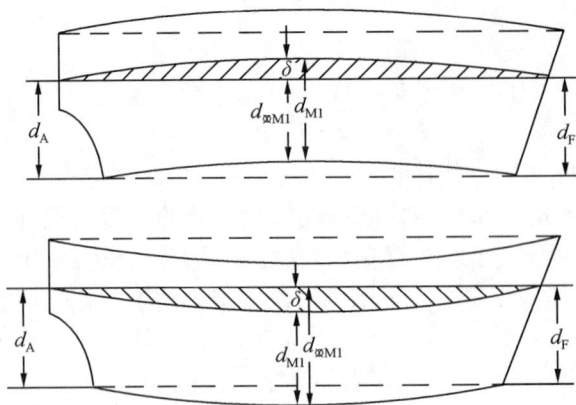

图 12-5　吃水的拱垂修正

（1）计算六面平均吃水 d_{M2}

$$d_{M2}=\frac{(d_{M1}+d_{\boxtimes})}{2} \tag{12-13}$$

（2）最终平均吃水 d_{M3}

$$d_{M3}=\frac{(d_{M2}+d_{\boxtimes})}{2} \tag{12-14}$$

3.求取船舶排水量

求取船舶吃水为 d_{M3} 时的排水量可按下述步骤进行：

1）由最终吃水 d_{M3} 查取排水量 Δ_0

根据 d_{M3} 可从船舶的静水力资料中查出相应的排水量。查值时先查得与 d_{M3} 邻近的吃水整数值对应的排水量作为基数，再将差额吃水乘以相应的厘米吃水吨数（TPC），以排水量基数加（减）差额吨数，即可求得 d_{M3} 相应的排水量 Δ_0。

2）求取纵倾修正后的排水量 Δ_1

由上求得的平均吃水 d_{M3} 是船中处的吃水，而船舶的实际平均吃水即等容吃水是指漂心处的吃水，当船舶存在纵倾时，这两者往往不一致，因此，按 d_{M3} 查取的排水量 Δ_0 并非船舶的实际排水量，而应对此进行纵倾（漂心）修正，如图 12-6 所示，其修正量公式为：

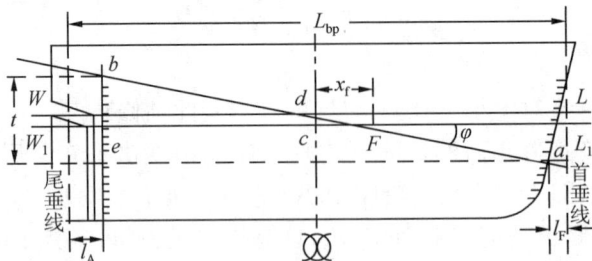

图 12-6　排水量的纵倾修正

$$\delta\Delta = \frac{t \cdot X_{\mathrm{f}} \cdot 100TPC}{L_{\mathrm{bp}} - l_{\mathrm{F}} - l_{\mathrm{A}}} + \frac{50t^2}{L_{\mathrm{bp}} - l_{\mathrm{F}} - l_{\mathrm{A}}} \times \frac{\mathrm{d}M}{\mathrm{d}Z} \quad (\mathrm{t}) \qquad (12\text{-}15)$$

式中:$\delta\Delta$——排水量的纵倾修正量(t),其中等号右边第一项为一次修正,第二项为二次修正;

$\mathrm{d}M/\mathrm{d}Z$——平均吃水 d_{M3} 处每厘米纵倾力矩(MTC)的变化率,可取吃水为 $(d_{\mathrm{M3}}+0.5\ \mathrm{m})$ 与 $(d_{\mathrm{M3}}-0.5\ \mathrm{m})$ 时 MTC 的变化值。

于是,纵倾修正后的船舶的排水量为

$$\Delta_1 = \Delta_0 + \delta\Delta \qquad (12\text{-}16)$$

应当注意的是,当船舶吃水差的绝对值小于 0.3 m 时,不需进行纵倾修正;当船舶吃水差的绝对值大于 0.3 m 小于 1.0 m 时,仅需进行纵倾的一次修正;当船舶吃水差的绝对值大于 1.0 m 时,应同时进行一次修正和二次修正。

3)求取港水密度修正后的排水量 Δ

当实测的港水密度 ρ 与资料中的标准海水密度不同时,应对排水量进行港水密度的修正。修正后的排水量 Δ 为

$$\Delta = \frac{\Delta_1 \times \rho}{1.025} \qquad (12\text{-}17)$$

为了便于区别,在货物装载计量中,船舶装载(或卸载)前经水密度修正后的排水量用 Δ_{f} 表示,而装载(或卸载)后经水密度修正后的排水量用 Δ_{a} 表示。

4.计算货物装载量 Q

装货港的货物装载量按下式计算:

$$Q = (\Delta_{\mathrm{a}} - G_{\mathrm{a}}) - (\Delta_{\mathrm{f}} - G_{\mathrm{f}}) \qquad (12\text{-}18)$$

卸货港的货物装载量按下式计算:

$$Q = (\Delta_{\mathrm{f}} - G_{\mathrm{f}}) - (\Delta_{\mathrm{a}} - G_{\mathrm{a}}) \qquad (12\text{-}19)$$

项目 十三
散装液体货物运输

⚓ 项目描述

　　海上运输的散装液体货物包括石油及其产品、液化石油气、液化天然气和液化化学气体以及种类繁多的液体化学品。其中,石油及其产品在世界海运中占有很大的比例。散装液体货物具有其独有的特性,而且多采用专用船运输。本项目重点介绍石油及其产品的运输特点,同时简要介绍散装化学品和液化气体的运输。

⚓ 教学目标

1.知识目标

（1）了解石油及石油产品的种类及特性;

（2）熟悉油船适用散装油类运输的结构特点及船上设备系统;

（3）熟悉油船的配积载流程;

（4）了解货油计量中使用的各种术语的概念及不同术语之间的换算方法;

（5）熟悉石油装运的准备工作;

（6）熟悉油船装卸货作业的安全操作流程;

（7）熟悉散装液体化学品的危险特性;

（8）掌握散装液体化学品的安全装运要求;

（9）熟悉散装液化气体的类别及危险特性;

（10）掌握散装液化气体的安全装运要求。

2.能力目标

（1）能熟练使用油船上的设备系统;

（2）能完成油船的配积载任务;

（3）能正确地进行油品取样工作;

（4）能安全地进行原油洗舱工作。

3.素质目标

（1）培养学生的安全意识。

（2）培养团队合作精神。

⚓ 思维导图

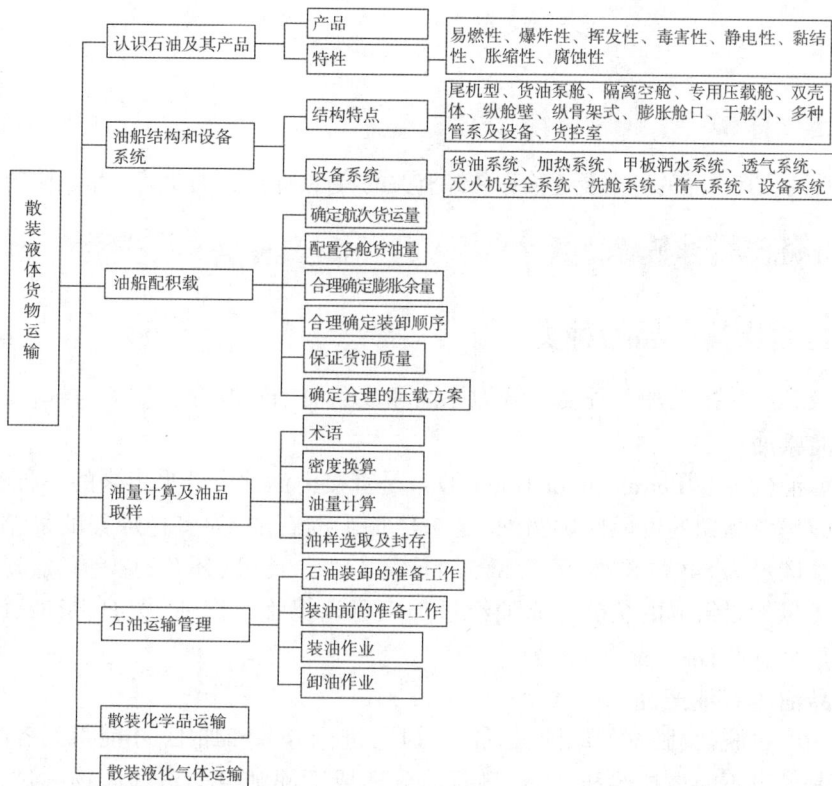

```
                            ┌─ 认识石油及其产品 ─┬─ 产品
                            │                    └─ 特性 ──── 易燃性、爆炸性、挥发性、毒害性、静电性、黏结
                            │                                 性、胀缩性、腐蚀性
                            │
                            ├─ 油船结构和设备 ──┬─ 结构特点 ── 尾机型、货油泵舱、隔离空舱、专用压载舱、双壳
                            │   系统            │              体、纵舱壁、纵骨架式、膨胀舱口、干舷小、多种
                            │                   │              管系及设备、货控室
                            │                   └─ 设备系统 ── 货油系统、加热系统、甲板洒水系统、透气系统、
                            │                                 灭火机安全系统、洗舱系统、惰气系统、设备系统
散                          │
装                          ├─ 油船配积载 ──┬─ 确定航次货运量
液                          │               ├─ 配置各舱货油量
体                          │               ├─ 合理确定膨胀余量
货                          │               ├─ 合理确定装卸顺序
物                          │               ├─ 保证货油质量
运                          │               └─ 确定合理的压载方案
输                          │
                            ├─ 油量计算及油品 ─┬─ 术语
                            │   取样            ├─ 密度换算
                            │                   ├─ 油量计算
                            │                   └─ 油样选取及封存
                            │
                            ├─ 石油运输管理 ──┬─ 石油装卸的准备工作
                            │                 ├─ 装油前的准备工作
                            │                 ├─ 装油作业
                            │                 └─ 卸油作业
                            │
                            ├─ 散装化学品运输
                            │
                            └─ 散装液化气体运输
```

⚓ 任务引入

某 20 万吨油船于某年 6 月 8 日空船压载抵达中东某油船装货码头,压载水舱全满。计划装满原油驶往青岛,泊位及航线水深均不受限。输油管装货速率 1 800 m³/h,两到三轮完成。船上两台压载水泵,每台泵排水能力 700 m³/h。试完成配载计划及货物装舱和压载水排放顺序表。

请思考:

(1)石油及其产品的特性是什么?

(2)如何确定装舱顺序?

(3)如何计算装油量?

(4)装载过程中如何安排打排压载水?

(5)调整吃水差预留的货物数量是多少?

任务一　认识石油及其产品

◈ **任务目标**

熟悉石油及其产品的种类及运输和装卸有关的特性,保证石油及其产品运输的安全。

◈ **任务(知识)储备**

一、石油及其产品的种类

石油及其产品按其加工程度可分为原油和成品油(石油产品)。

1.石油原油

石油原油(Crude Petroleum or Crude Oil)是直接由油井中开采出来的一种有特殊气味的褐色或黑色黏稠的可燃性矿物油,是未经加工的石油,为多种烃类的复杂混合物。它的平均含碳量为84%~87%,氢含量为11%~14%。此外,还含有少量氧、氮、硫元素和由各种微量元素组成的灰分。原油经过加工可以提炼出汽油、煤油、柴油、润滑油和其他化工产品,即石油产品。

2.成品油(石油产品)

在油田经过脱盐、脱水的原油,送往炼油厂,进行分馏和加工,才能得到各种石油产品。分馏是通过不断地加热和冷凝,将石油分离成不同沸点的蒸馏产物的过程。从分馏塔不同的高度得到不同的馏分,主要产品依次为石油气(C1~C4)、汽油(C5~C12)、煤油(C9~C16)、柴油(C15~C18)、重油(C20以上)。

1)汽油(Petrol)

汽油是石油产品中密度最小、最易挥发的油品,主要包括车用汽油、航空汽油和溶剂汽油。车用汽油按辛烷值的高低分牌号,辛烷值越高,汽油牌号越高,其抗爆震性越好。按照研究法辛烷值车用汽油可分为89、92、95等牌号。为了提高汽油的抗爆震性,通常在汽油内添加烷基铅作为抗爆剂,如四乙基铅、乙基液等剧毒物质,因此将掺入剧毒添加剂的汽油染呈黄色或红色,以引起注意。

2)煤油(Kerosene)

煤油分为灯用煤油、拖拉机用煤油、航空用煤油和重质煤油。煤油除了作为燃料外,还可作为机器洗涤剂以及医药工业、油漆工业的溶剂。

3)柴油(Diesel Oil)

柴油分为轻柴油和重柴油,主要作为柴油发动机的燃料。

(1)轻柴油(Light Diesel Oil)供各种柴油汽车、拖拉机、高速柴油机(1 000 r/min以上)等作燃料用,按凝点高低分为10、0、-10、-20、-35、-50六个牌号,分别表示其凝点不高于10 ℃、0 ℃、-10 ℃、-20 ℃、-35 ℃、-50 ℃。牌号越高,凝点越高。

（2）重柴油（Heavy Diesel Oil）供各种中、低速柴油机（1 000 r/min 以下）作燃料用，按凝点高低分为 10、20、30 三个牌号，分别表示其凝点不高于 10 ℃、20 ℃、30 ℃。牌号越高，凝点越高。

4）燃料油（Fuel Oil）

燃料油又叫重油或锅炉油，主要作为船舶、工业和工厂锅炉的燃料，按黏度的大小分为 20、60、100、200 四个牌号，牌号越大，黏度越大。牌号越高，凝点越高。

5）润滑油（Lubricating Oil）

润滑油是提取了汽油、煤油、柴油后剩下的重质油。在运输和储存过程中严防混入水分和杂质，混入水分极易乳化而无法分离，使机械锈蚀、润滑性变坏；混入杂质会磨损机械，失去润滑作用。

二、石油及其产品的特性

石油及其产品与运输和装卸有关的特性主要有：

1.易燃性

石油及其产品很容易燃烧的性能称为易燃性。石油及其产品的易燃性可以用闪点（Flash Point）、燃点（Fire Point）和自燃点（Spontaneous Combustion Point）等来衡量。石油及其产品挥发出来的蒸气与空气混合达到一定浓度（容积百分比）范围时，遇明火就会燃烧，油气混合气体遇明火燃烧的浓度上下限称为可燃极限，可燃上下限之间的数值范围称为可燃范围。

为了方便和加强管理，国际上根据油品闪点的高低，将石油划分为"挥发性和非挥发性"两级。对某一种油品的性质有怀疑时，则应将其视为挥发性石油。当某种挥发性石油在装卸时的温度已达到比其自身闪点小 10 ℃的温度时，则也应视为挥发性石油对待。

挥发性石油是指闭杯闪点在 60 ℃（140 ℉）以下的油品，包括原油、汽油、透平油、煤油、石脑油、轻质瓦斯油等。

非挥发性石油是指闭杯闪点在 60 ℃（140 ℉）及以上的油品，包括重质瓦斯油、柴油、燃料油和各种润滑油等。

我国交通运输部颁布实施的《油轮运输安全生产管理规则》中根据闪点的高低来划分石油及其产品的危险性等级，闪点越低，等级越小，危险性越大。等级划分如下：闪点<28 ℃为一级，28 ℃≤闪点<60 ℃为二级，闪点≥60 ℃为三级。任何油品当油温达到其闪点时，便有可能形成可燃气体。因此，当三级石油加温至该油品的闪点温度或三级油品装载于有可燃气体的油舱时，应按一、二级石油看待，并采取同样的防范措施。

2.爆炸性

石油及其产品挥发出来的蒸气与空气混合达到一定浓度范围时，遇明火就会燃烧，以致压力升高引起爆炸的特性称为爆炸性。油气混合气体能发生爆炸浓度的上下限称为爆炸极限，爆炸上下限之间的数值范围称为爆炸范围。只要混合气体中的油气含量在其爆炸范围之内，遇明火就会燃烧爆炸；但是在爆炸上限以上时，遇明火既不燃烧，也不爆炸；在爆炸下限以下时，遇明火只燃烧不爆炸。在运输实践中，通常将同一油品的"可燃极限"和"可燃范围"分别看成"爆炸极限"和"爆炸范围"。

为防止油气混合气体发生爆炸造成危害,油船运输中采取的措施是利用充入惰气来控制油品的爆炸极限和爆炸范围;试验表明,随着惰气的充入,油品的爆炸下限提高,爆炸上限降低,从而使油舱内的爆炸范围减小,燃烧或爆炸的可能性也随之降低。

3.挥发性

石油由液体变为气体的特性称为挥发性。在储运过程中,石油产品的挥发不但会引起数量减少,而且由于其挥发部分多为轻质馏分而使其质量降低,同时为燃烧、爆炸提供了石油气,而石油气的存在也对环境安全和人类健康具有不良的影响。

石油的挥发性是以蒸气压为衡量指标,通常用饱和蒸气压和雷氏蒸气压(Reia Vapour Pressure,RYP)来衡量。

盛装于一封闭容器中的液体,其中的分子不断挥发出来扩散到液面上方的空间,而挥发出的分子又会不断地回到液体中,这一过程达到动态平衡时,液体蒸气所产生的压力称为饱和蒸气压。

雷氏蒸气压是指在密封的容器内装入 125 mL 油品,使液体和气体的体积比保持在 1∶4,容器内温度保持在 37.8 ℃(100 ℉)的条件下测得的蒸气压。

同一油品挥发性的快慢主要取决于温度的高低,温度越高,挥发越快。此外,挥发性还与液体表面气压的大小、油品表面积的大小、油品上方气流的速度及油品自身的密度有关。当装运凝点高、黏度大的油品或遇高温天气时,需采取控制加温温度或在甲板上洒水(外界温度超过 28 ℃时)的措施以减少油品的挥发。

4.毒害性

石油及其产品中含有大量的碳氢化合物、少量的硫化氢以及某些油品中加入的四乙铅或乙基液等,对人体会有不同程度的毒害。石油中毒大部分是由吸进了石油挥发出来的气体所致,小部分是由皮肤接触了石油,石油侵入体内。石油的毒害性与其挥发性有密切的关系,挥发性越大,毒害性也越大。

石油的毒害性通常采用有害气体最大容许浓度(Maximum Acceptable Concentration,MAC)或浓度临界值(Threshold Limit Values,TLV)来表示。MAC 或 TLV 以空气中含有有害气体的百万分率(ppm)为计量单位,其值越大,说明该油品的危险性越小。

5.静电性

石油在管内流动时与管壁摩擦,从舱口灌注石油时冲击舱壁,用压缩空气扫线,洗舱作业时用水或水蒸气高速喷射舱壁等,都会因摩擦产生电荷。当静电荷积聚达到一定电位时,会放电产生电火花,给油气的燃烧、爆炸提供火源。

静电积聚的快慢与油品在管内的流动速度、油品温度、管线长短、管内压力等有关。流速越大、油品温度越高、管线越长、压力越大,则静电积聚越快。

6.黏结性

原油及重油、重柴油等不透明的石油产品,在低温时黏结成糊状或块状的特性称为黏结性。黏结性一般用凝点(Solidifying Point)和黏度(Viscosity)来表示。凝点越低,黏度越大,流动性越小。

当装卸高黏度的油品时,需采取加温的方法降低其黏度。但加温应适当,温度过高,不仅会加快油品的挥发,还能产生气阻,使流速降低。通常燃料油加温达 75 ℃时就要控制温升,最高不得超过 90 ℃。

7.胀缩性

石油体积随温度的变化发生膨胀或收缩的性质称为石油的胀缩性。其胀缩程度取决于石油的体积温度系数(膨胀系数)。

8.腐蚀性

有些油品,如汽油含有水溶性酸碱、有机酸、硫及硫化物等,可引起对船体材料的腐蚀。

任务二 油船的结构和设备系统

任务目标

熟悉油船的结构及其特点,熟悉并能使用油船适用于油类运输所具有的各种设备系统。

任务(知识)储备

一、油船的结构特点

1.尾机型

油船的机舱大多设在尾部,主要从安全角度考虑,防止烟囱的火星进入货油区,有利于防火防爆。

2.单甲板,双船壳

现代油船均采用单层甲板双层船壳结构,以保证船体强度及保护环境免受损害。

3.设有隔离空舱

隔离空舱(又称为干隔舱)的主要作用是防止油气渗入机舱、船员住舱或其他舱室。货油舱前、后两端设置的油密隔离空舱,其纵向长度应不小于 0.76 m。有的油船上泵舱、压载舱可兼作隔离空舱。

4.设置多道横纵舱壁

油船的货油舱由 1~3 道纵舱壁和 4~10 道横舱壁分隔,以减少自由液面对船舶稳性的影响和货油对舱壁的动力冲击,故油船的货油舱尺度较小。

5.设置专用压载舱

油船返航时多为空载,船舶尾倾较大,且处于较大的中拱状态。为了减少过大的中拱弯矩和船体的震动,并有利于获得最大的航速,油船空载航行时必须进行合理的压载。油船压载时应选中部附近的舱室,不应单独在首部水舱装载压载水,否则将使船舶受力处于不利的状况。同时,考虑防污染的要求,大型油船按 MARPOL 73/78 的要求应设置较大的专用压载舱。

6.船舶结构采用纵骨架式

油船长、深比较大,所受的弯曲力矩也较大,所以采用纵骨架式,尤其是超大型油船更是如此。

7.货油舱上部设置膨胀舱口

该舱口为油密的圆形或椭圆形开口,尺度较普通货船的舱口尺度小,舱口盖上设有测量孔和观察孔。

8.核定的最小干舷较其他船舶小

因为油船舱口比较密闭、纵向强度较大和抗沉性好,所以其要求的储备浮力较普通货船小。为了人员的安全行走和方便,甲板上多设有步行天桥。

9.甲板上设有各种管系和设备

甲板上设有货油装卸、加热、透气、消防等各种管系。油船中部左右两舷对称设有数个干管接口,用于装卸油时连接输油臂或输油软管。

二、油船的设备系统

油船装运的货物主要为液体,为便于货油装卸及保证船舶的安全,设置如下系统:

1.货油装卸系统

其主要由货油泵、货油管系及各种货油阀等组成,用于装、卸货油及部分货油舱打排压载水。

(1)货油泵:指装卸油液货物的泵浦。油船上常见的有离心泵、往复泵、回转泵等,现代大型油船上的主货油泵多为离心泵。

(2)货油管系:对于不同类型的油船有不同的管系布置。中机型油船采用环形系统;尾机型油船采用线形系统。

(3)货油阀:与货油装卸有关的各种阀统称为货油阀。主要有油舱吸入阀、油舱隔离阀、泵舱隔离阀、泵吸入阀、泵排出阀、腰截阀、出口阀、旁通阀、下舱阀等。

2.油船清舱系统(扫舱系统)

其用于清除货油舱内不能用干管抽净的残油,泵浦多为往复泵或喷射泵。现代油船上多设置自动扫舱装置,使扫舱作业的劳动强度大大减轻,卸货速率有所提高,且省去了专用的扫舱管路。自动扫舱装置有循环式自动扫舱系统、喷射式自动扫舱系统、真空式自动扫舱系统及抽逐式自动扫舱系统。

3.货油加热系统

其用以对高黏度货油进行加热,便于卸油。

4.甲板洒水系统

其用以洒水降温,减少油品挥发。

5.油舱透气系统

其用以避免气体对船体舱壁产生较大的额外压力。

6.油气驱除系统

其用以卸油后或洗舱后驱除舱内油气,防止燃烧或爆炸事故。

7.灭火及安全系统

其包括自动报警系统及各种灭火设备等。

8.洗舱系统

其用以在卸油过程中或卸完货油以后对货油舱进行清洗,根据不同情况,可采用水、化学剂、原油等方法洗舱,相应的洗舱系统分别称为海水洗舱系统、化学品洗舱系统以及原油洗舱系统。

9.惰气系统（IGS）

在油船除气或原油洗舱等作业时,提供惰气,防止油气燃烧爆炸。

油船上惰气的来源主要有三个:

（1）船舶主、辅锅炉排出的废气(烟道气)

燃料油在锅炉内正常燃烧后所产生的废气经冷却、脱硫和除水汽后的混合气体。因为经济实用,为多数大型油船采用。

（2）独立惰气发生器

在船上装有专门的惰气制取设备,通过燃烧燃料来获取惰气。这种惰气的含氧量很低,所以质量高,但是成本也高,多安装在对惰气纯度要求较高的 LNG 和 LPG 等船上。

（3）辅锅炉或柴油机排气再经辅助燃烧器燃烧(联合式)

SOLAS 1974 规定,惰气系统在任何规定的气流速率条件下都应能提供含氧量不超过 5%的惰气,在任何时候油舱内都应保持正压状态且舱内含氧量不得超过 8%。

10.液舱参数监控系统

液舱参数监控系统用以监控油舱货物的液位、体积、重量、压力、温度等,在温度、压力超预警值时报警,在液位达到高位及高高位时报警。

任务三 油船的配积载

任务目标

了解油船配积载的过程,航次货运量的确定方法,货油在船上配置时应考虑的因素,如何确定合理的膨胀余量、装卸顺序及压载方案等措施。

任务（知识）储备

油船配积载的基本要求及方法与普通货船基本相同。但因为所运输货物的特殊性和油船本身的结构特点,所以在配积载时所考虑问题的侧重点有所不同。

一、航次货运量的确定

因为油船的货舱容积通常是按照运输密度较小的货油设计的,所以油船的实际装载状态多为满载不满舱。航次货运量应等于航次净载重量,即

$$\sum Q = NDW = DW - \sum G - C - S \text{（t）} \tag{13-1}$$

结合油船营运的特点,在确定上式中各因素时,应考虑如下问题:

（1）当航道或码头水深限制船舶吃水时,应按航道或码头的最大允许吃水确定船舶的总载重量 DW。

（2）在计算航次总储备量 $\sum G$ 时,还必须考虑为完成油船的特殊技术作业所需的燃料和淡水的数量,如为加温石油货物及清洗油舱等燃料、淡水的消耗。

（3）确定航次货运量时应扣除油舱内残存的上个航次的油脚或残水 S。S 包含在船舶常数 C 中。

在个别情况下,油船因装运密度小的轻质石油产品,可能出现舱容不足,此时应按船舶实际舱容扣除膨胀余量后确定航次净载重量 $\sum Q$。有时因货源不足,则应根据货源确定航次货运量。

二、货油在船上的配置

航次货运量确定后,就要进行各油舱装油重量的分配,即确定货油在船上的配置。在向各油舱分配货油重量时,应考虑的主要因素是稳性、吃水差、纵向受力和均衡装载。

1.稳性

油船的稳性一般是足够的,但是,油船装载时,仍应注意自由液面对稳性的影响。因此,通常凡是装油的油舱均应装满(留出膨胀余量)。如果舱容有剩余,在满足强度条件的前提下,应留出空舱,这样既能减少自由液面对稳性的影响,又可以减轻货油对舱壁的冲击,对船体安全也有利。

2.吃水差

由于油船的吨位较大,在满载时其吃水可能受码头或航道水深的限制,为了充分利用船舶的装载能力,油船满载出港时,一般要求平吃水。航行中合理地使用油水,可以使船舶具有一定尾倾。装载单一油品时,在舱容富余的情况下,可在首、尾各留出一个油舱不装满,用于调整吃水差。装载多种油品时,既可采用上述方法,也可通过安排不同油品的舱位来满足吃水差的要求。

3.纵向受力

油船为尾机型船舶,满载时常处于较大中垂状态,因此,装载时应尽量减少中垂弯矩。当需留空舱时,空舱位置应选在近船中部。需留两个以上空舱时,位置应适当隔开。现代油船多在船舶中部设置大型专用边压载舱来解决船舶的纵向受力问题。一般油船上,均有在各种装载状态下的货油舱和留空舱的推荐方案。

4.横倾

对大型油船,装载时要注意防止船体横倾,在分配货油时,应避免单边装载。大型油船因船宽较大,即使产生极小的横倾角,也会使船体一舷的吃水增加很多,当水深受限时有可能影响船舶的净载重量。

三、合理确定膨胀余量

当货油的装舱位置确定后,应根据实际情况来确定各油舱的膨胀余量。油舱的膨胀余量应力求合理,既要使货油不致因体积膨胀而溢出,又要避免空档过大,损失舱容。当油船由气温低的港口装油驶往气温高的港口时,应留较大的空档高度;由气温较高的港口驶向气温较低的港口,考虑到气候的反常性或运输高黏度黑油时需要加温,也要留出空档,但可以适当小一些。根据经验,从我国北方沿海向南方港口运油时,油船留出的膨胀余量应不小于油舱总容积的 2%;运输需要加热的黑油(原油、重油、重柴油等)应以总容积的 3%作为膨胀余量。膨胀余量通常由下式求得:

$$\delta V = \sum V_{ot} \times \frac{f \times \delta_t}{1 + f \times \delta t} (m^3) \qquad (13\text{-}2)$$

式中: $\sum V_{ot}$——油船全船或单舱的货油舱容积(m^3);

δ_t——航次中货油可能的油温最大温升,即温度差(℃);

f——货油的体积温度系数,即膨胀系数(1/℃)。

各舱应装货油的体积为

$$V_t = V_{ot} - \delta V \ (m^3) \qquad (13\text{-}3)$$

实际工作中每个油舱的膨胀余量均用空档高度(油面到测量孔上缘或主甲板下边缘的垂直距离)来表示。每舱的空档高度由装油体积 V_t 查各舱的油舱容量表即得。具体操作步骤为:

(1)大副接到航次货运任务确定货油在船上的配置后,计算各舱的膨胀余量;

(2)由式(13-3)得到该航次各舱可装货油的最大体积;

(3)利用货油体积查取该油舱容量表,确定该舱对应的空档高度,填写在配积载图中。

四、合理确定装卸顺序

各舱装油量及空档高度确定后,就可以进行装油作业。由于受油船上货油干管数量的限制和货油品种不同的影响,各舱不可能同时装卸,这就需要制定一个各舱合理的装卸顺序。

1.确定装卸顺序时应考虑的主要因素

(1)保证油船的纵向强度不受损伤;

(2)保证适当的吃水及吃水差;

(3)防止不同油种的掺混,保证货油质量;

(4)尽可能同时使用所有主要的货油干管,加速装卸。

2.合理的装卸顺序

(1)装货顺序:油船装货前,即空载时常处于较大的中拱状态和较大的尾倾,应优先考虑纵向变形和吃水差。装货的大致顺序应是先装中部货舱,以减轻中拱变形;然后装首部货舱,减小尾倾;最后各舱均衡装载。在装载单一油品时,通常先由中部货舱开始,一切正常后,进行作业。当各个油舱尚有 1 m 左右空档时,停止普装作业,按要求逐舱进行平舱作业。

(2)卸货顺序:油船卸货前,即满载时通常处于中垂状态,进港时一般为平吃水。卸货顺序与装货顺序相同,即首先卸中部货舱,以减轻中垂变形;然后卸首部货舱,以形成较大的尾吃水差,利于卸货和清舱;最后各舱均衡卸货。

五、保证货油质量

为防止不同油品的掺混,保证货油质量及有利于减轻洗舱工作量,多数油船运输固定的单一油品,不同航次换装不同油品前,应进行充分洗舱。当油船同时承运多种油品时,船上利用自身设有的多条货油干管,不同油品装卸时使用不同的干管。如果船上只有单一干管,则装油管系的使用顺序一般是先装白油,后装黑油;卸货时按相反的顺序排列。如下列油品装油时的管系使用顺序为:优质汽油→常规汽油→透平燃料油→煤油→柴油;卸油时的顺序则为:柴油→煤油→透平燃料油→常规汽油→优质汽油。

六、确定合理的压载方案

油船多为单向运输,船舶尾吃水很大,且处于较大的中拱状态。为了减少过大的中拱弯矩和船体的振动,并有利于获得最大的航速,油船空载航行时必须进行压载。

油船压载时多选中部附近(漂心前)的舱室,不应单独在首部水舱装载压载水,否则将使船舶受力处于不利的情况。同时,应考虑防污染的要求,MARPOL 73/78 规定,总载重量不小于 2 万吨新的原油船和不小于 3 万吨新的成品油船应设置专用压载舱,且专用压载舱的容量应使船舶的吃水和吃水差在全航程内符合以下要求:

船中型吃水 $d_M > 2.0 + 0.02 L_{bp} (m)$;

尾吃水差 $t \leqslant 0.015 L_{bp} (m)$;

尾吃水必须使螺旋桨全部浸入水中。

除下列情况外,货油舱不得装载压载水:

(1)在天气情况非常恶劣的特殊航次,船长认为必须在货油舱中加装额外压载水以保证船舶安全。

(2)在特殊情况下,由于油船的具体营运性能,其必须加装超过正常情况下专用压载舱压载容量的压载水,但该油船的这种操作应属于 MARPOL 73/78 规定的例外范畴。

任务四　油量计算及油品取样

◉ 任务目标

熟悉油船上油量计算的一些基本术语的概念及说法,了解各国石油标准密度(比重)的换算方法,了解我国及其他国家的油量计算方法及计算过程,掌握油样选取及封存的具体要求。

◉ 任务(知识)储备

油船在装油结束后,根据岸上油罐或船舱内的空档值,求出实际装油体积及货油在空气中的重量。船舶抵目的港卸油作业前亦应检量船上货油的重量。两次计量的结果均应记入运输文件,作为货物交接的依据。除数量交接外,还要选取并封存油样,作为质量交接的凭证。

一、油量计算的基本术语

在进行油量计算时,各国所采用的油量计算换算表中常用到一些说明石油液体性质的基本术语,主要有:

石油密度:在温度 $t(℃)$,石油单位体积的质量。我国用符号 ρ_t 表示,其单位为 g/cm^3、g/mL 及 kg/L。

石油标准温度:石油计量时规定的货油温度。我国与东欧一些国家为 20 ℃;日本等国为 15 ℃;英国、美国等为 60 ℉。

石油标准密度:标准温度时的石油密度。我国用 ρ_{20} 表示,单位同上。

石油标准体积:标准温度时的石油体积。我国用 V_{20} 表示,单位为 m^3。

石油相对密度或石油比重:石油在温度 t_1 时的密度与等体积纯水在温度 t_2 时的密度比值,用符号 $SG\ t_1/t_2$,或 $D\ t_1/t_2$ 表示。石油温度 t_1 通常取标准温度,纯水温度 t_2 常取 4 ℃(我国与东欧等国、日本)或 60 ℉(英美等国)。

石油视密度:亦称观察密度,石油密度计在非标准温度下所观察的石油密度读数。我国用符号 ρ_t 表示,单位同上。视密度不是标准温度下的石油密度,不能直接用于油量计算,但它是石油计量的原始数据。可用视密度和观测油温作为引数,查取视密度换算表,求得标准密度。我国的视密度换算表格式如表 13-1。

表 13-1 视密度换算表

ρ_t / $t(℃)$	0.845 0	0.846 0	0.847 0	0.848 0
35.0	0.854 6	0.855 6	0.856 6	0.857 6
36.0	0.855 3	0.856 2	0.857 2	0.858 2
37.0	0.855 9	0.856 9	0.857 8	0.858 8
⋮	⋮	⋮	⋮	⋮
43.0	0.859 6	0.860 6	0.861 6	0.862 6
44.0	0.860 2	0.861 2	0.862 2	0.863 2

石油体积系数:亦称石油体积换算系数,用 K 表示,指石油标准体积 V_{20} 与油温在 t 时的体积 V_t 之比。我国用符号 K_{20} 表示,$K_{20}=V_{20}/V_t=1-f_{20}(t-20)$。石油体积系数 K_{20} 亦可用货舱内的平均油温和石油标准密度查表得到,见表 13-2。

表 13-2 石油体积系数换算表

$K_{20}\rho_{20}$ / $t(℃)$	0.855 0	0.860 0	0.865 0	0.870 0
35.0	0.988 4	0.988 5	0.988 7	0.988 9
36.0	0.987 6	0.987 8	0.988 0	0.988 1
37.0	0.986 8	0.987 0	0.987 2	0.987 4
⋮	⋮	⋮	⋮	⋮
38.0	0.982 2	0.982 4	0.982 7	0.982 9
39.0	0.981 4	0.981 7	0.981 9	0.982 2

空气浮力修正值:石油在计量时,由于受空气浮力的影响,在空气中的重量小于在真空中的质量,两者之差称为空气浮力修正值。它可以用石油在真空中的质量换算到空气中的重量的修正系数 F 及空气浮力对石油密度修正值 B 来进行修正计算。

1)空气浮力修正系数 F

F 为小于1的数值,它既可用公式计算,也可用标准密度 ρ_{20} 为引数由表13-3查得。在求得石油真空中的质量后,它与修正系数 F 相乘,即得到石油在大气中的重量。

表 13-3 空气浮力修正系数 F 表

$\rho_{20}(\mathrm{g/cm^3})$	修正系数 F	$\rho_{20}(\mathrm{g/cm^3})$	修正系数 F
0.500 0~0.509 3	0.997 70	0.679 6~0.719 5	0.998 40
0.509 4~0.531 5	0.997 80	0.719 6~0.764 5	0.998 50
⋮	⋮	⋮	⋮
0.613 7~0.675 9	0.998 30	1.020 6~1.100 0	0.999 00

2)空气浮力对石油密度修正值 B

对石油及其产品,可取 $B=-0.001\ 1\ \mathrm{g/m^3}$,即经空气浮力修正后的石油密度为:

$$\rho'_{20}=\rho_{20}-0.001\ 1$$

石油密度(比重)温度系数:亦称密度或比重修正系数,指在标准温度下,当石油温度变化 $1\ ℃$ 时,其密度(比重)的变化量。

在标准温度为 $20\ ℃$、$15\ ℃$ 及 $60\ ℉$ 时,其修正系数分别用符号 γ、α 及 β 表示。我国的密度修正系数可用公式 $\gamma=\dfrac{\rho_{20}-\rho_t}{t-20}$ 表示,其单位为 $\mathrm{g/cm^3}$。γ 值也可利用石油的标准密度为引数查石油密度温度系数表得到,见表13-4。

表 13-4 石油密度温度系数表

$\rho_{20}(\mathrm{g/cm^3})$	$\gamma(\mathrm{g/cm^3})$	$\rho_{20}(\mathrm{g/cm^3})$	$\gamma(\mathrm{g/cm^3})$
0.599 3~0.604 2	0.001 07	0.757 5~0.764 0	0.000 79
0.604 3~0.609 1	0.001 06	0.764 1~0.770 9	0.000 78
⋮	⋮	⋮	⋮
0.751 0~0.757 4	0.000 80	0.995 2~1.013 1	0.000 52

10.石油体积温度系数:亦称膨胀系数 f,指在标准温度下,石油温度变化 $1\ ℃$ 时,其体积变化率,单位为 $1/℃$ 或 $1/℉$。我国通常用符号 f_{20} 表示。f_{20} 可用标准密度 ρ_{20} 作为引数查表得到,见表13-5。

表 13-5 石油体积温度系数 f_{20} 表

$\rho_{20}(\mathrm{g/cm^3})$	$f_{20}(1/℃)$	$\rho_{20}(\mathrm{g/cm^3})$	$f_{20}(1/℃)$
0.600 0~0.600 6	0.001 79	0.842 6~0.846 6	0.000 80
0.600 7~0.602 2	0.001 78	0.846 7~0.850 9	0.000 79
0.602 3~0.603 8	0.001 77	0.851 0~0.855 2	0.000 78
⋮	⋮	0.855 3~0.859 6	0.000 77
⋮	⋮	0.859 7~0.864 0	0.000 76
0.833 5~0.842 5	0.000 81	0.864 1~0.866 8	0.000 75

二、各国石油标准密度(比重)的换算

1.我国石油在温度 $t(℃)$ 的密度与标准密度的换算

$$\rho_t = \rho_{20} - \gamma(t-20)(\text{g/cm}^3) \tag{13-4}$$

2.我国石油标准密度与日本石油标准比重的换算

$$\rho_{20} = SG15/4\ ℃ - 5\alpha(\text{g/cm}^3)$$

$$SG15/4\ ℃ = \rho_{20} + 5\gamma \tag{13-5}$$

3.我国石油标准密度与英、美等国石油标准比重的换算

$$\rho_{20} = 0.999\ 04(SG60/60\ ℉ - 8\beta)(\text{g/cm}^3)$$

$$SG60/60\ ℉ = 1.000\ 96(\rho_{20} + 4.44\gamma) \tag{13-6}$$

式中：α——15 ℃标准比重时的石油比重温度系数(由日本的石油计量表查取)；

　　　β——60 ℉标准比重时的石油比重温度系数(由英、美等国的石油计量表查取)；

　　　γ——20 ℃标准密度时的石油密度温度系数(由我国的石油计量表查取)。

4.日本等国的石油标准比重与英、美等国石油标准比重的换算

$$SG60/60\ ℉ = 1.000\ 96(SG15/4\ ℃ - 0.56\alpha)$$

$$SG15/4\ ℃ = 0.999\ 04(SG60\ ℉ + \beta) \tag{13-7}$$

5.英、美等国的石油标准比重与 API 石油度的换算

石油度是 API 制定的一种比重表示法,是人为规定的一种与石油比重 $SG60/60\ ℉$ 相关的度数

$$SG60/60\ ℉ = \frac{141.5}{131.5 + API} \tag{13-8}$$

6.石油桶与公吨换算

石油桶 BBL 为美制桶 US BARREL 的缩写,是石油常用的容积计量单位。国际通用的油品计量与交易,一般是以 60 ℉时石油体积为 159.98 L(0.159 m³)作为一桶,即俗称的一桶原油。

桶和公吨(MT)均是常见的原油计算单位。石油输出国组织和英、美等西方国家常用桶,而中国及俄罗斯等国家常用公吨。石油桶与公吨间按 $1\ \text{MT} = 6.29/\rho$ 关系换算。

三、油量计算方法

按照我国计算表的规定,油舱装油量 m 可按下列两式求得

$$m = V_{20} \cdot \rho_{20} \cdot F(t) \tag{13-9}$$

$$m = V_{20} \cdot (\rho_{20} - 0.001\ 1)(t) \tag{13-10}$$

如在计量时对油量数值有争议,则应以式(13-9)的计算结果为准。

四、石油计量

1.我国的油量计算方法及计算过程

我国采用以空气中的重量计算油量。油船装油量计算的基本方法是,根据油舱内货油的空档高度求出其标准体积 V_{20},然后乘以货油的标准密度 ρ_{20},再乘以空气浮力修

正系数 ρ_{20}，或乘以扣除空气浮力影响后的标准密度。具体步骤如下：

1）确定油舱内的货油体积

（1）空档测量：油船装好油后，应逐一测量每个油舱的空档高度。货油舱空档值的测量方法目前有：人工测量法、浮子法、雷达法、传感器法等。

（2）空档修正：当油舱的测孔不在油舱的长度或宽度的中点上，船舶又存在纵倾或横倾时，测得的空档值存在误差，应进行修正。空档修正分为纵倾修正和横倾修正。

①纵倾修正

由图 13-1 可知，空档修正值等于 AB，其值为：

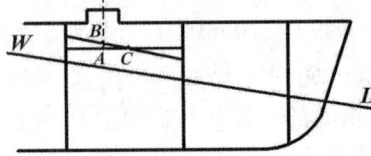

图 13-1　空档纵倾修正

$$AB = AC \times \frac{t}{L_{bp}}(\mathrm{m})\qquad(13\text{-}11)$$

式中：AC——测孔中心到舱中心的纵向水平距离（m）；

$\qquad t$——船舶吃水差（m）；

$\qquad L_{bp}$——船舶垂线间长（m）。

显然，当船舶尾倾时，测孔中心在舱中心后空档修正值 AB 取正值；测孔中心在舱中心前取负值。船舶首倾时符号与尾倾时情况相反。

②横倾修正

由图 13-2 可见，横倾空档修正量等于 $A'B'$，其值为：

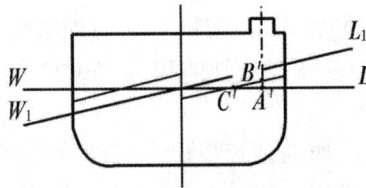

图 13-2　空档横倾修正

$$A'B' = A'C' \times \tan\theta(\mathrm{m})\qquad(13\text{-}12)$$

式中：$A'C'$——测孔中心到舱中心的横向水平距离（m）；

$\qquad \theta$——船舶横倾角。

由图中可知：船舶左倾时，测孔中心在舱中心左边，$A'B'$ 取正值；测孔中心在舱中心右边，$A'B'$ 取负值。船舶右倾时符号相反。

目前，多数油船上备有空档的横倾和纵倾修正表，可根据船舶的横倾角和吃水差值直接查得以上修正值。表 13-6 为某油船的空档修正值表。

表 13-6 空档修正值表

空档高度（m）	横倾角（°）	吃水差（m）						
		+1.0	0.0	−1.0	−2.0	−3.0	−4.0	−5.0
3	3.0	24.7	27.4	30.2	33.0	35.7	38.5	41.3
	2.0	15.4	18.2	20.9	23.7	26.5	29.3	32.1
	1.0	6.3	9.0	11.8	14.6	17.3	20.1	22.9
	0.5	1.7	4.5	7.2	10.0	12.8	15.6	18.4
	左倾 右倾 0.0	−2.7	0.0	2.7	5.5	8.3	11.1	13.8
	0.5	−7.2	−4.5	−1.7	1.0	3.8	6.5	9.3
	1.0	−11.7	−8.9	−6.2	−3.4	−0.6	2.1	4.9
	2.0	−20.6	−17.8	−15.0	−12.3	−9.5	−6.7	−3.9
	3.0	−29.4	−26.6	−23.8	−21.1	−18.3	−15.5	−12.7

（3）查算各舱装油体积：根据修正后的空档高度查各舱的油舱容量表（每个液舱一张，使用时既可根据空档高度来查取实际装油体积，也可根据所配装的货油体积反查该舱应留出的空档高度）查得各舱的实际装油体积 V_t。表 13-7 为某油船某货油舱的油舱容量表。

表 13-7 油舱容量表

空档（m）	装油体积（m³）	空档（m）	装油体积（m³）	空档（m）	装油体积（m³）
0.878	8 532.57	1.020	8 518.65	1.370	8 470.24
0.880	8 532.50	1.030	8 516.95	1.380	8 402.88
0.890	8 532.13	1.040	8 515.15	1.390	8 398.53
0.900	8 531.66	1.050	8 513.26	…	…
0.910	8 531.10	…	…	…	…
0.920	8 530.44	…	…	2.900	7 740.88
0.930	8 529.69	…	…	2.910	7 736.52
0.940	8 528.84	…	…	2.920	7 732.17
0.950	8 527.89	1.300	8 437.44	2.930	7 727.82
0.960	8 526.86	1.310	8 433.27	2.940	7 723.46
0.970	8 525.73	1.320	8 429.02	…	…
0.980	8 524.50	1.330	8 424.68	…	…
0.990	8 523.18	1.340	8 420.32	…	…
1.000	8 521.76	1.350	8 415.96	20.670	3.48
1.010	8 520.25	1.360	8 411.60	20.675	1.30

（4）测定各舱垫水深度：利用专用仪器或量水膏实测各油舱的垫水深度，并扣除垫水的体积。有的油舱内在装油前有油脚，则应在装油前测定其体积。

2)确定货油温度和货油密度

在测定空档高度的同时,应测量舱内油温及货油密度。

(1)油温测定

①3 层油温测定法:将一油舱分上、中、下 3 层(上层距油面 1 m 处,中层在油深中部,下层距舱底 1 m 处)测量油温,计算其加权平均值,即

$$t = \frac{t_u + 3t_m + t_d}{5} \ (m) \tag{13-13}$$

式中:t_u——上层油温(℃);

t_m——中层油温(℃);

t_d——下层油温(℃)。

②中层油温测定法,即只测中层油温,通常当油舱数少于或等于 15 个时,应全部测量每舱油温;当油舱数超过 15 个时,每增加 5 个油舱,加测一个。

(2)用密度计测量各舱货油的视密度 ρ_t,求出平均值,以便于查取标准密度。

3)计算航次装油量

利用式(13-9)或式(13-10)计算装油量。

2.日本的油量计算方法

日本所采用的油量计算方法是根据日本 JIS 标准(即日本油量计算换算表)。

(1)将货油测定比重换算成标准比重 $SG15/4$ ℃;

(2)将油舱内的货油体积换算成 15 ℃时的体积 V_{15};

(3)根据公式 $m = (SG15/4 ℃ - 0.001\ 1) \times V_{15} = (SG15/4 ℃ - 0.001\ 1) \times V_t \times K_{15}$,可得货油在空气中的重量。

3.英、美等国的油量计算方法

英、美等国是利用 ASTM-IP 的油量计算表进行油量计算。

(1)将实测油温时的比重换算成标准比重 $SG60/60$ ℉或标准温度 60 ℉时的 API 石油度;

(2)根据标准比重将体积换算成 60 ℉时的标准体积(立方英尺、美国桶或美国加仑);

(3)根据公式 $m = V_{60} \times \omega_{60} = V_{60} \times K_{60} \times \omega_{60}$ 可得货油在空气中的重量;其中 ω_{60} 为标准温度下已经过空气浮力影响修正后的货油密度,可通过查取 ASTM-IP 计量表得到。

五、油样选取及封存

1.油样选取

油样作为质量交接的依据,具有法律效力,所以油样选取应有代表性并应由质量检验机关负责完成,且船方和货方必须共同参与。油样选取在装油港通常有两种方法:

(1)在装油过程中,从油码头装油管道末端的小开关处取样。装油开始取一次,以后每隔 1~2 h 取一次。

(2)从油舱中选取油样。一般油船至少要从 25% 的油舱内选取,其中首部和尾部各占 5%,中部占 15%。

在卸货港通常采用第二种方法选取油样。

2.油样封存

已选取的油样经充分搅拌均匀后装入两只容器内,其中一份用船上的火漆密封后交给收货人,作为发货质量凭证;另一份用发货人的火漆密封后由船方保存,作为船方收货的凭证。

任务五　石油安全运输管理

⚓ 任务目标

熟悉油船装货前、装货中及卸货时的各项准备及操作流程,掌握保证货油质量的各项要求,熟悉原油洗舱的过程及相关要求,掌握油船防火、防爆、防中毒及防止水域污染的操作及要求。

⚓ 任务(知识)储备

石油的危险性决定了船舶在装运过程中,必须采取严密的防范措施才能将发生爆炸、火灾、中毒、污染环境等事故的可能性降至最低程度。

一、石油的装卸方式

1.船岸装卸方式

1)靠码头直接装卸

码头规模由泊位水深限定。

2)通过海上泊地装卸

对于大型油船,一般油船码头的水深和规模已经满足不了船舶吃水和长度的需要,因此出现了海上泊地装卸方式。海上泊地可理解为在离开陆域较大水深地点设置的靠船设施。油船的海上泊地,按其构造形式及输油管方式分类,具体情况见表13-8。

表13-8　油船海上泊地分类表

结构形式		输油管方式
固定式	靠船墩式	海上或海底输油管
	栈桥式	海上输油管
浮标式	单点系泊	海底输油管
	多点系泊	海底输油管

（1）单点系泊方式:将油船的船首系在一个浮筒上的系泊方式。

（2）多点系泊方式:将油船的船首与船尾用数个浮筒保持在一定方向的系泊方式;海底输油管与油船的集合管由一根或数根软管相接。

2.船/船装卸方式

在某些情况下,油船需要通过另一海上运载工具进行货油的交换,包括船/船直接装卸和船/油驳装卸。

二、装油前的准备工作

1.船岸双方进行资料信息交换

(1)岸方应向船方提供的资料

货油参数及特性,油舱通风要求,岸方最大的装货速率,正常停泵所需要的时间,船岸连接处可承受的最大压力,输油软管、输油臂的数量及尺寸,输油软管或输油臂的活动范围,货油控制的联络信号包括紧急停止供油信号等。

(2)船方应向岸方提供的资料

上航次所装运的货油品种、洗舱方法、货油舱和货油管线的状态,船舶可承受的最大装货速率,船舶可承受的最大蒸气压力,能承受的最高货油温度,货油舱的通风方法,压载水的布置、数量、含油量及排放速率,污油的质量、数量及处理方式,惰气的质量,计划配载图及装货顺序等。

(3)船岸双方对所交换的信息进行确认

落实本航次的油种和数量,各油舱装载顺序,装载初始速率、最高速率及平舱作业时的速率,变速及停止装油的联系方式;确定通信和使用的信号,以受油方为主;避免或减少油气在甲板扩散的方法,应急停止作业程序等。

2.大副编制油船装载计划

大副应根据航次货运任务编制油船装载计划,并标明装油步骤及注意事项,经船长审批后执行

3.排净压载水

根据需要尽量排净压载水及保持油舱及管系的清洁。由重油改装轻油时,应进行蒸舱、冲洗和通风,从而保证新装货油的质量。

4.与岸方联系

落实本航次货载的具体情况,确定装载过程中的联系方法。确定通信和使用的信号时,一般以受油方为主。

5.接好地线和输油软管

装油前要先接地线,后安装输油软管。安全操作方法如图13-3所示。

6.检查并备好消防器材

装油前,三副应负责把消防器材放在接管处,并在附近接妥两根消防皮龙。

7.接好应急拖缆

一般在外舷的首、尾部各带一根钢丝缆,端部距水面始终保持1 m高度,2万吨以上的油船应将应急拖带装置准备好。

8.显示规定的危险品作业信号

油船无论停泊在港内或港外,船上应在白天悬挂"B"旗,夜间显示一盏红灯。

9.会同商检人员进行验舱

大副应陪同商检人员进行验舱工作,验舱合格后由商检人员签发给船上干舱证书

图 13-3　输油软管连接方法

(Dry Certificate),如发现舱内残存货油或水分,要签发 OBQ(On Board Quantity)和货舱适货证书。

OBQ 是指装油前留在船舱内及管路系统中可测量的残油物质,包括水、油、油水、油气混合物等。通常 OBQ 的数量仅包括货油舱底部自由流动的油、水以及残渣,而不考虑舱内壁附着的油泥、沉淀物及管路油泵内自由流动的油和水等。

10.进行船/岸安全检查

船方应派人陪同港方主管人员按照"船/岸安全检查表"的内容对船舶情况进行检查、确认,并由双方主管人员签字。"船/岸安全检查表"共有三部分:A 部分适用于普通散装液体货,即油船、散装液体化学品船、液化气船必须填写;B 部分为散装液体化学品增加检查项目,散装液体化学品船应加填该部分;C 部分为散装液化气增加检查项目,液化气船应加填该部分。

三、装油作业

1.掌握装油速度

装油全过程中应以掌握"慢—快—慢"的装油速度。开始送油时速度要慢,当检查一切情况正常时,通知岸方加快速度直至双方商定的最高速度。装油结束前要放慢速度,通知岸方做好准备,及时停泵避免溢油。

国际油船与油码头安全指南(ISGOTT)、我国油船油码头安全作业规程(GB 18434—2001)及我国液体石油产品静电安全规程(GB 13348—2009)均规定,装油开始时的初始速度应不超过 1 m/s,正常作业流速应控制在 7 m/s,而我国油气化工码头防火规范(JTS158—2019)对正常作业流速要求不超过 4.5 m/s。

2.注意装油进度

装油过程中要经常测定各舱装油进度,避免货油溢出舱外。值班船员应严密监视各舱液位变化,通常每 1 h 记录一次并计算装货速率,每 2 h 实测货舱液位和船舶所配备的固定液位测量系统与装载仪比较。

3.正确进行换舱操作

应按规定的装舱顺序进行换舱操作,当进油的一舱接近满舱(距离空档高度约 1 m)时,应及时打开另一待装舱室的阀门,进行通舱,避免造成油管爆裂事故。

4.调整缆绳

随着船舶吃水的增加,缆绳会出现松弛现象,值班人员应及时调整系岸缆绳,避免船舶外移,拉断输油软管,造成油污事故。

5.意外情况应停止作业

装油或卸油作业时,如遇以下特殊情况,应立即停止装卸作业,并将全部阀门关闭以防发生意外:

(1)风速超过 15 m/s(蒲福风级约 7 级)、浪高 1 m 且预计将继续增大;

(2)雷暴天气;

(3)附近有火灾,危及本船;

(4)有船邻靠或邻驶,可能危及本船。

6.调整吃水差

石油装载到最后阶段,根据当时的吃水情况,适当分配首尾调整舱的油量,以达到预期吃水差的要求。

7.平舱作业

在进行平舱作业前 10~30 min,船方应通知并确认岸方减速到双方约定的平舱速度,关闭其他油舱阀门留待平舱。当装载即将达到规定的空当高度时,应谨慎、正确地操作阀门,通常是先打开下个预定进行平舱作业的油舱的阀门,然后关闭平舱结束的货舱阀门。平舱时通常一次平一个货舱,最多可同时平两个货舱。平舱的顺序为先边舱,再中舱,为了便于调整吃水差,一般首部和尾部的中舱各留一个最后平舱。平舱时至少应备一个大空距的货舱常开,以防溢油。平舱时要注意观察已平完液货舱的空档是否有变化。

8.扫线

当货油装载结束后,应进行拆管工作。在拆管之前,先进行吹扫输油管线内残油的作业。岸方借助于高压气体向船舶吹管线,分为两种情形:一种情形是在装完货后,只是简单地把输油臂内货油吹向船舶货舱,便于拆管;另一种情形是装完货后,岸上需把货油管内的货油全部吹到船舶货舱内。因此在装货前,大副一定要与码头的装油监督长(Loading Master)确认装完货后岸上是否吹管线及吹到船上的货油量,以防最后少装货或装不下。

9.拆除地线与输油管臂

装油结束后,应先切断地线的气密开关,然后拆除管臂,最后拆除地线。拆管前应先排除管内的残油,以防止残油泄漏到甲板上。可开启进气阀和排泄管路上的阀,利用岸上的压缩空气将管线内的残油吹入指定的油舱内。

四、卸油作业

1.接好地线与软管

先接地线,后接软管。

2.计算油量及分析油样

在油量计算和油样分析结束前,不得进行卸货作业。

3.掌握卸油速度

卸油开始时,应按先慢后快的速度进行。

4.安排货油扫舱

货油扫舱一般与卸油同时进行。通常先普卸至卸油量的1/2左右时开始进入扫舱作业。为了加快卸货速度及便于卸净货油,清舱时油船应保证一定的尾倾和横倾。

5.调整缆绳

随着吃水的减小,干舷不断增加,船舶缆绳出现紧绷现象,值班船员应及时调整,避免出现绷断现象。

6.检查舱底油脚

卸油完毕后,用顶水法或扫气法将管系内的残油顶入岸上的油罐中。大副应会同岸方人员检查油舱是否卸空,签发干舱证书。卸货结束后,若货舱内有残余物(Remaining on Board,ROB),应按照 MARPOL 73/78 的要求将其记录在货物记录簿上。ROB 指卸货后滞留在船上的、可测量的油状残留物,包括油泥渣、沉淀物、油、水以及附在舱底的油状残留物。

五、原油洗舱

原油洗舱(Crude Oil Washing,COW)是指利用船上所载货油中的一部分原油作为洗舱介质,在卸货的同时通过洗舱机以较高的压力喷射到货油舱内表面,依靠原油本身的溶解作用,将附着在舱壁、舱底及各构件上的油渣清洗掉,并同货油一起卸到岸上。

根据 MARPOL 73/78 的规定,总载重量 20 000 t 及以上的新建原油船和 40 000 t 及以上现有原油船应装有原油洗舱系统和备有《原油洗舱系统操作与设备手册》。原油洗舱具有:减少残油量;消除油脚,增加载货量;防止海洋污染;减少进坞前海水洗舱时间和费用;减少海水洗舱对货舱结构的腐蚀;卸油时间变长,船员劳动量增加等特点。

原油洗舱主要有两种方式:

(1)一段式:指在油舱卸空后,由舱顶洗到舱底,即上部和底部一起连续进行清洗。

(2)多段式:指在卸油作业的同时,随着油舱内液位下降,同时从上部向下部进行清洗。

不管哪种方式,洗舱的顺序都是从最前油舱开始向后洗。选择哪种方式应以卸油时间延迟最短为原则,同时考虑卸货港的受货能力、卸货港的数目、卸货港的顺序及原油洗舱机的型式等来决定。

因原油洗舱与卸货同时进行,所以较海水洗舱而言,原油洗舱是一项具有一定危险性的作业,操作者应严格按照相关规范的要求进行。通常情况下,每个货油舱每 4 个月进行一次原油洗舱或每航次洗舱的数量为货油舱总数的 1/4。根据 IMO 的要求,采用原油洗舱的油船必须装设惰气系统(IGS),目的是防止油船因原油洗舱而发生爆炸事故。原油洗舱主管操作人员一般由持有主管机关签发的"原油洗舱监督员资格证书"的大副或船长担任,当该船主管操作人员不具备任职资格或该船为一艘新接船舶时,船公司或码头应指派一名监督员到船负责指导、监督原油洗舱作业。其他参与原油洗舱的作业人员,至少应有 6 个月的油船工作经历,而且在船期间,应从事过原油洗舱作业或经过原油洗舱的训练,并熟悉船上《原油洗舱操作和设备手册》的相关内容。原油洗舱作业开始时间为日出到日落。洗舱油尽可能是新鲜原油,一般应将预定用作洗舱油的油舱卸掉 1 m 深度的货油后使用。

六、保证货油质量的要求

保证货油质量主要应注意防止油品掺混及产生货损、货差,为此应注意以下要求:

(1)应定期对油舱及膨胀舱口进行油密实验,以保证其油密性。应定期对各种管路、阀门进行压力实验,以确保其不渗漏。

(2)对上述设备应有专人负责,做好经常的维修保养,使其技术状态始终良好。

(3)装油前,船方应认真核实所装油品的理化性质,当其与所提供的资料有较大的出入时,应予提出,加以批注或拒载。

(4)当油船需改变承装油种时,应安原装油种和换装油种的不同理化性质,根据要求的洗舱等级对油舱进行清洗,以保证货油质量。

(5)当同船装运两种或两种以上油品时,应严防不同油品的掺混。

(6)装卸前船岸应填写"船/岸安全项目检查表"A 的内容,同时双方商定装卸速度、数量、压力、联系方法等,防止发生操作性事故。

(7)装货结束后应进行货油计量,若船货双方的计量有较大的出入,应立即进行复核,必要时可要求重新计量。

(8)船舶离港前要检查所有阀门是否关紧,以防冒油和货油掺混。

(9)航行中要经常检查油舱的空档,发现异常应立即查明原因,采取措施。夏季及高温区,甲板温度过高时,应按规定做好洒水降温工作。

(10)卸货前应由船货双方共同测量油舱空档、油温、密度并计算装油量,同时进行油品取样化验,此项工作结束前船方不能开始卸货。卸货时应做到相对干净,保证货油如数交付。卸货结束后船方应取得"卸空证明"(Dry Certificate),办清货物交接签字手续。

七、油船防火、防爆及防中毒

1.严禁烟火
禁止外来人员随身携带火种和易燃物品上船;在指定房间内吸烟;厨房不得使用明火;烟囱要定期捅灰,防止冒火。

2.防止金属摩擦或碰击发生火花
严禁使用钢丝绳;甲板和泵舱不得使用铁器工具;装卸油或压载水时,禁止在甲板上铲漆;洗舱时洗舱机不能碰击金属舱壁或构件;船上严禁穿带铁钉的鞋子。

3.防止电器火花

禁用明火,必须使用防爆式灯具;未经许可不得随意开启电器设备,在装卸、压载、除气作业时,不准进行无线电通信(可收不可发)及禁止电瓶充电。

4.防止静电放电

防止静电放电的措施是减少静电积聚和防止尖端放电。

1)减少静电积聚的措施

装油前排尽舱内残水;装卸前接好地线;控制装油速度;禁止工作人员在装卸油现场穿着和更换尼龙化纤服装;洗舱时洗舱机接地良好。

2)防止尖端放电的措施

必须使用非导电及不吸油和水的量油工具;伸入油舱的金属构件必须与油舱绝缘;消除舱内漂浮的金属物体。

5.防止人员中毒

人员进入油舱或其他封闭场所前,应对以上处所进行彻底通风,并经仪器测定,确认舱内氧气浓度足够(一般要在20%以上);下舱工作时,应穿戴防护手套、口罩、工作靴及工作服;进入未经排气的舱内工作,还必须戴好呼吸面具、保险带和救生索具。

八、防止水域污染

1.船舶造成海上油污的原因

1)操作性排油

操作性排油包括向海上排放含油的压载水、含有大量污油的洗舱水和机舱含油污水。

2)事故性溢油

造成事故性溢油的主要原因包括:

(1)船体的损坏

油船发生搁浅、触礁等海事事故,造成大量货油流入海中。

(2)装卸设施失效及作业操作失误

油船在装卸过程中,气候条件、设备及管系等的技术原因或工作疏忽而造成的跑、冒、滴、漏油事故,导致水域污染。它主要包括气候因素、设备因素、油品因素、船员因素等。具体原因可能是:

①卸油中,海底阀未关或未关紧。

②输油管系内的压力过高,导致输油软管爆裂或法兰头脱落造成跑油。

若装油刚开始就发生溢油,原因可能是:受油方的进油阀门尚未开启;由于天气寒冷,软管中残油冻结;输油管受损或老化,经受不起压力;输油软管法兰头连接不善。若溢油发生在装载过程,原因可能是盘舱失误。

③另一舷装油管阀门盲板未关或未关紧造成跑油。

④油舱或空气管溢油。这种情况常分为满舱溢油和未装满而由空气带出两种。

满舱溢油常见的原因有:供油量超过受油方的申请,造成溢油;受油方值班人员擅离职守;受油方量油不及时,造成满舱;装油中开错或关错阀门,导致满舱溢油;舱容计算错误或油舱中存油量不准确,造成超量而溢油。

舱未满溢油的原因有:泵压过大,气体来不及排出;因船体倾侧,导致量油不准确;气管堵塞,造成透气不畅;油温太高,油料产生气泡;船员责任心不强,相互间没有良好的联系和沟通。

2.防止船舶污染水域的设置及措施

1)以公约及法规约束操作性排油

严格执行 MARPOL 73/78 及各国对有关油类和油性混合物的排放规定。

2)设置船舶、港口接收与处理含油污水的设施和装置。

油船应具备的防污染设施及装置包括:

(1)专用压载舱 SBT(Segregated Ballast Tank)

该舱应与货油及燃油系统完全隔绝并固定于装载压载水。

(2)污油水舱

污油水舱是指专用于收集舱柜排出物、洗舱水和其他油性混合物的舱柜。油船应设置足够容量的污油水舱,一般不小于液舱总容积的3%。

(3)滤油设备及排油监控装置

400 总吨及以上但小于 10 000 总吨的船舶应装有经主管机关认可的、保证排出物含油量不超过 15ppm 的滤油设备;

10 000 总吨及以上的船舶除滤油设备外,还应装设当排出物的含油量超过 15ppm 时能报警并自动停止排放的装置。

(4)原油洗舱(COW)系统

3)防止操作性排油及事故性溢油

(1)防止操作性排油措施

①使用专用压载舱和清洁压载舱(Clean Ballast Tank,CBT)

清洁压载舱是现有油船作为专用压载舱的临时替代措施。该舱是指船舶在营运中根据船型、航区特点及吃水要求,划定的某几个经清洗后专门用来装载清洁压载水的货油舱。

清洁压载水是指这样一个舱内的压载水,该舱自上次装油后经清洗到若在晴天从一静态船舶将该舱中的排出物排入清洁而平静的水中,不会在水面或邻近的岸线上产生明显的痕迹,或形成油泥或乳化物沉积于水面以下或邻近的岸线上。如果压载水是通过经主管机关认可的排油监控系统排出的,而根据这一系统的测定查明该排出物的含油量不超过 15ppm,则尽管出现有明显的痕迹,仍应确定该压载水是清洁的。

②采用装于上部法(Load on Top,LOT)

该法是指油船卸油后,直接向未经清洗的油舱内打入压载水,在压载航行中将货油舱底部含油量较低的压载水排放入海,将剩余的含油量较高的压载水和洗舱水集中到污油舱中。经静置后,靠自然的重力达到油水分离,再将含油量低于 100ppm 的水排出舷外。经过两三次静置处理后剩下的含油量高的污油水保留在污油舱内,在装货港将货油直接装在它的上部,一起在卸油港卸掉。

③采用原油洗舱法。

④在装油港把污油水排到岸上的污油处理中心,在卸油港洗舱后打入清洁压载水。

(2)防止事故性溢油

①油船设置双层底和双层侧壁,在船体外板或船底损坏后,避免货油溢出。

②设置专用压载舱保护位置(Segregated Ballast Tank or Protection Location,SBT or PL)。它将专用压载舱合理地布置在船体易损坏的部位,当油船发生事故时,它能最大限度地起到保护油舱的作用,它同专用压载舱是一个整体,也是双层底的一种替代措施。

③正确进行装卸油、加油及驳油作业,防止货油的跑、冒、滴、漏。

④谨慎驾驶,避免碰撞或触礁等事故的发生。

3.污染事故的处理

1)污染事故报告

(1)国际公约要求:

①发生或可能发生排油船的船长或其他人员,应及时将该事故报告给最近的沿岸国主管机关。

②船长或船上其他人员发现其他船舶或海上平台排油,或发现海面出现油渍,应及时报告给最近的沿岸国主管机关。

(2)按我国《海洋环境保护法》和《防治船舶污染海洋环境管理条例》,船舶在我国管辖的海域发生污染事故,应尽快向就近的海事局报告,在船舶进入第一港口后,应立即向海事局提交报告书,并接受调查处理。

(3)船长在向主管部门报告的同时,也应尽快向会员公司和中国船东保赔协会报告,报告的内容包括:发生污染事故的时间、地点及事故放生前后附近海域气象、潮流等;货油/燃油的名称、特性;跑油或误排油数量以及污染情况;污染程度及采取的措施;船舶及当地代理的联系方式等。

2)污染控制

(1)船舶发生污染事故后,应迅速有效地向主管部门报告,并立即采取控制和消除污染的有效措施,将污染损害减小到最低程度。

(2)本船造成污事故,船长应立即指示有关船员,按油污应变部署表中规定的职责防止污染扩散,清除、回收污染物。如属于严重污染事故,中国船东协会将派员或聘请专业人员、律师赴现场协助处理。

3)消除污染的方法

消除污染的方法主要有围栏法、燃烧处理法、化学处理法和生物处理法等。

(1)围栏法

用围栏设备将海面浮油阻隔起来,以防油面蔓延,然后用吸油设备把浮油吸回。它适用于少量油污染事故。

(2)燃烧处理法

燃烧处理法是将水面溢油通过燃烧来减少存在于水域的溢油量,它适用于大量溢油事故。

（3）化学处理法

化学处理法即使用消油剂来处理溢油。

（4）生物处理法

生物处理法是利用天然存在的微生物具有较大的氧化和分解石油的能力来消除浮油的方法。它适用于被污染的海岸和水域的净化和复原。

任务六　散装液体化学品运输

⚓ 任务目标

了解国际规则及国内规范对散装液体化学品运输及装运散装液体化学品船舶的相关规定,熟悉散装液体化学品的分类及危险特性,熟悉散装液体化学品的装运要求等。

⚓ 任务（知识）储备

为了促进散装化学品的海上安全运输,IMO 制定出版了相关的规则和公约,为散装化学品的安全载运提供一个国际标准。这些公约、法规主要包括

（1）MARPOL 73/78 附则Ⅱ"防止散装有毒液体物质污染规则";

（2）《国际散装运输危险化学品船舶构造和设备规则》（简称 IBC 规则）,适用于1986 年 7 月 1 日或以后建造的散装化学品船;

（3）《散装运输危险化学品船舶构造及设备规则》简称 BCH 规则,适用于 1986年7 月 1 日前建造的散装化学品船。

此外,中国船级社（CCS）依据 IBC 规则制定了《散装运输危险化学品船舶构造及设备规范》（简称《散化船规范》）。

一、散装液体化学品的主要特性及分类

根据 IBC 规则中的定义,散装液体化学品是指温度为 37.8 ℃时,其蒸气绝对压力不超过 0.28 MPa 的液体危险化学品。它主要包括石油化工产品、煤焦油产品、碳水化合物的衍生物（糖蜜与酒精制品、动植物油）、强化学剂等。其具体货名列于 IBC 规则的第十七章,包括具有安全危害性的货物、具有污染危害性的货物及同时具有安全危害性和污染危害性的货物共 718 种,但不包括石油及上述所指的货物以外的物品。

1.与运输有关的主要特性

散装液体化学品具有多种理化特性,其中可能具有一种或多种危险特性,如易燃性、毒害性、腐蚀性和反应性及对环境所带来的危害。

（1）易燃性

多数散装液体化学品具有易燃性,该特性可用货品的闪点、燃点、自燃点、沸点（汽化点）及可燃范围来衡量。

（2）毒害性

这是多数散装液体化学品的通性，该特性分为直接接触与间接接触。可用半数致死量 LD_{50} 及半数致死浓度 LC_{50} 来衡量其直接接触毒害性；或用紧急暴露限值 EEL（指一次临时性接触的允许浓度）、货品的水溶性、挥发性等来衡量其间接接触毒害性。货品的毒害性将会造成人员由于直接接触而产生健康的危害性，或由于货品溶于水中或混入空气中造成间接接触而产生水污染或空气污染的危害性。

对海洋污染危害性包括：生物积聚性造成危害，缺乏生物易降解性造成危害，对水中有机体的急性毒性作用，对水中有机体的慢性毒性作用，对人类健康有长期的不利影响，引起货物漂浮或下沉的物理特性并因此造成对海洋生物的不利影响。

（3）腐蚀性

部分散装液体化学品具有很强的腐蚀性，不仅与人体皮肤接触会造成严重损伤，而且对货舱结构材料有严重腐蚀作用。货舱结构通常采用不锈钢材料，不能使用黄铜、青铜或铝等材料。

（4）化学反应性

散装液体化学品的化学反应性主要包括自身的分解、聚合、氧化、腐蚀反应并产生毒气和大量热量，与水发生反应，与空气发生反应，与其他化学品发生反应作用等。

（5）黏度大，凝点高

部分货品装卸时需要加温降低黏度，保证货物顺利装卸，减少卸货后的残余量。但加温应适当，以防止加温过高产生气阻，导致流速降低。

（6）热敏感性

有的化学品因受热会发生氧化、老化等反应而变质，如鱼油、糖浆、豆油等会因过热变质而影响品质。

（7）忌杂质

液体散装化学品在使用过程中对纯净度有严格的要求，如果被杂质污染，则会导致货品丧失使用价值。

2.散装液体化学品的分类

MARPOL 73/78 公约附则Ⅱ——"防止散装有毒液体物质污染规则"中，根据散装液体化学品的毒性和操作排放对环境污染造成的影响将其分为 4 大类。

（1）X 类

X 类指排放入海后将会对海洋资源或人类健康造成严重危害的有毒液体物质，因此有必要严禁将此类物质排入海洋环境。

（2）Y 类

Y 类指排放入海后会对海洋资源或人类健康造成严重危害或对舒适性或其他合法利用海洋造成损害的有毒液体物质，因此有必要对排入海洋环境的此类物质的质量加以限制。

（3）Z 类

Z 类指排放入海后会对海洋资源或人类健康造成较小危害的物质，因此有必要对排入海洋环境的此类物质的质量加以限制。

（4）OS 类

IBC 规则第 18 章污染类栏中所示的物质 OS 经评估后发现其并不属于 X 类、Y 类或 Z 类，将其排入海中后不会对海洋资源或人类健康造成危害或不会对舒适性或其他合法利用海洋造成损害的物质，因此排放含有 OS 类物质的舱底污水、压载水残余物或混合物不受 MARPOL 公约附则 Ⅱ 和 IBC 规则要求的约束。

二、散装液体化学品船

IBC 规则规定，凡从事运输液体危险化学品的船舶称为散装液体化学品船（简称散化船）。根据所运输货品的危险程度，散化船分为以下 3 种类型：

1. Ⅰ 型船舶

Ⅰ 型船舶适用于运输对环境或安全有非常严重危险的散装化学品，该船舶的结构要求能够经受最严重的破损，并需要用最有效的预防措施来防止货物的泄漏，因此这种船舶的液货舱舱壁与船舶的外板之间要求的间隔距离最大。左右间距不小于 $B/5$ 或 11.5 m，取小者；舱底与船底的间距不小于 $B/15$ 或 6 m，取小者；离船体外壳的任何位置处的距离都不得小于 760 mm，见图 13-4(a)。

2. Ⅱ 型船舶

Ⅱ 型船舶适用于运输对环境或安全有相当严重危险的散装化学品，它需要用有效的预防措施来防止泄漏。船上的液货舱舱壁与船舶外板之间要求的间距小于 Ⅰ 型船舶，左右间距不小于 760 mm，舱底与船底的间距不小于 $B/15$ 或 6 m，取小者；离船体外壳的任何位置处的距离都不得小于 760 mm，见图 13-4(b)。

3. Ⅲ 型船舶

Ⅲ 型船舶适用于运输对环境或安全有足够严重危险的散装化学品，它需要用中等程度的围护来增加破舱条件下的残存能力。船上的液货舱的位置没有特殊要求，基本上与单壳油船相同，见图 13-4(c)。

三、散装液体化学品船液货舱

散化船的液货舱从不同的角度分为两组。

1. 按液货舱与船体结构的关系分类

（1）独立液舱：其结构不与船体构成一整体的液舱。这种液舱可以清除或尽量减少其相邻的船体结构的受力对液舱的影响，从而减少货舱结构的应力。

（2）整体液舱：该种液舱在结构上构成船体结构不可缺少的一部分，所受的应力与其相邻的船体结构相同。

2. 按舱顶设计表压力分类

（1）重力液舱：舱顶设计蒸气压力不大于 0.07 MPa 的液舱。它既可以是独立液舱，也可以是整体液舱。

（2）压力液舱：舱顶设计蒸气压力大于 0.07 MPa 的液舱。它只能是独立液舱。

四、散装液体化学品的安全装运

（1）散化船应具备规定的适装条件，持有有效的满足 IBC 规则要求的国际散装运输

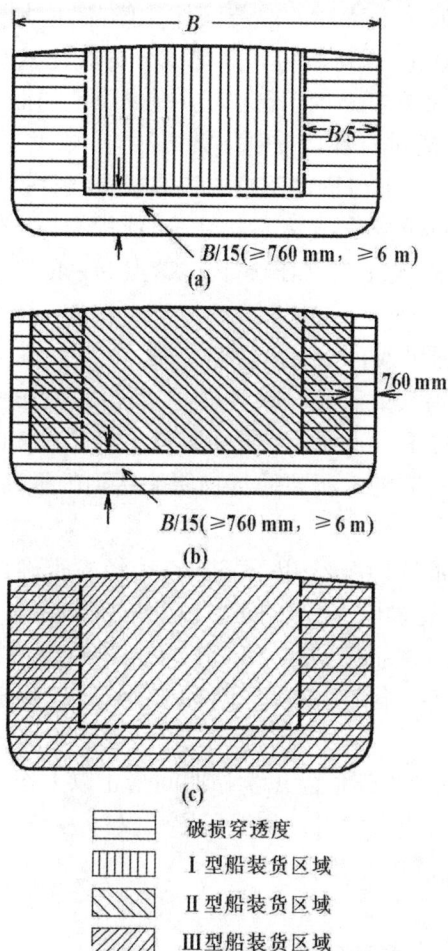

图 13-4 Ⅰ、Ⅱ、Ⅲ型散化船

危险化学品适装证书(COF)、货物记录簿(CRB)等有关文书,并按要求如实记录有毒货物装卸作业、转驳,液货舱的洗舱、压载、压载水及残余物的排放等作业情况。

(2)承运前,货主必须提供所托运货物的完整资料。对于需要散装的任何货物,应在运输文件上用 IBC 规则中所列的名称或暂定的名称予以标明。如果是混合物,则还应标明使货品产生危害的主要因素;若有可能,应有一份完整的分析,制造厂家或主管机关认可的专家对此分析进行核证。

(3)船上应备有安全载运货物所必需的资料,以供一切有关人员查阅。如所载运货物的物理化学性质(包括反应性)的详细说明;发生溢出或泄漏事故时,需要采取的措施;对各种货物的相应消防程序和灭火剂;货物输送、清除、压载、清洗液货舱和变更货物的程序;防止人员由于意外接触而造成伤害的防范措施;安全装卸特定货物所需特殊设备的有关资料;应急措施等。

如果得不到安全运输所需的足够资料,则对该货物应予拒运。

(4)凡是可能放出察觉不到的剧毒蒸气的货物除非在货物中放入了能察觉到的添加剂,否则一律予以拒运。

(5)对于易改变形态或化学特性的散装液体化学品,应加入稳定剂延缓反应速率、保持化学成分平衡、防止氧化、保持颜色和其他成分的乳化状态或防止胶状颗粒受到冲击。对于加入稳定剂的货品在托运时,托运人应提供稳定剂证书。

(6)装货前,应对液货舱进行环境控制。其方法有:

①惰化法:用既不助燃也不与货物反应的气体或蒸气替换货物系统中的原有气体。

②隔绝法:将液体、气体或蒸气充入货物系统,使货物与空气隔绝。

③干燥法:将无水气体或在大气压力下其露点为-40 ℃或更低的蒸气充入货物系统。

④通风法:进行强制通风或自然通风。

(7)各舱装货量不超出其最大允许载货量:Ⅰ型船舶的任一液舱所装货物数量不得超过1 250 m³;Ⅱ型船舶的任一液舱所装货物数量不得超过3 000 m³。液货舱在环境温度下载运散装液体化学品,应考虑所装的货物所能达到的最高温度,以避免在航行期间液货舱被液体涨满。

(8)装卸开始时应以低速(1 m/s以下)进行,待经检查确认作业正常后才能按正常流速进行装卸。为防止产生静电,装卸的正常流速应限制在3 m/s以下。

(9)当风速超过15m/s、浪高超过1.5 m时,不得进行靠泊和装卸作业。

(10)装卸前准备好应急拖缆,放置危险标志,与其他船舶保持30 m以上的安全距离。

(11)散化船在装卸散装液体危险化学品期间禁止以下作业:

①检修和使用雷达、无线电发射机和卫星导航仪;

②从事可能产生火星的作业及明火作业;

③供受油(水)作业;

④进行吊运物件及其他影响安全的作业;

⑤其他影响船舶靠离泊及装卸货安全的作业。

(12)为保护从事装卸作业的船员,船上应有合适的保护安全设备,包括大围裙、有长袖的特别手套、适用的鞋袜、用抗化学性材料制成的连衣裤工作服和贴肉护目镜或面罩、自给式空气呼吸器、防爆灯具等。用于保护人体的衣服和设备应围罩人体的全身皮肤,使全部人体受到保护。保护安全设备应放置在易于到达的专用存储柜内。进入作业现场的人员应按照规定穿戴防护服和配置安全设备。所有人员不得随意进入可能有货物蒸气的处所。

(13)2007年1月1日或以后建造的散化船,经排放压载以后的舱内或有关管系内的残留物的最大允许残留量,对X、Y和Z类物质均为75 L。

(14)散化船在港期间进行洗舱、污水排放、冲洗甲板、驱气等可能导致污染的操作,均需向主管机关提出申请,批准后方可作业。

(15)船方应逐项检查并填写"船/岸安全检查项目表"中的A部分和B部分。"船/岸安全检查项目表"共有3个部分,A部分适用于普通散装液体货,即油船、散化船、液化气船必须填写;B部分为散装液体化学品增加检查项目,散化船应加填该组;C部分为散装液化气增加检查项目,液化气船应加填该组。

五、散化船装货量的计算

散装液体化学品的装载量计算与油船货油装载量的计算步骤基本相同,即

(1)根据实测液舱空档高度查液舱容量表得实际装货体积;

(2)实测货物温度和密度;

(3)将实测温度时的货物体积和货物密度换算成标准温度下的数值;

(4)考虑空气浮力的修正,求得货物装载量。

任务七　散装液化气体运输

⊛ 任务目标

了解国际规则及国内规范对散装液化气体运输及装运散装液化气体船舶的相关规定,熟悉散装液化气体的分类及危险特性,熟悉散装液化气的装运要求等。

⊛ 任务(知识)储备

为了促进散装液化气体的海上安全运输,对其船员、船舶及环境所造成的危害降至最低程度,IMO 和散装液化气体运输国制定了相关规则和公约,主要有:

(1)《国际散装液化气体船舶结构和设备规则》(简称 IGC 规则),适用于 1998 年7 月 1 日或以后建造的液化气体船舶。

(2)《散装运输液化气体船舶构造及设备规则》(简称 GC 规则),适用于 1998 年7 月 1 日前建造的液化气体船舶。

此外,中国船级社 CCS 依据 IGC 规则制定了《散装运输液化气体船舶构造及设备规范》(简称《液化气船规范》)。

一、液化气体的分类及主要特性

液化气体是指在常温常压下为气体,通过冷却或在临界温度以下加压或冷却而变成液态的物质,根据 IGC 规则中液化气体的定义,船运液化气体是指温度为 37.8 ℃时,其蒸气绝对压力超过 0.28 MPa 的液体。其具体货名列于 IGC 规则的第十九章,共有 32 种货物。液化气体是一种特殊的危险货,从事运输的人员必须充分了解其特性才能保证安全运输。

1.液化气体的分类

(1)根据液化气体的主要成分不同,分为:

①液化石油气(LPG):其主要成分为丙烷。

②液化天然气(LNG):其主要成分为甲烷。

③液化化学气(LCG):其主要成分除了碳氢化合物外,还有氧化丙烯和聚氯乙烯单

体等。

（2）根据液化气体的沸点临界温度的不同，分为：

①高沸点液化气体：指沸点不低于-10 ℃的物质，如丁二烯、丁烷、二氧化硫等。

②中沸点液化气体：指沸点在-55～-10 ℃且临界温度在45 ℃以上的物质，如氨、丙烷等。

③低沸点液化气体：指沸点低于-55 ℃或临界温度低于45 ℃的物质，如甲烷、乙烯、氮等。该类物质必须采用低温或低温加压方式储运。

2.液化气体的主要特性

液化气体具有以下特性及危险性：

（1）易燃易爆性：因为沸点低，挥发性大，一旦泄漏，其危险性比石油类物质更大。所以，液化气体必须在其可燃范围以外的状态下进行运输和装卸作业。

（2）毒害性：其蒸气与人的皮肤、眼睛接触或误被吸入会引起中毒。空气中的液化气体蒸气含量高时，人员有窒息危险。

（3）腐蚀性：腐蚀性不仅对人体有害，而且会损坏船体材料。

（4）化学反应性：包括货物自身的分解、聚合反应，货物与水的反应，货物与空气的反应，货物与货物的反应，货物与冷却介质的反应以及货物与船体材料的反应。

（5）低温和压力危险性：运输液化气体时，低温会对船体、设备造成脆性破坏，对人员则会有冻伤的危害。高压会导致货物释放从而引起化学反应或形成燃烧、爆炸的潜在危险。

二、液化气船的分类及特点

IGC 规则规定，从事运输温度为 37.8 ℃时，其蒸气绝对压力超过 0.28 MPa 的液体的船舶为液化气体船舶(简称液化气船)。

1.按所运货物的危险程度分类

（1）ⅠG 型船舶：适用于运输危险性最大的货品，IGC 规则要求采取最严格的防漏保护措施，对液货舱的位置有严格的要求。该船舶的结构要求能够经受最严重的破损，并需要用最有效的预防措施来防止货物的泄漏，因此这种船舶的液货舱舱壁与船舶的外板之间要求的间隔距离最大。左右间距不小于 $B/5$ 或 7.5 m，取小者；舱底与船底的间距不小于 $B/15$ 或 2 m，取小者；任何部位离船体外壳的任何位置处的距离都不得小于 760 mm。结构图示基本与Ⅰ型散化船相同。

（2）ⅡG 型和ⅡPG 型船舶：适用于运输危险性次于ⅠG 型船舶运输对象的液化气船，船上的液货舱舱壁与船舶外板之间要求的间距垂向上不小于 $B/15$ 或 2 m，取小者；任何部位离船体外壳的任何位置处的距离都不得小于 760 mm。结构图示基本上同Ⅱ型散化船。其中，ⅡPG 型船舶是指船长不超过 150 m 的具有 C 型独立液舱的船舶。

（3）ⅢG 型船舶：适用于运输危险性最小的货品的液化气船。其货舱在船上的位置与ⅡG 型基本相同，但其船体结构经受破损的能力略低于ⅡG 型船舶。

2.按其运输对象被液化的方式分类

（1）压力式液化气船：亦称全加压式液化气船，主要用于运输液化石油气和氨。其液舱为圆柱形或球形或具有纵隔壁的双圆柱形及三圆柱形。

该型船舶的优点是液舱管系不需要绝热,船上不需要设置再液化装置,操作简便;缺点是船舶的空间利用率低,载货量较少,液舱的厚度随设计压力的增大而增大,故规模一般较小。

(2)低温式液化气船:亦称冷冻式液化气船,这是指在常压下将气体冷却至其沸点以下而使气体液化的船舶。该型船舶用于运输液化石油气时的冷却温度为-55 ℃;用于运输乙烯时的冷却温度为-104 ℃;用于运输液化天然气(只能采用低温方式运输)时的冷却温度为-162 ℃。

该型船舶的优点:液舱形状为棱柱形或梯形,使船舶的空间利用率提高;低温使液货的密度增大,使船舶的载货量增加从而提高其经济性;缺点:液货舱必须采用耐低温材料并要求采取相应的绝热措施;液舱周围需用惰气保护且需设置再液化装置。

(3)低温低压式液化气船:亦称半冷冻式液化气船,这种船是压力式和低温式两种液化方式的折中方案。它是采用在一定的压力下使气体冷却液化。一般设计压力为0.3~0.7 MPa,冷却温度则随运输对象不同而异,较多的是在-10 ℃左右。由于设计压力减小,液舱舱壁厚度可以相应减小,对材料的耐高压和耐低温的要求也降低,从而使建造成本降低。其液舱形状有圆柱形、圆锥形、球形或双凸轮形。

三、液化气船液舱的种类及特点

液化气船的液货舱有 5 种类型:

1.独立液舱

根据其设计蒸气压力的不同,又可分为以下 3 种类型:

(1)A 型独立液舱:其最大许可的蒸气压力为 0.07 MPa,货物在常压下以全冷冻方式运输,它是自身支持的棱柱形,属于重力液舱,如图 13-5 所示。

(2)B 型独立液舱:可以是重力液舱或压力液舱,其设计蒸气压力可不大于0.07 MPa或大于 0.07 MPa。前者用于运输液化石油气,后者用于运输液化天然气,如图 13-6 所示。

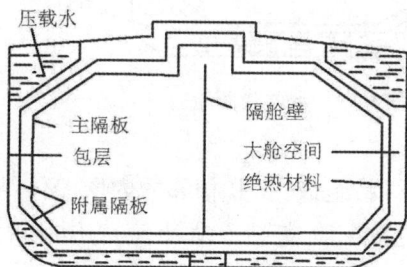

图 13-5 A 型独立液舱

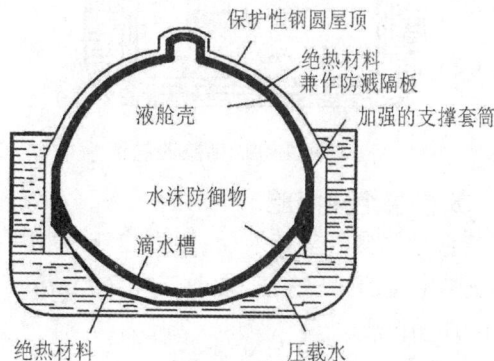

图 13-6 B 型独立液舱

(3)C 型独立液舱:它是设计蒸气压力高于 0.2 MPa 的球形或圆柱形压力容器,主要用于半冷冻式或全加压式液化气船上,如图 13-7 所示。用于全加压式船上时,其设计的最大工作压力应不小于1.7 MPa;而用于半冷冻式或冷冻式船上时,其设计压力为0.5~0.7 MPa及50%真空。其中图13-7(a)是典型的压力式液化气船上的C型独立液舱示意图,图13-7(b)是半冷冻式或冷冻式液化气船上的C型独立液舱示意图。

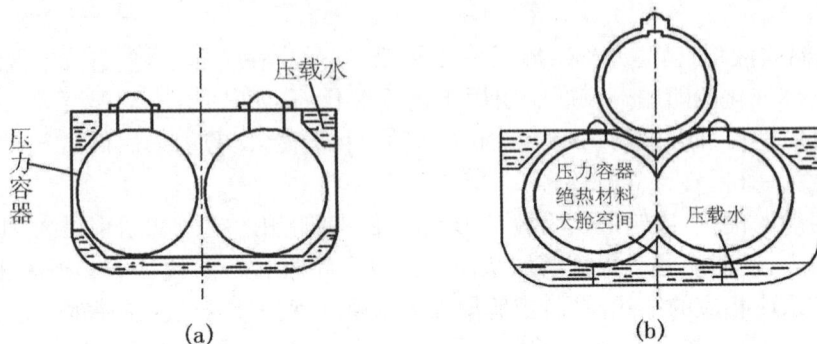

图13-7 C型独立液舱

2.整体液舱

定义同前述。其设计蒸气压力不超过0.07 MPa,一般不适用于货温低于-10 ℃的货品。

3.薄膜液舱

它是非自身支持的液舱,在船体和液货舱之间设置一层薄膜,液货舱靠此隔热薄膜支撑,薄膜厚度一般不超过10 mm。薄膜液舱的设计蒸气压力同整体液舱(不大于0.07 MPa),如图13-8所示。

4.半薄膜液舱

该液舱在空载时为自身支持,在装载状态下为非自身支持,液舱结构为单层。其设计蒸气压力同薄膜液舱,一般用于液化石油气船上,如图13-9所示。

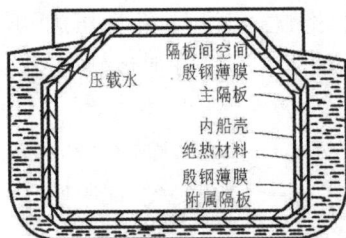

图13-8 薄膜液舱图

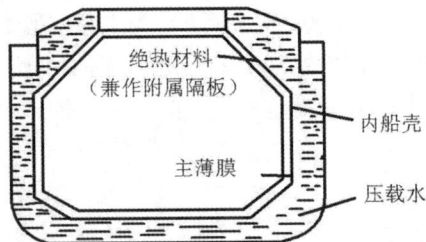

图13-9 半薄膜液舱

5.内层绝热液舱

它是非自身支持液舱,由适合于货物围护的绝热材料组成,受其相邻的内层船体结构支持(设计蒸气压力小于0.07 MPa),或受独立液舱支持(设计蒸气压力大于0.07 MPa)。

四、液化气体的安全装运

(1)液化气船应具备规定的适装条件,持有有效的满足IGC规则要求的"国际散装运输液化气体适装证书"。

（2）为了保护从事装卸作业船员的安全,在考虑了货品的特性后,应对船员提供包括眼睛在内的合适的保护设备。

（3）船舶承运前,托运人必须提供所托运货物的完整资料,包括货物名称、理化性质说明书、危险特性、泄漏时应采取的措施、防止人体意外接触的措施、消防程序及应使用的灭火材料等。

（4）船上应备有可供所有有关方面使用的资料。这些资料能为安全装运货物提供必要的信息。其具体项目如下:

①关于货物安全围护所必需的理化特性详细说明书;

②发生溢漏事故时所采取的措施;

③人员偶尔与货物接触的防范措施;

④灭火程序与灭火剂;

⑤货物安全驳运、除气、压载、清洗货舱及更换货物的程序;

⑥内层船体钢材的最低许用温度;

⑦用于特殊货物安全操作所需要的特殊设备;

⑧应急程序。

（5）为了防止货物发生聚合反应,保证安全,装运需要进行抑制的货物时,船上应备有生产厂家提供的证书,证书中应说明所添加的抑制剂的相关情况。若托运人不能提供证书,则不得装运该类货物。

（6）做好货舱的准备工作,受载前,必须对货舱进行以下特殊作业:

①惰化:用惰气替换货物系统中的空气或货物蒸气,降低含氧量。惰化后,一般要求货物系统中的含氧浓度不超过5%。

②除气:装货前用待装货物的蒸气替换货物系统中的惰气。

③预冷:对冷冻式液化气船,先将货物缓慢送入,待装卸系统降温后再正式装载。

（7）各舱装载量应不超出其最大容许装载量。装载时应注意各液货舱的允许充装极限为液舱容积的98%。

（8）卸货时应防止液舱产生负压和超压。

（9）装卸作业注意遵守有关法规。装卸作业应在白天进行,装卸期间应禁止一切明火作业并注意附近水域的安全。

（10）禁止在恶劣天气下进行靠泊或装卸作业。当风速超过15 m/s、浪高超过0.7 m时应停止装卸作业。

（11）船舶白天应悬挂"B"字旗,夜间显示红色环照灯,装卸作业时显示国际信号"RY"旗,甲板两舷醒目处放置告示牌。

（12）船舶生活区面向货物的区域的门、窗与空调,通风入口应予关闭。烟囱上的火星熄灭器或金属网位于良好状态。

（13）卸货完毕后,必须进行扫线作业,把液货从所有甲板管路、岸上管路和软管或装卸臂中吹扫掉,然后才能排空和拆管。

（14）船方应逐项检查并填写"船/岸安全检查项目表"中的 A 部分和 C 部分。

五、液化气船装货量计算

液化气船液舱的装货量计算原理与油船的装油量计算原理是相同的,不同的是,液化气体在运输过程中,液舱内始终是液体和蒸气并存的,计量时不仅要计算舱内液体的重量,而且要计算舱内货物蒸气的重量。

附录 1

杂货船配积载图编制实例

　　A 轮某西行航次,上海港始发,挂靠新加坡、安特卫普和鹿特丹三个港口,目的港汉堡港。航次货运任务见装货清单(见表 F1-1),并计划在新加坡卸货后加装去安特卫普、鹿特丹的夹板和花梨木,数量不限。燃油及淡水在始发港一次装足。上海港预计开航时间为 6 月 30 日,新加坡港预计停泊 5 天。试拟订本航次的配积载计划并编制在上海港的配积载图。

表 F1-1　装货清单

装货单号 S/O No.	货名	件数及包装	重量 (kg)	估计占舱容 (m³)	目的港	备注
1	Cotton Goods 棉制品	800 C/S	150 000	600	新加坡	
	Steel Flat Bars 扁钢	250 Bdls	500 000	250		
3	Flue Cured Tobacco 烤烟	3 300 Bls	330 000	1 750		气味货
4	Skins 生皮	1 500 C/S	100 000	260		气味货
5	Sodium Nitrate 硝酸钠	1 000 Drms	110 000	130		危险品
6	Toilet Paper 卫生纸	800 Rls	40 000	250		
7	Glass 玻璃	5 000 C/S	250 000	400		
8	Granite 花岗石	500 Bdls	250 000	250		
9	Mosaic Floor Tiles 地砖	1 000 Crts	100 000	100		
10	Hard Ware 五金	100 C/S	50 000	20		
11	Handicraft Articles 工艺品	320 Bxs	80 000	320		
12	China Stone 瓷土石	2 500 Bgs	250 000	500		
小计		17 070	2 210 000	4 830		
13	Ferro Tungsten 钨铁	6 000 Drms	300 000	350	安特卫普	
14	Silk Piece Goods 丝绸	1 200 C/S	100 000	170		
15	Barium Carbonate 碳酸钡	5 000 Bgs	250 000	400		危险品
16	Straw Rugs 草地毯	1 800 Bls	180 000	900		
17	Groundnut Meal 花生粕	6 500 Bgs	450 000	600		
18	Graphite in Powder 石墨粉	1 000 Bgs	500 000	700		
19	Bristles 猪鬃	750 C/S	45 000	100		气味货
20	Soya Beans 包大豆	4 000 Bgs	400 000	600		
21	Paraffin Wax 石蜡	2 000 Bgs	200 000	350		

续表

装货单号 S/O No.	货名	件数及包装	重量 (kg)	估计占舱容 (m³)	目的港	备注
22	Canned Goods 罐头	4 000 C/S	200 000	280	安特卫普/ 鹿特丹 选港货	
23	Bitter Apricot Kernels 苦杏仁	1 200 Bgs	60 000	120		
24	Pumpkins Seeds 白瓜子	250 Bgs	25 000	50		
小计			33 700	2 710 000	4 620	
25	China Rice 大米	3 000 Bgs	300 000	450	鹿特丹	气味货
26	Sesame 芝麻	3 000 Bgs	300 000	600		
27	Magnetite 镁矿	2 000 Bgs	100 000	120		
28	Oil Felt 油毛毡	15 000 Rls	450 000	1 000		
29	Ammonium 氯化铵	10 000 Bgs	500 000	750		
30	Groundnut Kernels 花生仁	8 000 Bgs	800 000	800		
31	Soya Meal 豆粕	1 500 Bgs	150 000	250		
32	Light-Burnedmagnetite 轻烧镁	500 B.Bgs	500 000	700		
小计			43 000	3 100 000	4 670	
33	Carbon 炭黑	5 000 Bgs	250 000	350	汉堡	气味货
34	Bauxite 铝矾土	In Bulk	1 000 000	800		
35	Flint Clay 焦宝石	In Bulk	750 000	500		
36	Mosaic Floor Tiles 地砖	1 500 Crts	150 000	180		
37	Quartz 石英矿	150 Bdls	600 000	300		
38	Soya Beans 包大豆	2 000 Bgs	200 000	300		
39	Paraffin Wax 石蜡	800 Bags	80 000	160		
40	Marble 大理石	200 C/S	200 000	180		
41	Tung Oil 桐油	1 000 Drms	50 000	70		
42	Pumpkins Seeds 白瓜子	3 000 Bgs	300 000	600		
小计			14 700	3 580 000	3 440	
合计			108 470	11 600 000	17 560	

1.核对上海港的航次货运任务与船舶载货能力是否相适应

1)计算本航次船舶净载重量 NDW 及查取船舶货舱总的包装容积 ΣV_{ch}

根据本轮开航日期,在《商船用区带、区域和季节期海图》上查得,自上海港开出时应根据热带载重线确定船舶的航次净载重量。

(1)查船舶资料(表1-4)知,A 轮热带载重线的排水量 $\Delta_T = 21\ 675$ t。

(2)计算航次总储备量:由船舶资料(表2-2)中查得船员、行李、粮食、供应品等航次固定储备的重量 $G_1 = 27$ t,由于燃料、淡水均在上海港装足,故开航时船舶将携带的燃油重 1 045 t、重柴油 354 t、轻柴油 26 t、滑油和气缸油 55 t、淡水 417 t,航次总储备量 $\Sigma G = G_1 + G_2 = 27 + 1\ 045 + 354 + 26 + 55 + 417 = 1\ 924$ t,船舶常数 C 经测定为 150 t。

(3)计算航次净载重量 NDW_1

$$NDW_1 = \Delta_T - \Delta_L - \Sigma G - C = 21\ 675 - 6\ 282 - 1\ 924 - 150 = 13\ 319 \text{ t}$$

(4)由船舶资料中查得,本轮货舱包装总容积 ΣV_{ch} = 20 049 m^3。

2)对装货清单中所列货物进行审核

(1)经审核,本航次计划承运的货物总重量 ΣQ_1 = 11 600 t,货物在舱内所占的总的舱容 ΣV_{c1} 估计为 17 560 m^3。

(2)本航次货载中有部分特殊货物,如危险品:硝酸钠(S/O 05)、碳酸钡(S/O 15),气味货:烤烟(S/O 03)、生皮(S/O 04)、氯化铵(S/O 29)、桐油(S/O 39);易碎货物:玻璃(S/O 07);扬尘污染货物:石墨粉(S/O 18)、炭黑(S/O 33)、铝矾土(S/O 34)、焦宝石(S/O 35);忌潮、忌污染货物:卫生纸(S/O 06);贵重货物:丝绸(S/O 14),等。根据本轮情况,上述特殊货物可以承运。

(3)根据以上计算和分析,可知本轮本航次载货能力大于航次货运任务(NDW_1 > ΣQ_1,ΣV_{ch} > ΣV_{c1}),并初步判定货物装运的条件基本上可以满足,能承运装货清单上全部货物。

2.确定各货舱应配货物的重量范围

船舶各货舱应配货物的重量范围,可根据各个货舱的舱容比乘以航次货运量来确定,见表 F1-2。

二层舱和底舱的配货重量可分别取航次货运量的 35% 和 65%,因此,二层舱配货重量大约控制在 4 000 t,底舱配货重量大约控制在 7 600 t。这样可使得船舶的稳性及甲板局部强度得到初步保证。

表 F1-2 各舱分配货物重量

舱别	No.1	No.2	No.3	No.4
货舱包装容积(m^3)	3 201	5 969	4 907	5 972
舱容比(%)	15.97	29.77	24.47	29.79
应分配货重(t)	1 852	3 453	2 839	3 456
允许调整值(t)	185	345	284	346
允许装货重量上下限(t)	2 037/1 667	3 798/3 108	3 123/2 555	3 802/3 110

3.为货物选择适当的舱位、货位,拟订初配方案

1)对货物进行归纳和分类

按货物运到港序和货物特性,对装货清单上所列的货物进行归纳和分类:

(1)汉堡港货物,共计 10 票,3 580 t/3 440 m^3:

①扬尘污染货物:炭黑(S/O 33)250 t/350 m^3;

②散货(有扬尘污染性):铝矾土(S/O 34)、焦宝石(S/O 35),共计 1 750 t/1 300 m^3;

③气味货:桐油(S/O 41)50 t/70 m^3;

④普通货:地砖(S/O 36)、石英矿(S/O 37)、包大豆(S/O 38)、大理石(S/O 40)、白瓜子(S/O 42),石蜡(S/O 39),共计 1 530 t/1 720 m^3,其中石英矿为重货,地砖、大理石为偏重货。

(2)鹿特丹港货物,共计 8 票,3 100 t/4 670 m^3:

①忌潮、怕高温货物:豆粕(S/O 25)150 t/250 m^3;

②气味货:氯化铵(S/O 29)500 t/750 m³;

③轻度扬尘污染货物:镁矿(S/O 27)、轻烧镁(S/O 32),共计 600 t/820 m³;

④普通货:大米(S/O 25)、芝麻(S/O 26)、花生仁(S/O 30)、油毛毡(S/O 28),共计
1 850 t/2 850 m³。

(3)安特卫普港货物,共计 12 票,2 425 t/4 170 m³:

①危险品:碳酸钡(S/O 15)250 t/400 m³;

②忌潮、怕高温货物:花生粕(S/O 17)450 t/600 m³;

③气味货:猪鬃(S/O 19)45 t/100 m³;

④扬尘污染货物:石墨粉(S/O 18)500 t/700 m³;

⑤贵重货物:丝绸(S/O 14)100 t/170 m³;

⑥普通货:钨铁(S/O 13)、草地毯(S/O 16)、包大豆(S/O 20)、石蜡(S/O 21),共计
1 080 t/2 200 m³,其中草地毯是轻泡货。

(4)安特卫普/鹿特丹选港货物 3 票,共计 285 t/450 m³:

罐头(S/O 22)、苦杏仁(S/O 23)、白瓜子(S/O 24),均为食品货物。

(5)新加坡货物,共计 12 票,2 210 t/4 830 m³:

①危险品:硝酸钠(S/O 05)110 t/130 m³;

②气味货:烤烟(S/O 03)、生皮(S/O 04),共计 430 t/2 010 m³,这两种货同时也是
轻泡货;

③易碎货:玻璃(S/O 07)250 t/400 m³;

④忌潮、忌污染、轻泡货物:卫生纸(S/O 06)40 t/250 m³;

⑤贵重货物:工艺品(S/O 11)80 t/320 m³;

⑥普通货:棉制品(S/O 01)、扁钢(S/O 02)、花岗石(S/O 08)、地砖(S/O 09)、五金
(S/O 10)、瓷土石(S/O 12),共计 1 300 t/1 720 m³。

2)确定货物的舱位和货位

具体向各舱配置货物,即为每票货物确定舱位、货位,这是编制配积载计划的关键,
也是新手感到比较困难的一步,但有规律和原则可循,并且熟能生巧。为了帮助学习,
我们将四个目的港货物舱位、货位安排的基本原则以及每票货物的货位选择,在这里分
别加以介绍。

(1)四个目的港货物舱位、货位安排的基本原则

按照先目的港后始发港,先底舱后二层舱,先特殊后一般,先大票后零担的配货次
序,并结合货物的性质、包装特点、有无配积载方面的特殊要求等,有序地为每票货物考
虑选择舱位、货位。从港序上来看,目的港汉堡港的货物应首先考虑,一般选配在各货
舱底舱的底部。当然,可以考虑将一部分汉堡港的货物配置在二层舱的最里面,以保证
在中途港卸货后的船舶稳性,但由于本航次在新加坡港卸载后可以加载,而中途港安特
卫普港、鹿特丹港距目的港汉堡港并不太远,所以也可不做此考虑。初始卸港新加坡港
的货物应安排在各二层舱里,如有必要,可配置在底舱的最上层。选港货应配置在二层
舱舱口位四周或底舱舱口处,以确保能根据选港命令顺利卸出。安特卫普港和鹿特丹
港的货物可按卸港顺序依次安排在汉堡港货物之上。从货物性质上来看,装货清单中

列有两票危险货物,应将其安排在远离机舱的 No.1、No.2 二层舱内,以便于监管及后装先卸。从货物批量来看,对于两票散装货以及诸如油毛毡、烤烟、草地毯等大宗轻泡货,应优先考虑为其选择舱位、货位,必要时,可考虑拆票堆放。

(2)汉堡港货物的安排

首先考虑散装的铝矾土、焦宝石。为便于装卸,应整票集中配与中部货舱底部作打底货,其中铝矾土配于 No.3 底舱底部,焦宝石配于 No.2 底舱底部。

炭黑为扬尘污染货,袋装。可与另一票扬尘污染货石墨粉及气味货氯化铵配于同一舱内,No.1 底舱底部为较合适的货位。

石蜡为普通货物,但怕热,通常要求装于水线以下,其数量较少,可安排在远离机舱的 No.2 底舱焦宝石之上,靠前舱壁堆放。

流质货桐油为大铁桶装,包装坚固,适于作打底货,由于其有一定的特殊气味,可将其配置在 No.2 底舱焦宝石之上,靠后舱壁堆放。桐油和石蜡之间可配置无特殊积载要求的普通货大理石。

石英矿为袋装重货,积载因数较小,可作打底货配于 No.4 底舱舱底。其上配置袋装的包大豆和白瓜子。

地砖为普通货物,积载上没有什么特殊要求。由于其体积较小,不便平铺堆放,将其配置在 No.3 底舱铝矾土之上,靠后舱壁堆放。

(3)鹿特丹港货物的安排

氯化铵是一种化肥,易潮解,放出刺鼻的气味,且对钢板有腐蚀作用,将其配置在 No.1 底舱扬尘污染货炭黑之上。

轻烧镁与镁矿都是袋装矿石(其中轻烧镁为集装袋包装),可将其配置在 No.2 底舱中部,其轻微的扬尘污染性对配置在其上下方的货物影响不大。

油毛毡是普通货,因其积载因数较大,在舱内所占的舱容较大,将其整票配置在 No.3 底舱中部比较合适。

袋装豆粕为豆类榨油后的残渣,当其含油量达 10% 以上或油、水总含量达 20% 以上者,《国际危规》将其列为种子饼,属第 4 类易燃物质。但本装货清单上的豆粕属普通货,可将其配置在远离机舱的 No.2 底舱中部。

No.2 底舱剩余舱容可用来配置普通货大米和芝麻。花生仁可配置在 No.4 底舱中层汉堡港的白瓜子之上。

(4)安特卫普港货物的安排

扬尘污染货石墨显然与扬尘污染货炭黑配置在同一舱比较合适,将其选配 No.1 底舱的上部。

通过查《国际危规》知,碳酸钡属第 6 类毒害品,根据危险品配积载原则,可将其安排在 No.1 二层舱内靠前舱壁堆放。

袋装石蜡怕热,将其配置在远离机舱的 No.1 二层舱比较合适。

花生粕的性质同豆粕,是花生果榨油后的残渣,在一定条件下可以是危险品。本装货清单上的花生粕为普通货,配置位置远离机舱即可,No.2 二层舱底部为其合适的货位。

草地毯是轻泡货,No.3 底舱剩余舱容正好配置该货。

丝绸为贵重货,有樟脑味,忌潮,宜配置在清洁舱室内,将其配装在 No.3 二层舱,靠后舱壁堆放。该舱应考虑配置其他清洁货:如食品、工艺品等。

包大豆、钨铁均为普通货。包大豆可配置 No.4 底舱袋装花生仁之上,钨铁则可配置于 No.4 二层舱,靠后舱壁堆放。

猪鬃是气味货,尽管批量较小,但价格不菲,将其配置在 No.1 舱的二层舱比较合适,靠后舱壁堆放。

(5)安特卫普港/鹿特丹港选港货

罐头、苦杏仁、白瓜子都是食品货,将它们配置在 No.3 二层舱舱口位前方,保证这三票货物中的任何一票,均可按选港命令在安特卫普港或鹿特丹港顺利卸出。

(6)新加坡港货物的安排

硝酸钠属第 5 类氧化剂,为易潮解固体,与可燃材料混合易着火燃烧,应与易燃、易自燃的货物远离堆放。通过查《国际危规》知,硝酸钠应与另一票危险品碳酸钡"远离"。将其配置在 No.2 二层舱舱口附近较为合适。

玻璃为易碎货物,选择 No.2 二层舱,靠后舱壁堆放。

气味货生皮可配置在 No.1 二层舱舱口位石蜡之上。

花岗石、瓷土石和五金均为普通货,可将这三票货配置在 No.2 二层舱舱口位处。

工艺品、卫生纸均是清洁货,地砖、棉制品是普通货,这四票货可同舱配置在 No.3 二层舱中部货位,地砖作打底货。

新加坡港卸载的扁钢也是捆扎货,积载因数较小,可作打底货配于 No.4 二层舱,其上配置气味货、轻泡货烤烟。

4.全面核对、检查初配方案

(1)检查各货舱货物的配置

基本符合各项有关原则,货物搭配基本适当。

(2)检查装货清单上所列货物是否已全部配置完毕

列核查表,见表 F1-3。

表 F1-3　初配方案

No.1 二层舱	No.2 二层舱	No.3 二层舱	No.4 二层舱
新加坡:生皮(04) 100 t/260 m³/1 500 C/S 安特卫普:碳酸钡(15) 250 t/400 m³/5 000 Bgs 安特卫普:猪鬃(19) 45 t/100 m³/750 C/S 安特卫普:石蜡(21) 200 t/350 m³/2 000 Bgs	新加坡:硝酸钠(05) 110 t/130 m³/1 000 Drms 新加坡:玻璃(07) 250 t/400 m³/5 000 C/S 新加坡:花岗石(08) 250 t/250 m³/500 Bdls 新加坡:五金(10) 50 t/20 m³/100 C/S 新加坡:瓷土石(12) 250 t/500 m³/2 500 Bgs 安特卫普:花生粕(17) 450 t/600 m³/6 500 Bgs	新加坡:棉制品(1) 150 t/600 m³/800 C/S 新加坡:卫生纸(06) 40 t/250 m³/800 Rls 新加坡:地砖(09) 100 t/100 m³/1 000 Crts 新加坡:工艺品(11) 80 t/320 m³/320 Bxs 安特卫普:丝绸(14) 100 t/170 m³/1 200 C/S 安/鹿选港:罐头(22) 200 t/280 m³/4 000 C/S 安/鹿选港:苦杏仁(23) 60 t/120 m³/1 200 Bgs 安/鹿选港:白瓜子(24) 25 t/50 m³/250 Bgs	新加坡:扁钢(02) 500 t/250 m³/250 Bdls 新加坡:烤烟(03) 330 t/1750 m³/3 300 Bls 安特卫普:钨铁(13) 300 t/350 m³/6 000 Drms
595 t/1 110 m³/9 250 pcs	1 360 t/1 900 m³/15 600 pcs	755 t/1 890 m³/9 570 pcs	1 130 t/2 350 m³/9 550 pcs
No.1 底舱	No.2 底舱	No.3 底舱	No.4 底舱
安特卫普:石墨粉(18) 500 t/700 m³/1 000 Bgs 鹿特丹:氯化铵(29) 500 t/750 m³/10 000 Bgs 汉堡:碳黑(33) 250 t/350 m³/5 000 Bgs	鹿特丹:大米(25) 300 t/450 m³/3 000 Bgs 鹿特丹:芝麻(26) 300 t/600 m³/3 000 Bgs 鹿特丹:镁矿(27) 100 t/120 m³/2 000 Bgs 鹿特丹:豆粕(31) 150 t/250 m³/1 500 Bgs 鹿特丹:轻烧镁(32) 500 t/700 m³/500 B.Bgs 汉堡:焦宝石(35) 750 t/500 m³/in bulk 汉堡:石蜡(39) 80 t/160 m³/800 Bags 汉堡:大理石(40) 200 t/180 m³/200 C/S 汉堡:桐油(41) 50 t/70 m³/1 000 Drms	安特卫普:草地毯(16) 180 t/900 m³/1 800 Bls 鹿特丹:油毛毡(28) 450 t/1 000 m³/15 000 Rls 汉堡:铝矾土(34) 1 000 t/800 m³/in bulk 汉堡:地砖(36) 150 t/180 m³/1 500 Crts	安特卫普:包大豆(20) 400 t/600 m³/4 000 Bgs 鹿特丹:花生仁(30) 800 t/800 m³/8 000 Bgs 汉堡:石英矿(37) 600 t/300 m³/1 200 Bgs 汉堡:包大豆(38) 200 t/300 m³/2 000 Bgs 汉堡:白瓜子(42) 300 t/600 m³/3 000 Bgs
1 250 t/1 800 m³/16 000 pcs	2 430 t/3 030 m³/12 000 pcs	1 780 t/2 880 m³/18 300 pcs	2 300 t/2 600 m³/18 200 pcs

经核查,本航次装货清单上所列货物全部配置完毕,并无差错。

（3）核查各到港货物在各舱内的分布情况

各到港货物在各舱内的分布情况见表 F1-4。

表 F1-4　各到港货物在各舱内的分布情况

到港	No.1		No.2		No.3		No.4		合　计	
	重量(t)	体积(m³)	重量(t)	体积(m³)	重量(t)	体积(m³)	重量(t)	体积(m³)	重量(t)	体积(m³)
新加坡	100	260	910	1 300	370	1 270	830	2 000	2 210	4 830
安特卫普	995	1 550	450	600	280	1 070	700	950	2 425	4 170
鹿特丹	500	750	1 350	2 120	450	1 000	800	800	3 100	4 670
选港					285	450			285	450
汉堡	250	350	1 080	910	1 150	980	1 100	1 200	3 580	3 440
合计	1 845	2 910	3 790	4 930	2 535	4 770	3 430	4 950	11 600	17 560

经核查,各到港货物在各舱内的分布情况与装货清单上所列数字一致,没有差错。

（4）检查各舱装货重量

各舱装货重量见表 F1-5。

经核查,各舱装货重量均在允许的范围内,满足要求。

表 F1-5　各舱装货重量

舱号	No.1	No.2	No.3	No.4
允许装货重量上下限(t)	2 037/1 667	3 798/3 108	3 123/2 555	3 802/3 110
实际配货重量(t)	1 845	3 790	2 535	3 430

（5）检查各舱装货体积

各舱装货体积见表 F1-6。

表 F1-6　各舱装货体积

舱号	No.1		No.2		No.3		No.4		合计
	二层舱	底舱	二层舱	底舱	二层舱	底舱	二层舱	底舱	
货舱包装容积(m³)	1 358	1 843	2 501	3 468	1 994	2 913	2 503	3 469	20 049
装货体积(m³)	1 110	1 800	1 900	3 030	1 890	2 880	2 350	2 600	17 560

经检查,配置在各舱的货物体积均小于所在舱室的货舱包装容积,全部货物均可装入各舱内。

（6）核查底舱与二层舱货重及比例

底舱与二层舱货重及比例见表 F1-7。

表 F1-7　底舱与二层舱货重及比例

舱号	No.1	No.2	No.3	No.4	合计	
					重量	百分比(%)
二层舱(t)	595	1 360	755	1 130	3 840	33.10
底舱(t)	1 250	2 430	1 780	2 300	7 760	66.90
合计	1 845	3 790	2 535	3 430	11 600	100

根据以上货重在底舱与二层舱的分配比例,船舶离上海港时的稳性可以得到满足。

(7)检查各二层舱的防堵货物体积

由于本航次配积载计划中没有将先卸的货物配置在底舱的情况,因此不需要进行防堵货物体积的检查。

(8)根据初配方案,检查甲板局部受力

由于本航次配积载计划中两票重货扁钢和石英矿均采用平铺堆放的方式,其重量已均布开,因此可以不进行甲板局部受力的校核。

应该说明,本例题为了清楚起见,将有关核查内容一一列表说明。在实际工作中,这部分内容只要做到心中有数即可,不一定都用文字或数字加以说明。

5.核算和调整船舶稳性、吃水差和纵向受力

1)核算船舶离上海港时的稳性、吃水差、纵向受力

(1)根据初配方案中各舱室计划配装货物重量,以及各液舱中液体载荷的重量等,列表计算船舶排水量 Δ_1、总的垂向重量力矩 $\Sigma P_i \cdot Z_i$、总的纵向重量力矩 $\Sigma P_i \cdot X_i$、载荷对船中弯矩 $\Sigma |P_i \cdot X_i|$、自由液面倾侧力矩 $\Sigma \rho_i \cdot Ix_i$(见表 F1-8),以及船舶重心距基线高度 KG_1、船舶重心距船中距离 X_{g1} 和自由液面修正值 δGM_{f1}。

表 F1-8　各项力矩计算

项目			重量（t）	重心距基线高度（m）	重心距船中距离（m）		垂向重量力矩（9.81 kN·m）	纵向重量力矩（9.81 kN·m）		载荷对船中弯矩（9.81 kN·m）	自由液面倾侧力矩（9.81 kN·m）
					中前(+)	中后(−)		中前(+)	中后(−)		
货物	No.1	二层舱	595	10.30	48.16		6 129	28 655		28 655	
		底舱	1 250	5.10	47.11		6 375	58 888		58 888	
	No.2	二层舱	1 360	10.30	22.65		14 008	30 804		30 804	
		底舱	2 430	4.85	22.52		11 786	54 724		54 724	
	No.3	二层舱	755	10.30		2.70	7 777		2 039	2 039	
		底舱	1 780	4.84		2.75	8 615		4 895	4 895	
	No.4	二层舱	1 130	10.30		28.14	11 639		31 798	31 798	
		底舱	2 300	4.90		27.75	11 270		63 825	63 825	
	小计		11 600				77 599	70 514		275 628	
燃油舱	No.1 燃油舱(左)		371	0.806	7.62		299	2 827		2 827	(F)
	No.1 燃油舱(右)		301	0.809	7.62		244	2 294		2 294	(F)
	No.2 燃油舱(左)		202	0.828	26.83		167	5 420		5 420	(F)
	No.2 燃油舱(右)		171	0.837	26.50		143	4 532		4 532	(F)
	小计		1 045				853	15 073		15 073	

续表

项目		重量 (t)	重心 距基线 高度 (m)	重心距船中距离 (m)		垂向 重量 力矩 (9.81 kN·m)	纵向重量力矩 (9.81 kN·m)		载荷 对船中 弯矩 (9.81 kN·m)	自由液 面倾侧 力矩 (9.81 kN·m)
				中前 (+)	中后 (−)		中前 (+)	中后 (−)		
柴油	重柴油舱(左)	192	0.806	5.12		155	983		983	(F)
	重柴油舱(右)	162	0.809	5.12		131	829		829	(F)
	轻柴油舱	26	1.016		50.26	26		1 307	1 307	(F)
	小计	380				312	505		3 119	
滑油	滑油循环舱	21	1.10		50.90	23		1 069	1 069	(F)
	主机滑油贮存舱	26	6.20		59.90	161		1 557	1 557	(F)
	汽缸油贮存舱	8	10.90		54.57	87		437	437	(F)
	小计	55				271		3 063	3 063	
淡水	淡水舱(左)	63	11.34		65.30	714		4 114	4 114	(F)
	淡水舱(右)	63	11.34		65.30	714		4 114	4 114	(F)
	尾尖舱	196	8.51		66.85	1 668		13 103	13 103	(F)
	尾淡水舱	45	0.99		58.53	45		2 634	2 634	(F)
	饮用水舱(左)	25	11.47		69.83	287		1 746	1 746	(F)
	饮用水舱(右)	25	11.47		69.83	287		1 746	1 746	(F)
	小计	417				3 715		27 457	27 457	
其他	粮食、供应品	3	14.70		59.00	44		177	177	
	船员、行李	6	18.10		46.00	109		276	276	
	船用备品	18	10.00		13.00	180		234	234	
	船舶常数	150	9.00		0	1 350		0	0	
	小计	177				1 683		687	687	
空船		6 282	10.00		9.594	62 820		60 270		
合计		19 956	7.38		1.78	147 253		35 531	325 027	

本表格计算中,我们采取了一种简化的方法,即将各货舱载荷合重心取该舱舱容中心,因此,计算出的稳性与吃水差与实际是有出入的。由于各舱实际载荷合重心距基线高度要比舱容中心距基线高度低,而载荷重心距中距离比舱容中心距中距离偏前,所以船舶实际稳性要比计算值大,吃水差要比计算值小。

根据船舶排水量 $\Delta = 19\,956\ \text{t}$ ($\rho = 1.005\ \text{g/cm}^3$),查静水力曲线图(表)及临界稳性高度曲线图,获取计算相关数值,见表 F1-9。

表 F1-9　各项稳性参数

名称	排水量 Δ (t)	平均吃水 d_m (m)	横稳心距基线高度 KM_1 (m)	浮心距船中距离 X_{b1} (m)	漂心距船中距离 X_{f1} (m)	每厘米纵倾力矩 MTC_1 (9.81 kN·m/cm)	临界稳性高度 GM_{C1} (m)
数值	19 956	8.76	8.74	1.00	−2.48	219.88	0.86

（2）计算初稳性高度 GM_1、吃水差 t_1

①未经自由液面修正的初稳性高度

$$GM_1 = KM_1 - KG_1 = 8.74 - 7.38 = 1.36 \text{（m）}$$

②经自由液面修正的初稳性高度

$$G_0M_1 = GM_1 - \delta GM_{f1} = 1.36 - 0 = 1.36 \text{（m）}$$

③吃水差

$$t_1 = \frac{\Delta(X_{g1}-X_{b1})}{100MTC_1} = \frac{19\ 956(-1.78-1)}{100 \times 219.88} = -2.52 \text{（m）}$$

显然，由于本船的燃油舱和淡水舱均在船中之后，在开航时，如上述舱室装满，必然会出现较大的尾吃水差。所以，开航前必须在压载舱内注入一定量的压载水，以减少船舶过大的尾吃水差。可以考虑将前尖舱以及 No.1 左右压载水舱注满，这三个舱的货舱总容积为 896 m³，上海港港水比重为 1.005 g/cm³，因此，共可注入压载水 900 t。

（3）计算注入压载水后的船舶初稳性高度 GM_2、经自由液面修正后的初稳性高度 G_0M_2、横摇周期 $T\theta_2$ 以及吃水差 t_2 载荷对中弯矩 $\Sigma|P_i \cdot X_i|$，见表 F1-10。

表 F1-10　压载舱力矩计算

项目	重量 (t)	重心距基线高度(m)	重心距船中距离 (m) 中前 (+)	重心距船中距离 (m) 中后 (−)	垂向重量力矩 (9.81 kN·m)	纵向重量力矩 (9.81 kN·m) 中前 (+)	纵向重量力矩 (9.81 kN·m) 中后 (−)	载荷对船中弯矩 (9.81 kN·m)	自由液面倾侧力矩 (9.81 kN·m)
注入压载水前的状态	19 956	7.38		1.78	147 253		35 531	325 027	
前尖舱	444	6.261	65.67		2 779	29 157		29 157	（F）
No.1 压载水舱（左）	232	0.952	46.50		221	10 788		10 788	（F）
No.1 压载水舱（右）	224	0.956	46.84		214	10 492		10 492	（F）
合计	20 856	7.21	0.71		150 467	14 906		375 464	

根据船舶排水量 $\Delta_2 = 20\ 856$ t（$\rho = 1.005$ g/cm³），查静水力曲线图（表）及临界稳性高度曲线图，获取计算相关数值，见表 F1-11。

表 F1-11　压载后各项稳性参数

名称	排水量 Δ (t)	平均吃水 d_m (m)	横稳心距基线高度 KM_2 (m)	浮心距船中距离 X_{b2} (m)	漂心距船中距离 X_{f2} (m)	每厘米纵倾力矩 MTC_2 (9.81 kN·m /cm)	临界稳性高度 GM_{C2} (m)
数值	20 856	9.12	9.02	0.85	−2.86	225.58	0.89

①未经自由液面修正的初稳性高度

$$GM_2 = KM_2 - KG_2 = 9.02 - 7.21 = 1.81(\text{m})$$

②经自由液面修正的初稳性高度

$$G_0M_2 = GM_2 - \delta GM_{f2} = 1.81 - 0 = 1.81(\text{m})$$

③横摇周期

$$T_\theta = 0.58f \times \sqrt{\frac{B^2 + 4KG^2}{GM_2}} = 0.58 \times 1 \times \sqrt{\frac{21.8^2 + 4 \times 7.21^2}{1.81}} = 11(\text{s})$$

④吃水差与首、尾吃水

$$t_2 = \frac{\Delta(X_{g2} - X_{b2})}{100MTC_2} = \frac{20\ 856(0.71 - 0.85)}{100 \times 225.58} = -0.13(\text{m})$$

$$d_{F2} = d_{M2} + \left(0.5 - \frac{X_{f2}}{L_{BP}}\right) \times t_2 = 9.12 + \left(0.5 + \frac{2.86}{140}\right) \times (-0.13) = 9.05(\text{m})$$

$$d_{A2} = d_{M2} - \left(0.5 + \frac{x_{F2}}{L_{BP}}\right) \times t_2 = 9.12 - \left(0.5 - \frac{2.86}{140}\right) \times (-0.13) = 9.18(\text{m})$$

⑤纵向强度

对船中载荷弯矩 $\Sigma|P_i \cdot X_i| = 9.81 \times 375\ 464$ KN·m。

（4）经上述核算知，根据初配方案，船舶在离上海港时，经自由液面修正后的初稳性高度值 $G_0M_2 = 1.81$ m，大于相应排水量下的临界稳性高度值（$GM_{C2} = 0.89$ m）；横摇周期 $T_{\theta 2} = 11$ s，在允许范围内；对船中载荷弯矩 $\Sigma|P_i \cdot X_i| = 9.81 \times 375\ 464$ kN·m，在中垂有利范围内，纵向强度满足要求；吃水差 $t_2 = -0.13$ m，符合营运要求，可以开航。

2）核算船舶到达新加坡港时的稳性、吃水差、纵向强度

（1）计算由上海港至新加坡港的航行途中的油水消耗量

查表 2-2 知燃油消耗定额 18 t/d，重柴油消耗定额 1.5 t/d，淡水消耗定额 12 t/d，滑油循环使用不计消耗。上海到新加坡航程 2 172 n mile，假定航行途中额外增加了 1 天时间，则：

①燃油消耗

$$G_f \cdot O = \left(\frac{S}{24 \cdot V} + \text{tr} \cdot s\right) \times g_f \cdot O = \left(\frac{2\ 172}{24 \times 14.5} + 1\right) \times 18 = 130(\text{t})$$

②重柴油消耗

$$G_h \cdot O = \left(\frac{S}{24 \cdot V} + \text{tr} \cdot s\right) \times g_h \cdot O = \left(\frac{2\ 172}{24 \times 14.5} + 1\right) \times 1.5 = 11(\text{t})$$

③淡水消耗

$$G_f \cdot W = (\frac{S}{24 \cdot V} + tr \cdot s) \times g_f \cdot W = (\frac{2\,172}{24 \times 14.5} + 1) \times 12 = 87 \text{ (t)}$$

油水消耗情况如表 F1-12 所示。

表 F1-12　消耗油水力矩计算

项目	重量（t）	重心距基线高度（m）	重心距船中距离（m）		垂向重量力矩（9.81 kN·m）	纵向重量力矩（9.81 kN·m）		载荷对船中弯矩（9.81 kN·m）	自由液面倾侧力矩（9.81 kN·m）
			中前（+）	中后（−）		中前（+）	中后（−）		
No.1 燃油舱（左、右）	130	0.806		7.62	105		991	991	2 215
重柴油舱（左）	11	0.806	5.12		9	56		56	1 303
淡水舱（左、右）	87	11.34		65.30	987		5 681	5 681	162
合计	228				1 101		6 616	6 728	3 680

考虑到途中消耗的油水舱室大多在船尾部,而开航时船舶的尾吃水差值并不大,因此,在航行途中应逐步排放一些压载水,以保证船舶到港时保持适当的吃水差值。假定航行途中将前尖舱的压载水排放掉 200 t。

(2)列表计算船舶排水量 Δ_3、总的垂向重量力矩 $\Sigma P_i \cdot Z_i$、总的纵向重量力矩 $\Sigma P_i \cdot X_i$、载荷对船中弯矩 $\Sigma |P_i \cdot X_i|$、自由液面倾侧力矩 $\Sigma \rho_i \cdot I_{xi}$ (见表 F1-13),以及船舶重心距基线高度 KG_3、船舶重心距船中距离 X_{g3} 和自由液面修正值 δGM_3。

表 F1-13　油水消耗后力矩计算

项目	重量（t）	重心距基线高度（m）	重心距船中距离（m）		垂向重量力矩（9.81 kN·m）	纵向重量力矩（9.81 kN·m）		载荷对船中弯矩（9.81 kN·m）	自由液面倾侧力矩（9.81 kN·m）
			中前（+）	中后（−）		中前（+）	中后（−）		
离上海港时的状态	20 856	7.21	0.71		150 467	14 906		375 464	0
途中油水消耗	228				1 101		6 616	6 728	3 680
排放掉的压载水	200	6.50	65.67		1 300	13 134		13 134	179
抵新加坡港时的状态	20 428	7.25	0.41		148 066	8 388		355 602	3 859

根据船舶排水量 $\Delta_3 = 20\,428$ t$(\rho = 1.025 \text{ g/cm}^3)$,查静水力曲线图(表)及临界稳性高度曲线图,获取计算相关数值,见表 F1-14。

表 F1-14　油水消耗后各项参数

名称	排水量 Δ (t)	平均吃水 d_m (m)	横稳心距基线高度 KM_3 (m)	浮心距船中距离 X_{b3} (m)	漂心距船中距离 X_{f3} (m)	每厘米纵倾力矩 MTC_3 (9.81 kN·m/cm)	临界稳性高度 GM_{C3} (m)
数值	20 428	8.75	8.73	1.01	-2.51	225.22	0.88

①未经自由液面修正的初稳性高度

$$GM_3 = KM_3 - KG_3 = 8.73 - 7.25 = 1.48\,(\text{m})$$

②经自由液面修正的初稳性高度

$$G_0M_3 = GM_3 - \delta GM_{f3} = 1.48 - \frac{3\,859}{20\,428} = 1.29\,(\text{m})$$

③横摇周期

$$T_{\theta 3} = 0.58f \times \sqrt{\frac{B^2 + 4KG_3^2}{GM_3}} = 0.58 \times 1 \times \sqrt{\frac{21.8^2 + 4 \times 7.25^2}{1.48}} = 12.5\,(\text{s})$$

④吃水差与首、尾吃水

$$t_3 = \frac{\Delta_3(X_{g3} - X_{b3})}{100MTC} = \frac{20\,428(0.41 - 1.01)}{100 \times 225.22} = -0.54\,(\text{m})$$

$$d_{F3} = d_{M3} + \left(0.5 - \frac{x_{f3}}{L_{BP}}\right) \times t_3 = 8.75 + \left(0.5 + \frac{2.51}{140}\right) \times (-0.54) = 8.47\,(\text{m})$$

$$d_{A3} = d_{M3} + \left(0.5 - \frac{x_{f3}}{L_{BP}}\right) \times t_3 = 8.75 + \left(0.5 - \frac{2.51}{140}\right) \times (-0.54) = 9.01\,(\text{m})$$

⑤纵向强度

对船中载荷弯矩 $\Sigma |P_i \cdot X_i| = 9.81 \times 355\,602$ kN·m。

（4）经上述核算知，船舶抵新加坡港时，经自由液面修正后的初稳性高度值 $G_0M_3 = 1.29$ m，大于相应排水量下的临界稳性高度值（$GM_{C3} = 0.88$ m）；横摇周期 $T_{\theta 3} = 12.5$ s，接近适宜值；对船中载荷弯矩 $\Sigma |P_i \cdot X_i| = 9.81 \times 355\,602$ kN·m，在中垂有利范围内，纵向强度满足要求；吃水差 $t_3 = -0.54$ m，符合营运要求。

6.绘制正式配积载图

经过对船舶配积载草案的全面检查、校核、计算及调整，没有再发现问题，可以编制正式的配积载图。

上海港正式配积载图见图 F1-1。

7.新加坡港开航时配积载方案的考虑

1）航次净载重量的计算

自新加坡港开出后，在科伦坡以西 70°E，08°N 处船舶所使用的载重线将变更，因此，船舶在新加坡港开出时航次净载重量需经计算确定。

（1）计算由新加坡港航行至科伦坡以西的热带区带与阿拉伯海季节热带区域交界处（约 3 030 n mile）的燃料、淡水消耗量。

查表 2-2 可知，本轮航行期间每天燃料、淡水消耗量合计为 31.5 t，因此，至载重线变

中国远洋运输（集团）公司

CHINA OCEAN SHIPPING (GROUP) COMPANY

货物积载图

STOWAGE PLAN

船名 M/S:　A　　航次 VOY:　W280

自 FROM: 上海　至 TO: 新加坡、安特卫普、鹿特丹、汉堡

日期 DATE: 开航 DEP: 30/06/04　　到港 ARR:

水尺 DRAFT: 前 F: 9.05 m　中 M: 9.12 m　后 A: 9.19 m

Destination	No.1	No.2	No.3	No.4	Total
Singapore	100 t	910 t	370 t	830 t	2 210 t
Antwerp	995 t	450 t	280 t	700 t	2 425 t
Rotterdam	500 t	1 350 t	450 t	800 t	3 100 t
Hamburg	250 t	1 080 t	1 150 t	1 100 t	3 580 t
Optional			285 t		
Total	1 845 t	3 790 t	2 535 t	3 430 t	11 600 t

Hatches	T D	L.H	Total
No.1	595 t	1 250 t	1 845 t
No.2	1 360 t	2 430 t	3 790 t
No.3	755 t	1 780 t	2 535 t
No.4	1 130 t	2 300 t	3 430 t
No.5			
Total	3 840 t	7 760 t	11 600 t

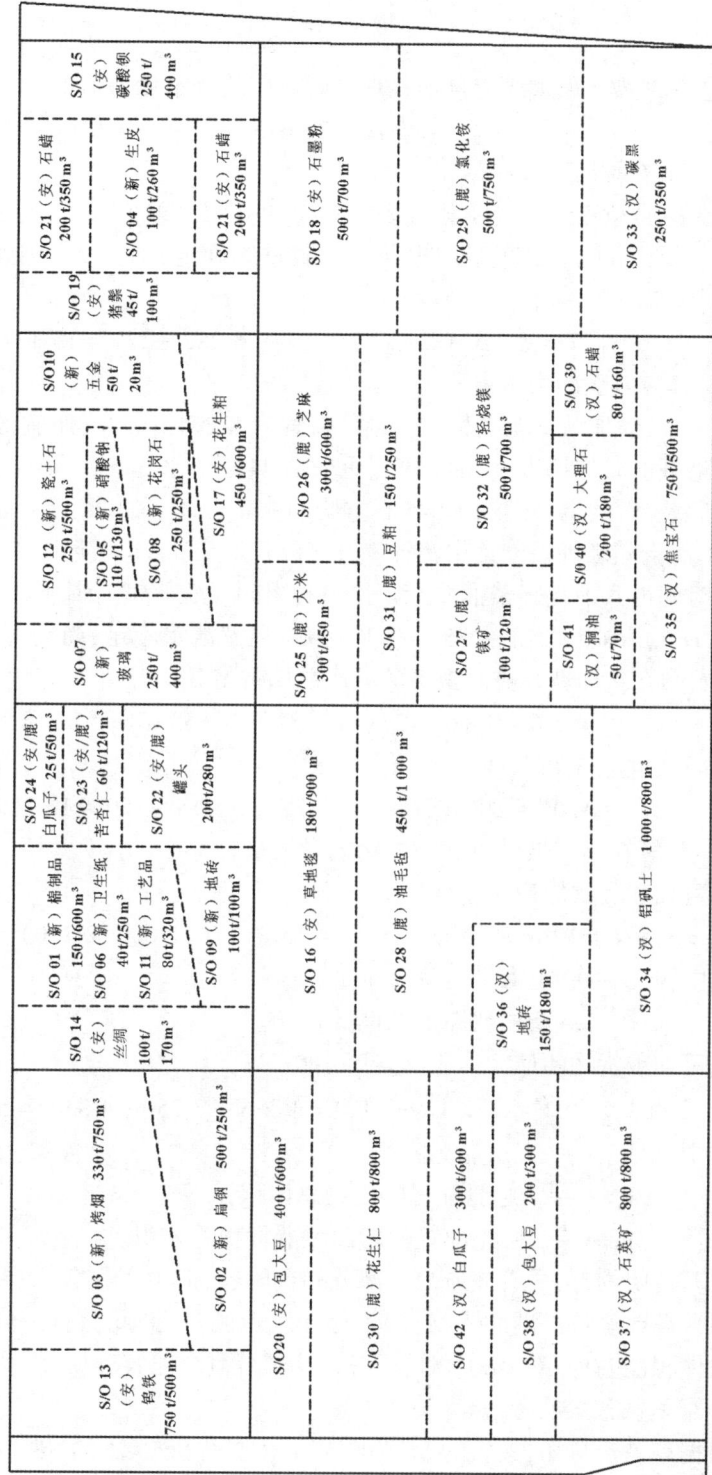

S/O 15 （安）碳酸钡 250 t/ 400 m³

S/O 21 （安）石蜡 200 t/350 m³

S/O 04 （新）生皮 100 t/260 m³

S/O 21 （安）石蜡 200 t/350 m³

S/O 19 （安）猪鬃 45 t/ 100 m³

S/O 18 （鹿）石墨粉 500 t/700 m³

S/O 29 （鹿）氯化铵 500 t/750 m³

S/O 33 （汉）碳黑 250 t/350 m³

S/O 010 （新）五金 50 t/ 20 m³

S/O 12 （新）瓷土石 250 t/500 m³

S/O 05 （新）硝酸钠 110 t/130 m³

S/O 08 （新）花岗石 250 t/250 m³

S/O 17 （安）花生粕 450 t/600 m³

S/O 26 （鹿）芝麻 300 t/600 m³

S/O 31 （鹿）豆粕 150 t/250 m³

S/O 32 （鹿）轻烧镁 500 t/700 m³

S/O 39 （汉）石蜡 80 t/160 m³

S/O 07 （新）玻璃 250 t/ 400 m³

S/O 25 （鹿）大米 300 t/450 m³

S/O 27 （鹿）镁矿 100 t/120 m³

S/O 40 （汉）大理石 200 t/180 m³

S/O 41 （汉）桐油 50 t/70 m³

S/O 35 （汉）焦宝石 750 t/500 m³

S/O 24 （安/鹿）白瓜子 25 t/50 m³

S/O 23 （安/鹿）苦杏仁 60 t/120 m³

S/O 22 （安/鹿）罐头 200 t/280 m³

S/O 16 （安）草地毯 180 t/900 m³

S/O 28 （鹿）油毛毡 450 t/1 000 m³

S/O 01 （新）棉制品 150 t/600 m³

S/O 06 （新）卫生纸 40 t/250 m³

S/O 11 （新）工艺品 80 t/320 m³

S/O 09 （新）地砖 100 t/100 m³

S/O 14 （安）丝绸 100 t/ 170 m³

S/O 36 （汉）地砖 150 t/180 m³

S/O 03 （新）烤烟 330 t/750 m³

S/O 02 （新）扁钢 500 t/250 m³

S/O020 （安）包大豆 400 t/600 m³

S/O 30 （鹿）花生仁 800 t/800 m³

S/O 42 （汉）白瓜子 300 t/600 m³

S/O 38 （汉）包大豆 200 t/300 m³

S/O 37 （汉）石英矿 800 t/800 m³

S/O 34 （汉）铝矾土 1 000 t/800 m³

S/O 13 （安）弯铁 750 t/500 m³

备注: 本船吊杆负荷前为5 t; No.2、No.3、No.4底舱的散货平整堆码，以使得上面的货物平整堆码。No.4底舱完货后应平舱，注意安全装舱，防止货物移动；碳酸钡与硝酸钠为危险货物，堆放时应特别小心；一船底舱完货后，座柴底舱内要清扫干净，再关舱盖。

本船吊杆负荷前为5 t; 一般底舱宽完货后，座柴舱口图请扫干净，再关舱盖。

大副签字:

更处燃料、淡水消耗总量 ΣG_{AB} 为

$$\Sigma G_{AB} = \left(\frac{S}{24 \cdot V}\right) \cdot g_s = \left(\frac{3\,030}{24 \times 14.5}\right) \times 31.5 = 274 \ (t)$$

（2）查算热带载重线与夏季载重线所对应的排水量差值：

$$\Delta \delta_{T-S} = \Delta_T - \Delta_S = 21\,675 - 21\,195 = 480 \ (t)$$

（3）确定总载重量

因为热带载重线与夏季载重线所对应的排水量差值大于至载重线变更处燃料、淡水消耗总量，因此，总载重量应根据夏季载重线确定，加上从新加坡港至载重线变更处的燃料、淡水消耗总量。

$$DW = \Delta_S - \Delta_L + \Sigma G_{AB} = 21\,195 - 6\,282 + 274 = 15\,187 \ (t)$$

（4）计算航次净载重量

查资料，新加坡港至安特卫普港的航程为 8 294 n mile，如航行储备天取 5 天，则在新加坡港开航时应携带：燃油 519 t、重柴油 44 t、淡水 346 t。由于在上海港开航时已将各油水舱装满，共携带燃油 1 045 t、重柴油 354 t、轻柴油 26 t、滑油和气缸油 55 t、淡水 417 t，上海港至新加坡港途中消耗燃油 130 t、重柴油 11 t、淡水 87 t，在新加坡停泊装卸的 5 天时间内共消耗轻柴油 8 t、淡水 90 t，因此开航前船上剩余燃油 915 t、重柴油 334 t、轻柴油 18 t、滑油和气缸油 55 t、淡水 169 t，显然淡水不足，尚需补充 177 t，假定实际补充 200 t，则在新加坡开航时携带的航次总储备量 ΣG 为

$$\Sigma G = G_1 + G_2 = 27 + 915 + 334 + 18 + 55 + 369 = 1\,718 \ (t)$$

则航次净载重量 NDW_2 为

$$NDW_2 = DW - \Sigma G - C = 15\,187 - 1\,718 - 150 = 13\,319 \ (t)$$

（5）计算在新加坡港可加载货物的最大量

①可加载货物的最大重量 ΣQ_2

$$\Sigma Q_2 = NDW_2 - (\Sigma Q_1 - \Sigma P_1) = 13\,319 - (11\,600 - 2\,210) = 3\,929 \ (t)$$

式中：ΣQ_1——上海港装货总重量；

ΣP_1——新加坡卸货总重量。

②可加载货物的最大体积（包括亏舱）ΣV_{c2}

$$\Sigma V_{c2} = \Sigma V_{ch2} - (\Sigma V_{c1} - \Sigma V_1) = 8\,356 - (7\,250 - 4\,830) = 5\,936 \ (m^3)$$

式中：ΣV_{ch2}——二层舱总容积；

ΣV_{c1}——二层舱配置的货物总体积；

ΣV_1——二层舱配置的新加坡港货物总体积。

需要说明的是，尽管底舱尚有部分剩余舱容，但由于在各二层舱舱口位处均配置有安特卫普港或鹿特丹港的货物，无法打开底舱舱盖，因此，在计算新加坡港可加载货物的最大体积（包括亏舱）ΣV_{c2} 时，不考虑这部分剩余舱容。

2）配积载方案的考虑

根据有关资料知，夹板的 SF 为 2.5 m^3/t 左右，花梨木的 SF 为 1.5 m^3/t 左右。为了充分利用船舶剩余载重能力和容积能力，可在新加坡港加载卸港为安特卫普的夹板 1 500 t（3 750 m^3）、卸港为鹿特丹港的花梨木 1 000 t（1 500 m^3）。具体配置位置是：

No.1二层舱舱口位加装 250 t（375 m³）花梨木；No.2 二层舱内花生粕上加装 200 t（300 m³）花梨木，花梨木上加装 600 t（1 500 m³）夹板；No.3 二层舱内加装 500 t（1 250 m³）夹板；No.4 二层舱内钨铁之上的舱口位四周加装 400 t（1 000 m³）夹板，舱口位加装 750 t（1 125 m³）花梨木。

　　3）配积载方案的检查、校核

　　配积载方案的检查、校核方法同上海港，不再累叙。由于燃油和淡水舱新加坡港开航前装满，所以，离港时仍需在前部压载舱内添注一定量的压载水，以使船舶保持适当的吃水差。到港时，由于经过长距离的航行，油水的消耗量较大，因此，必须将位于前部压载舱室内的压载水排出一部分，以调整船舶到港时的吃水差。

附录2

散装谷物船舶稳性 算实例

一、利用《SOLAS 1974》进行散装谷物船舶的稳性核算

例:某散装谷物船装载积载因数为 1.254 m³/t 的谷物出港,除 No.3 舱外,其余各舱均装满(未经平舱),各舱谷物装载情况为:No.1 舱 6 110 t,No.2 舱 6 486 t,No.3 舱 4 434 t(未满),No.4 舱 6 117 t,No.5 舱 6 620 t,No.6 舱 6 303 t,各满载舱谷物重心取在舱容中心处,已知装载状态下 Δ = 48 846 t,KM = 11.65 m,全船垂向重量力矩 $\Sigma P_i Z_i$ = 425 550×9.81 kN·m,自由液面力矩 2 829×9.81 kN·m,试校核该装载状态下船舶的稳性是否满足公约或规则要求。

解:

1.计算经自由液面修正后的初稳性高度 $G_0 M$

$$KG = \frac{\Sigma P_i Z_i}{\Delta} = \frac{425\ 550}{48\ 846} \approx 8.71\ (\text{m})$$

$$\delta GM = \frac{\Sigma \rho i_x}{\Delta} = \frac{2\ 829}{48\ 846} \approx 0.06\ (\text{m})$$

$$G_0 M = KM - KG - \delta GM \approx 11.65 - 8.71 - 0.06 = 2.88\ (\text{m})$$

即 $G_0 M > 0.30$ m。

2.计算由于谷物移动所引起的船舶静横倾角 θ_h

1)计算全船谷物倾侧力矩 $\Sigma M_u'$

(1)满载舱(除 No.3 货舱外)谷物横向倾侧体积矩 M_{fv}

由表 11-1 可以查出各满载舱谷物横向倾侧体积矩(未经平舱),其总和为

$$M_{fv} = 1\ 924 + 2\ 569 + 2\ 771 + 2\ 771 + 2\ 771 = 12\ 806\ (\text{m}^4)$$

(2)部分装载舱(No.3 货舱)谷物横向倾侧体积矩 M_{sv}

No.3 货舱未满,其所装货物体积为

$$V_c = P \times SF = 1.254 \times 4\ 434 \approx 5\ 560\ (\text{m}^3)$$

由 $V_c \approx 5\ 560$ m³ 查 No.3 货舱 M_v 曲线,可得其 $M_v = 14\ 230$ m⁴,即本船的部分装载舱谷物横向倾侧体积矩 $M_{sv} = 14\ 230$ m⁴。

(3)经垂向移动修正后的全船谷物倾侧体积矩 $\Sigma M_v'$

$$\Sigma M_v' = 1.00 \times M_{fv} + 1.12 \times M_{sv} = 1.00 \times 12\ 806 + 1.12 \times 14\ 230 \approx 28\ 744\ (\text{m}^4)$$

402

（4）全船谷物总的倾侧力矩 $\sum M_u{}'$

$$\sum M_u{}' = \frac{\sum M_v{}'}{SF} \approx \frac{28\,744}{1.254} \approx 22\,922 \times 9.81 \text{ kN} \cdot \text{m}$$

2）计算船舶静横倾角 θ_h

$$\tan\theta_h = \frac{\sum M_u{}'}{\Delta \cdot G_0 M} \approx \frac{22\,922}{48\,846 \times 2.88} \approx 0.162\,9$$

$\theta_h \approx 9°15'$。

即 $\theta_h \approx 9°15' < 12°$。

3.计算船舶的剩余动稳性 A_d

1）绘制船舶静稳性曲线

由公式 $GZ = KN - (KG + \delta GM) \cdot \sin\theta$ 列表算出各倾角时经自由液面修正后的船舶静稳性力臂值（表 F2-1），并绘制出 GZ 曲线（见图 F2-1）。

表 F2-1 静稳性力臂计算表

$\theta(°)$	10	20	30	40	50
KN	2.06	4.17	5.97	7.39	8.42
$KG_0\sin\theta$	1.52	3.00	4.38	5.64	6.72
GZ	0.54	1.17	1.59	1.75	1.70

2）绘制谷物倾侧力臂曲线

分别计算出 $\theta = 0°$ 和 $\theta = 40°$ 所对应的谷物倾侧力臂 λ_0 和 λ_{40}：

$$\lambda_0 = \frac{\sum M_u{}'}{\Delta} = \frac{22\,922}{48\,846} \approx 0.47\,(\text{m})$$

$$\lambda_{40} = 0.8\lambda_0 \approx 0.8 \times 0.47 \approx 0.38\,(\text{m})$$

据此在图 F2-1 上绘制出谷物移动倾侧力臂 λ_H 曲线。

3）确定右边界线

由 $\Delta = 48\,846$ t 查船舶进水角曲线，得进水角 $\theta_f = 37.8°$，又从图 F2-1 中可知，$\theta_{GZ'max}$（GZ-θ 曲线和 λ_H-θ 曲线差值，即船舶剩余静稳性力臂，最大处对应横倾角）>40°，因此，右边界线对应横倾角为

$$\theta_m = \min\{\theta_{GZ'max}, \theta_f, 40°\} = \min\{37.8°, 40°\} = 37.8°$$

4）计算剩余动稳性

（1）将横坐标在 $\theta_h \sim \theta_m$ 范围内六等分并作垂线

在静稳性曲线图上可以读出 θ_h 约为 8.5°，比公式计算所得要小些。在倾角 8.5° ~ 37.8°范围内六等分，过分点与 GZ 和 λ_H 两曲线间分别作横坐标的垂线 a、b、c、d、e、f、g。

（2）量取各垂线的纵坐标 GZ'

分别量取各等分点处船舶剩余静稳性力臂即各垂线的纵坐标值 GZ'（y_0、y_1、y_2、y_3、y_4、y_5、y_6）:0、0.24、0.59、0.90、1.13、1.28、1.37（m）。

（3）计算辛氏乘积之和

$S = y_0 + 4y_1 + 2y_2 + 4y_3 + 2y_4 + 4y_5 + y_6$

　 $= 4 \times 0.24 + 2 \times 0.59 + 4 \times 0.90 + 2 \times 1.13 + 4 \times 1.28 + 1.37 = 14.49$（m²）

（4）计算剩余动稳性 A_d

$$A_d = \frac{\theta_h - \theta_m}{18} \times \frac{S}{57.3}$$

$$= \frac{37.8 - 8.5}{18} \times \frac{14.49}{57.3}$$

$$\approx 0.41 \ (\text{m} \cdot \text{rad})$$

即 $A_d = 0.41 \ (\text{m} \cdot \text{rad}) > 0.075 \ (\text{m} \cdot \text{rad})$。

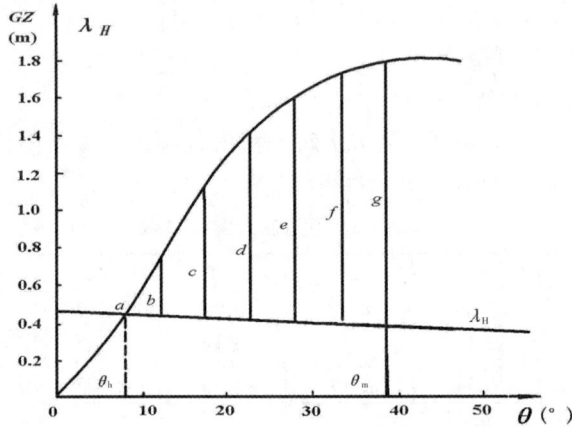

图 F2-1　谷物倾侧力臂曲线

经计算，$G_0M = 2.88 \ \text{m}$，$\theta_h = 9°15'$，$A_d \approx 0.41 \ \text{m.rad}$，3 项指标均满足 SOLAS 1974 对散装谷物船舶的稳性衡准要求。

二、利用谷物许用倾侧力矩法进行散装谷物船舶的稳性核算

例同前。

解：

1.计算船舶的排水量和重心高度

$$\Delta = \Sigma P_i = 48\ 864 \ \text{t}$$

$$KG_0 = \frac{\Sigma P_i Z_i + \Sigma \rho i_x}{\Delta} = \frac{425\ 550 + 2\ 829}{48\ 846} \approx 8.77 \ (\text{m})$$

2.计算全船谷物倾侧力矩 $\Sigma M_u{}'$

前题已经计算出：

$$\Sigma M_u{}' = \frac{\Sigma M_v{}'}{\text{SF}} = \frac{28\ 744}{1.254} \approx 22\ 922 \times 9.81 \ \text{kN} \cdot \text{m}$$

3.由 Δ 和 KG_0 从表 11-2 可查取船舶的许用倾侧力矩 M_a

由 $\Delta = 48\ 864 \ \text{t}$ 和 $KG_0 = 8.77 \ \text{m}$，查表并内插得到 $M_a = 32\ 671 \times 9.81 \ \text{kN} \cdot \text{m}$。

4.比较 $\Sigma M_u{}'$ 与 M_a

比较 $\Sigma M_u{}'$ 与 M_a，显然 $\Sigma M_u{}' < M_a$，稳性符合 SOLAS 1974 对散装谷物船舶的稳性衡准要求。

附录3

水尺检量计算实例

例: L 轮自澳大利亚某港装运进口铁矿至上海港,已知 $L_{bp} = 156$ m,卸货前、后观测船舶六面吃水如表 F3-1,测定卸货前船上的淡水存量为 448.5 t,压载水的存有量为 118.9 t,由轮机部提供的燃油存量为 230.1 t,柴油存量 57.6 t;测定卸货后船上的淡水存量为 467.1 t,压载水的存量为 633.5 t,由轮机部提供的燃油补给量 231.7 t,柴油补给量 47.1,且在港消耗柴油 8.9 t,实测卸货港水密度为 $\rho_1 = 1.020$ t/m³,并测得卸货前 $l_F = 0.5$ m,$l_A = 5.0$ m,卸货后 $l_F = 3.0$ m,$l_A = 5.0$ m,试计算本航次的载货量。

F3-1　实测吃水数据表

时间 吃水(m)	卸货前 (19日5时)	卸货后 (23日5时)
d_{FP}	7.43	3.23
d_{FS}	7.43	3.23
$d_{\mathbb{X}P}$	7.87	4.24
$d_{\mathbb{X}S}$	7.91	3.48
d_{AP}	8.46	4.57
d_{AS}	8.46	4.55

解:

1.计算卸货前的排水量 Δ_f

1)计算最终平均吃水 d_{M3}

$$t = \frac{d_{FP} + d_{FS}}{2} - \frac{d_{AP} + d_{AS}}{2} = \frac{7.43 + 7.43}{2} - \frac{8.46 + 8.46}{2} = -1.03 \ (m)$$

$$C_F = \frac{t \times l_F}{L_{bp} - l_A - l_F} - \frac{(-1.03) \times 0.5}{156 - 0.5 - 5} = -0.003 \ (m)$$

$$C_A = \frac{-t \times l_A}{L_{bp} - l_A - l_F} = \frac{-(-1.03) \times 5}{156 - 0.5 - 5} = 0.034 \ (m)$$

$$d_F = \frac{d_{FP} + d_{FS}}{2} + C_F = \frac{7.43 + 7.43}{2} - 0.003 = 7.427 \ (m)$$

$$d_A = \frac{d_{AP}+d_{AS}}{2} + C_A = \frac{8.46+8.46}{2} + 0.034 = 8.494 \text{（m）}$$

$$d_{M1} = \frac{d_F + d_A}{2} = \frac{7.427+8.494}{2} = 7.961 \text{（m）}$$

$$d_{舯} = \frac{d_{舯P}+d_{舯S}}{2} = \frac{7.87+7.91}{2} = 7.89 \text{（m）}$$

$$d_{M2} = \frac{d_{M1}+d_{舯}}{2} = \frac{7.961+7.89}{2} = 7.926 \text{（m）}$$

$$d_{M3} = \frac{d_{M2}+d_{舯}}{2} = \frac{7.926+7.89}{2} = 7.908 \text{（m）}$$

2）计算平均吃水 d_{M3} 所对应的排水量 Δ_0

由 $d_M = 8.0$ m 查载重表，得排水量 15 931.7 t，$TPC = 22.96$ t/m，则当 $d_{M3} = 7.908$ m 时，对应的排水量 Δ_0 为

$$\Delta_0 = 15\ 931.7 - 22.96 \times (800-790.8) = 15\ 720.5 \text{（t）}$$

3）计算排水量的纵倾修正值 $\delta\Delta$

由 $d_{M3} = 7.908$ m 查得：$x_f = -1.34$ m

$d_M = 7.908 + 0.5$ m 时，$MTC = 218.5 \times 9.81$ kN·m/cm

$d_M = 7.908 - 0.5$ m 时，$MTC = 195.2 \times 9.81$ kN·m/cm

则 $\dfrac{d_M}{d_Z} = \dfrac{(218.5-195.2) \times 9.81}{8.404-7.408} = 23.3 \times 9.81$ kN·m/cm·m

于是：

$$\delta\Delta = \frac{t \times x_f \times 100 TPC}{L_{BP}-l_A-l_F} + \frac{50t^2}{L_{BP}-l_A-l_F} \times \frac{d_M}{d_Z}$$

$$= \frac{(-1.03) \times (-1.34) \times 100 \times 22.96}{156-0.5-5} + \frac{50(-1.03)^2}{156-0.5-5} \times 23.3 = 29.3 \text{（t）}$$

4）计算经港水密度修正后的卸货前的排水量 Δ_f

$$\Delta_f = \frac{(\Delta_0+\delta\Delta)\rho}{1.025} = \frac{(15\ 720.5+29.3) \times 1.020}{1.025} = 15\ 672.97 \text{（t）}$$

2. 计算卸货后的排水量 Δ_a

1）计算最终平均吃水 d_{M3}

$$t = \frac{d_{FP}+d_{FS}}{2} - \frac{d_{AP}+d_{AS}}{2} = \frac{3.23+3.23}{2} - \frac{4.57+4.55}{2} = -1.33 \text{（m）}$$

$$C_F = \frac{t \times l_F}{L_{bp}-l_A-l_F} = \frac{(-1.33) \times 3}{156-3-5} = -0.027 \text{（m）}$$

$$C_A = \frac{-t \times l_A}{L_{bp}-l_A-l_F} = \frac{-(-1.33) \times 5}{156-0.5-5} = 0.045 \text{（m）}$$

$$d_F = \frac{d_{FP}+d_{FS}}{2} + C_F = \frac{3.23+3.23}{2} - 0.027 = 3.203 \text{（m）}$$

$$d_A = \frac{d_{AP}+d_{AS}}{2}+C_A = \frac{4.57+4.55}{2}+0.045 = 4.605 \ (\text{m})$$

$$d_{M1} = \frac{d_F+d_A}{2} = \frac{3.203+4.605}{2} = 3.904 \ (\text{m})$$

$$d_{\text{⊠}} = \frac{d_{\text{⊠}P}+d_{\text{⊠}S}}{2} = \frac{4.24+3.48}{2} = 3.86 \ (\text{m})$$

$$d_{M2} = \frac{d_{M1}+d_{\text{⊠}}}{2} = \frac{3.904+3.86}{2} = 3.882 \ (\text{m})$$

$$d_{M3} = \frac{d_{M2}+d_{\text{⊠}}}{2} = \frac{3.882+3.86}{2} = 3.871 \ (\text{m})$$

2）计算平均吃水 d_{M3} 所对应的排水量 Δ_0

由 $d_M = 3.90$ m 查载重表,得排水量 6 908.8 t,$TPC = 20.32$ t/cm,则当 $d_{M3} = 3.871$ m 时,对应的排水量 Δ_0 为

$$\Delta_0 = 6\ 908.8-20.32\times(390-387.1) = 6\ 849.87 \ (\text{t})$$

3）计算排水量的纵倾修正值 $\delta\Delta$

由 $d_{M3} = 3.871$ m 查得:$x_f = 1.17$ m

$d_M = 3.871+0.5$ m 时,$MTC = 165.5\times9.81$ kN · m/cm

$d_M = 3.871-0.5$ m 时,$MTC = 150.2\times9.81$ kN · m/cm

则 $\dfrac{d_M}{d_Z} = \dfrac{(165.5-150.2)\times9.81}{4.371-3.371} = 15.3\times9.81$ kN · m/c(m · m)

于是:

$$\delta\Delta = \frac{t\times x_f\times100TPC}{L_{BP}-l_A-l_F}+\frac{50\ t^2}{L_{BP}-l_A-l_F}\times\frac{d_M}{d_Z}$$

$$= \frac{(-1.33)\times(1.17)\times100\times20.32}{156-3-5}+\frac{50(-1.33)^2}{156-3-5}\times15.3$$

$$= -12.2 \ (\text{t})$$

4）计算经港水密度修正后的卸货前的排水量 Δ_f

$$\Delta_f = \frac{(\Delta_0+\delta\Delta)\rho}{1.025} = \frac{(6\ 849.87-12.2)\times1.020}{1.025} = 6\ 804.32 \ (\text{t})$$

3.计算卸货前、后,船上淡水、压载水及燃油、柴油存量 G_f、G_a

$G_f = 448.5+118.9+(230.1+57.6) = 855.1 \ (\text{t})$

$G_a = 467.1+633.5+(230.1+57.6)+(231.7+47.1)-8.9 = 1\ 658.2 \ (\text{t})$

4.计算货物重量 Q

$Q = (\Delta_a-G_a)-(\Delta_f-G_f)$

$= (15\ 672.97-855.1)-(6\ 804.32-1\ 658.2) = 9\ 671.75 \ (\text{t})$

5.结论

经核算,本航次共装载铁矿 9 671.75 t。

附录4

部分忌装货物隔离表

忌装货名	互抵货名	忌装货与互抵货混装后果	隔离要求
钢材、金属设备	酸、碱和化肥	酸、碱和化肥对钢材及金属设备有腐蚀作用	不得在同一舱室内
白铁皮、紫黄铜和镀锌五金	纯碱	碱会与锌起化学反应,加重锌皮锈蚀,腐蚀金属表层,使金属生锈	不得在同一舱室内
棉织品、皮革制品和纸张文具	酸和碱	酸和碱对棉织品、皮革制品和纸张文具有腐蚀作用	不得在同一舱室内
橡胶	酸、碱、苯、乙醚和二硫化碳	橡胶遇前述物质会使其表面产生裂纹,失去弹性或溶解	不得在同一舱室内
玻璃制品	纯碱及潮湿货	玻璃接触纯碱会使玻璃表面受蚀发毛,受潮后会影响透明度或不易分开	不得在同一舱室内
氨肥	碱类	酸性化肥与碱作用会起中和作用失去肥效	不得在同一舱室内
茶叶	酸性货物	酸性货物会中和茶叶中的茶碱,影响茶的质量	不得在同一货舱内
尼龙及其制品	樟脑	樟脑与尼龙起作用,影响尼龙质量	不得在同一舱室内
水泥	食糖、氧化镁、氨肥	水泥碰到这三种物质会发生作用,影响水泥质量	不得在同一舱室内
萤石、白云石和方解石	酸类	萤石与酸会产生剧毒且具有腐蚀性碘化氢气体。酸还会对白云石和方解石起分解作用	不得在同一舱室内
食品类货物	气味货	食品类货物混入异味会影响其食用品质	不得在同一舱室内
	有毒物质	食品类货物染毒便不能食用	不得在同一货舱内
滑石粉和膨润土	矿砂、煤、纯碱及其他颗粒状货物	滑石粉和膨润土混入杂质后不能再作造纸、化妆品原料	不得在同一舱室内

续表

忌装货名	互抵货名	忌装货与互抵货混装后果	隔离要求
镁砂、焦宝石、黏土、矾土等耐火材料	铁、煤、石屑、氧化镁、氧化钙	耐火材料一旦混入杂质会严重影响其质量	不得在同一舱室内
纸浆、木浆等	生铁、砂渣和纯碱	影响造纸质量	不得在同一舱室内
精锌块、铁矿粉	各种矿砂、煤	精锌块、铁矿粉混入杂质会影响其质量	不得在同一舱室内
焦炭	硫化铁	焦炭混入硫化铁会影响炼钢质量	不得在同一舱室内
棉花、棉纱、棉麻制品	油脂类、石油产品、表面涂有防锈油的五金零件等	棉麻类油污后会影响其质量并可能引起自燃	不得相邻
生丝、棉麻制品	扬尘污染货	受污后影响其质量	不得在同一舱室内
纸张、文具用品	油脂类及其制品	受污后影响其质量	不得相邻
橡胶及其制品	油脂类及其制品	橡胶及其制品遇油会变质	不得在同一舱室内
玻璃及其制品、棉花及棉织品	散发水分的货物	一旦受潮后，玻璃制品会黏在一起不易分开。棉花吸湿后会霉烂变质，且会发热自燃	不得在同一舱室内
工艺品	散发水分货物	吸潮后影响工艺品质量,甚至丧失价值	不得在同一舱室内
茶叶、烟叶	散发水分货物	吸潮后会发使茶叶、烟叶霉变质,不能食用	不得在同一货舱内
糖、水泥	散发水分货物	吸潮后影响货物质量甚至丧失使用价值	不得在同一舱室内

参考文献

[1] 张钢.海上货物运输.大连:大连海事大学出版社.2012.

[2] 田佰军,崔刚,吴汉才,等.船舶结构与货运(大副).大连:大连海事大学出版社.2022.

[3] 田佰军,代其兵,周兆欣,等.船舶结构与货运(二/三副).大连:大连海事大学出版社.2021.

[4] 陈桂卿,李治平.船舶货运.大连:大连海运学院出版社.1991.

[5] 贺顺保.货物学.大连:大连海事大学出版社.1997.

[6] 盛振邦,刘应中.船舶原理.上海:上海交通大学出版社.2003.

[7] 王建平.船舶货运技术.大连:大连海事大学出版社.1998.

[8] 沈玉如.船舶货运.大连:大连海事大学出版社.2006.

[9] 张晓.海上货物运输.大连:大连海事大学出版社.2005.

[10] 徐邦祯.船舶货运.大连:大连海事大学出版社.2011.

[11] 邱文昌,施纪昌.海上货物运输.北京:人民交通出版社.2005.

[12] 潘晓明.船舶原理.北京:人民交通出版社.2007.

[13] 田佰军,周兆欣.船载危险货物申报员和集装箱装箱现场检查员培训教程.大连:大连海事大学出版社.2021.

[14] 中国船级社.钢质海船入级规范.北京:人民交通出版社.2021.

[15] 国际海事组织.国际海上人命安全公约综合文本.北京:人民交通出版社.2014.

[16] 中华人民共和国海事局.船舶与海上设施法定检验技术规则.北京:人民交通出版社.2020.

[17] 中华人民共和国海事局.船载包装及散装固体危险和有害物质操作与管理.北京:人民交通出版社.2012.

[18] 国际海事组织.国际海运危险货物规则.2022.

[19] 国际海事组织.国际海运固体散装货物规则.2010.

[20] 国际海事组织.货物积载与系固安全操作规则.2011.

[21] 国际海事组织.完整稳性规范.2008.

[22] 国际海事组织.装载木材甲板货船舶安全操作规则.2011.

[23] 国际海事组织.国际散装谷物安全装运规则.1991.

[24] 国际海事组织.国际散装运输危险化学品船舶构造和设备规则.2004.

[25] 国际海事组织.国际散装运输液化气体船舶构造和设备规则.2004.